国家文化产业资金支持媒体融合重大项目

省级优秀图书（教材）

职业教育教学改革融合创新型教材

Shuifa

税法

第六版

张亮　刘彩霞　主编　｜　宋燕　汤玉梅　张娟　副主编

东北财经大学出版社　大连
Dongbei University of Finance & Economics Press

图书在版编目（CIP）数据

税法 / 张亮，刘彩霞主编．—6版．—大连 ：东北财经大学出版社，2023.7

（职业教育教学改革融合创新型教材）

ISBN 978-7-5654-4864-5

Ⅰ.税…　Ⅱ.①张…②刘…　Ⅲ.税法-中国-高等职业教育-教材　Ⅳ.D922.22

中国国家版本馆CIP数据核字（2023）第113328号

东北财经大学出版社出版

（大连市黑石礁尖山街217号　邮政编码　116025）

网　址：http：//www.dufep.cn

读者信箱：dufep@dufe.edu.cn

大连永盛印业有限公司印刷　　东北财经大学出版社发行

幅面尺寸：185mm×260mm　字数：597千字　印张：25.5　插页：1

2023年7月第6版　　2023年7月第1次印刷

责任编辑：张旭凤　赵宏洋　　责任校对：张晓鹏

封面设计：原　皓　　版式设计：钟福建

定价：56.00元

教学支持　售后服务　联系电话：（0411）84710309

如有印装质量问题，请联系营销部：（0411）84710711

富媒体智能型教材出版说明

“财经高等职业教育富媒体智能型教材开发系统工程”入选国家新闻出版广电总局新闻出版改革发展项目库，并获得文化产业专项资金支持，是“国家文化产业资金支持媒体融合重大项目”。项目以“融通”“融合”“共建”“共享”为特色，是东北财经大学出版社积极落实国家推动传统媒体与新媒体融合发展的重要举措之一。

“财济书院”智能教学互动平台是该工程项目建设成果之一。该平台通过系统、合理的架构设计，将教学资源与教学应用集成于一体，具有教学内容多元呈现、课堂教学实时交互、测试考评个性设置、用户学情高效分析等核心功能，是高校开展信息化教学的有力支撑和应用保障。

富媒体智能型教材是该工程项目建设成果之二。该类教材是我社供给侧结构性改革探索性策划的创新型产品，是一种新形态立体化教材。富媒体智能型教材秉持严谨的教学设计思想和先进的教材设计理念，为财经职业教育教与学、课程与教材的融通奠定了基础，较好地避免了传统教学模式和单一纸质教材容易出现的“两张皮”现象，有助于教学质量的提高和教学效果的提升。

从教材资源的呈现形式来说，富媒体智能型教材实现了传统纸质教材与数字技术的融合，通过二维码建立链接，将VR、微课、视频、动画、音频、图文和试题库等富媒体资源丰富呈现给用户；从教材内容的选取整合来说，其实现了职业教育与产业发展的融合，不仅注重专业教学内容与职业能力培养的有效对接，而且很好地解决了部分专业课程学与训、训与评的难题；从教材的教学使用过程来说，其实现了线下自主与线上互动的融合，学生可以在有网络支持的任何地方自主完成预习、巩固、复习等，教师可以在教学中灵活使用随堂点名、作业布置及批改、自测及组卷考试、成绩统计分析等平台辅助教学工具。

富媒体智能型教材设计新颖，一书一码，使用便捷。使用富媒体智能型教材的师生首先下载“财济书院”App或者进入“财济书院”（www.idufep.com）平台完成注册，就可以开启个性化教与学之旅。

“重塑教学空间，回归教学本源！”“财济书院”平台不仅仅是出版社提供教学资源和服务的平台，更是出版社为作者和广大院校创设的一个教学空间。作者和院校师生既是这个空间的使用者和消费者，也是这个空间的创造者和建设者，在这里，出版社、作者、院校共建资源，共享回报，共创未来。

最后，感谢各位作者为支持项目建设所付出的辛劳和智慧，也欢迎广大院校在教学中积极使用富媒体智能型教材和“财济书院”平台，东北财经大学出版社愿意也必将陪伴广大职业教育工作者走向更加光明而美好的职教发展新阶段。

东北财经大学出版社

第六版前言

“税法”课程是财经商贸大类中的财务会计类、财政税务类专业的专业基础课程或核心课程，也可以作为财经商贸大类其他类专业的选修课程。依托“税法”湖北省省级在线精品课程项目建设，以湖北省税务省级特色专业的师资为主体，在湖北省技能名师工作室“税务专业刘彩霞工作室”的专家顾问和企业成员的指导下，从大数据与会计、财税大数据管理等专业人才培养的需要和教师的教学需求出发，我们编写了本教材。本教材曾获“辽宁省优秀图书（教材）奖”一等奖。

本教材具有以下几个特点：

第一，内容全面，详略得当。本教材以我国现行除烟叶税、船舶吨税外的16个税种为主体，紧密结合税收立法的变化，及时体现环境保护税、个人所得税、资源税、印花税等税制改革内容，注重按照税制要素框架对基本内容进行讲解，做到理论“管用、够用、实用”。

第二，体例规范，设计活泼。本教材立足于便于教与学的角度，对各主要税种进行了适当讲解和应用举例，每个税种主要围绕“征税范围及纳税人—税目与税率—计税依据及应纳税额的计算”三点一线进行原理揭示和应用示范，化繁杂为简单。

第三，例题丰富，练习到位。首先，本教材中每个重要知识点都设有例题，分布广泛；其次，例题设置循序渐进，由表及里、由浅入深，避免了例题过于简单或过于复杂的情况，可以满足不同层次的教学需要；最后，本教材按照最新税法规定设置例题，规避了目前一些教材中例题含糊不清甚至错误的问题，题目精准，能够达到强化技能、规范操作的效果。除此之外，我们还为本教材配套编写了《税法习题与解答》(第六版)，以便更好地满足广大师生的教学及学习需要。

第四，课证融合，接轨考试。税法是初级会计师、注册会计师、税务师等职业资格证书考试的必考科目，也是财务会计类、财政税务类专业“1+X”证书制度的职业技能等级证书的重要学习内容。本教材依据上述考试大纲，在教材的内容、例题和案例中结合了上述考试的重点内容，力争为学生通过上述资格考试奠定坚实的基础。

第五，教改创新，资源丰富。随着“互联网+”时代的到来，本教材作为省级在线精品课程建设内容，将传统纸质教材与现代化数字资源有效结合，注重发挥在线资源辅助学习的功能，数字资源内容丰富，通过PPT、微课、慕课等形式实现线上线下共同学习。

第六，调整结构，融入思政。以新发展理念为基础，将16个税种按其与创新、协调、绿色、开放、共享发展理念的关联性重新组合模块，如将资源税和环境保护税进行整合形成“绿色税收”，并对不同税种进行思政元素提炼，如个人所得税修订为“迈向共同富裕的个人所得税”。

本教材贯彻落实党的二十大精神，所配套线上线下教学资源紧紧围绕当代大学生人生与职业发展的“立身、立业、立国”元素，通过推进税法教育学习数字化，培养用书人、学习者终身学习理念，养成法治思维意识，为党培育税收治理之人，为国培育税收服务之才。

本教材可作为高等职业院校的专科、本科教学用书，也可作为成人高等学校或企业职工培训用书，更是一本税务工作人员掌握税法知识的自学用书。为体现税法内容的先进性，本教材以2023年4月1日之前发布的我国税收法律、法规为主要依据。需要说明的是，若之后税法有调整或变化，应以新法为准。

本教材由湖北财税职业学院院长、注册会计师、注册税务师、注册资产评估师张亮担任第一主编，刘彩霞教授担任第二主编，宋燕、汤玉梅、张娟担任副主编。具体分工如下：刘彩霞编写第一章；丁婷玉、胡蝶编写第二章；宋燕编写第三章、第十二章；沈颖喆编写第四章、第七章；汤玉梅编写第五章、第十章第三节、第十三章；彭晖编写第六章；孙睿、黄喆编写第八章；文丹编写第九章、第十章前两节；张娟编写第十一章；胡蝶编写第十四章。全书最后由张亮、刘彩霞、宋燕总纂定稿。

由于编者水平有限，书中不妥之处在所难免，恳请读者在使用的过程中提出宝贵意见，联系邮箱为455826381@qq.com，以便修订时改进。

编　者

2023年4月

目 录

第一章　依法治税下我国税法体系 / 1

第一节　税收与税法 / 1
第二节　税收实体法要素 / 16
第三节　我国现行税法体系 / 23
第四节　我国税收管理体制 / 26

第二章　金税工程下的增值税 / 33

第一节　征税范围及纳税人 / 34
第二节　税率及征收率 / 42
第三节　计税依据及应纳税额的计算 / 48
第四节　增值税出口退（免）税 / 69
第五节　税收优惠及征收管理 / 74
第六节　增值税发票的使用和管理 / 86

第三章　促进公平收入分配的消费税 / 99

第一节　征税范围及纳税人 / 100
第二节　税目与税率 / 102
第三节　计税依据及应纳税额的计算 / 107
第四节　征收管理 / 120

第四章　服务区域发展的城市维护建设税和教育费附加 / 123

第一节　城市维护建设税的征税范围及纳税人 / 123
第二节　城市维护建设税的税率 / 124
第三节　城市维护建设税的计税依据及应纳税额的计算 / 125

第四节　城市维护建设税的税收优惠及征收管理 / 127
第五节　教育费附加 / 129
第五章　助力美丽中国建设的绿色税收 / 133
第一节　资源税的征税范围及纳税人 / 133
第二节　资源税的税目与税率 / 135
第三节　资源税的计税依据及应纳税额的计算 / 138
第四节　资源税的税收优惠及征收管理 / 143
第五节　环境保护税的税收规定 / 145
第六章　支持地方经济发展的土地增值税 / 160
第一节　征税范围及纳税人 / 161
第二节　计税依据 / 163
第三节　税率及应纳税额的计算 / 168
第四节　税收优惠及征收管理 / 171
第七章　受益地方的房产税 / 176
第一节　征税对象及纳税人 / 176
第二节　计税依据、税率及应纳税额的计算 / 178
第三节　税收优惠及征收管理 / 181
第八章　因地制宜的城镇土地使用税和耕地占用税 / 185
第一节　城镇土地使用税 / 185
第二节　耕地占用税 / 195
第九章　交通强国下的车辆购置税和车船税 / 204
第一节　车辆购置税 / 204
第二节　车船税 / 213
第十章　具有契约精神的印花税和契税 / 222
第一节　印花税 / 222
第二节　契税 / 233
第十一章　创新创业下的企业所得税 / 242
第一节　征税对象及纳税人 / 243
第二节　计税依据 / 245
第三节　资产的税务处理 / 265

第四节　税率及应纳税额的计算 / 271
第五节　特别纳税调整 / 277
第六节　税收优惠 / 282
第七节　源泉扣缴与征收管理 / 293
第十二章　迈向共同富裕的个人所得税 / 299
第一节　纳税人及纳税义务 / 300
第二节　征税对象 / 302
第三节　税率 / 313
第四节　计税依据的确定 / 314
第五节　应纳税额的计算 / 319
第六节　源泉扣缴 / 337
第七节　税收优惠及征收管理 / 341
第十三章　经济全球化下的我国关税 / 351
第一节　征税对象及纳税人 / 352
第二节　关税税则与税率 / 353
第三节　计税依据及应纳税额的计算 / 356
第四节　税收优惠及征收管理 / 366
第十四章　数字化转型下的税收征收管理法 / 373
第一节　税务管理 / 373
第二节　税款征收 / 378
第三节　税务检查 / 385
第四节　法律责任 / 390

微课资源目录

章	节	微课资源	页码
第一章　依法治税下我国税法体系	第二节　税收实体法要素	二维码1：税收实体法要素	16
第二章　金税工程下的增值税	第一节　征税范围及纳税人	二维码2：纳税人	40
	第三节　计税依据及应纳税额的计算	二维码3：销项税额的一般规定	48
	第三节　计税依据及应纳税额的计算	二维码4：进项税额	54
	第六节　增值税发票的使用和管理	二维码5：发票的分类与报销	86
第三章　促进公平收入分配的消费税	第二节　税目与税率	二维码6：消费税税目与税率	102
第五章　助力美丽中国建设的绿色税收	第一节　资源税的征税范围及纳税人	二维码7：资源税	133
	第五节　环境保护税的税收规定	二维码8：环境保护税	145
第六章　支持地方经济发展的土地增值税	第二节　计税依据	二维码9：房地产开发企业土地增值税	164
第七章　受益地方的房产税	第二节　计税依据、税率及应纳税额的计算	二维码10：房产税	178
第八章　因地制宜的城镇土地使用税和耕地占用税	第一节　城镇土地使用税	二维码11：城镇土地使用税	185
第九章　交通强国下的车辆购置税和车船税	第一节　车辆购置税	二维码12：车辆购置税和车船税	204

续表

章	节	微课资源	页码
第十章　具有契约精神的印花税和契税	第一节　印花税	二维码13：印花税	222
	第二节　契税	二维码14：契税	233
第十一章　创新创业下的企业所得税	第一节　征税对象及纳税人	二维码15：纳税人、征税对象、税率	243
	第二节　计税依据	二维码16：税前扣除原则、范围	245
第十二章　迈向共同富裕的个人所得税	第一节　纳税人及纳税义务	二维码17：个人所得税纳税人及征税对象	300
	第六节　源泉扣缴	二维码18：个人所得税的征收管理	337
第十三章　经济全球化下的我国关税	第三节　计税依据及应纳税额的计算	二维码19：关税	356

第一章

依法治税下我国税法体系

本章重点

1. 税法的概念
2. 税收法律关系的主体
3. 税收实体法要素

本章难点

1. 税收实体法要素
2. 我国税收管理体制

第一节 税收与税法

一、税法的概念

税法与税收制度密不可分，税法是税收制度的法律表现形式，税收制度则是税法所确定的具体内容，税收制度是税收本质特征及税收职能所要求的。因此，了解税收的概念对于理解税法的概念是非常必要的。

税收是政府为了满足社会公共需要，凭借政治权力，强制、无偿地取得财政收入的一种形式。税收的概念可从以下几个方面来把握：

（1）税收是国家取得财政收入的一种重要工具。

国家要行使职能，必须有一定的财政收入作为保障。取得财政收入的手段多种多样，如税收、发行货币、发行国债、收费、罚没等，其中税收收入是大部分国家取得财政收入的主要形式。我国自1994年税制改革以来，税收收入占财政收入的比重基本维持在90%以上，这说明税收是目前我国政府取得财政收入的主要工具。

（2）国家征税的依据是政治权力，它有别于按要素进行的分配。

国家通过征税，将一部分社会产品由纳税人所有转变为国家所有，因此征税的过程实际上是国家参与社会产品分配的过程。国家与纳税人之间形成的这种分配关系与社会再生产中的一般分配关系不同。税收分配是以国家为主体所进行的分配，一般分配则是以各生产要素的所有者为主体所进行的分配；税收分配是国家凭借政治权力所进行的分配，一般分配则是基于生产要素所进行的分配。

（3）征税的目的是满足社会公共需要。

国家在履行其公共职能的过程中，必然要有一定的公共支出。公共产品提供的特殊性决定了公共支出在一般情况下不可能由公民个人、企业采取自愿出价的方式来负担，而只能采用由国家（政府）强制征税的方式，由经济组织、单位和个人共同负担。国家征税的目的是满足国家提供公共产品的需要，其中包括政府弥补市场失灵和促进公平分配等的需要。同时，国家征税也要受到所提供公共产品的规模和质量的制约。

（4）税收具有无偿性、强制性和固定性的形式特征。

税收特征，亦称“税收形式特征”，是指税收分配形式区别于其他财政分配形式的质的规定性。税收特征是由税收的本质决定的，是税收本质属性的外在表现，是区别税与非税的外在尺度和标志，也是古今中外税收的共性。税收的形式特征通常概括为税收“三性”，即无偿性、强制性和固定性。

税收的无偿性，是指国家征税以后对具体纳税人既不需要直接偿还，也不需要付出任何直接形式的报酬，纳税人从政府支出所获利益通常与其支付的税款不完全成一一对应的比例关系。无偿性是税收的关键特征，它使税收明显区别于国债等财政收入形式，决定了税收是国家筹集财政收入的主要手段，以及调节经济和矫正社会分配不公的有力工具。

税收的强制性，是指税收是国家凭借政治权力，通过法律形式对社会产品进行的强制性分配，而非纳税人的自愿缴纳。纳税人必须依法纳税，否则会受到法律制裁。强制性是国家的权力在税收上的法律体现，是国家取得税收收入的根本前提，也是与税收的无偿性相对应的一个特征。正因为税收具有无偿性，所以才需要通过法律的形式规范征纳双方的权利和义务。对纳税人而言，依法纳税既是一种权利，更是一种义务。

税收的固定性，是指税收是国家通过法律形式，预先规定了对什么征税及征收比例等税制要素，并保持相对的连续性和稳定性，即使税制要素的具体内容会因经济发展水平、国家经济政策的变化而进行必要的改革和调整，但这种改革和调整必须通过法律形式事先规定下来，而且改革和调整后要保持一定时期的相对稳定。基于法律的税收固定性始终是税收的固有特征，税收的固定性对国家和纳税人而言都具有十分重要的意义。对国家来说，税收的固定性可以保证财政收入的及时、稳定和可靠，防止国家不顾客观经济条件和纳税人的负担能力，滥用征税权；对纳税人来说，税收的固定性可以保护其合法权益不受侵犯，增强其依法纳税的法律意识，同时有利于纳税人通过税收筹划选择合理的经营规模、经营方式和经营结构等，降低经营成本。

税收“三性”是一个完整的统一体，它们相辅相成，缺一不可。其中，无偿性是核心，强制性是保障，固定性是对强制性和无偿性的一种规范和约束。

税收制度是在税收分配活动中，征纳双方应遵守的行为规范的总和。其内容主要包括各税种的法律法规以及为了保证这些法律法规得以实施的税收征管制度和税收管理体制。其中，各税种的法律法规是税收制度的核心内容。

税法是国家制定的用来调整国家与纳税人之间在征纳税方面的权利与义务关系的法律规范的总称。它是国家及纳税人依法征税、依法纳税的行为准则，其目的是保障国家利益和纳税人的合法权益，维护正常的税收秩序，保证国家的财政收入。

税法具有义务性法规和综合性法规的特点。从法律性质上看，税法属于义务性法规，以规定纳税人的义务为主。税法属于义务性法规，并不是指税法没有规定纨税人的权利，而是指纳税人的权利是建立在其纳税义务的基础上的，处于从属地位。税法属于义务性法规的这一特点是由税收的无偿性和强制性所决定的。税法的另一个特点是具有综合性，它是由一系列单行税收法律、法规及行政规章制度组成的复杂体系，其内容涉及征税的基本原则、征纳双方的权利和义务、税收管理规则、法律责任、解决税务争议的法律规范等。税法的综合性是由税收制度调整的税收分配关系和税收法律关系的复杂性所决定的。税法的内容十分丰富，涉及范围也极为广泛。各单行税收法律、法规结合起来，形成了完整配套的税法体系，共同规范和制约着税收分配的全过程，是实现依法治税的前提和保证。

【例1-1】下列关于税法特点的表述中，不正确的是（　　）。

A.从立法过程来看，税法属于制定法

B.从法律性质来看，税法属于义务性法规

C.从内容上看，税法具有综合性

D.从法律性质来看，税法属于授权性法规

【解析】税法属于义务性法规，并不是指税法没有规定纳税人的权利，而是指纳税人的权利是建立在其纳税义务的基础上的，处于从属地位。故选D项。

二、税法的原则

税法的原则包括税法基本原则和税法适用原则。

（一）税法基本原则

1.税收法定原则

税收法定原则又称税收法定主义，是指税法主体的权利和义务必须由法律加以规定，税法的各类构成要素都必须且只能由法律予以明确。

税收要素法定主义是指有关纳税人、征税对象、征税标准等税收要素必须以法律形式作出规定，并且有关税收要素的规定应尽量明确。

税务合法性原则是指税务机关应按法定程序依法征税，不得随意减征、停征或免征，无法律依据不征税。

2.税收公平原则

税收公平原则是指税收负担必须根据纳税人的负担能力分配，负担能力相等，税负相同；负担能力不等，税负不同。一般认为，税收公平包括税收横向公平和税收纵向公平。税收公平原则源于法律上的平等性原则，所以许多国家的税法在贯彻税收公平原则时，都特别强调“禁止不平等对待”的法理，禁止歧视性对待特定纳税人，也禁止在没有正当理由的情况下给予特定纳税人特别优惠。

3.税收效率原则

税收效率原则包含两个方面：一是经济效率；二是行政效率。前者要求税法的制定要有利于资源的有效配置和经济体制的有效运行；后者要求提高税收行政效率，节约税收征管成本。

4.实质课税原则

实质课税原则是指应根据客观事实确定是否符合课税要素，并根据纳税人的真实负担能力决定纳税人的税负，而不能仅考虑相关外观和形式。

（二）税法适用原则

税法适用原则是指税务行政机关和司法机关运用税收法律规范解决具体问题时所必须遵循的准则。它包括：

1.法律优位原则

法律优位原则也称行政立法不得抵触法律原则，其基本含义是法律的效力高于行政立法的效力。法律优位原则在税法中的作用主要体现在处理不同等级税法的关系上。与一般法律相比，税法与社会经济生活的联系十分紧密。为了适应市场经济条件下社会经济生活的复杂多变性，税法体系变得越来越庞大，内部分工越来越细致，立法的层次性越来越鲜明，不同层次税法之间在立法、执法、司法中的越权或空位也更容易出现，因此界定不同层次税法的效力关系十分必要。法律优位原则明确了税收法律的效力高于税收行政法规的效力，对此还可以进一步推出税收行政法规的效力优于税收行政规章的效力。当效力低的税法与效力高的税法发生冲突时，效力低的税法是无效的。

2.法律不溯及既往原则

法律不溯及既往原则是绝大多数国家所遵循的法律程序技术原则。其基本含义为，新法实施之前人们的行为不得适用新法，而只能沿用旧法。在税法领域内坚持这一原则，目的在于维护税法的稳定性和可预测性，使纳税人能够在知道纳税结果的前提下作出相应的经济决策，这样税收的调节作用才会较为有效；否则，就会违背税收法定主义和税收合作信赖主义，对纳税人也是不公平的。然而，在某些特殊情况下，税法对这一原则的适用也有例外。例如，1991年我国停征建筑税而代之以固定资产投资方向调节税时，对在建项目原来的建筑税实行“政策性减免”，按新税法办理。其原因在于，将在建项目以新税法实施时间为准分别实行不同的减免税政策在技术上比较困难。一些国家在处理税法的溯及力问题时，还坚持有利溯及原则，即对税法中溯及既往的规定，对纳税人有利的，则予以承认；对纳税人不利的，则不予承认。

【例1-2】某化妆品生产企业主要生产普通美容、修饰类化妆品，2016年1—9月的销售收入为6 300万元，10—12月的销售收入为1 000万元。

【解析】自2016年10月1日起，我国取消对普通美容、修饰类化妆品征收消费税，将“化妆品”税目名称更名为“高档化妆品”。征收范围包括高档美容及修饰类化妆品、高档护肤类化妆品和成套化妆品。按照法律不溯及既往原则，1—9月的销售收入6 300万元仍需缴纳消费税，10—12月的销售收入1 000万元不需要缴纳消费税。

3. 新法优于旧法原则

新法优于旧法原则也称后法优于先法原则，其含义为当新法、旧法对同一事项有不同规定时，新法的效力优于旧法。其作用在于避免因法律修订带来新法、旧法对同一事项有不同的规定而给法律适用带来混乱，从而为法律的更新与完善提供法律适用上的保障。新法优于旧法原则的适用以新法生效实施为标志，新法生效实施以后适用新法；新法实施以前包括新法公布以后尚未实施这段时间，仍沿用旧法，新法不发生效力。新法优于旧法原则在税法中普遍适用，但是当新税法与旧税法是普通法与特别法的关系时，或者当某些程序性税法引用“实体法从旧、程序法从新原则”时，可以例外。

4. 特别法优于普通法原则

特别法优于普通法原则的含义为，当对同一事项两部法律分别制定了一般规定和特别规定时，特别规定的效力高于一般规定的效力。当对某些税收问题需要作出特殊规定，又不便于普遍修订税法时，可以通过特别法的形式予以规范。凡是特别法作出规定的，则排斥普通法的适用。不过这种排斥仅就特别法中的具体规定而言，并不是随着特别法的出现，原有的居于普通法地位的税法即告废止。特别法优于普通法原则打破了税法效力等级的限制，即居于特别法地位的、级别较低的税法，其效力可以高于居于普通法地位的、级别较高的税法。

5. 实体法从旧、程序法从新原则

实体法从旧、程序法从新原则的含义包括两个方面：一是实体法不具备溯及力；二是程序法在特定条件下具备一定的溯及力。也就是说，一项新税法公布实施之前发生的纳税义务，在新税法公布实施之后进入税款征收程序的，原则上新税法具有约束力。在一定条件下允许“程序法从新”，是因为程序法规范的是程序性问题，不应以纳税人的实体性权利及义务发生的时间来判定新的程序法与旧的程序法之间的效力关系，而且程序法主要涉及税款征收方式的改变，其效力发生时间的适当提前，并不构成对纳税人权利的侵犯，也不违背税收合作信赖主义。

6. 程序法优于实体法原则

程序法优于实体法原则是关于税收争讼法的原则。其基本含义为，当诉讼发生时，税收程序法优于税收实体法适用。纳税人通过税务行政复议或税务行政诉讼寻求法律保护的前提条件之一是，必须事先履行税务行政执法机关认定的纳税义务，而不管这项纳税义务实际上是否完全发生；否则，税务行政复议机关或司法机关对纳税人的申诉将不予受理。实行这一原则是为了确保国家课税权的实现，不会因争议的发生而影响税款的及时、足额入库。

【例1-3】纳税人李某和税务所在缴纳税款方面发生了争议，李某必须在缴纳了有争议的税款后，税务行政复议机关才能受理李某的行政复议申请。

【解析】审理税务案件时，税收程序法先于税收实体法适用。按照程序法优于实体法原则，纳税人通过税务行政复议或税务行政诉讼寻求法律保护的前提条件之一是，必须事先履行税务行政执法机关认定的纳税义务，而不管这项纳税义务实际上是否完全发生；否则，税务行政复议机关或司法机关对纳税人的申诉将不予受理。实行这一原则是为了确保国家课税权的实现，不会因争议的发生而影响税款的及时、足额入库。

三、税收法律关系

税收法律关系是税法确认和调整的，国家与纳税人之间、国家与国家之间，以及各级政府之间在税收分配过程中形成的权利与义务关系。国家征税与纳税人纳税，在形式上表现为利益分配的关系，但经过法律明确双方的权利与义务后，这种关系实质上已上升为一种特定的法律关系。了解税收法律关系，对于正确理解国家税法的本质，严格依法纳税、依法征税，都具有重要的意义。

（一）税收法律关系的构成

税收法律关系在总体上与其他法律关系一样，都是由权利主体、权利客体和法律关系内容三个方面构成的，但这三个方面的内涵有其特殊性。

1.权利主体

权利主体是指税收法律关系的参加者。税收法律关系的主体即税收法律关系中享有权利和承担义务的当事人。在我国的税收法律关系中，权利主体一方是代表国家行使征税职责的国家行政机关，包括国家各级税务机关、海关和财政机关；另一方是履行纳税义务的人，包括法人、自然人和其他组织，在华的外国企业、组织、外籍人、无国籍人，以及在华虽然没有机构、场所但有来源于中国境内所得的外国企业或组织。这种对税收法律关系中权利主体另一方的确定，在我国采取的是属地兼属人的原则。

在税收法律关系中，权利主体双方的法律地位平等，但是由于权利主体双方是行政管理者与被管理者的关系，因此双方的权利与义务是不对等的。这也是税收法律关系的一个重要特征。

2.权利客体

权利客体即税收法律关系主体的权利、义务共同指向的对象，也就是征税对象。例如，所得税法律关系客体是生产经营所得和其他所得；财产税法律关系客体是财产等。税收法律关系客体也是国家利用税收杠杆调整和控制的目标。国家在一定时期可根据客观经济形势发展的需要，通过扩大或缩小征税范围调整征税对象，以达到限制或鼓励国民经济中某些产业、行业发展的目的。

3.法律关系内容

法律关系内容是指权利主体所享有的权利和应承担的义务，这是税收法律关系中最实质的东西，也是税法的灵魂。它规定了权利主体可以有什么行为、不可以有什么行为，以及若违反这些规定，应承担什么样的法律责任。

税务机关的权利主要有依法征税、进行税务检查以及对违章者进行处罚；其义务主要是向纳税人宣传税法，提供纳税咨询与辅导，及时把征收的税款解缴国库，依法受理纳税人对税收争议的申诉等。

纳税义务人的权利主要有多缴税款申请退还权、延期纳税权、依法申请减免税权、申请复议和提起诉讼权等；其义务主要是按税法规定办理税务登记、进行纳税申报、接受税务检查、依法缴纳税款等。

（二）税收法律关系的产生、变更与消灭

税法是引起税收法律关系的前提条件，但税法本身并不能产生具体的税收法律关系。税收法律关系的产生、变更与消灭必须有能够引起税收法律关系产生、变更与消灭的客观情况，也就是由税收法律事实来决定。税收法律事实可以分为税收法律事件和税收法律行为。税收法律事件是指不以税收法律关系主体的意志为转移的客观事件，如自然灾害导致税收减免，从而导致税收法律关系内容的变化。税收法律行为是指税收法律关系主体在正常意志支配下作出的活动，如纳税人开业经营即产生税收法律关系，纳税人转业或停业就会造成税收法律关系的变更或消灭。

（三）税收法律关系的保护

税收法律关系同国家利益及企业和个人的权益相联系。保护税收法律关系，实质上就是保护国家正常的经济秩序，保障国家财政收入，维护纳税人的合法权益。税收法律关系的保护形式和方法很多，如税法中关于限期纳税、征收滞纳金和罚款的规定，《中华人民共和国刑法》（以下简称《刑法》）对构成逃税、抗税罪给予刑罚的规定，以及税法中对纳税人不服税务机关的征税处理决定可以申请复议或提出诉讼的规定等。税收法律关系的保护对权利主体双方而言是平等的，不能只对一方予以保护，而对另一方不予以保护；同时，对权利主体享有权利的保护，就是对其承担义务的制约。

【例1-4】税收法律关系产生的标志是（　　）。

A.纳税人办理或重新办理税务登记　　B.征税主体与纳税主体同时存在

C.引起纳税义务成立的法律事实　　D.征、纳双方权利与义务关系的形成

【解析】税收法律关系的产生、变更与消灭必须有能够引起税收法律关系产生、变更与消灭的客观情况，也就是由税收法律事实来决定，故选C项。

四、税法的地位及与其他法律的关系

（一）税法是我国法律体系的重要组成部分

了解税法在整个国家法律中所处的地位，以及与其他法律之间的关系，能使我们更好地执行税法，有效打击违反税法的犯罪行为。

税法是国家法律体系中一项重要的部门法，是调整国家与各经济单位及公民个人分配关系的基本法律规范。税法的调整对象是具有某一性质的社会关系，它是划分各法律部门的基本因素，也是一个法律部门区别于其他法律部门的基本标志和依据。因此，税法主要以维护公共利益而非个人利益为目的，在性质上属于公法。不过，与宪法、行政法、刑法等典型的公法相比，税法仍具有一些私法的属性，如征税依据私法化、税收法律关系私法化、税法的概念范畴私法化等。

税法是我国法律体系的重要组成部分。在我国的法律体系中，税法的地位是由税收在国家经济活动中的重要性决定的。第一，税收收入是政府取得财政收入的基本来源，而财政收入是国家机器正常运转的经济基础。第二，税收是国家宏观调控的重要手段，因为税收是调整国家与企业和公民个人分配关系的最基本、最直接的方式。在市场经济条件下，税收的上述两项作用表现得非常明显。税与法密不可分，有税必有法，无法不成税。如今

大多数国家奉行立宪征税、依法治税的原则，即政府的征税权由宪法授予，税收法律必须经立法机关批准，税务机关履行职责必须依法办事，税务争讼要按法定程序解决。简而言之，国家的一切税收活动，均要以法定方式表现出来。

（二）税法与其他法律的关系

涉及税收征纳关系的法律规范，除税法本身直接在税收实体法、税收程序法、税收争讼法、税收处罚法中规定外，在某些情况下也援引一些其他法律。

1.税法与宪法的关系

宪法是国家的根本大法，是制定所有法律、法规的依据和章程。税法是国家法律的组成部分，税法当然也是依据宪法的原则制定的。

《中华人民共和国宪法》（以下简称《宪法》）第五十六条规定："中华人民共和国公民有依照法律纳税的义务。"这里一是明确了国家可以向公民征税；二是明确了向公民征税要有法律依据。因此，《宪法》的这条规定是立法机关制定税法并据以向公民征税，以及公民必须依照税法纳税的最直接的法律依据。

我国《宪法》还规定，国家要保护公民的合法收入、财产所有权，保护公民的人身自由不受侵犯等。因此，在制定税法时，要规定公民应享受的各项权利，以及国家税务机关行使征税权的约束条件，同时要求税务机关在行使征税权时，不能侵犯公民的合法权益等。

我国《宪法》第三十三条规定："中华人民共和国公民在法律面前一律平等。"也就是说，凡是中国公民，在法律面前都处于平等的地位。在制定税法时也应遵循这个原则，对所有的纳税人平等对待，不能因为纳税人的种族、性别、出身、年龄等不同而在税收上给予不平等的待遇。

2.税法与民法的关系

民法是调整平等主体之间，也就是公民之间、法人之间、公民与法人之间财产关系和人身关系的法律规范，故民法调整方法的主要特点是平等、等价和有偿。税法的本质是国家依据政治权力向公民征税，是调整国家与纳税人关系的法律规范，这种税收征纳关系不是商品的关系，并且明显带有国家意志和强制的特点，故其调整方法要采用命令和服从的方法，这是由税法与民法的本质区别所决定的。

但税法与民法之间又有联系。当税法的某些规范同民法的规范基本相同时，税法一般援引民法条款。在征税过程中，还经常会涉及大量的民事权利和义务的问题，如印花税中有关经济合同关系的成立、房产税中有关房屋产权的认定等，这些在民法中已予以规定，所以税法不再另行规定。

当涉及税收征纳关系时，一般应以税法为准则。例如，两个关联企业之间，一方以高进低出的价格与对方进行商业交易，然后以其他方式从对方那里获得利益补偿，以达到避税的目的。虽然上述交易符合民法中规定的"民事活动应遵循自愿、公平、等价有偿、诚实信用"的原则，但是违反了税法的规定，应该按照税法对这种交易行为进行相应的调整。

3.税法与刑法的关系

税法与刑法有本质的区别。刑法是关于犯罪、刑事责任与刑罚的法律规范的总和；税法则是调整税收征纳关系的法律规范。两者调整的范围不同。

税法与刑法也有着密切的联系，因为税法和刑法对于违反税法的行为都规定了处罚条款。应该指出的是，违反了税法，并不一定就是犯罪。例如，我国《刑法》第二百零一条规定："纳税人采取欺骗、隐瞒手段进行虚假纳税申报或者不申报，逃避缴纳税款数额较大并且占应纳税额百分之十以上的，处三年以下有期徒刑或者拘役，并处罚金；数额巨大并且占应纳税额百分之三十以上的，处三年以上七年以下有期徒刑，并处罚金。"《中华人民共和国税收征收管理法》（以下简称《税收征收管理法》）第六十三条规定："纳税人伪造、变造、隐匿、擅自销毁账簿、记账凭证，或者在账簿上多列支出或者不列、少列收入，或者经税务机关通知申报而拒不申报或者进行虚假的纳税申报，不缴或者少缴应纳税款的，是偷税。对纳税人偷税的，由税务机关追缴其不缴或少缴的税款、滞纳金，并处不缴或少缴的税款百分之五十以上五倍以下的罚款；构成犯罪的，依法追究刑事责任。"从上面的规定可以看出，两者之间的区别就在于情节是否严重。轻者给予行政处罚；重者则要承担刑事责任，给予刑事处罚。

从2009年2月28日起，"偷税"不再作为一个刑法概念存在。第十一届全国人大常委会第七次会议表决通过了《中华人民共和国刑法修正案（七）》，该修正案对《刑法》第二百零一条关于不履行纳税义务的定罪量刑标准和法律规定中的相关表述方式进行了修改，用"逃避缴纳税款"取代了"偷税"，但目前我国《税收征收管理法》还没有作出相应修改。

4.税法与行政法的关系

税法与行政法有着十分密切的联系，主要表现为税法具有行政法的一般特性。税收实体法和税收程序法中都有大量关于国家机关之间、国家机关与法人或自然人之间法律关系调整的内容，而且税收法律关系中居于领导地位的一方总是国家，体现了国家单方面的意志，不需要征纳双方的意思表示一致。另外，税收法律关系中争议的解决一般按照行政复议程序和行政诉讼程序进行。

税法与行政法也有一定区别。与一般行政法不同的是，税法具有经济分配的性质，并且经济利益由纳税人向国家无偿单方面转移，这是一般行政法所不具备的。社会再生产的每一个环节几乎都有税法的参与和调节，税法的广度和深度是一般行政法所不能比的。另外，税法是一种义务性法规，而行政法大多为授权性法规，所含的少数义务性规定也不像税法那样涉及货币收益的转移。

【例1-5】税法与刑法从不同的角度规范人们的社会行为。下列有关税法与刑法关系的表述中，正确的有（　　）。

A.税法属于权力性法规，刑法属于禁止性法规

B.税收法律责任追究的形式具有多重性，刑事法律责任追究只采用自由刑与财产刑的形式

C.刑法是实现税法强制性最有力的保障

D.有关"危害税收征管罪"的规定，体现了税法与刑法在调整对象上的交叉

E.对税收犯罪和刑事犯罪的司法调查程序不一致

【解析】税法属于义务性法规，刑法属于禁止性法规。对税收犯罪和刑事犯罪的司法调查程序一致。故选B、C、D项。

五、税法的效力与解释

（一）税法的效力

税法的效力是指税法在什么地方、什么时间、对什么人具有法律约束力。税法的效力范围表现为空间效力、时间效力和对人的效力。

1.税法的空间效力

税法的空间效力是指税法在特定地域内发生的效力。由一个主权国家制定的税法，原则上必须适用于其主权管辖的全部领域，但根据具体情况也可以有所不同。我国税法的空间效力主要包括两种情况：

（1）在全国范围内有效。由全国人民代表大会及其常务委员会制定的税收法律，国务院颁布的税收行政法规，财政部、国家税务总局制定的税收行政规章以及具有普遍约束力的税务行政命令在除个别特殊地区外的全国范围内有效。这里的“个别特殊地区”主要指我国香港、澳门、台湾和保税区等。

（2）在地方范围内有效。一是由地方立法机关或政府依法制定的地方性税收法规、规章，以及具有普遍约束力的税收行政命令，在其管辖区域内有效；二是由全国人民代表大会及其常务委员会、国务院、财政部、国家税务总局制定的具有特别法性质的税收法律、税收法规、税收规章和具有普遍约束力的税收行政命令，在特定地区（如经济特区，老、少、边、贫地区等）有效。

2.税法的时间效力

税法的时间效力是指税法何时生效、何时失效和有无溯及力的问题。

（1）税法的生效。在我国，税法的生效主要分为三种情况：一是税法通过一段时间后开始生效。其优点在于可以使广大纳税人和执法人员事先学习、了解和掌握该税法的具体内容，便于该税法得到准确的贯彻、执行。二是税法自发布之日起生效。重要税法个别条款的修订和小税种的设置，对于执法人员和纳税人来讲易于理解和掌握，实施前也不需要更多的准备，因此这种生效方式被广泛采用，这样可以兼顾税法实施的及时性与准确性。三是税法公布后授权地方政府自行确定生效日期，这种税法生效方式实质上是将税收管理权限下放给地方政府。

（2）税法的失效。税法的失效表明其法律约束力的终止。税法的失效通常有三种方式：一是以新税法代替旧税法。这是最常见的税法失效宣布方式，即以新税法的生效日期为旧税法的失效日期。二是直接宣布废止某项税法。当税法结构调整，需要取消某项税法，又没有新的相关税法设立时，往往需要另外宣布税法失效的日期。三是税法本身规定废止的日期。也就是说，在税法的有关条款中预先确定废止的日期，届时税法自动失效。鉴于这种方式较为死板，容易使国家财政陷入被动，因此这种方式在税收立法实践中很少采用。

（3）税法的溯及力。一部新税法实施后，在其实施之前，纳税人的行为如果适用，则该税法具有溯及力；反之，该税法无溯及力。我国及其他许多国家的税法都坚持不溯及既往的原则，对此问题，我们在税法的适用原则中已经讨论过。

3.税法对人的效力

税法对人的效力即税法对什么人适用或能管辖哪些人。税法的空间效力、时间效力最终都要归结为对人的效力。在处理税法对人的效力时，国际上通行的原则有三个：一是属人主义原则。凡是本国的公民或居民，不管其身居国内还是国外，都要受本国税法的管辖。二是属地主义原则。凡是本国领域内的法人或个人，不管其身份如何，都适用本国税法。三是属人、属地相结合的原则。我国税法即采用这一原则。凡我国公民、在我国居住的外籍人员、在我国注册登记的法人，以及虽未在我国设立机构但有来源于我国收入的外国企业、公司、经济组织等，均适用我国税法。

（二）税法解释

税法解释是指税法的法定解释，即有法定解释权的国家机关，在法律赋予的权限内，对有关税法或其条文进行的解释。税法解释之所以必要，主要有以下原因：

第一，税收法律规范是一种概括的、普遍的行为规范，只规定一般的适用条件、行为模式和法律后果，而不可能对涉税活动的各个方面都进行规定。执法人员在执法过程中遇到的大多是个别的、特殊的问题，为了使一般的税收法律规定准确适用于具体的税收法律实际，就需要对税收法律规范作出必要的解释。

第二，税收法律规范一经合法制定，便具有相对稳定性，不能朝令夕改。然而，经济活动是不断发展变化的，为了解决原有的税收法律规范与经济活动不协调的矛盾，使税收法律规范能够适应不断发展变化的经济活动的需要，就要对税收法律规范进行新的解释，以保证税收法律规范的稳定性。

第三，在税收立法工作中，受各种主客观因素的影响，税收法律与其他法律之间、各种税收法律之间时常出现矛盾或抵触的现象，同时也存在界限不明或缺位的问题，这就需要依靠税收的法律解释予以解决，以保证税收法律规范的统一实施。

第四，税收法律规范具有一定的抽象性，经常采用专门的税收法律概念、术语加以表达，不易被人们理解。同时，由于人们各自的情况不同，如在年龄、职业、文化水平、生活经验等方面的差异，经常会对同一税收法律规范产生不同的理解。为了帮助人们准确理解和掌握税收法律，提高公民的税收法律意识，使公民自觉守法、执法、护法，也要求对税收法律规范作出正确、统一的解释。

一般来说，法定解释应严格按照法定的解释权限进行，任何有权机关都不能超越权限进行解释，因此法定解释具有专属性。只要法定解释符合法的精神及法定的权限和程序，这种解释就具有与被解释的法律、法规、规章相同的效力，因此法定解释同样具有法的权威性。法定解释大多是在法律实施的过程中，特别是在法律的适用过程中作出的，是对具体的法律条文、事件或案件作出的，因此法定解释具有针对性。

税法解释除了应遵循税法的基本原则之外，还应遵循法律解释的具体原则，包括文义解释原则、立法目的原则、合法合理性原则、经济实质原则和诚实信用原则。

文义解释原则是指以文义作为法律解释的起点，通过文字、语法分析来确定税法条文的含义，而不考虑立法者的意图或法律条文以外的其他要求。文义解释原则并不是机械地、单纯地以文义为界限，它还允许在法律条文的外延不明确，或者按照字面含义可能有两种或更多种解决办法，或者导致荒谬结果的时候，根据其他税法解释原则和方法对税法条文进行解释。

立法目的原则是指当从法律条文本身难以确定法律的具体含义，或根据这种含义适用法律将导致荒谬结果的时候，允许解释者通过对立法过程有关资料的分析来了解立法背景，在此前提下确定立法者的目的、理由和初衷，并以此为根据得出解释结论。立法目的原则仍需以文义为基础，在对法律条文的意思作出正确或正当解释的前提下进行，如果法律条文的规定并没有不明确之处，则仍需以文义解释为主，而不需要再探求立法目的。

合法合理性原则要求税法解释在主体资格、解释权限、解释程序等方面都必须是合法的，同时必须具有合理性。

经济实质原则是指在税法解释的过程中，一项税收法律规范是否适用于某一特定情况，应根据实际情况，尤其要结合经济目的和经济生活的实质来判断，从而决定是否征税。

诚实信用原则是指税务机关对税法作出的解释即使是错误的，但是既然已经向纳税人作出了意思表示，就要信守其承诺。诚实信用原则在税法中的适用，是针对纳税人个体在适用税法时作出的解释，而不是一般意义上普遍适用的法律解释。

1.按解释权限划分，税法解释可以分为立法解释、司法解释和行政解释

（1）立法解释。税法的立法解释是税收立法机关对所设立税法的正式解释。按照税收立法机关的不同，我国税法的立法解释可分为以下三种：①由全国人民代表大会对税收法律作出的解释，其具体形式包括在税收法律中对条文的解释、起草者对税收法律草案的说明、税收法律实施细则（目前委托国务院制定）以及专门作出的补充性解释规定。这种立法解释与法律具有同等效力。②最高行政机关制定的税收行政法规由国务院负责解释，这种立法解释的形式主要是各类税法的实施细则。③地方税收法规由制定相应法规的地方人民代表大会常务委员会负责解释。目前，由于地方税收立法权较小，因此这类立法解释仅限于少数经济特区或民族地区及个别税种。

税法的立法解释还包括事前解释和事后解释。事前解释一般是指为了防止税收法律、法规的有关条款或概念在执行和适用时产生疑问，而预先在税收法律、法规中所作的解释，这种解释通常包含在税收法律、法规的正文或附则中。事后解释是指税收法律、法规在实际执行和适用时产生疑问，而由制定税收法律、法规的机关所作的解释。通常，税法的立法解释是指事后解释。

（2）司法解释。税法的司法解释是指最高司法机关对如何具体办理税务刑事案件和税务行政诉讼案件所作的具体解释或正式规定。税法的司法解释可分为以下三种：①由最高人民法院作出的审判解释，如《最高人民法院关于审理骗取出口退税刑事案件具体应用法律若干问题的解释》；②由最高人民检察院作出的检察解释，如《最高人民检察院关于必须严肃查处暴力抗税案件的通知》（已失效）；③由最高人民法院和最高人民检察院联合作出的共同解释，如《最高人民法院 最高人民检察院关于办理偷税、抗税刑事案件具体应用法律的若干问题的解释》（已失效）。

根据我国《宪法》和有关法律的规定，司法解释的主体只能是最高人民法院和最高人

民检察院，它们的解释具有法律效力，可以作为办案和适用法律、法规的依据；其他各级法院和检察院均无解释法律的权力。此外，在适用法律的过程中，如果审判解释和检察解释有原则分歧，则应报请全国人民代表大会常务委员会解释或决定。在我国，税法的司法解释限于税收犯罪范围，占整个税法解释的比重很小；而在一些发达国家，税法的司法解释往往成为税法解释的主体，并且司法解释权不限于最高法院，内容也不限于税务诉讼，以确保在税法领域内司法的独立性。这种区别主要源于司法制度的不同及对司法功能认识上的差异。

（3）行政解释。税法的行政解释也称税法的执法解释，是指国家税务机关在执法过程中对税收法律、法规等如何具体应用所作的解释。在我国，税法的行政解释是税法解释的基本部分，主要由国家税务行政主管部门下达的大量具有行政命令性质的文件或通知构成。税法的行政解释在执法中具有普遍的约束力，但原则上不能作为法庭判案的直接依据，这一点在世界各国已基本达成了共识。我国税法虽然没有对此作出明确规定，但从有关法律中也能得出相似的结论。在实际案例中，人民法院对税务机关的行政解释不予支持的例子很多。至少对于具体案例，税务机关的个别性行政解释不得在诉讼提起后作出，或者说不得为了给一个已经实施的具体行政行为寻求法律依据而对税法作出解释。

2.按照解释尺度的不同，税法解释还可以分为字面解释、限制解释和扩充解释

（1）字面解释。按照文义解释原则，税法解释必须严格依税法条文的字面含义进行解释，既不能扩大也不能缩小，这就是字面解释。作为对文义解释原则的补充，立法目的原则允许从立法目的与精神的角度出发来解释条文，以避免按照字面意思解释可能得出的荒谬结论或背离税法精神的结论，消除税法条文含义的不确定性，这样就可能出现税法解释大于其字面含义或小于其字面含义的情况，即扩充解释与限制解释。

字面解释是税法解释的基本方法，税法解释首先应当坚持字面解释。进行字面解释涉及四个层次的问题：一是税法条文所用文字取汉语的通常含义，税法解释是解释其汉语语义的内涵。实际上，除了个别内涵与外延不是很清楚的词语外，需要做这种解释的情况并不是很多。二是税法越来越多地使用各类法律及各相关学科的术语，不过税法在对其加以引用时并没有附加特别的含义，因此税法在作出相应解释时应取其本意，而不应作出与其所在学科不同的解释。三是如果税法在引用某些专门用语或专业术语时附加了特别的含义或限制，那么税法解释要体现这种差别。需要注意的是，对于税法没有特别规定的条文，不能通过税法解释来改变其原有含义。四是对于税法固有的概念，应当按照税法的本意加以解释，不能受其他学科或法律解释的干扰。

（2）限制解释。税法的限制解释是指为了符合立法精神与目的，对税法条文所进行的窄于其字面含义的解释。这种解释在我国税法中也时有使用。例如，《中华人民共和国个人所得税法实施条例》（以下简称《个人所得税法实施条例》）第二条规定，“在中国境内有住所的个人，是指因户籍、家庭、经济利益关系而在中国境内习惯性居住的个人”，而国家税务总局在《征收个人所得税若干问题的规定》中将“习惯性居住”解释为“所谓习惯性居住，是判定纳税义务人是居民或非居民的一个法律意义上的标准，不是指实际居住或在某一个特定时期内的居住地。”其范围明显窄于“习惯性居住”的字面含义。

（3）扩充解释。税法的扩充解释是指为了更好地体现立法精神，对税法条文所进行的大于其字面含义的解释。由于解释税法还要考虑其经济含义，仅仅进行字面解释有时不能充分、准确地表达税法的真实意图，因此在税收法律实践中，有时难免要对税法进行扩充解释，以更好地把握立法者的本意。例如，《中华人民共和国个人所得税法》（以下简称《个人所得税法》）第六条规定，劳务报酬所得按次征税，但是这样容易出现纳税人将取得的劳务报酬无限分割以逃避纳税的问题。因此，《个人所得税法实施条例》第十四条将劳务报酬按次征税扩充解释为："劳务报酬所得，属于一次性收入的，以取得该项收入为一次；属于同一项目连续性收入的，以一个月内取得的收入为一次。"税法的扩充解释以体现税法本意为出发点，但是如果不加以适当限制，往往会走向反面，即违背税法本意。所以，扩充解释尽管在税法中存在，但一般不将其作为一项解释方法使用。

除了上述解释方法之外，还有系统解释法、历史解释法、目的解释法与合宪性解释法等。①系统解释法是指根据法律条文在法律体系中的地位（即其编、章、节、条、项的前后关联位置），或依据相关法律条文的法意，阐明该法律条文的规范意旨的解释方法。它要求将税法的某一个法律条文放到整个法律体系中去理解，这样才能确保解释含义的一致性和法律体系的统一性。②历史解释法是指从立法者制定该法律时所处的背景、所考虑的因素、所作的价值判断，以及赋予该法律的原意和所欲实现的目的出发，来确定法律文本的真实含义的解释方法。③目的解释法是指从立法目的和立法精神上对法律条文进行解释的方法。④合宪性解释法是指依据宪法及位阶较高的法律规范，对位阶较低的法律规范进行解释的方法。

在上述解释方法中，字面解释具有优先适用的效力。当其适用遇到困难时，可首先考虑运用历史解释法进一步确定字面解释的范围，然后可以诉求系统解释法明确文义的具体含义。当上述两种解释方法都无法正常进行时，可以采用目的解释法，并以合宪性解释法作为最后的衡量标准。

税法解释是税法顺利运行的必要保证，是提高税法灵活性与可操作性的基本手段之一，完善税法解释可以弥补立法的不足。例如，行政解释可以完善税法没有规定到的具体问题，解决立法前后矛盾、立法不配套、立法滞后等问题。此外，累积起来的税法解释也是下一步修订或设立税法的依据。税法解释对税收执法、税收法律纠纷的解决也是必不可少的。

【例1-6】《中华人民共和国企业所得税法》第六条规定："企业以货币形式和非货币形式从各种来源取得的收入，为收入总额。包括：（一）销售货物收入……"《中华人民共和国企业所得税法实施条例》第十四条规定："企业所得税法第六条第（一）项所称销售货物收入，是指企业销售商品、产品、原材料、包装物、低值易耗品以及其他存货取得的收入。"这一税法解释属于（　　）。

A.司法解释　　B.字面解释　　C.扩充解释　　D.行政解释

【解析】严格依税法条文的字面含义进行解释，既不扩大也不缩小，属于字面解释。故选B项。

六、税法的作用

由于税法调整的对象涉及社会经济活动的各个方面，与国家的整体利益及企业、单位、个人的直接利益有着密切的关系，并且在建立和发展我国社会主义市场经济体制的过程中，国家将通过制定及实施税法加强对国民经济的宏观调控，因此税法的地位越来越重要。正确认识税法在我国社会主义市场经济发展中的重要作用，对我们在实际工作中准确把握和认真执行税法的各项规定是很有必要的。税法的作用主要有以下几个方面：

（一）税法是国家组织财政收入的法律保障

为了维护国家机器的正常运转以及促进国民经济的健康发展，国家必须筹集大量的资金，即组织国家财政收入。为了保证税收组织财政收入职能的发挥，国家必须通过制定税法，以法律的形式确定企业、单位和个人履行纳税义务的具体项目、数额和纳税程序，惩治偷逃税款的行为，防止税款流失，保证国家及时、足额地取得税收收入。针对我国税费并存（政府收费）的宏观分配格局，在今后一段时期，我国实施税制改革的一个重要方向就是要逐步提高税收占国民生产总值的比重，以保障财政收入。

（二）税法是国家宏观调控的法律手段

我国经济体制改革的一个重要目标，就是建立社会主义市场经济体制，从过去的用行政手段直接管理经济，向运用各种手段对经济进行宏观调控的方向转变。税收是国家进行宏观调控的重要手段，国家通过制定税法，以法律的形式确定国家与纳税人之间的利益分配关系，调节社会成员的收入水平，调整产业结构，实现对社会资源的优化配置；同时，依据法律的平等原则，公平纳税人的税收负担，鼓励平等竞争，从而为市场经济的发展创造良好的条件。

（三）税法对维护经济秩序有重要作用

税法的贯彻执行涉及从事生产经营活动的每个单位和个人。也就是说，一切经营单位和个人都要办理税务登记、建账建制、纳税申报，其各项经营活动都将纳入税法的制约和管理范围内，纳税人的生产经营情况都将较全面地反映出来。这样，税法就确定了一个规范有效的纳税秩序和经济秩序，以监督经营单位和个人依法经营，加强经济核算，提高经营管理水平。同时，税务机关按照税法规定对纳税人进行税务检查，严肃查处偷逃税款及其他违反税法规定的行为，也将有效地打击各种违法经营活动，从而为国民经济的健康发展创造了一个良好、稳定的经济环境。

（四）税法能有效地保护纳税人的合法权益

国家征税直接涉及纳税人的切身利益，如果税务机关随意征税，就会侵犯纳税人的合法权益，影响纳税人的正常经营，这是法律所不允许的。因此，税法在确定税务机关的征税权和要求纳税人履行纳税义务的同时，也相应规定了税务机关必尽的义务和纳税人享有的权利，如纳税人享有延期纳税权、申请减税免税权、多缴税款要求退还权、不服税务机关的处理决定申请复议或提起诉讼权等。税法还严格规定了对税务机关执法行为的监督约束制度，如进行税收征收管理必须按照法定的权限和程序行事，造成纳税人合法权益损失的要负赔偿责任等。所以，税法不仅是税务机关征税的法律依据，也是纳税人保护自身合法权益的重要法律依据。

（五）税法是维护国家权益、促进国际经济交往的可靠保证

在国际经济交往中，任何国家对在本国境内从事生产、经营的外国企业或个人都拥有税收管辖权，这是国家权益的具体体现。我国自从实行对外开放政策以来，在平等互利的基础上不断扩大和发展同各国、各地区的经济交流与合作，利用外资的规模及引进技术的渠道和形式都有了很大发展。我国在建立和完善涉外税法的同时，还同80多个国家签订了避免双重征税的协定。这些税收法律既维护了国家的权益，又为鼓励外商投资、保护国外企业或个人在华合法经营、发展国家间平等互利的经济技术合作关系提供了可靠的法律保障。

【例1-7】下列属于税收作用的有（　　）。

A.国际经济交往中维护国家利益的可靠保证

B.国家调控经济运行的重要手段

C.国家组织财政收入的主要形式

D.维护国家政权

【解析】以上表述均正确，故选A、B、C、D项。

第二节　税收实体法要素

二维码1：税收实体法要素

税收实体法是规定税收法律关系主体的实体权利、义务的法律规范的总称。

税收实体法的结构具有规范性和统一性，主要表现在：一是税种与税收实体法一一对应，一税一法。由于各税种的开征目的不同，因此国家一般按单个税种立法，以使征税有明确的、可操作性的标准和法律依据。二是税收要素的固定性。虽然各单行税种法的具体内容有别，但就每一部单行税种法而言，税收的基本要素（如纳税人、征税对象、税率、计税依据等）都必须予以规定。我国税收实体法的内容主要有：

①流转税法。流转税法是调整以流转额为征税对象的一系列税收关系的法律规范的总称。

②所得税法。所得税是以纳税人的所得额或收益额为征税对象的一类税。所得税法是调整所得税征纳关系的法律规范的总称。

③财产税法。财产税是以法律规定的纳税人的某些特定财产的数量或价值额为征税对象的一类税。财产税法是调整财产税征纳关系的法律规范的总称。

④行为税法。行为税是以某种特定行为的发生为条件，对行为人征收的一类税。行为税法是调整行为税征纳关系的法律规范的总称。

⑤资源税法。资源税法是调整资源税征纳关系的法律规范的总称。

税收实体法的主要内容包括纳税人、征税对象、计税依据、税目、税率、纳税环节、纳税期限、纳税地点、减税免税等，这也是国家向纳税人行使征税权和纳税人负担纳税义

务的要素。只有具备了这些要素，纳税人才负有纳税义务，国家才能向纳税人征税。税收实体法是税法的核心部分，没有税收实体法，税法体系就不能成立。

一、总则

总则主要包括立法依据、立法目的、适用原则等。

【例1-8】《中华人民共和国车船税法实施条例》第一条规定："根据《中华人民共和国车船税法》的规定，制定本条例。"

二、纳税人

纳税人又叫纳税义务人、纳税主体，是税法规定的直接负有纳税义务的单位和个人。任何一个税种首先要解决的就是国家对谁征税的问题，如《个人所得税法》及《中华人民共和国增值税暂行条例》（以下简称《增值税暂行条例》）等的第一条规定的都是该税种的纳税义务人。

纳税人有两种基本形式：自然人和法人。自然人和法人是两个相对称的法律概念。自然人是基于自然规律而出生和存在的，有民事权利和义务的主体，既包括本国公民，也包括外国人和无国籍人。法人与自然人相对称。《中华人民共和国民法典》（以下简称《民法典》）第五十七条规定："法人是具有民事权利能力和民事行为能力，依法独立享有民事权利和承担民事义务的组织。"我国的法人主要有四种：机关法人、事业法人、企业法人和社团法人。

税法中规定的纳税人也有自然人和法人两种基本形式。按照不同的目的和标准，我们还可以对自然人和法人进行多种详细的分类，这些分类对于国家制定区别对待的税收政策，以及发挥税收的经济调节作用，具有重要的意义。例如，自然人可划分为居民纳税人和非居民纳税人，或个体经营者和其他个人等；法人可划分为居民企业和非居民企业，还可按企业的不同所有制性质进行分类等。

【例1-9】《中华人民共和国企业所得税法》第一章第二条规定："企业分为居民企业和非居民企业。本法所称居民企业，是指依法在中国境内成立，或者依照外国（地区）法律成立但实际管理机构在中国境内的企业。本法所称非居民企业，是指依照外国（地区）法律成立且实际管理机构不在中国境内，但在中国境内设立机构、场所的，或者在中国境内未设立机构、场所，但有来源于中国境内所得的企业。"

与纳税人紧密联系的两个概念是代扣代缴义务人和代收代缴义务人。代扣代缴义务人是指虽不承担纳税义务，但依照有关规定，在向纳税人支付收入、结算货款、收取费用时有义务代扣代缴其应纳税款的单位和个人，如出版社代扣作者稿酬所得的个人所得税等。如果代扣代缴义务人按规定履行了代扣代缴义务，税务机关将支付一定的手续费；反之，如果代扣代缴义务人未按规定代扣代缴税款而造成应纳税款流失，或将已扣缴的税款私自截留挪用，不按时缴入国库，一经税务机关发现，代扣代缴义务人将要承担相应的法律责任。代收代缴义务人是指虽不承担纳税义务，但依照有关规定，在向纳税人收取商品或劳务收入时，有义务代收代缴其应纳税款的单位和个人。例如，《中华人民共和国消费税暂行条例》（以下简称《消费税暂行条例》）第四条第二款规定："委托加工的应税消费品，除受托方为个人外，由受托方在向委托方交货时代收代缴税款。"

【例1-10】《中华人民共和国增值税暂行条例》第十八条规定："中华人民共和国境外的单位或者个人在境内提供应税劳务，在境内未设有经营机构的，以其境内代理人为扣缴义务人；在境内没有代理人的，以购买方为扣缴义务人。"

三、征税对象

征税对象又叫课税对象、征税客体，是指税法规定对什么征税，是征纳税双方权利与义务共同指向的客体或标的物，是区别一种税与另一种税的重要标志。例如，消费税的征税对象是应税消费品，房产税的征税对象是房屋等。征税对象是税法最基本的要素，因为它体现了征税的最基本界限，决定了某一种税的基本征税范围；同时，征税对象也决定了各个不同税种的名称，如消费税、土地增值税、个人所得税等，这些税种因征税对象的不同，税种名称也不同。征税对象按其性质的不同，通常可划分为流转额、所得额、财产、行为、资源五大类，通常也因此将税收分为相应的五大类，即流转税、所得税、财产税、行为税和资源税。

【例1-11】《中华人民共和国车船税法实施条例》第二条规定："车船税法第一条所称车辆、船舶，是指：（一）依法应当在车船登记管理部门登记的机动车辆和船舶；（二）依法不需要在车船登记管理部门登记的在单位内部场所行驶或者作业的机动车辆和船舶。"

四、计税依据

计税依据又叫税基，是计算征税对象应纳税额的直接数量依据。计税依据可以解决对征税对象课税的计算问题，是对征税对象的量的规定。例如，企业所得税应纳税额的基本计算方法是应纳税所得额乘以适用税率，其中，应纳税所得额是计算企业应纳税额的数量依据，即企业所得税的计税依据。计税依据按照计量单位的性质划分，有两种基本形态，即价值形态和物理形态。价值形态包括应纳税所得额、销售收入等；物理形态包括面积、体积、容积、重量等。以价值形态作为计税依据，又称从价计征，如生产销售高档化妆品企业的应纳消费税税额是由高档化妆品的销售收入乘以适用税率计算产生的，其计税依据为销售收入，因此适用从价计征的方法；以物理形态作为计税依据，又称从量计征，如应纳城镇土地使用税税额是由实际占用应税土地面积乘以每单位土地面积应纳税额计算产生的，其计税依据为实际占用应税土地面积，因此适用从量计征的方法。

【例1-12】下列税种中，征税对象与计税依据不一致的是（　　）。

A.企业所得税　　B.耕地占用税　　C.车船税

D.城镇土地使用税　　E.房产税

【解析】计税依据按照计量单位的性质划分，有两种基本形态：价值形态和物理形态。

只有企业所得税的征税对象与计税依据都是企业所得，故选B、C、D、E项。

五、税目

税目是在税法中对征税对象分类规定的具体的征税项目。税目反映了具体的征税范围，是对征税对象质的界定。设置税目的目的首先是明确具体的征税范围，凡列入税目的都为应税项目，凡未列入税目的都不属于应税项目；其次，划分税目也是贯彻国家税收调节政策的需要，国家可以不同项目的利润水平及国家经济政策等为依据制定高低不同的税率，以体现不同的税收政策。需要注意的是，并非所有税种都需要规定税目。有些税种不分征税对象的具体项目，一律按照征税对象的应税数额采用同一税率计征税款，因此无须设置税目，如企业所得税；有些税种的具体征税对象比较复杂，因此需要设置不同的税目，如消费税等。

【例1-13】《国家税务总局关于配制酒消费税适用税率问题的公告》（国家税务总局公告2011年第53号）第二条规定：“（一）以蒸馏酒或食用酒精为酒基，同时符合以下条件的配制酒，按消费税税目税率表‘其他酒’10%适用税率征收消费税。1.具有国家相关部门批准的国食健字或卫食健字文号；2.酒精度低于38度（含）。（二）以发酵酒为酒基，酒精度低于20度（含）的配制酒，按消费税税目税率表‘其他酒’10%适用税率征收消费税。（三）其他配制酒，按消费税税目税率表‘白酒’适用税率征收消费税。”

六、税率

税率是指对征税对象的征收比例或征收额度。税率既是计算税额的尺度，也是衡量税负轻重与否的重要标志。我国现行的税率主要有：

（一）比例税率

比例税率即对同一征税对象，不分数额大小，都规定相同的征收比例。我国的增值税、城市维护建设税、企业所得税等都采用比例税率。比例税率在适用中又可分为三种具体形式：

1.单一比例税率

单一比例税率是指对同一征税对象的所有纳税人都适用同一比例税率。

2.差别比例税率

差别比例税率是指对同一征税对象的不同纳税人适用不同的比例征税。我国现行税法又按产品、行业和地区的不同，将差别比例税率划分为以下三种类型：一是产品差别比例税率，即对不同产品分别适用不同的比例税率，同一产品采用同一比例税率，如消费税、关税等；二是行业差别比例税率，即对不同行业分别适用不同的比例税率，同一行业采用同一比例税率；三是地区差别比例税率，即对不同地区分别适用不同的比例税率，同一地区采用同一比例税率，如城市维护建设税等。

3.幅度比例税率

幅度比例税率是指对同一征税对象，税法只规定最低税率和最高税率，各地区在该幅度内确定具体的适用税率。

幅度比例税率具有计算简单、税负透明度高、有利于保证财政收入、有利于纳税人公平竞争，以及不妨碍商品流转额或非商品营业额扩大等优点，符合税收效率原则。需要注意的是，幅度比例税率不能针对不同的收入水平实施不同的税率，在调节纳税人的收入水平方面难以体现税收公平原则。

（二）超额累进税率

为了解释超额累进税率，在此先说明累进税率和全额累进税率。累进税率是指随着税基的增加而随之提高的税率，即按征税对象数额的大小划分为若干等级，不同等级的课税数额分别适用不同的税率。课税数额越大，适用税率越大。累进税率一般在所得税中使用，可以充分体现收入多的多征、收入少的少征、无收入的不征的税收原则，能够有效调节纳税人的收入，解决税收的纵向公平问题。全额累进税率是把征税对象的数额划分为若干等级，对每个等级分别规定相应的税率，当税基超过某个级距时，征税对象的全部数额都按提高级距后的相应税率征税，见表1-1。

表1-1 **某三级全额累进税率表**

级数	全月应纳税所得额（元）	税率（%）
1	5 000（含）以下	10
2	5 000~20 000（含）	20
3	20 000以上	30

运用全额累进税率的关键是查找每一个纳税人的应纳税所得额在税率表中所属的级次，与该级次对应的税率便是纳税人所适用的税率，全部税基乘以适用税率即可计算出应纳税额。例如，某纳税人某月应纳税所得额为6 000元，根据表1-1所列税率，适用第二级次，因此其应纳税额为1 200元（6 000×20%）。

全额累进税率计算方法简便，但税收负担不合理，特别是在划分级距的临界点附近，税负跳跃式递增，甚至会出现应纳税额增加超过征税对象数额增加的不合理现象，不利于鼓励纳税人增加收入。

超额累进税率是把征税对象按数额的大小分成若干等级，对每个等级规定一个税率，税率依次提高，但每个纳税人的征税对象依所属等级同时适用几个税率，将按照不同税率计算的结果相加后得出应纳税额，见表1-2。

表1-2 **某三级超额累进税率表**

级数	全月应纳税所得额（元）	税率（%）	速算扣除数（元）
1	5 000（含）以下	10	0
2	5 000~20 000（含）	20	500
3	20 000以上	30	2 500

【例1-14】某人某月应纳税所得额为6 000元，计算其该月应纳税额。

【解析】根据表1-2所列税率，其应纳税额可以分步计算：

5 000元适用10%的税率，则：

应纳税额=5 000×10%=500（元）

1 000元（6 000−5 000）适用20%的税率，则：

应纳税额=1 000×20%=200（元）

该纳税人该月应纳税额=500+200=700（元）

目前，我国采用这种税率的税种是个人所得税。

在级数较多的情况下，分级计算再相加的方法比较烦琐。为了简化计算，也可采用速算法。速算法的原理是，基于全额累进计算的方法比较简单，可将超额累进计算的方法转化为全额累进计算的方法。对于同一课税数额，按全额累进方法计算出的应纳税额比按超额累进方法计算出的应纳税额多，即有重复计算的部分，这个多征的常数叫作速算扣除数。用公式表示为：

速算扣除数=按全额累进方法计算的应纳税额－按超额累进方法计算的应纳税额

公式移项得：

按超额累进方法计算的应纳税额=按全额累进方法计算的应纳税额－速算扣除数

接上例，某人某月应纳税所得额为6 000元，如果直接用6 000元乘以所对应级次的税率20%，则对于第一级的5 000元应纳税所得额就出现了重复计算的部分［5 000×（20%−10%）］。因为这5 000元仅适用10%的税率，而现在全部用20%的税率来计算，所以多算了10%，这就是速算扣除数。如果用简化的计算方法，则此人该月应纳税额为700元（6 000×20%−500）。

（三）定额税率

定额税率即按征税对象确定的计算单位，直接规定一个固定的税额。目前，我国采用定额税率的税种有消费税、资源税（仅限粘土、砂石）、城镇土地使用税、车船税等。

（四）超率累进税率

超率累进税率即把征税对象数额的相对率划分为若干级距，分别规定相应的差别税率，相对率每超过一个级距，对超过的部分就按高一级的税率计算征税。目前，我国税收体系中采用这种税率的税种是土地增值税。

七、纳税环节

纳税环节主要是指税法规定的征税对象在从生产到消费的流转过程中应当缴纳税款的环节，如流转税在生产和流通环节纳税、所得税在分配环节纳税等。纳税环节有广义和狭义之分。广义的纳税环节是指全部征税对象在再生产过程中的分布情况，如资源税分布在资源生产环节、商品税分布在生产环节或流通环节、所得税分布在分配环节等。狭义的纳税环节特指应税商品在流转过程中应纳税的环节。商品从生产到消费要经历诸多流转环节，各环节都存在销售额，都可能成为纳税环节，但考虑到税收对经济的影响、财政收入的需要以及税收征管能力等因素，国家常常对在商品流转过程中各税种规定不同的纳税环节。按照某种税征税环节的多少，纳税环节的形式可以划分为一次课征制和多次课征制。合理选择纳税环节，对于加强税收征管，有效控制税源，保证国家财政收入的及时、稳定、可靠，方便纳税人的生产经营活动和财务核算，灵活机动地发挥税收调节经济的作用，具有十分重要的理论和实践意义。

【例1-15】《中华人民共和国消费税暂行条例》第一条规定："在中华人民共和国境内生产、委托加工和进口本条例规定的消费品的单位和个人，以及国务院确定的销售本条例规定的消费品的其他单位和个人，为消费税的纳税人，应当依照本条例缴纳消费税。"其中的"境内生产、委托加工和进口"即为纳税环节。

八、纳税期限

纳税期限是指税法规定的关于税款缴纳时间方面的限定。税法关于纳税期限的规定有三个概念：一是纳税义务发生时间。它是指应税行为发生的时间，如《增值税暂行条例》规定，采取预收货款方式销售货物的，其纳税义务发生时间为货物发出的当天。二是纳税期限。纳税人每次发生纳税义务后，不可能马上去缴纳税款，因此税法规定了每种税的纳税期限，即每隔固定时间汇总一次纳税义务的时间。三是缴库期限。它是指税法规定的纳税期满后，纳税人将应纳税款缴入国库的期限。

【例1-16】《中华人民共和国消费税暂行条例》第十四条规定："消费税的纳税期限分别为1日、3日、5日、10日、15日、1个月或者1个季度。纳税人的具体纳税期限，由主管税务机关根据纳税人应纳税额的大小分别核定；不能按照固定期限纳税的，可以按次纳税。纳税人以1个月或者1个季度为1个纳税期的，自期满之日起15日内申报纳税；以1日、3日、5日、10日或者15日为1个纳税期的，自期满之日起5日内预缴税款，于次月1日起15日内申报纳税并结清上月应纳税款。"

九、纳税地点

纳税地点主要是指根据各个税种纳税对象的纳税环节和有利于对税款的源泉控制而规定的纳税人（包括代征、代扣、代缴义务人）的具体纳税地点。

【例1-17】《中华人民共和国资源税法》第十一条规定："纳税人应当向应税产品开采地或者生产地的税务机关申报缴纳资源税。"

十、减税免税

减税免税主要是对某些纳税人和征税对象采取减少征税或者免予征税的特殊规定。

【例1-18】《财政部 国家税务总局关于延续免征国产抗艾滋病病毒药品增值税政策的通知》（财税〔2016〕97号）规定："自2016年1月1日至2018年12月31日，继续对国产抗艾滋病病毒药品免征生产环节和流通环节增值税。"

十一、罚则

罚则主要是指对纳税人违反税法的行为采取的处罚措施。

【例1-19】《中华人民共和国税收征收管理法》第六十二条规定："纳税人未按照规定的期限办理纳税申报和报送纳税资料的，或者扣缴义务人未按照规定的期限向税务机关报送代扣代缴、代收代缴税款报告表和有关资料的，由税务机关责令限期改正，可以处2 000元以下的罚款；情节严重的，可以处2 000元以上10 000元以下的罚款。"

十二、附则

附则一般规定与该法紧密相关的内容，如该法的解释权、生效时间等。

【例1-20】《中华人民共和国契税法》第十六条规定："本法自2021年9月1日起施行。1997年7月7日国务院发布的《中华人民共和国契税暂行条例》同时废止。"

第三节　我国现行税法体系

一、税法的分类

在税法体系中，按各税法的立法目的、征税对象、权限划分、适用范围、职能作用的不同，税法可分为不同的类型。

（一）按照税法基本内容和效力的不同，可分为税收基本法和税收普通法

税收基本法也称税收通则法，是税法体系的主体和核心，在税法体系中起着税收母法的作用，其基本内容包括税收制度的性质、税务管理机构、税收立法与管理权限、纳税人的基本权利与义务、征税机关的权利与义务、税种设置等。我国目前还没有制定统一的税收基本法，但随着我国税收法治建设的发展和完善，税收基本法必将得以制定。税收普通法是根据税收基本法的原则，对税收基本法规定的事项分别立法实施的法律，如《个人所得税法》《税收征收管理法》等。

（二）按照税法职能作用的不同，可分为税收实体法和税收程序法

税收实体法主要是指确定税种立法，具体规定各税种的征收对象、税目、税率、纳税地点等的法律，如《中华人民共和国企业所得税法》（以下简称《企业所得税法》）。税收程序法是指税收管理方面的法律，如《税收征收管理法》。

【例1-21】下列税收法律中，属于税收程序法的是（　　）。

A.《中华人民共和国企业所得税法》

B.《中华人民共和国税收征收管理法》

C.《中华人民共和国增值税暂行条例实施细则》

D.《中华人民共和国房产税暂行条例》

【解析】程序法是指为了保障实体权利和义务的实现而制定的关于程序方面的法律。为了加强税收征收管理，规范税收征收和缴纳行为，保障国家税收收入，保护纳税人的合法权益，促进经济和社会发展，我国制定了《中华人民共和国税收征收管理法》。故正确答案为B项。

（三）按照税法征收对象的不同，可分为流转税法、所得税法、财产税法、行为税法和资源税法

流转税法主要包括增值税、消费税、关税等。这类税法的特点是与商品生产、流通、消费有密切联系，具有对经济进行宏观调控的作用。所得税法主要包括企业所得税、个人所得税等。这类税法的特点是可以直接调节纳税人的收入，具有公平税负、调整分配关系的作用。财产税法主要是对财产的价值课税，如房产税等。行为税法主要是对某种行为课税，如印花税等。资源税法是为了保护和合理使用国家的自然资源而设置的，如资源税、城镇土地使用税等。

（四）按照主权国家行使税收管辖权的不同，可分为国内税法、国际税法、外国税法等

国内税法一般是按照属人或属地原则规定的一个国家的内部税收制度。国际税法是指国家间形成的税收制度，主要包括双边或多边国家间的税收协定、条约和国际惯例等。一般而言，国际税法的效力高于国内税法。外国税法是指外国各个国家制定的税收制度。

二、我国现行税法体系的内容

从法律角度来讲，税法体系是指一个国家在一定时期内、一定体制下，以法定形式规定的各种税收法律、法规的总和。从税收工作的角度来讲，税法体系往往被称为税收制度。一个国家的税收制度是指在既定的管理体制下设置的税种以及与这些税种的征收、管理有关的，具有法律效力的各级成文法律、行政法规、部门规章等的总和。也就是说，税法体系就是通常所说的税收制度，简称税制。

一个国家的税收制度按照构成方法和形式的不同，可分为简单型税制和复合型税制。简单型税制主要是指税种单一、结构简单的税收制度；复合型税制主要是指由多个税种构成的、结构复杂的税收制度。

在现代社会中，世界各国一般都采用多种税并存的复合型税制。一个国家为了有效取得财政收入或调节社会经济活动，必须设置一定数量的税种，并规定每种税的征收和缴纳办法，包括对什么征税、向谁征税、征多少税、何时纳税、何地纳税、按什么手续纳税、不纳税如何处理等。

因此，税收制度的内容主要有三个层次：一是税种构成要素。构成税种的要素主要包括纳税人、征税对象、税目、税率、纳税环节、纳税期限、减税免税等。二是税种构成制度。构成税收制度的具体税种在国与国之间差异较大，但一般都包括所得税（直接税）、流转税（间接税）以及其他一些税种。三是规范税款征收程序的法律、法规，如《税收征

收管理法》等。

税种的设置及每种税的征税办法一般是以法律形式确定的，这些法律就是税法。一个国家的税法一般包括税法通则、各税种的税法（条例）、实施细则、具体规定四个层次。其中，税法通则规定了一个国家的税种设置和每个税种的立法精神；各税种的税法（条例）分别规定了每种税的征税办法；实施细则是对各税种的税法（条例）的详细说明和解释；具体规定则是根据不同地区、不同时期的具体情况制定的补充性法规。目前，世界上只有少数国家单独制定税法通则，大多数国家都把税法通则的有关内容包含在各税种的税法（条例）之中，我国的税法就属于这种情况。

国家的税收制度应根据本国的具体政治经济条件而确立。所以，各国的政治经济条件不同，税收制度也不尽相同，具体征税办法也千差万别。就一个国家而言，在不同的时期，由于政治经济条件和政治经济目标的不同，税收制度也有着或大或小的差异。我国现行税收制度就其实体法而言，是1949年新中国成立后经过几次较大的改革逐步演变而来的，按其性质和作用大致可分为五类：

（一）流转税类

流转税类包括增值税、消费税和关税等，主要在生产、流通或者服务业中发挥调节作用。

（二）资源税类

资源税类包括资源税、土地增值税和城镇土地使用税等，主要是对因开发和利用的自然资源的差异而形成的级差收入发挥调节作用。

（三）所得税类

所得税类包括企业所得税、个人所得税，主要是在国民收入形成后，对生产经营者的利润和个人的纯收入发挥调节作用。

（四）特定目的税类

特定目的税类包括固定资产投资方向调节税（暂停征收）、城市维护建设税、车辆购置税、船舶吨税、耕地占用税和烟叶税，主要是对特定对象和特定行为发挥调节作用。

（五）财产和行为税类

财产和行为税类包括房产税、车船税、印花税、契税、环境保护税，主要是对某些财产和行为发挥调节作用。

在上述税种中，除了关税和船舶吨税由海关负责征收管理外，其他税种均由税务机关负责征收管理。耕地占用税和契税在1996年以前由财政机关的农税部门征收管理，1996年财政部农税管理机构划归国家税务总局领导，部分省市机构相应划转，这些税种就改由税务部门负责征收，但部分省市仍由财政机关负责征收。此外，除企业所得税、个人所得税、车船税、环境保护税、船舶吨税、烟叶税、耕地占用税、车辆购置税、资源税、城市维护建设税、契税、印花税是以国家法律的形式发布实施外，其他各税种的税法都是经全国人民代表大会授权，由国务院以暂行条例的形式发布实施的。

除税收实体法外，我国对税收征收管理适用的法律制度都是按照税收管理机关的不同而分别规定的：由税务机关负责征收的税种的管理，按照全国人民代表大会常务委员会发布实施的《税收征收管理法》执行；由海关负责征收的税种的管理，按照《中华人民共和国海关法》（以下简称《海关法》）及《中华人民共和国进出口关税条例》（以下简称《进出口关税条例》）等有关规定执行。

上述税收实体法和税收程序法构成了我国现行税法体系。

需要说明的是，对于我国现行税制中的18个税种，本书介绍了其中的16个，而对另外2个税种没有介绍，这是因为这些税种在经济生活中已经不发生影响或影响很小。这2个税种分别是：烟叶税，以在中华人民共和国境内收购烟叶的单位为纳税人；船舶吨税，是海关代为对进出中国港口的国际航行船舶征收的一种税。

以上对税种的分类不具有法定性，但将各具体税种按一定方法进行分类，在税收理论研究和税制建设方面的用途相当广泛，作用也非常大。例如，流转税类税种是按照商品和劳务收入计算征收的，而这些税虽然是由商品生产者和经营者缴纳，但最终都是由商品和劳务的购买者即消费者负担，因此流转税又称为间接税；所得税类税种的纳税人本身就是负税人，一般不存在税负转移或转嫁的问题，因此所得税又称为直接税。

一般来说，以间接税为主体的税制结构的主要税种，包括增值税和消费税；以直接税为主体的税制结构的主要税种，包括个人所得税和企业所得税。将个人所得税作为主体税种的情况，多见于经济发达国家；将企业所得税作为主体税种的国家很少。以某种直接税和间接税为主体的“双主体”税制，是一种过渡性税制结构。在20世纪70年代以前，理论界一直认为，以所得税为主体的税制结构最理想。发达国家和一些发展较快的发展中国家在进行税制改革（从以流转税为主体税种向以所得税为主体税种转变）的过程中，曾经出现过采用“双主体”税制结构。目前，我国采用的是间接税和直接税相结合的“双主体”税制结构，间接税（增值税、消费税）占税收总收入的60%左右，直接税（企业所得税、个人所得税）占税收总收入的25%左右，其他辅助税种数量较多，但收入比重不大。

【例1-22】下列税种中，属于间接税的是（　　）。

A.企业所得税　　B.个人所得税　　C.增值税　　D.房产税

【解析】间接税的主要税种包括增值税和消费税，故正确答案为C项。

第四节　我国税收管理体制

一、税收管理体制的概念

税收管理体制是在各级国家机构之间划分税权的制度。税权的划分包括纵向划分和横向划分。纵向划分是指税权在中央与地方国家机构之间的划分；横向划分是指税权在同级立法、司法、行政等国家机构之间的划分。

我国的税收管理体制既是税收制度的重要组成部分，也是财政管理体制的重要内容。税收管理权限，包括税收立法权、税收法律法规的解释权、税种的开征或停征权、税目和税率的调整权、税收的加征和减免权等。如果按大类划分，则税收管理权限可以简单地分为税收立法权和税收执法权两类。

二、税收立法权

税收立法权是制定、修改、解释或废止税收法律、法规、规章和规范性文件的权力。它包括两个方面的内容：一是什么机关有税收立法权；二是各级机关的税收立法权是如何划分的。

（一）税收立法权的划分

税收立法权的明确有利于保证国家税法的统一制定和贯彻执行，从而充分、准确地发挥各级权力机关管理税收的职能，防止越权自定章法、随意减免税收现象的发生。税收立法权的划分可按以下方式进行：

（1）根据税种的类型划分，如按流转税类、所得税类划分。特定税收领域的税收立法权通常全部给予特定一级的政府。

（2）根据税种的基本要素划分。任何税种都由以下几个要素构成：纳税人、征税对象、税基、税率、税目、纳税环节等。理论上，可以将税种的某一要素如税基和税率的立法权授予某级政府，但这种做法在实践中并不多见。

（3）根据税收执法的级次划分。将立法权给予某级政府，而将行政上的执行权给予另一级政府，这是一种传统的划分方式，适用于任何类型的立法权。根据这种模式，有关纳税主体、税基和税率基本法规的立法权放在中央政府，更具体的税收实施规定的立法权给予较低级政府，因此需要指定某级政府制定不同级次的法律。我国税收立法权的划分就属于此种类型。

（二）我国税收立法权划分的现状

（1）中央税、中央与地方共享税以及全国统一实行的地方税的立法权集中在中央，以保证中央政令的统一，维护全国统一市场和企业平等竞争。其中，中央税是指维护国家权益、实施宏观调控所必需的税种，具体包括消费税、关税等。中央与地方共享税是指同经济发展直接相关的主要税种，具体包括增值税、企业所得税、个人所得税等。地方税具体包括土地增值税、城镇土地使用税、房产税、车船税等。

（2）依法赋予地方适当的税收立法权。我国地域辽阔，地区间经济发展水平很不平衡，经济资源包括税源都存在着较大差异，这种状况给全国统一的税收法律的制定带来了一定难度。因此，随着分税制改革的进行，我国应有前提地、适当地给地方下放一些税收立法权，使地方可以实事求是地根据自己特有的税源开征新的税种。这样既有利于地方因地制宜地发挥当地的经济优势，促进地方经济的发展，也便于同国际税收惯例接轨。

具体来说，我国税收立法权的划分层次是这样的：

①全国性税种的立法权，即全部中央税、中央与地方共享税和在全国范围内征收的地方税等税法的制定、公布权和税种的开征、停征权，属于全国人民代表大会及其常务委员会。

②经全国人民代表大会及其常务委员会授权，全国性税种可先由国务院以“条例”或“暂行条例”的形式发布施行；经过一段时期后，再进行修订并通过立法程序，由全国人民代表大会及其常务委员会正式立法。

③经全国人民代表大会及其常务委员会授权，国务院有制定税法实施细则、增减税目和调整税率的权力。

④经全国人民代表大会及其常务委员会授权，国务院有税法的解释权；经国务院授权，国家税务主管部门（财政部和国家税务总局）有税收条例的解释权和制定税收条例实施细则的权力。

⑤省级人民代表大会及其常务委员会有根据本地区经济发展的具体情况和实际需要，在不违背国家统一税法、不影响中央财政收入、不妨碍我国统一市场的前提下，开征全国性税种以外的地方税种的税收立法权。税法的公布，税种的开征、停征，由省级人民代表大会及其常务委员会统一规定，所立税法在公布实施前必须报全国人民代表大会常务委员会备案。

⑥经省级人民代表大会及其常务委员会授权，省级人民政府有本地区地方税法的解释权和制定税法实施细则、调整税目及税率的权力，也可以在符合上述规定的前提下，制定一些税收征收办法，还可以在全国性地方税条例规定的幅度内，确定本地区适用的税率或税额。上述权力除税法解释权外，在权力行使后和税法发布实施前必须报国务院备案。地区性地方税的立法权只限于省级立法机关，或省级立法机关授权的同级政府，不能层层下放。所立税法可在全省（自治区、直辖市）范围内执行，也可只在部分地区执行。

关于我国现行税收立法权的划分问题，迄今为止，尚无一部法律对其加以完整规定，只是散见于若干财政和税收法律、法规中，仍有待税收基本法作出统一规定。

【例1-23】下列关于我国税收法律级次的表述中，正确的有（　　）。

A.《中华人民共和国城市维护建设税法》属于税收规章

B.《中华人民共和国企业所得税法实施条例》属于税收行政法规

C.《中华人民共和国企业所得税法》属于全国人民代表大会制定的税收法律

D.《中华人民共和国增值税暂行条例》属于全国人大常委会制定的税收法律

【解析】《中华人民共和国城市维护建设税法》属于税收法律；《中华人民共和国增值税暂行条例》属于授权法，由国务院制定。故正确答案为B、C项。

三、税收执法权

税收执法权和行政管理权是国家赋予税务机关的基本权力，是税务机关实施税收管理和系统内部行政管理的法律手段。其中，税收执法权是指税务机关依法征收税款、依法进行税收管理活动的权力，具体包括税收征收管理权、税务稽查权、税务检查权、税务行政复议裁决权及其他税务管理权。

（一）税收征收管理权

1.我国现行税制下税收征收管理权限的划分

《税收征收管理法》第二十八条规定："税务机关依照法律、行政法规的规定征收税款，不得违反法律、行政法规的规定开征、停征、多征、少征、提前征收、延缓征收或者摊派税款。"根据《国务院关于实行分税制财政管理体制的决定》等有关法律、法规的规定，我国现行税制下税收征收管理权限的划分大致如下：

（1）根据事权与财权相结合的原则，按税种划分中央收入与地方收入。将维护国家权益、实施宏观调控所必需的税种划为中央税；将同经济发展直接相关的主要税种划为中央与地方共享税；将适合地方征管的税种划为地方税，并充实地方税税种，增加地方税收收入。根据按收入归属划分税收征收管理权限原则的要求，对于中央税，由国务院及其税务主管部门（财政部和国家税务总局）掌握税收管理权，由中央税务机构负责征收；对于地方税，由地方人民政府及其税务主管部门掌握税收管理权，由地方税务机构负责征收；对于中央与地方共享税，原则上由中央税务机构负责征收，共享税中地方分享的部分，由中央税务机构直接划入地方金库。在实践中，由于税收制度处于不断完善之中，因此税收征收管理权限的划分也在不断完善之中。

（2）对于地方自行立法的地区性税种，其管理权由省级人民政府及其税务主管部门掌握。

（3）地方税收管理权限在省级及其以下地区如何划分，应由省级人民代表大会或省级人民政府决定。

（4）除少数民族自治区和经济特区外，各地均不得擅自停征全国性的地方税种。

（5）经全国人民代表大会及其常务委员会和国务院批准，民族自治地方可以拥有某些特殊的税收管理权，如全国性地方税种的某些税目、税率的调整权，以及一般地方税收管理权以外的其他管理权等。

（6）经全国人民代表大会及其常务委员会和国务院的批准，经济特区可以在享有一般地方税收管理权之外，拥有一些特殊的税收管理权。

（7）上述地方（包括少数民族自治区和经济特区）税收管理权的行使，必须以不影响国家宏观调控和中央财政收入为前提。

（8）涉外税收必须按照国家统一税法规定执行，涉外税收政策的调整权集中在全国人民代表大会常务委员会和国务院，各地一律不得自行制定涉外税收的优惠措施。

（9）根据国务院的有关规定，为了更好地体现公平税负、促进竞争的原则，保护社会主义统一市场的正常发展，在税法规定之外，一律不得减税免税，也不得采取先征后返的形式变相减免税。

2.税务机构的设置

根据1994年分税制财政管理体制的需要，中央政府设立国家税务总局，在国家税务总局的内部设置一定的职能司局；省及省以下税务机构分为国家税务局和地方税务局两个系统。国家税务总局对国家税务局系统实行机构、编制、干部、经费的垂直管理，并协同省级人民政府对省级地方税务局实行双重领导。

2018年3月21日中共中央印发了《深化党和国家机构改革方案》，改革国税地税征管体制。为降低征纳成本，理顺职责关系，提高征管效率，为纳税人提供更加优质、高效、便利的服务，将省级和省级以下国税地税机构合并，具体承担所辖区域内各项税收、非税收入征管等职责。

3.税收征收管理范围的划分

目前，我国的税收分别由财政、税务、海关等系统负责征收管理。

（1）在部分地区，地方附加费、契税、耕地占用税，仍由地方财政部门征收和管理。

（2）海关系统负责征收和管理的项目有关税、行李和邮递物品进口税，同时负责代征进出口环节的增值税和消费税。

（3）国税地税机构合并后，其负责征收管理辖区域内财政、海关征收外的各项税收及非税收入等。基本养老保险费、基本医疗保险费、失业保险费等各项社会保险费由税务部门统一征收。

4.中央政府与地方政府税收收入的划分

我国的税收收入分为中央政府固定收入、地方政府固定收入和中央政府与地方政府共享收入。

（1）中央政府固定收入包括消费税（含由海关代征的进出口环节的消费税）、车辆购置税、关税、海关代征的进出口环节的增值税等。

（2）地方政府固定收入包括城镇土地使用税、耕地占用税、土地增值税、房产税、车船税、契税、环境保护税等。

（3）中央政府与地方政府共享收入主要包括：

①增值税（不含由海关代征的进口环节的增值税）：中央分享增值税的50%，地方按税收缴纳地分享增值税的50%。

随着减税降费税收政策的推进，增值税留抵退税分担的长效机制也不断调整完善，我国结合财政收入形势确定退税规模，并保持中央与地方“五五”分担比例不变。为缓解部分地区留抵退税压力，增值税留抵退税地方分担的部分（50%），由企业所在地全部负担调整为先负担15%，其余35%暂由企业所在地一并垫付，再由各地按上年增值税分享额占比均衡分担，垫付多于应分担的部分由中央财政按月向企业所在地省级财政调库。

②企业所得税：铁道部门、各银行总行及海洋石油企业缴纳的部分归中央政府，其余部分中央与地方政府按60%与40%的比例分享。

③个人所得税：除储蓄存款利息所得的个人所得税外，其余部分的分享比例与企业所得税相同。

④资源税：海洋石油企业缴纳的部分归中央政府，其余部分归地方政府。

⑤城市维护建设税：铁道部门、各银行总行、各保险总公司集中缴纳的部分归中央政府，其余部分归地方政府。

⑥印花税：证券交易印花税收入全部归中央政府，其他印花税收入归地方政府。

（二）税务检查权

税务机关依据税收法律、法规，可对纳税人等管理相对人履行法定义务的情况进行审查、监督。有效的税务检查可以抑制不法纳税人的侥幸心理，提高税法的威慑力，减少税收违法犯罪行为，保证国家收入，维护税收公平与纳税人的合法利益。

税务检查包括两类：

（1）税务机关为取得确定税额所需资料，而对纳税人纳税申报的真实性与准确性进行的经常性检查，其依据是税法赋予税务机关的强制行政检查权。

（2）为了打击税收违法犯罪行为而进行的特别调查，它可以分为行政性调查和刑事调查两个阶段。行政性调查属于税务检查权的范围，从原则上讲，在纳税人有违反税法的刑事犯罪嫌疑的情况下，即调查的刑事性质确定后，案件开始适用刑事调查程序。

（三）税务稽查权

税务稽查是税务机关依法对纳税人、扣缴义务人履行纳税义务、扣缴义务情况所进行的税务检查和处理工作的总称。税务稽查权是税收执法权的重要组成部分，也是整个国家行政监督体系中一种特殊的监督权行使形式。

根据相关法律的规定，税务稽查的基本任务是：依照国家税收法律、法规，查处税收违法行为，保障税收收入，维护税收秩序，促进依法纳税，保证税法的实施。税务稽查必须以事实为根据，以税收法律、法规、规章为准绳，依靠人民群众，加强与司法机关及其他有关部门的联系和配合。各级税务机关设立的税务稽查机构，按照各自的税收管辖范围行使税务稽查职能。

（四）税务行政复议裁决权

税务行政复议裁决权的行使是税收执法权的有机组成部分，该权力的实现对保障和监督税务机关依法行使税收执法权、防止和纠正违法或者不当的具体税务行政行为、保护纳税人和其他有关当事人的合法权益，发挥着积极作用。根据《中华人民共和国行政复议法》《税收征收管理法》及其他有关规定，为了防止和纠正税务机关违法或者不当的具体行政行为，保护纳税人及其他当事人的合法权益，保障和监督税务机关依法行使职权，纳税人及其他当事人认为税务机关的具体行政行为侵犯其合法权益的，可依法向税务行政复议机关申请行政复议；税务行政复议机关受理行政复议申请，作出行政复议决定。税务行政复议机关是指依法受理行政复议申请，对具体行政行为进行审查并作出行政复议决定的税务机关。

《税务行政复议规则》规定，在税务行政复议裁决权的行使过程中，税务行政复议机关中负责税收法制工作的机构具体办理行政复议事项，履行下列职责：

（1）受理行政复议申请。

（2）向有关组织和人员调查取证，查阅文件和资料。

（3）审查申请行政复议的具体行政行为是否合法与适当，起草行政复议决定。

（4）处理或者转送对本规则第十五条所列有关规定的审查申请。

（5）对被申请人违反行政复议法及其实施条例和本规则规定的行为，依照规定的权限和程序向相关部门提出处理建议。

（6）研究行政复议工作中发现的问题，及时向有关机关或者部门提出改进建议，重大问题及时向行政复议机关报告。

（7）指导和监督下级税务机关的行政复议工作。

（8）办理或者组织办理行政诉讼案件应诉事项。

（9）办理行政复议案件的赔偿事项。

（10）办理行政复议、诉讼、赔偿等案件的统计、报告、归档工作和重大行政复议决定备案事项。

（11）其他与行政复议工作有关的事项。

行政复议应当遵循合法、公正、公开、及时、便民的原则。纳税人及其他当事人对行政复议决定不服的，可以依法向人民法院提起行政诉讼。

（五）其他税收执法权

除上述税收执法权之外，法律规定，税务机关还享有其他相关税收执法权，其中主要有税务行政处罚权等。

税务行政处罚权是指税务机关依法对纳税主体违反税法但尚未构成犯罪、应承担相应法律责任的行为实施制裁的权力。税务行政处罚是行政处罚的基本组成部分，税务行政处罚权的行使对于保证国家税收利益、督促纳税人依法纳税具有重要作用。税务行政处罚权的法律依据是《中华人民共和国行政处罚法》《税收征收管理法》等法律法规。根据《税收征收管理法》的相关规定，税务行政处罚的种类有警告、责令限期改正、罚款、停止出口退税、没收违法所得、收缴发票或停止向其发售发票、提请吊销营业执照、通知出境管理机关阻止出境等。

【例1-24】下列关于税务行政处罚权的表述中，正确的是（　　）。

A.省级税务局可以通过规范性文件的形式设定警告

B.国家税务总局可以通过规章的形式设定一定限额的罚款

C.省以下税务局的稽查局不具有税务行政处罚主体资格

D.作为税务机关派出机构的税务所不具有税务行政处罚主体资格

【解析】国家税务总局可以通过规章的形式设定警告和罚款，因此A项不正确；省以下税务局的稽查局具有税务行政处罚主体资格，因此C项不正确；税务所可以在特别授权的情况下实施罚款2 000元以下的处罚，因此D项不正确。只有B项是正确选项。

本章主要税法依据

❶《中华人民共和国税收征收管理法》（1992年9月4日第七届全国人民代表大会常务委员会第二十七次会议通过）

❷《中华人民共和国税收征收管理法实施细则》（2002年9月7日中华人民共和国国务院令第362号）

❸《全国人民代表大会常务委员会关于废止〈中华人民共和国农业税条例〉的决定》（2005年12月29日中华人民共和国主席令第46号）

❹《国家税务总局关于纳税人权利与义务的公告》（2009年11月6日国家税务总局公告2009年第1号）

❺《税收规范性文件制定管理办法》（2010年2月10日国家税务总局令第20号）

❻《中华人民共和国城市维护建设税法》（2020年8月11日中华人民共和国主席令第五十一号）

❼《国务院关于印发全面推开营改增试点后调整中央与地方增值税收入划分过渡方案的通知》（2016年4月29日国发〔2016〕26号）

❽《国务院关于印发实施更大规模减税降费后调整中央与地方收入划分改革推进方案的通知》（2019年9月26日国发〔2019〕21号）

第二章 金税工程下的增值税

本章重点

1.增值税的征税范围
2.增值税专用发票的管理和使用
3.销项税额和进项税额的确定
4.增值税的计算
5.增值税优惠

本章难点

1.应纳增值税的计算
2.出口货物退免税

1954年，法国正式提出了“增值税”这一全新的概念，并用“增值税”代替了原来对制造商、批发商和劳务提供商征收的“营业税”。

我国的增值税是对在我国境内从事销售货物、进口货物或者提供加工、修理修配劳务及应税行为的单位和个人，以其取得的货物或应税劳务、应税行为的销售额，以及进口货物的金额为依据计算税款，并实行税款抵扣制的一种流转税。

就计税原理而言，增值税是对商品生产和流通中各环节的新增价值或商品附加值进行征税，所以称为“增值税”。然而，由于新增价值或商品附加值在商品流通过程中是一个难以准确计算的数据，因此，在增值税的实际操作中应采用间接计算方法，即从事货物销售或提供应税劳务、应税行为的纳税人，要根据货物或应税劳务、应税行为的销售额，按照规定的税率计算税款，然后从中扣除上一个环节已纳增值税税款，其余额即为纳税人应缴纳的增值税税款。这种计算方法同样体现了对新增价值征税的原则。

现行增值税的基本规范是1993年12月13日国务院颁布的《增值税暂行条例》。2008年，我国对《增值税暂行条例》及《中华人民共和国增值税暂行条例实施细则》(以下简称《增值税暂行条例实施细则》)进行了全面修订，自2009年1月1日起正式施行。

自2012年1月1日起，我国在上海市开展交通运输业和部分现代服务业营业税改征增值税试点。自2012年8月1日起，试点地区扩大至北京市、天津市、江苏省、安徽省、浙江省（含宁波市）、福建省（含厦门市）、湖北省、广东省（含深圳市）8个省（直辖市），同时要求北京市于2012年9月1日完成新旧税制转换，江苏省、安徽省于2012年10月1日完成新旧税制转换，福建省、广东省于2012年11月1日完成新旧税制转换，天津市、浙江省、湖北省于2012年12月1日完成新旧税制转换。

自2013年8月1日起，交通运输业和部分现代服务业营业税改征增值税试点在全国范围内推开。

自2014年1月1日起，在全国范围内开展铁路运输和邮政业营业税改征增值税试点。至此，交通运输业全部纳入试点范围。

自2014年6月1日起，电信业纳入营业税改征增值税试点范围，实行差异化税率，基础电信服务和增值电信服务分别适用11%和6%的税率，为境外单位提供电信业服务免征增值税。

自2016年5月1日起，在全国范围内全面推开营业税改征增值税试点，建筑业、房地产业、金融业、生活服务业等全部营业税纳税人纳入试点范围，由缴纳营业税改为缴纳增值税，至此，营业税全部改征增值税。

2019年，财政部、国家税务总局联合起草了《中华人民共和国增值税法（征求意见稿）》公开征求意见，国家将对增值税进行立法，由行政法规上升至法律层级。

第一节　征税范围及纳税人

一、我国的增值税转型

为了避免重复征税，世界上实行增值税的国家对纳税人外购原材料、燃料、动力、包装物和低值易耗品等已纳的增值税税款，一般都准予从销项税额中抵扣，但对固定资产已纳的增值税税款是否允许扣除，政策不一，在处理上也不尽相同，由此产生了三种不同类型的增值税。

（一）生产型增值税

所谓生产型增值税，是指不允许纳税人从本期销项税额中抵扣购入固定资产的进项税额。就整个社会来说，由于增值税允许抵扣的范围只限于原材料等劳动对象的进项税额，因此实际征税对象相当于国民生产总值，故称生产型增值税。

（二）收入型增值税

所谓收入型增值税，是指只允许纳税人从本期销项税额中抵扣用于生产经营的固定资产的当期折旧价值额的进项税额。就整个社会来说，实际征税对象相当于全部社会产品扣除补偿消耗的生产资料以后的余额，即国民收入，所以称为收入型增值税。

（三）消费型增值税

所谓消费型增值税，是指允许纳税人从本期销项税额中抵扣用于生产经营的固定资产的全部进项税额。纳税人当期购入的固定资产虽然在以前的经营环节已经缴纳税款，但购入时其缴纳的税款允许全部扣除，因此这部分商品实际上是不征税的。就整个社会来说，相当于只对消费资料征税，而对生产资料不征税，所以称为消费型增值税。

与生产型增值税不允许扣除外购固定资产所含的已征增值税不同，消费型增值税允许一次性扣除外购固定资产所含的已征增值税，税基最小，消除重复征税最彻底。目前世界上140多个实行增值税的国家中，绝大多数国家实行的是消费型增值税。

（四）我国增值税转型历程

1994年，我国选择实行生产型增值税，一是出于财政收入的考虑，二是为了抑制投资膨胀。2003年，党的十六届三中全会明确提出要适时实施增值税转型改革；国家“十一五规划”也明确提出，2006年到2010年间，“在全国范围内实现增值税由生产型转为消费型”。2004年7月1日，我国率先在东北三省的装备制造业、石油化工业等8个行业进行增值税转型试点；自2007年7月1日起，我国又将试点范围扩大到中部六省26个老工业基地；2008年7月1日，试点范围进一步扩大到内蒙古自治区东部5个盟市和四川汶川地震受灾严重地区。2008年11月10日，我国对外公布转型方案，决定自2009年1月1日起全面实行消费型增值税。

二、征税范围

我国增值税的征税范围为：在中华人民共和国境内销售货物、进口货物或者提供加工、修理修配劳务及应税行为。其中，应税行为包括销售服务、无形资产或者不动产。

下列情形不属于在境内提供应税行为：

（1）境外单位或者个人向境内单位或者个人销售完全在境外发生的服务。

（2）境外单位或者个人向境内单位或者个人销售完全在境外使用的无形资产。

（3）境外单位或者个人向境内单位或者个人出租完全在境外使用的有形动产。

（4）财政部和国家税务总局规定的其他情形。

提供应税行为是指有偿提供服务、有偿转让无形资产或者不动产，但属于下列非经营活动的情形除外：

（1）行政单位收取的同时满足以下条件的政府性基金或者行政事业性收费。

① 由国务院或者财政部批准设立的政府性基金，由国务院或者省级人民政府及其财政、价格主管部门批准设立的行政事业性收费；

② 收取时开具省级以上（含省级）财政部门监（印）制的财政票据；

③ 所收款项全额上缴财政。

（2）单位或者个体工商户聘用的员工为本单位或者雇主提供取得工资的服务。

（3）单位或者个体工商户为聘用的员工提供服务。

（4）财政部和国家税务总局规定的其他情形。

【例2-1】依据增值税的有关规定，下列行为中不属于增值税征税范围的是（　　）。

A.广告公司提供的广告代理服务

B.饭店提供的餐饮服务

C.房屋中介公司提供的中介服务

D.单位聘请的员工为本单位提供的运输服务

【解析】A、B、C项都属于增值税的应税劳务，故选D项。

(一) 对视同销售货物行为的征税规定

单位或个体工商户的下列行为，视同销售货物，征收增值税：

(1) 将货物交付其他单位或者个人代销。

(2) 销售代销货物。

(3) 设有两个以上机构并实行统一核算的纳税人，将货物从一个机构移送至其他机构用于销售，但相关机构设在同一县（市）的除外。

① 向购货方开具发票；

② 向购货方收取货款。

售货机构的货物移送行为有上述两种情形之一的，应当向所在地税务机关缴纳增值税；未发生上述两种情形的，应由总机构统一缴纳增值税。

如果售货机构只就部分货物向购买方开具发票或收取货款，则应当区别不同情况计算并分别向总机构所在地或分支机构所在地税务机关缴纳税款。

(4) 将自产、委托加工的货物用于集体福利或个人消费。

(5) 将自产、委托加工或者购进的货物作为投资，提供给其他单位或者个体工商户。

(6) 将自产、委托加工或者购进的货物分配给股东或者投资者。

(7) 将自产、委托加工或者购进的货物无偿赠送其他单位或者个人。

(8)《营业税改征增值税试点实施办法》第十四条规定：下列情形视同销售服务、无形资产或者不动产：

① 单位或者个体工商户向其他单位或者个人无偿提供服务，但用于公益事业或者以社会公众为对象的除外。

② 单位或者个人向其他单位或者个人无偿转让无形资产或者不动产，但用于公益事业或者以社会公众为对象的除外。

③ 财政部和国家税务总局规定的其他情形。

【例2-2】下列行为属于视同销售货物，应征收增值税的是（　　）。

A.某企业将外购的洗衣粉用于个人消费

B.某批发部门将外购的部分饮料用于集体福利

C.某企业将外购的水泥无偿赠送他人

D.位于同一县市的总分支机构之间移送货物用于销售

【解析】上述4个选项中，只有C项属于视同销售货物行为，故选C项。

【例2-3】根据营改增的有关规定，属于视同提供应税行为的有（　　）。

A.为本单位员工无偿提供搬家运输服务

B.向客户无偿提供信息咨询服务

C.销售货物的同时无偿提供运输服务

D.向关联单位无偿赠送厂房

【解析】选项A不属于增值税的征税范围，B、C、D项属于视同提供应税行为，故选B、C、D项。

（二）对混合销售和兼营行为的征税规定

1.混合销售

1994年税制改革时，我国对货物销售全面征收增值税，而对服务业除加工和修理修配外仍征收营业税，同时企业为了适应市场经济的需要而开展多种经营，因此出现了混合销售、兼营非增值税应税服务和混业经营等税收概念。

2016年在全国范围内全面推开营业税改征增值税试点后，我国保留了混合销售和兼营行为，混业经营已经不复存在。

一项销售行为如果既涉及服务又涉及货物，为混合销售。从事货物的生产、批发或者零售的单位和个体工商户的混合销售行为，按照销售货物缴纳增值税；其他单位和个体工商户的混合销售行为，按照销售服务缴纳增值税。

上述从事货物的生产、批发或者零售的单位和个体工商户，包括以从事货物的生产、批发或者零售为主，并兼营销售服务的单位和个体工商户在内。

2.兼营

《增值税暂行条例实施细则》和《营业税改征增值税试点有关事项的规定》规定，纳税人销售货物、加工修理修配劳务、服务、无形资产或者不动产适用不同税率或者征收率的，应当分别核算适用不同税率或者征收率的销售额，未分别核算销售额的，按照以下方法适用税率或者征收率：

（1）兼有不同税率的销售货物、加工修理修配劳务、服务、无形资产或者不动产，从高适用税率。

（2）兼有不同征收率的销售货物、加工修理修配劳务、服务、无形资产或者不动产，从高适用征收率。

（3）兼有不同税率和征收率的销售货物、加工修理修配劳务、服务、无形资产或者不动产，从高适用税率。

3.混合销售与兼营的异同

混合销售与兼营既有相同的方面，又有明显的区别。

二者的相同点：两种行为的经营范围都有销售货物和提供服务这两类经营项目。

二者的区别：混合销售强调的是在同一项销售行为中存在着两类经营项目，销售货款及服务价款是同时从一个购买方取得的；兼营强调的是在同一纳税人的经营活动中存在着两类经营项目，但这两类经营项目不是在同一项销售行为中发生的。

混合销售与兼营是两个不同的税收概念，因此，它们在税务处理上的规定也不同。混合销售的纳税原则是按“经营主业”划分，分别按照“销售货物”或“销售服务”征收增值税。兼营的纳税原则是分别核算，分别按照适用税率征收增值税；不分别核算的，从高适用税率征收增值税。

【例2-4】混合销售行为是指一项销售行为同时涉及（　　）。

A.无形资产　　　　B.服务　　　　C.货物　　　　D.不动产

【解析】一项销售行为如果既涉及货物又涉及服务，为混合销售。故选B、C项。

（三）征税范围的特别规定

1.货物性期货

货物性期货（包括商品期货和贵金属期货）在期货的实物交割环节纳税。

交割时采取由期货交易所开具发票的，以期货交易所为纳税人。期货交易所按次纳税，其进项税额为该货物交割时供货会员单位开具的增值税专用发票上注明的销项税额，期货交易所本身发生的各种进项税额不得抵扣。

交割时采取由供货会员单位直接将发票开给购货会员单位的，以供货会员单位为纳税人。

2.执罚部门和单位查处的商品

执罚部门和单位查处的属于一般商业部门经营的商品，具备拍卖条件的，由执罚部门或单位商同级财政部门同意后，公开拍卖，其拍卖收入作为罚没收入由执罚部门和单位如数上缴财政，不予征税。对经营单位购入拍卖物品再销售的，应照章征收增值税。

执罚部门和单位查处的属于一般商业部门经营的商品，不具备拍卖条件的，由执罚部门、财政部门、国家指定销售单位会同有关部门按质论价，并由国家指定销售单位纳入正常销售渠道变价处理。执罚部门按商定价格所取得的变价收入作为罚没收入如数上缴财政，不予征税。国家指定销售单位将罚没物品纳入正常销售渠道销售的，应照章征收增值税。

执罚部门和单位查处的属于专管机关管理或专管企业经营的财物，如金银（不包括金银首饰）、外币、有价证券、非禁止出口文物，应交由专管机关或专营企业收兑或收购。执罚部门和单位按收兑或收购价所取得的收入作为罚没收入如数上缴财政，不予征税。专管机关或专营企业经营上述物品中属于应征增值税的货物，应照章征收增值税。

3.电力系统的有关收费

① 电力公司向发电企业收取的过网费，应当征收增值税。

② 供电企业利用自身输变电设备对并入电网的企业自备电厂生产的电力产品进行电压调节，属于提供加工劳务。根据《增值税暂行条例》的有关规定，对于上述供电企业进行电力调压并按照电量向电厂收取的并网服务费，应当征收增值税。

4.印刷企业的有关业务

印刷企业接受出版单位委托，自行购买纸张，印刷有统一刊号（CN）以及采用国际标准书号编序的图书、报纸和杂志，按货物销售征收增值税。

5.相关政策

纳税人转让土地使用权或者销售不动产的同时一并销售的附着于土地或者不动产上的固定资产，根据是否抵扣进项税额，使用不同的计税方法计算增值税，其中货物部分应按照《财政部 国家税务总局关于部分货物适用增值税低税率和简易办法征收增值税政策的通知》（财税〔2009〕9号）第二条有关规定，计算缴纳增值税。

纳税人应分别核算增值税应税货物和不动产的销售额，未分别核算或核算不清的，从高适用税率（征收率）计算缴纳增值税。

【例2-5】下列业务中，应当征收增值税的有（　　）。

A.电力公司向发电企业收取的过网费

B.经营单位购入拍卖物品再销售的

C.执罚部门和单位按收兑或收购价所取得的收入作为罚没收入如数上缴财政的

D.货物性期货

【解析】除了选项C以外，其余都属于增值税的征收范围，故选A、B、D项。

（四）不征收增值税的项目

（1）基本建设单位和从事建筑安装业务的企业附设的工厂、车间在建筑现场制造的预制构件，凡直接用于本单位或本企业建筑工程的，不征收增值税。

（2）供应或开采未经加工的天然水（如水库供应农业灌溉用水，工厂自采地下水用于生产），不征收增值税。

（3）国家管理部门行使其管理职能，发放的执照、牌照和有关证书等取得的工本费收入，不征收增值税。

（4）体育彩票的发行收入，不征收增值税。

（5）增值税纳税人收取的会员费收入，不征收增值税。

（6）代购货物行为，凡同时具备以下条件的，不征收增值税：

① 受托方不垫付资金；

② 销售方将发票开具给委托方，并由受托方将该项发票转交给委托方；

③ 受托方按销售方实际收取的销售额和销项税额（如系代理进口货物，则为海关代征的增值税税额）与委托方结算货款，并另外收取手续费。

（7）纳税人资产重组征收增值税的有关问题。

在资产重组过程中，通过合并、分立、出售、置换等方式，将全部或者部分实物资产以及与其相关联的债权、负债和劳动力一并转让给其他单位和个人，其中涉及的不动产、土地使用权转让行为，不征收增值税。

（8）纳税人取得财政补贴收入征收增值税的有关问题。

2020年3月1日起，纳税人取得的财政补贴收入，与其销售货物、劳务、服务、无形资产、不动产的收入或者数量直接挂钩的，应按规定计算缴纳增值税。纳税人取得的其他情形的财政补贴收入，不属于增值税应税收入，不征收增值税。

燃油电厂从政府财政专户取得的发电补贴，不属于增值税规定的价外费用，不计入应税销售额，不征收增值税。

（9）纳税人根据国家指令无偿提供的铁路运输服务、航空运输服务，属于《营业税改征增值税试点实施办法》第十四条规定的用于公益事业的服务，不征收增值税。

（10）存款利息，不征收增值税。

（11）被保险人获得的保险赔付，不征收增值税。

（12）房地产主管部门或者其指定机构、公积金管理中心、开发企业以及物业管理单位代收的住宅专项维修资金，不征收增值税。

【例2-6】下列业务中，应征收增值税的有（　　）。

A.存款利息　　B.贷款利息

C.中央财政补贴　　D.体育彩票的发行收入

【解析】除了B选项以外，其余都不属于增值税的征收范围，故选B项。

三、纳税人

二维码2：纳税人

根据《增值税暂行条例》及《营业税改征增值税试点实施办法》的规定，在中华人民共和国境内销售货物或者加工、修理修配劳务，销售服务、无形资产、不动产以及进口货物的单位和个人，为增值税的纳税人。

（一）增值税纳税人的界定

1.单位

一切从事销售货物或者加工、修理修配劳务，销售服务、无形资产、不动产以及进口货物的单位都是增值税纳税人，包括国有企业、集体企业、私有企业、股份制企业、其他企业，以及行政单位、事业单位、军事单位、社会团体、其他单位。

2.个人

一切从事销售货物或者加工、修理修配劳务，销售服务、无形资产、不动产以及进口货物的个人都是增值税纳税人，包括个体工商户及其他个人。

3.承租人、承包人、挂靠人

单位以承包、承租、挂靠方式经营的，承包人、承租人、挂靠人（以下统称承包人）以发包人、出租人、被挂靠人（以下统称发包人）名义对外经营并由发包人承担相关法律责任的，以该发包人为纳税人。否则，以承包人为纳税人。

4.报关人、代理人

报关进口货物，以进口货物的收货人或办理报关手续的单位或个人为增值税纳税人；代理进口货物，以海关开具的完税凭证上的纳税人为增值税纳税人。也就是说，报关进口货物，凡是海关的完税凭证开具给委托方的，对代理方不征收增值税；凡是海关的完税凭证开具给代理方的，对代理方应按规定征收增值税。

（二）扣缴义务人

中华人民共和国境外的单位或个人在境内发生应税行为，在境内未设有经营机构的，以购买方为增值税扣缴义务人。财政部和国家税务总局另有规定的除外。

在境内发生应税行为，是指：

（1）服务（租赁不动产除外）或者无形资产（自然资源使用权除外）的销售方或者购买方在境内。

（2）所销售或者租赁的不动产在境内。

（3）所销售自然资源使用权的自然资源在境内。

（4）财政部和国家税务总局规定的其他情形。

（三）合并纳税

两个或者两个以上的纳税人，经财政部和国家税务总局批准可以视为一个纳税人合并纳税。具体办法由财政部和国家税务总局另行规定。

（四）增值税纳税人的分类

为了严格增值税的征收管理，《增值税暂行条例》及其实施细则将纳税人按其经营规模大小、是否有固定的生产经营场所，以及会计核算健全与否划分为一般纳税人和小规模纳税人。

对增值税纳税人进行分类，是为了适应纳税人经营管理规模差异大、财务核算水平不一的实际情况。分类管理有利于税务机关对重点税源加强管理，简化小型企业的计算缴纳程序，也有利于增值税专用发票的正确使用与安全管理。

这两类纳税人在税款计算方法、适用税率以及管理办法方面都有所不同：对一般纳税人，实行凭发票扣税的计税方法；对小规模纳税人，规定简便易行的计税方法和征收管理办法。

（五）小规模纳税人

根据规定，凡符合下列条件的视为小规模纳税人：

1.一般规定

自2018年5月1日起，年应征增值税销售额500万元及以下的，年应税销售额含减、免税销售额，按“差额征税”方式确定销售额的增值税纳税人，其应税服务年销售额按未扣除之前的销售额计算。纳税人偶然发生的销售无形资产和转让不动产的销售额，不计入应税行为年应税销售额。

2.特殊规定

年应税销售额超过小规模纳税人标准的其他个人按照小规模纳税人纳税；年应税销售额超过规定标准但不经常发生应税行为的单位和个体工商户可选择按照小规模纳税人纳税。

兼有销售货物，提供加工、修理修配劳务以及应税服务，且不经常发生应税行为的单位和个体工商户可选择按小规模纳税人纳税。

（六）一般纳税人的认定及管理

（1）自2018年2月1日起，增值税纳税人年应税销售额超过财政部、国家税务总局规定的小规模纳税人标准的，除另有规定外，应当向机构所在地主管税务机关申请办理一般纳税人资格登记手续。纳税人应在年应税销售额超过规定标准的月份（季度）所属申报期结束后15日内办理增值税一般纳税人登记或者选择按照小规模纳税人纳税的手续；未按规定时限办理的，应在收到《税务事项通知书》后5日内向主管税务机关办理相关手续；逾期未办理的，自通知时限期满的次月起按销售额依照增值税税率计算应纳税额，不得抵扣进项税额，影响“六税二费”的减免，直至办理相关手续为止。

上述所称年应税销售额，是指纳税人在连续不超过12个月的经营期内累计应征增值税销售额，包括纳税申报销售额、稽查查补销售额、纳税评估调整销售额、税务机关代开发票销售额和免税销售额。

经营期是指在纳税人存续期内的连续经营期间，含未取得销售收入的月份。

（2）年应税销售额未超过规定标准的纳税人，会计核算健全，能够提供准确税务资料的，可以向主管税务机关办理一般纳税人资格登记，成为一般纳税人。

会计核算健全，是指能够按照国家统一的会计制度规定设置账簿，根据合法、有效凭证核算。

符合一般纳税人条件的纳税人应当向主管税务机关申请一般纳税人资格登记。

除国家税务总局另有规定外，一经登记为一般纳税人，不得转为小规模纳税人。

（3）年应税销售额未超过财政部、国家税务总局一般纳税人规定标准的以及新开业的纳税人，可以向主管税务机关办理一般纳税人登记。

（4）下列纳税人可以不办理一般纳税人登记：

① 非企业性单位，年应税销售额超过规定标准且不经常发生应税行为的单位和个体工商户；

② 年应税销售额超过规定标准的其他个人。

③ 从事成品油销售的加油站、航空运输企业、电信企业总机构及其分支机构，一律由主管税务机关登记为增值税一般纳税人。

【例2-7】以下单位和个人，不可以登记为一般纳税人的有（　　）。

A.年应税销售额未超过小规模纳税人标准但会计核算健全的企业

B.个体工商户

C.年应税销售额超过500万元的事业单位

D.年应税销售额为500万元且不能准确提供税务资料的商业零售企业

【解析】选项A，年应税销售额未超过规定标准的纳税人，会计核算健全，能够提供准确税务资料的，可以向主管税务机关办理一般纳税人资格登记，成为一般纳税人；选项B，个体工商户可以登记为一般纳税人；选项C，年应税销售额超过小规模纳税人标准的事业单位，可以选择按照小规模纳税人缴纳增值税。故选D项。

第二节　税率及征收率

按照增值税规范化的原则，我国增值税采取了基本税率加低税率的模式。

一、基本税率

增值税一般纳税人销售或者进口货物，除列举的以外，税率均为13%；提供加工、修理修配劳务和应税服务，除适用低税率外，税率也为13%。这就是通常所说的基本税率。

二、低税率

（一）低税率9%

纳税人销售或者进口以下货物适用税率为9%，这一税率即通常所说的低税率。

1.农业产品

农业产品是指种植业、养殖业、林业、牧业、水产业生产的各种植物、动物的初级品。

（1）植物类。

植物类是指人工种植和天然生长的各种植物的初级产品，具体征税范围包括：

①粮食。

粮食包括小麦、稻谷、玉米、高粱、谷子和其他杂粮，以及面粉、米、玉米面、玉米渣等。切面、饺子皮、馄饨皮、面皮、米粉等粮食复制品，也属于本货物的征税范围。

玉米浆、玉米皮、玉米纤维（又称喷浆玉米皮）和玉米蛋白粉不属于初级农产品，不属于本货物的征税范围。

以粮食为原料加工的速冻食品、方便面、副食品和各种熟食品及淀粉，也不属于本货物的征税范围。

②蔬菜。

蔬菜包括各种蔬菜、菌类植物和少数可作为副食的木科植物。

经晾晒、冷藏、冷冻、包装、脱水等工序加工的蔬菜、咸菜、酱菜和盐渍蔬菜等，也属于本货物的征税范围。

各种蔬菜罐头不属于本货物的征税范围。

③烟叶。

烟叶包括晒烟叶、晾烟叶和初烤烟叶。

④茶叶。

茶叶包括各种毛茶（如红毛茶、绿毛茶、乌龙毛茶、白毛茶、黑毛茶等）。

精制茶、边销茶及掺兑各种药物的茶和茶饮料，不属于本货物的征税范围。

⑤园艺植物。

园艺植物是指可供食用的果实，如水果、果干（如荔枝干、桂圆干、葡萄干等）、干果、果仁、果用瓜（如甜瓜、西瓜、哈密瓜等），以及胡椒、花椒、大料、咖啡豆等。

经冷冻、冷藏、包装等工序加工的园艺植物，也属于本货物的征税范围。

各种水果罐头、果脯、蜜饯、炒制的果仁、坚果、碾磨后的园艺植物（如胡椒粉、花椒粉等），不属于本货物的征税范围。

⑥药用植物。

药用植物是指用于中药原药的各种植物的根、茎、皮、叶、花、果实等。

利用上述药用植物加工成的片、丝、块、段等中药饮片，也属于本货物的征税范围。

中成药不属于本货物的征税范围。

⑦油料植物。

油料植物是指用于榨取油脂的各种植物的根、茎、叶、果实、花或者胚芽组织等初级产品，如菜籽（包括芥菜籽）、花生、大豆、葵花子、蓖麻子、芝麻子、胡麻子、茶子、橄榄仁、棕榈仁、棉籽等。

提取芳香油的芳香油料植物，也属于本货物的征税范围。

⑧纤维植物。

纤维植物是指利用其纤维作为纺织、造纸原料或者绳索的植物，如棉（包括籽棉、皮棉、絮棉）、大麻、黄麻、亚麻、罗布麻、蕉麻、剑麻等。

棉短绒和麻纤维经脱胶后的精干（洗）麻，也属于本货物的征税范围。

⑨糖料植物。

糖料植物是指用于制糖的各种植物，如甘蔗、甜菜等。

⑩林业产品。

林业产品是指乔木、灌木和竹类植物，以及天然树脂、天然橡胶。林业产品的征税范围包括原木、原竹、天然树脂和其他林业产品。

盐水竹笋也属于本货物的征税范围。

锯材、竹笋罐头不属于本货物的征税范围。

（2）动物类。

动物类包括人工养殖和天然生长的各种动物的初级产品，具体征税范围包括：

①水产品。

水产品是指人工放养和人工捕捞的鱼、虾、蟹、鳖、贝类、棘皮类、软体类、腔肠类、海兽类动物。本货物的征税范围包括鱼、虾、蟹、鳖、贝类、棘皮类、软体类、腔肠类、海兽类、鱼苗（卵）、虾苗、蟹苗、贝苗（秧），以及经冷冻、冷藏、盐渍等防腐处理和包装的水产品。

干制的鱼、虾、蟹、贝类、棘皮类、软体类、腔肠类，如干鱼、干虾、干虾仁、干贝等以及未加工成工艺品的贝壳、珍珠，也属于本货物的征税范围。

熟制的水产品和各类水产品的罐头，不属于本货物的征税范围。

②畜牧产品。

畜牧产品是指人工饲养、繁殖取得和捕获的各种畜禽，本货物的征税范围包括：兽类、禽类和爬行类动物，如牛、马、猪、羊、鸡、鸭等。兽类、禽类和爬行类动物的肉产品。各种兽类、禽类和爬行类动物的肉类生制品，如腊肉、腌肉、熏肉等，也属于本货物的征税范围。

各种肉类罐头、肉类熟制品，不属于本货物的征税范围。

蛋类产品是指各种禽类动物和爬行类动物的卵，包括鲜蛋、冷藏蛋。经加工的咸蛋、松花蛋、腌制的蛋等，也属于本货物的征税范围。

各种蛋类的罐头，不属于本货物的征税范围。

鲜奶是指各种哺乳类动物的乳汁和经净化、杀菌等加工工序生产的乳汁。

按照《食品安全国家标准——调制乳》（GB 25191—2010）生产的调制乳，不属于初级农业产品，应按照13%的税率征收增值税。用鲜奶加工的各种奶制品，如酸奶、奶酪、奶油等，不属于本货物的征税范围。

③动物皮张。

动物皮张是指从各种动物（兽类、禽类和爬行类动物）身上直接剥取的，未经鞣制的生皮、生皮张。

将生皮、生皮张用清水、盐水或者防腐药水浸泡、刮里、脱毛、晒干或者熏干，未经鞣制的，也属于本货物的征税范围。

④动物毛绒。

动物毛绒是指未经洗净的各种动物的毛发、绒毛和羽毛。

洗净毛、洗净绒等不属于本货物的征税范围。

⑤其他动物组织。

其他动物组织是指上述列举以外的兽类、禽类、爬行类动物的其他组织，以及昆虫类动物。本货物的征税范围包括：

蚕茧，包括鲜茧和干茧，以及蚕蛹。

天然蜂蜜，即采集的未经加工的天然蜂蜜、鲜蜂王浆等。

动物树脂，如虫胶等。

2. 食用植物油

植物油是指从植物根、茎、叶、果实、花或胚芽组织中加工提取的油脂。食用植物油仅包括芝麻油、花生油、豆油、菜籽油、米糠油、葵花子油、棉籽油、玉米胚油、茶油、胡麻油以及以上述油为原料生产的混合油。棕榈油、核桃油、橄榄油、花椒油，也属于本货物的征税范围。

自2019年4月1日起，杏仁油、葡萄籽油适用9%的税率。

自2019年4月1日起，牡丹籽油适用9%的税率。

肉桂油、桉油、香茅油不属于农业产品的范围，其增值税适用税率为13%。

环氧大豆油、氢化植物油不属于食用植物油的范围，适用13%的税率。

3. 自来水

自来水是指自来水公司及工矿企业经抽取、过滤、沉淀、消毒等工序加工后，通过供水系统向用户供应的水。

农业灌溉用水、引水工程输送的水等，不属于本货物的征税范围。

4. 暖气、热水

暖气、热水是指利用各种燃料（如煤、石油、其他各种气体或固体、液体燃料）和电能将水加热，使之生成的气体和热水，以及开发自然热能，如开发地热资源或用太阳能生产的暖气、热气、热水。

利用工业余热生产、回收的暖气、热气和热水也属于本货物的征税范围。

5. 冷气

冷气是指为了调节室内温度，利用制冷设备生产的，并通过供风系统向用户提供的低温气体。

6. 煤气

煤气是指由煤、焦炭、半焦和重油等经干馏或汽化等生产过程所得气体产物的总称。

（1）焦炉煤气，是指煤在炼焦炉中进行干馏所产生的煤气。

（2）发生炉煤气，是指用空气（或氧气）和少量的蒸气将煤或焦炭、半焦，在煤气发生炉中进行汽化所产生的煤气、混合煤气、水煤气、单水煤气、双水煤气等。

（3）液化煤气，是指压缩成液体的煤气。

7. 石油液化气

石油液化气是指由石油加工过程中所产生的低分子量的烃类炼厂气经压缩而成的

液体。

8.天然气

天然气是指蕴藏在地层内的碳氢化合物可燃气体。

天然气包括气田天然气、油田天然气、煤矿天然气和其他天然气。

9.沼气

沼气的主要成分为甲烷，由植物残体在与空气隔绝的条件下经自然分解而成。本货物的征税范围包括天然沼气和人工生产的沼气。

10.居民用煤炭制品

居民用煤炭制品是指煤球、煤饼、蜂窝煤和引火炭。

11.图书、报纸、杂志

（1）图书是指由国家新闻出版广电总局批准的单位出版、采用国际标准书号编序的书籍以及图片。

（2）报纸是指经国家新闻出版广电总局批准，在各省、自治区、直辖市新闻出版管理部门登记，具有国内统一刊号（CN）的报纸。

（3）杂志是指经国家新闻出版广电总局批准，在各省、自治区、直辖市新闻出版管理部门登记，具有国内统一刊号（CN）的刊物。

自2019年4月1日起，国内印刷企业承印的经新闻出版主管部门批准印刷且采用国际标准书号编序的境外图书，适用9%的增值税税率。

12.饲料

饲料是指用于动物饲养的产品或其加工品。

直接用于动物饲养的粮食、饲料添加剂不属于本货物的征税范围。

13.化肥

化肥是指经化学和机械加工制成的各种化学肥料。

14.农药

农药是指用于农林业防治病虫害、除草及调节植物生长的药剂。

15.农膜

农膜是指用于农业生产的各种地膜、大棚膜。

16.农机

农机是指用于农业生产的各种机器和机械化、半机械化的农具以及小农具。

农用汽车不属于本货物的征税范围。

农机零部件不属于本货物的征税范围。

17.食用盐

18.音像制品

19.电子出版物

20.二甲醚

【例2-8】下列货物中，适用9%低税率的是（　　）。

A.农业灌溉用水　　B.花生油　　C.中成药　　D.酸奶

【解析】选项A、C、D都不属于低税率的适用范围，故选B项。

提供交通运输服务、邮政服务、基础电信服务、建筑服务、不动产租赁服务，销售不动产，转让土地使用权，税率为9%。

（二）低税率6%

提供现代服务业服务（租赁服务除外）、增值电信服务、金融服务、生活服务、销售无形资产（转让土地使用权除外），税率为6%。

（三）零税率

出口货物、劳务或者境内单位和个人发生的跨境应税行为，税率为零。具体范围由财政部和国家税务总局另行规定。

（四）其他规定

（1）纳税人提供适用不同税率或者征收率的应税服务，应当分别核算适用不同税率或者征收率的销售额；未分别核算的，从高适用税率。

（2）试点纳税人销售电信服务时，附带赠送用户识别卡、电信终端等货物或者电信服务的，应对其取得的全部价款和价外费用进行分别核算，按各自适用的税率计算缴纳增值税。

（3）油气田企业发生应税行为时，适用《营业税改征增值税试点实施办法》规定的增值税税率（税率变化后按现行税率执行）。

【例2-9】下列有关增值税的适用税率，表述不正确的是（　　）。

A.有形动产租赁业务适用13%的税率

B.基础电信服务适用6%的税率

C.销售不动产适用9%的税率

D.生活服务适用6%的税率

【解析】基础电信服务的适用税率为9%，其余表述均正确，故选B项。

三、征收率

由于小规模纳税人的会计核算不健全，无法准确核算进项税额和销项税额，因此在增值税征收管理中，采用简便方式，按照其销售额与规定的征收率计算缴纳增值税，不允许抵扣进项税。

小规模纳税人增值税的征收率为3%，征收率的调整由国务院决定。

小规模纳税人（除其他个人外，下同）销售自己使用过的固定资产，减按2%的征收率征收增值税，并且只能开具普通发票，不得由税务机关代开增值税专用发票。

小规模纳税人销售自己使用过的除固定资产以外的物品，应按3%的征收率征收增值税。

自2016年5月1日起，对不动产的租赁及销售在简易计税方式下按5%的征收率征收增值税，个人出租住房按照5%的征收率减按1.5%征收增值税。

自2020年5月1日至2023年12月31日，从事二手车经销的纳税人销售其收购的二手车，减按0.5%征收增值税。

第三节　计税依据及应纳税额的计算

增值税的计税方法，包括一般计税方法和简易计税方法。

一般纳税人销售货物、提供应税劳务和应税行为适用一般计税方法计税。一般纳税人发生财政部和国家税务总局规定的特定应税行为，可以选择适用简易计税方法计税，但一经选择，36个月内不得变更。

小规模纳税人适用简易计税方法计税。

境外单位或者个人在境内发生应税行为，在境内未设有经营机构的，扣缴义务人按照下列公式计算应扣缴税额：

应扣缴税额=接受方支付的价款÷（1+税率）×税率

一般计税方法的应纳税额，是指当期销项税额抵扣当期进项税额后的余额。应纳税额的计算公式为：

应纳税额=当期销项税额-当期进项税额

因此，增值税一般纳税人当期应纳税额的多少，取决于当期销项税额和当期进项税额两个因素。能分别确定销项税额和进项税额，就不难计算出应纳税额。

二维码3：销项税额的一般规定

一、销项税额的计算

销项税额是指纳税人发生应税行为按照销售额和增值税税率计算并收取的增值税税额。销项税额的计算公式为：

销项税额=销售额×适用税率

销项税额是《增值税暂行条例》中的一个概念，它是由购买方支付的税额；对属于一般纳税人的销售方来说，在抵扣其进项税额前，销售方收取的销项税额还不是其应纳增值税税额。销项税额的计算取决于销售额和适用税率两个因素，适用税率在前面已有说明，此处主要介绍销售额。需要强调的是，增值税是价外税，公式中的“销售额”是不包括收取的销项税额的销售额。

（一）一般销售方式下的销售额

正确计算应纳增值税税额，首先需要准确核算作为增值税计税依据的销售额。销售额是指纳税人发生应税行为取得的全部价款和价外费用，财政部和国家税务总局另有规定的除外。

价外费用（实属价外收入）是指价外向购买方收取的手续费、补贴、基金、集资费、返还利润、奖励费、违约金（延期付款利息）、包装费、包装物租金、储备费、优质费、运输装卸费、代收款项、代垫款项及其他各种性质的价外收费，但下列项目不包括在内：

（1）向购买方收取的销项税额。

（2）受托加工应征消费税的消费品所代收代缴的消费税。

（3）同时符合以下条件的代垫运费：

① 承运者的运费发票开具给购货方的；

② 纳税人将该项发票转交给购货方的。

（4）行政单位收取的同时符合以下条件的政府性基金或者行政事业性收费：

① 由国务院或者财政部批准设立的政府性基金，由国务院或者省级人民政府及其财政、价格主管部门批准设立的行政事业性收费；

② 收取时开具省级以上（含省级）财政部门监（印）制的财政票据；

③ 所收款项全额上缴财政。

（5）销售货物的同时代办保险等而向购买方收取的保险费，以及向购买方收取的代购买方缴纳的车辆购置税、车辆牌照费。

（二）含税销售额的换算

增值税是价外税，即纳税人向购买方销售货物或应税劳务所收取的价款中不应包含增值税税款，价款和税款应在增值税专用发票和增值税普通发票上分别注明。其换算公式如下：

不含税销售额=含税销售额÷（1+适用税率）

【例 2-10】某商贸公司为增值税一般纳税人，2023年12月零售商品取得含税销售额33.9万元，请计算2023年12月该商贸公司的增值税销项税额。

【解析】首先将含税销售额换算为不含税销售额，则：

不含税销售额=33.9÷（1+13%）=30（万元）

根据不含税销售额计算销项税额，则：

销项税额=30×13%=3.9（万元）

（三）视同销售货物行为销售额的确定

纳税人销售货物的价格明显偏低而无正当理由，以及会计上不作销售处理，而税法要求征税时，主管税务机关有权按照下列顺序核定其计税销售额：

（1）按纳税人最近时期同类货物的平均销售价格确定。

（2）按其他纳税人最近时期同类货物的平均销售价格确定。

（3）按组成计税价格确定。

组成计税价格的计算公式为：

组成计税价格=成本×（1+成本利润率）

属于应征消费税的货物，其组成计税价格中应加计消费税税额，则计算公式为：

组成计税价格=成本×（1+成本利润率）+消费税税额

或：组成计税价格=成本×（1+成本利润率）÷（1-消费税税率）

关于公式中的成本，销售自产货物的为实际生产成本，销售外购货物的为实际采购成本。公式中的成本利润率一般为10%，但属于应从价定率征收消费税的货物，其组成计税价格公式中的成本利润率为《消费税若干具体问题的规定》中规定的成本利润率（详见消费税组成计税价格的计算）。

《营业税改征增值税试点实施办法》规定，纳税人发生应税行为价格明显偏低或者偏高且不具有合理商业目的的，主管税务机关有权按照下列顺序确定销售额：

（1）按照纳税人最近时期销售同类服务、无形资产或者不动产的平均价格确定。

（2）按照其他纳税人最近时期销售同类服务、无形资产或者不动产的平均价格确定。

（3）按照组成计税价格确定。组成计税价格的计算公式为：

组成计税价格=成本×（1+成本利润率）

成本利润率由国家税务总局确定。

不具有合理商业目的，是指以谋取税收利益为主要目的，通过人为安排，减少、免除、推迟缴纳增值税税款，或者增加退还增值税税款。

纳税人发生《增值税暂行条例实施细则》规定的固定资产视同销售货物行为，对已使用过的固定资产无法确定销售额的，以固定资产净值为销售额。固定资产净值是指纳税人按照财务会计制度计提折旧后计算的固定资产净值。

（四）特殊销售方式下的销售额

在销售活动中，为了达到促销目的，有多种销售方式。在不同的销售方式下，销售者取得的销售额也会有所不同。对不同的销售方式如何确定其计征增值税的销售额，既是纳税人关心的问题，也是税法必须予以明确规定的问题。税法对以下几种销售方式下的销售额分别作了规定：

1.采取折扣方式销售

折扣销售是指考虑到购货方购货数量较大等原因，而给予购货方的价格优惠。例如，购买5件产品，销售价格折扣为10%；购买10件产品，销售价格折扣为20%。由于折扣是在实现销售时发生的，因此税法规定：①如果销售额和折扣额在同一张发票上分别注明，可将折扣后的余额作为销售额计算增值税。这里的“销售额和折扣额在同一张发票上分别注明”是指销售额和折扣额在同一张发票的“金额”栏分别注明；未在同一张发票的“金额”栏注明折扣额，而仅在发票的“备注”栏注明折扣额的，折扣额不得从销售额中减除。②如果将折扣额另开发票，不论其在财务上如何处理，均不得从销售额中减除折扣额。

这里需要注意对折扣销售、销售折扣、销售折让及实物折扣的区分。

2.采取以旧换新方式销售

以旧换新是指纳税人在销售自己的货物时，有偿收回旧货物的行为。根据税法的规定，采取以旧换新方式销售货物的，应按新货物的同期销售价格确定销售额，不得扣减旧货物的收购价格。金银首饰的以旧换新，以实际收到的价款为计税销售额。

3.采取还本销售方式销售

还本销售是指纳税人在销售货物后，到一定期限由销售方一次或分次退还购货方全部或部分价款。这种方式实际上是一种以货物换取资金的使用价值，到期还本不付息的方法。税法规定，采取还本销售方式销售货物，其销售额就是货物的销售价格，不得从销售额中减除还本支出。

4.采取以物易物方式销售

以物易物是一种较为特殊的购销活动，是指购销双方不是以货币结算，而是以同等价款的货物相互结算，从而实现货物购销的方式。在实务中，有的纳税人认为以物易物不是购销行为，如销货方收到购货方抵顶货款的货物，认为自己不是购货；购货方发出抵顶货款的货物，认为自己不是销货。这些认识都是错误的。税法规定，以物易物双方都应作购销处理，即以各自发出的货物核算销售额并计算销项税额，以各自收到的货物核算购货额并计算进项税额。需要注意的是：在以物易物活动中，应分别开具合法的票据，如果收到的货物不能取得相应的增值税专用发票或其他合法票据，就不能抵扣进项税额。

5.直销企业增值税销售额的确定

直销企业的经营模式主要有两种：一是直销员按照批发价向直销企业购买货物，然后按照零售价向消费者销售货物；二是直销员仅起到介绍作用，直销企业按照零售价向直销员介绍的消费者销售货物，然后另外向直销员支付报酬。根据直销企业的经营模式，直销企业增值税销售额的确定分以下两种：

（1）直销企业先将货物销售给直销员，直销员再将货物销售给消费者的，直销企业的销售额为其向直销员收取的全部价款和价外费用。直销员将货物销售给消费者时，应按照现行规定缴纳增值税。

（2）直销企业通过直销员向消费者销售货物，直接向消费者收取货款的，直销企业的销售额为其向消费者收取的全部价款和价外费用。

以上规定自2013年3月1日起执行。

纳税人发生营改增有关应税行为，开具增值税专用发票后，发生开票有误或者销售折让、中止、退回等情形的，应当按照规定开具红字增值税专用发票；未按照规定开具红字增值税专用发票的，不得扣减销项税额或者销售额。

6.包装物押金的计税问题

包装物是指纳税人包装本单位货物的各种物品。为了促使购货方及早退回包装物以便周转使用，在一般情况下，销货方会向购货方收取包装物押金，如果购货方在规定的期间内归还包装物，销货方则将收取的包装物押金返还。

根据税法的规定，纳税人为销售货物而出租或出借包装物收取的押金，单独记账核算的，时间在1年以内又未逾期的，不并入销售额征税；但对于因逾期未收回包装物不再退还的押金，应按所包装货物的适用税率计算销项税额。其中，"逾期"是指按合同约定实际逾期或以1年（12个月）为期限。对收取1年以上的押金，无论是否退还均并入销售额征税。

从1995年6月1日起，对销售除啤酒、黄酒外的其他酒类产品而收取的包装物押金，无论是否返还以及会计上如何核算，均应并入当期销售额征税。对销售啤酒、黄酒所收取的押金，按上述一般押金的规定处理。

在将包装物押金并入销售额征税时，需要先将该押金换算为不含税价格。

另外，包装物押金不应混同于包装物租金，包装物租金在销货时作为价外费用并入销售额计算销项税额。

（五）"营改增"后各项业务销售额的确定

1.贷款服务

贷款服务，以提供贷款服务取得的全部利息及利息性质的收入为销售额。

2.直接收费金融服务

直接收费金融服务，以提供直接收费金融服务收取的手续费、佣金、酬金、管理费、服务费、经手费、开户费、过户费、结算费、转托管费等各类费用为销售额。

3.金融商品转让

金融商品转让，按照卖出价扣除买入价后的余额为销售额。

转让金融商品出现的正负差，按盈亏相抵后的余额为销售额。若相抵后出现负差，可结转至下一纳税期与下期转让金融商品销售额相抵，但年末仍有负差的，不得转入下一个会计年度。

金融商品的买入价，可以选择按照加权平均法或者移动加权平均法进行核算，选择后36个月内不得变更。

金融商品转让，不得开具增值税专用发票。

4.经纪代理服务

经纪代理服务，以取得的全部价款和价外费用扣除向委托方收取并代为支付的政府性基金或者行政事业性收费后的余额为销售额。向委托方收取的政府性基金或者行政事业性收费，不得开具增值税专用发票。

5.融资租赁和融资性售后回租业务

（1）经中国人民银行、国家金融监督管理总局（银保监会）或者商务部批准从事融资租赁业务的试点纳税人，提供融资租赁服务，以取得的全部价款和价外费用，扣除支付的借款利息（包括外汇借款和人民币借款利息）、发行债券利息和车辆购置税后的余额为销售额。

（2）经中国人民银行、国家金融监督管理总局（银保监会）或者商务部批准从事融资租赁业务的试点纳税人，提供融资性售后回租服务，以取得的全部价款和价外费用（不含本金），扣除对外支付的借款利息（包括外汇借款和人民币借款利息）、发行债券利息后的余额作为销售额。

（3）纳税人根据2016年4月30日前签订的有形动产融资性售后回租合同，在合同到期前提供的有形动产融资性售后回租服务，可继续按照有形动产融资租赁服务缴纳增值税。

（4）经商务部授权的省级商务主管部门和国家经济技术开发区批准的从事融资租赁业务的纳税人，2016年5月1日后实收资本达到1.7亿元的，从达到标准的当月起按照上述第（1）、（2）、（3）项规定执行；2016年5月1日后实收资本未达到1.7亿元但注册资本达到1.7亿元的，在2016年7月31日前仍可按照上述第（1）、（2）、（3）项规定执行，2016年8月1日后开展的有形动产融资租赁业务和有形动产融资性售后回租业务不得按照上述第（1）、（2）、（3）项规定执行。

6.航空运输企业

航空运输企业的销售额，不包括代收的机场建设费和代售其他航空运输企业客票而代收转付的价款。

7.客运场站服务

一般纳税人提供客运场站服务，以其取得的全部价款和价外费用，扣除支付给承运方运费后的余额为销售额。

8.旅游服务

纳税人提供旅游服务，可以选择以取得的全部价款和价外费用，扣除向旅游服务购买方收取并支付给其他单位或者个人的住宿费、餐饮费、交通费、签证费、门票费和支付给其他接团旅游企业的旅游费用后的余额为销售额。

选择上述办法计算销售额的纳税人，向旅游服务购买方收取并支付的上述费用，不得开具增值税专用发票，可以开具普通发票。

9.建筑服务

纳税人提供建筑服务适用简易计税方法的，以取得的全部价款和价外费用扣除支付的分包款后的余额为销售额。

纳税人提供建筑服务，按照规定允许从其取得的全部价款和价外费用中扣除的分包款，是指支付给分包方的全部价款和价外费用。纳税人提供特定建筑服务，可按照现行政策规定，以取得的全部价款和价外费用扣除支付的分包款后的余额为销售额计税。总包方支付的分包款是打包支出的概念，即其中既包括货物价款，也包括建筑服务价款。

10.房地产开发企业

房地产开发企业中的一般纳税人销售其开发的房地产项目（选择简易计税方法的房地产老项目除外），以取得的全部价款和价外费用，扣除受让土地时向政府部门支付的土地价款后的余额为销售额。

房地产老项目，是指《建筑工程施工许可证》注明的合同开工日期在2016年4月30日前的房地产项目。

11.其他规定

纳税人按照上述4～10款的规定从全部价款和价外费用中扣除的价款，应当取得符合法律、行政法规和国家税务总局规定的有效凭证；否则，不得扣除。

上述凭证是指：

（1）支付给境内单位或者个人的款项，以发票为合法有效凭证。

（2）支付给境外单位或者个人的款项，以该单位或者个人的签收单据为合法有效凭证，税务机关对签收单据有疑义的，可以要求其提供境外公证机构的确认证明。

（3）缴纳的税款，以完税凭证为合法有效凭证。

（4）扣除的政府性基金、行政事业性收费或者向政府支付的土地价款，以省级以上（含省级）财政部门监（印）制的财政票据为合法有效凭证。

（5）国家税务总局规定的其他凭证。

纳税人取得的上述凭证属于增值税扣税凭证的，其进项税额不得从销项税额中抵扣。

12.销售不动产及不动产经营租赁服务

（1）一般纳税人销售其2016年5月1日后取得（不含自建）的不动产，应适用一般计税方法，以取得的全部价款和价外费用为销售额计算应纳税额。纳税人应以取得的全部价款和价外费用减去该项不动产购置原价或者取得不动产时的作价后的余额，按照5%的预征率在不动产所在地预缴税款。

（2）一般纳税人销售其2016年5月1日后自建的不动产，应适用一般计税方法，以取得的全部价款和价外费用为销售额计算应纳税额。纳税人应以取得的全部价款和价外费用，按照5%的预征率在不动产所在地预缴税款。

（3）一般纳税人出租其2016年5月1日后取得的、与机构所在地不在同一县（市）的不动产，应按照3%的预征率在不动产所在地预缴税款。

（4）一般纳税人销售其2016年4月30日前取得的不动产（不含自建），适用一般计税方法计税的，以取得的全部价款和价外费用为销售额计算应纳税额。上述纳税人应以取得的全部价款和价外费用减去该项不动产购置原价或者取得不动产时的作价后的余额，按照5%的预征率在不动产所在地预缴税款。

（5）一般纳税人销售其2016年4月30日前自建的不动产，适用一般计税方法计税的，应以取得的全部价款和价外费用为销售额计算应纳税额。纳税人应以取得的全部价款和价外费用，按照5%的预征率在不动产所在地预缴税款。

（6）房地产开发企业中的一般纳税人销售房地产老项目，以及一般纳税人出租其2016年4月30日前取得的不动产，适用一般计税方法计税的，应以取得的全部价款和价外费用，按照3%的预征率在不动产所在地预缴税款。

【例2-11】下列不符合营改增销售额规定的是（　　）。

A.存款利息，以利息收入金额为销售额

B.贷款服务，以提供贷款服务取得的全部利息以及利息性质的收入为销售额

C.金融商品转让，按照卖出价扣除买入价后的余额为销售额

D.航空运输企业的销售额，不包括代收的机场建设费和代售其他航空企业客票而代收转付的价款

【解析】存款利息收入不征收增值税，其余表述均正确，故选A项。

二、进项税额的计算

二维码4：进项税额

纳税人购进货物、加工修理修配劳务、服务、无形资产或者不动产，支付或者负担的增值税税额为进项税额。进项税额是与销项税额相对应的概念。在开具增值税专用发票的情况下，它们之间的对应关系是，销售方收取的销项税额就是购买方支付的进项税额。对任何一个一般纳税人而言，由于其在经营活动中，既会发生销售货物、提供应税劳务或应税行为的情况，又会发生购进货物、接受应税劳务或应税行为的情况，因此每个一般纳税人都会有收取的销项税额和支付的进项税额。增值税的核心就是用纳税人收取的销项税额抵扣其支付的进项税额，其余额为纳税人实际应缴纳的增值税税额。这样，进项税额作为可抵扣的部分，对于纳税人实际纳税多少就产生了举足轻重的作用。

需要注意的是，并不是纳税人支付的所有进项税额都可以从销项税额中抵扣。

（一）准予从销项税额中抵扣的进项税额

根据税法的规定，准予从销项税额中抵扣的进项税额，限于下列增值税扣税凭证上注明的增值税税额和按规定的扣除率计算的进项税额：

（1）从销售方或者提供方取得的增值税专用发票（含税控机动车销售统一发票）上注明的增值税税额。

（2）从海关取得的海关进口增值税专用缴款书上注明的增值税税额。

上述两条规定是指增值税一般纳税人在购进货物、接受应税劳务或应税行为时，取得对方的增值税专用发票或海关进口增值税专用缴款书上已注明规定税率或征收率计算的增值税税额。

增值税扣税凭证，是指增值税专用发票、海关进口增值税专用缴款书、农产品收购发票、农产品销售发票、高速公路过路过桥通行费发票（不含财政监制票据）和完税凭证。

纳税人取得的海关进口增值税专用缴款书，按照《国家税务总局关于逾期增值税扣税凭证抵扣问题的公告》（国家税务总局公告2011年第50号）规定的程序，经国家税务总局稽核比对相符后抵扣进项税额。

税法对进口环节进项税额抵扣条件进行了特殊规定：

对海关代征进口环节增值税开具的增值税专用缴款书上标明有两个单位名称，即既有代理进口单位名称，又有委托进口单位名称的，只准予其中取得专用缴款书原件的一个单位抵扣税款。申报抵扣税款的委托进口单位，必须提供相应的海关代征增值税专用缴款书原件、委托代理合同及付款凭证；否则，不予抵扣进项税额。

（3）购进农产品进项税额的确定与抵扣。

购进农产品，除取得增值税专用发票或者海关进口增值税专用缴款书外，纳税人购进用于生产销售或委托加工13%税率货物的农产品，按照10%的扣除率计算进项税额。纳税人购进用于生产销售或委托加工9%税率货物的农产品，按照9%的扣除率计算进项税额。需要注意的是，10%的抵扣率购进当月按9%计算抵扣进项税额，领用月份加计抵扣1%的进项税额。其计算公式为：

进项税额=买价×扣除率

买价，是指纳税人购进农产品在农产品收购发票或者销售发票上注明的价款和按照规定缴纳的烟叶税。

为了加强农产品增值税进项税额抵扣的管理，经国务院批准，自2012年7月1日起，以购进农产品为原料生产销售液体乳及乳制品、酒及酒精、植物油的增值税一般纳税人，纳入农产品增值税进项税额核定扣除试点范围。具体方法有投入产出法、成本法和参照法等。

（4）不动产进项税额的抵扣。

①适用一般计税方法的纳税人，2016年5月1日后取得并在会计制度上按固定资产核算的不动产或者2016年5月1日后取得的不动产在建工程，其进项税额应自取得之日起分2年从销项税额中抵扣，第一年抵扣比例为60%，第二年抵扣比例为40%。自2019年4月1日起，一般纳税人新购进的不动产及在建工程，进项税额一次性抵扣。

取得不动产，包括以直接购买、接受捐赠、接受投资入股、自建以及抵债等各种形式取得不动产，不包括房地产开发企业自行开发的房地产项目。

融资租入的不动产以及在施工现场修建的临时建筑物、构筑物，其进项税额不适用上述分2年抵扣的规定。

②按照《营业税改征增值税试点实施办法》第二十七条第（一）项规定不得抵扣且未抵扣进项税额的固定资产、无形资产、不动产，发生用途改变，用于允许抵扣进项税额的应税项目，可在用途改变的次月按照下列公式计算可以抵扣的进项税额：

可以抵扣的进项税额=固定资产、无形资产、不动产净值÷（1+适用税率）×适用税率

上述可以抵扣的进项税额应取得合法有效的增值税扣税凭证。

③纳税人接受贷款服务向贷款方支付的与该笔贷款直接相关的投融资顾问费、手续费、咨询费等费用，其进项税额不得从销项税额中抵扣。

（5）从境外单位或者个人购进服务、无形资产或者不动产，自税务机关或者扣缴义务人取得的解缴税款的完税凭证上注明的增值税额。

（6）高速公路、过路过桥通行费计算扣除进项税额。

自2018年1月1日起，纳税人支付的道路通行费，按照收费公路通行费增值税电子普通发票上注明的增值税额抵扣进项税额。

①取得征税发票可以抵扣进项税额。

ETC后付费（记账卡）客户和用户卡客户索取发票的，通过经营性收费公路的部分，在发票服务平台取得由收费公路经营管理单位开具的征税发票可以计算抵扣进项税额。

ETC预付费（储值卡）客户在实际发生通行费用后索取发票的，通过经营性收费公路的部分，在发票服务平台取得由收费公路经营管理单位开具的征税发票可以计算抵扣进项税额。

②取得不征税发票不可以抵扣进项税额。

ETC预付费（储值卡）客户在充值后索取发票的，在发票服务平台取得由ETC客户服务机构全额开具的不征税发票不可以抵扣进项税额。

通过政府还贷性收费公路的部分，在发票服务平台取得暂由ETC客户服务机构开具的不征税发票不可以抵扣进项税额。

③取得不同的发票可以抵扣进项税额的时间期限不相同。

自2018年1月1日起，纳税人支付的桥、闸通行费，暂凭取得的通行费发票上注明的收费金额计算可抵扣的进项税额（时间暂未截止）。计算公式如下：

$$\text{一级公路、二级公路、桥、闸通行费可抵扣进项税额} = \text{一级公路、二级公路、桥、闸通行费发票上注明的金额} \div (1+5\%) \times 5\%$$

（7）关于项目运营方利用信托资金融资过程中增值税进项税额的抵扣问题。

项目运营方利用信托资金融资进行项目建设开发是指项目运营方与经批准成立的信托公司合作进行项目建设开发，信托公司负责筹集资金并设立信托计划，项目运营方负责项目建设与运营，项目建设完成后，项目资产归项目运营方所有。该经营模式下项目运营方在项目建设期内取得的增值税专用发票和其他抵扣凭证，允许其按现行增值税有关规定予以抵扣。

上述规定自2010年10月1日起施行。此前未抵扣的进项税额允许其抵扣，已抵扣的不作进项税额转出。

（8）国内旅客运输服务的进项税额抵扣。

自2019年4月1日起，纳税人购进国内旅客运输服务，其进项税额允许从销项税额中抵扣。纳税人未取得增值税专用发票的，暂按照以下规定确定进项税额：

①取得增值税电子普通发票的，为发票上注明的税额；

②取得注明旅客身份信息的航空运输电子客票行程单的，按照下列公式计算进项

税额：

航空旅客运输进项税额=（票价+燃油附加费）÷（1+9%）×9%

③取得注明旅客身份信息的铁路车票的，按照下列公式计算的进项税额：

铁路旅客运输进项税额=票面金额÷（1+9%）×9%

④取得注明旅客身份信息的公路、水路等其他客票的，按照下列公式计算进项税额：

公路、水路等其他旅客运输进项税额=票面金额÷（1+3%）×3%

国内旅客运输服务，限于与本单位签订了劳动合同的员工，以及本单位作为用工单位接受的劳务派遣员工发生的国内旅客运输服务。须注意：

① 纳税人购进国内旅客运输服务，以取得的增值税电子普通发票上注明的税额为进项税额的，增值税电子普通发票上注明的购买方"名称""纳税人识别号"等信息，应当与实际抵扣税款的纳税人一致，否则不予抵扣；

② 纳税人允许抵扣的国内旅客运输服务进项税额，是指纳税人2019年4月1日及以后实际发生，并取得合法有效增值税扣税凭证注明的或依据其计算的增值税税额。以增值税专用发票或增值税电子普通发票为增值税扣税凭证的，为2019年4月1日及以后开具的增值税专用发票或增值税电子普通发票。

【例2-12】根据有关不动产进项税额抵扣的规定，2019年4月1日以后取得的不动产，其进项税额一次性从销项税额中抵扣，以下适用该政策取得的不动产有（　　）。

A.直接购买的不动产

B.融资租入的不动产

C.接受捐赠的不动产

D.房地产开发企业自行开发的房地产项目

【解析】取得不动产，包括以直接购买、接受捐赠、接受投资入股、自建以及抵债等各种形式取得的不动产，不包括房地产开发企业自行开发的房地产项目。融资租入的不动产以及在施工现场修建的临时建筑物、构筑物，其进项税额均一次性抵扣。故选A、B、C项。

（二）不得从销项税额中抵扣的进项税额

《增值税暂行条例》及《营业税改征增值税试点实施办法》规定，下列项目的进项税额不得从销项税额中抵扣：

（1）纳税人购进货物、接受应税劳务或应税行为，没有按照规定取得并且保存增值税抵扣凭证或增值税扣税凭证上未按规定注明增值税额及其他有关事项的。

（2）一般纳税人有下列情形之一者，应按销售额依照增值税税率计算应纳税额，不得抵扣进项税额，也不得使用增值税专用发票：

① 会计核算不健全，或者不能够提供准确税务资料的；

② 除另有规定外，纳税人销售额超过小规模纳税人标准，未申请一般纳税人认定手续的。

（3）用于简易计税方法计税项目、免征增值税项目、集体福利或者个人消费的购进货物、加工修理修配劳务、服务、无形资产和不动产。其中涉及的固定资产、无形资产、不动产，仅指专用于上述项目的固定资产、无形资产（不包括其他权益性无形资产）、不动产。

纳税人的交际应酬消费属于个人消费。

（4）非正常损失的购进货物，以及相关的加工修理修配劳务和交通运输服务。

（5）非正常损失的在产品、产成品所耗用的购进货物（不包括固定资产）、加工修理修配劳务和交通运输服务。

（6）非正常损失的不动产，以及该不动产所耗用的购进货物、设计服务和建筑服务。

（7）非正常损失的不动产在建工程所耗用的购进货物、设计服务和建筑服务。

纳税人新建、改建、扩建、修缮、装饰不动产，均属于不动产在建工程。

（8）购进的贷款服务、餐饮服务、居民日常服务和娱乐服务。

（9）财政部和国家税务总局规定的其他情形。

上述第（6）、（7）项所称货物，是指构成不动产实体的材料和设备，包括建筑装饰材料和给排水、采暖、卫生、通风、照明、通信、煤气、消防、中央空调、电梯、电气、智能化楼宇设备及配套设施。

不动产、无形资产的具体范围，按照《营业税改征增值税试点实施办法》所附的《销售服务、无形资产或者不动产注释》执行。

固定资产，是指使用期限超过12个月的机器、机械、运输工具以及其他与生产经营有关的设备、工具、器具等有形动产。

非正常损失，是指因管理不善造成货物被盗、丢失、霉烂变质，以及因违反法律法规造成货物或者不动产被依法没收、销毁、拆除的情形。

（10）适用一般计税方法的纳税人，兼营简易计税方法计税项目、免征增值税项目而无法划分不得抵扣的进项税额，按照下列公式计算不得抵扣的进项税额：

$$\text{不得抵扣的进项税额}=\text{当期无法划分的全部进项税额}\times(\text{当期简易计税方法计税项目销售额}+\text{免征增值税项目销售额})\div\text{当期全部销售额}$$

主管税务机关可以按照上述公式依据年度数据对不得抵扣的进项税额进行清算。

【例2-13】某企业当月进项税额为200万元，其中外购货物及运费对应的进项税额是190万元（用于免税项目的为70万元，用于应税项目的为120万元），其余10万元的进项税额对应的是外购的水电费，且无法在应税项目和免税项目之间进行区分。该企业当月应税货物的销售额是1 200万元，免税项目的销售额为800万元，计算当月不得抵扣的进项税额。

【解析】当月不得抵扣的进项税额=10×800÷（1 200+800）=4（万元）

（11）已抵扣进项税额的购进货物（不含固定资产）、劳务、服务，发生上述不得抵扣的情形（简易计税方法计税项目、免征增值税项目除外）的，应当将该进项税额从当期进项税额中扣减；无法确定该进项税额的，按照当期实际成本计算应扣减的进项税额。

（12）已抵扣进项税额的固定资产、无形资产或者不动产，发生上述不得抵扣情形的当月，按照下列公式计算不得抵扣的进项税额：

不得抵扣的进项税额=固定资产、无形资产或者不动产净值×适用税率

固定资产、无形资产或者不动产净值，是指纳税人根据财务会计制度计提折旧或摊销

后的余额。

按照《营业税改征增值税试点实施办法》第二十七条第（一）项规定不得抵扣且未抵扣进项税额的固定资产、无形资产、不动产，发生用途改变，用于允许抵扣进项税额的应税项目，可在用途改变的次月按照下列公式计算可以抵扣的进项税额：

可以抵扣的进项税额=固定资产、无形资产、不动产净值÷（1+适用税率）×适用税率

上述可以抵扣的进项税额应取得合法有效的增值税扣税凭证。

（13）纳税人适用一般计税方法计税的，因销售折让、中止或者退回而退还给购买方的增值税额，应当从当期的销项税额中扣减；因销售折让、中止或者退回而收回的增值税额，应当从当期的进项税额中扣减。

【例2-14】某咨询服务企业为增值税一般纳税人，下列进项税额可以抵扣的有（　　）。

A.购买涂料装修职工食堂发生的进项税额

B.购买办公用复印纸发生的进项税额

C.交际应酬发生的进项税额

D.购买商务面包车自用发生的进项税额

【解析】选项A、C属于不得抵扣的进项税额，故选B、D项。

三、一般纳税人应纳税额的计算

计算出销项税额和进项税额后，就可以得出实际应纳税额。采用一般计税方法计算缴纳增值税，纳税人的应纳税额为当期销项税额抵扣当期进项税额后的余额。应纳税额的基本计算公式为：

应纳税额=当期销项税额-当期进项税额

为了正确运用这个公式，需要掌握以下几个重要规定：

（一）计算应纳税额的时间限定

为了保证计算应纳税额的合理性、准确性，纳税人必须严格把握当期进项税额从当期销项税额中抵扣这个要点。“当期”是一个重要的时间限定，具体是指税务机关依照税法规定对纳税人确定的纳税期限。只有在纳税期限内实际发生的销项税额或进项税额，才是法定的当期销项税额或当期进项税额。

1.销项税额的时间限定

增值税纳税人销售货物、提供应税劳务或应税行为后，什么时间计算销项税额，关系到当期销项税额的大小。关于销项税额的时间限定，总的原则是：销项税额的确定不得滞后。税法对当期销项税额的时间进行了严格规定，具体按照纳税义务发生时间的规定执行。

2.进项税额的时间限定

进项税额的大小，直接影响纳税人应纳税额的多少。

增值税专用发票认证是进项税额抵扣的前提。增值税专用发票认证是指通过增值税发票选择确认平台对增值税发票所包含的数据进行识别、确认。一般纳税人月末认证，在平台上进行勾选确认即可。

纳税人必须在规定的期限内进行认证并申请抵扣进项税额。进项税额的抵扣时间会影

响纳税人不同纳税期的应纳税额。关于进项税额的抵扣时限，总的原则是：进项税额的抵扣不得提前。税法对不同扣税凭证的抵扣时限作了详细的规定。

（1）防伪税控专用发票进项税额的抵扣时限。

增值税一般纳税人取得2017年7月1日及以后开具的增值税专用发票（含税控机动车销售统一发票），办理勾选认证后的次月申报期内，向主管税务机关申报抵扣进项税额。

自2013年7月1日起，增值税一般纳税人进口货物取得的属于增值税扣税范围的海关缴款书，经税务机关稽核比对相符后，其增值税额方能作为进项税额在销项税额中抵扣。

（2）海关完税凭证进项税额的抵扣时限。

纳税人进口货物取得的属于增值税扣税范围的海关缴款书，从2017年7月1日起向主管税务机关报送电子数据即《海关完税凭证抵扣清单》（第一联电子数据），申请稽核比对，逾期未申请的不予抵扣进项税额。

（3）扣税凭证丢失后进项税额的抵扣。

① 丢失已开具专用发票的发票联和抵扣联。如果丢失前已认证相符，则购买方凭销售方提供的相应专用发票记账联复印件及销售方所在地主管税务机关出具的《丢失增值税专用发票已报税证明单》，经购买方所在地主管税务机关审核同意后，可作为增值税进项税额的抵扣凭证；如果丢失前未认证，购买方先凭销售方提供的相应专用发票记账联复印件到主管税务机关进行认证，再凭该专用发票记账联复印件及销售方所在地主管税务机关出具的《丢失增值税专用发票已报税证明单》，经购买方所在地主管税务机关审核同意后，可作为增值税进项税额的抵扣凭证。

② 丢失已开具专用发票的抵扣联。如果丢失前已认证相符，则可使用专用发票发票联复印件留存备查；如果丢失前未认证，则可使用专用发票发票联到主管税务机关认证，专用发票发票联复印件留存备查。

③ 丢失已开具专用发票的发票联。如果丢失已开具专用发票的发票联，可将专用发票抵扣联作为记账凭证，专用发票抵扣联复印件留存备查。

④ 丢失海关缴款书。如果增值税一般纳税人丢失海关缴款书，应在规定期限内，凭报关地海关出具的相关已完税证明，向主管税务机关提出抵扣申请。主管税务机关受理申请后，应当进行审核，并将纳税人提供的海关缴款书电子数据纳入稽核系统比对，稽核比对无误后，可予以抵扣进项税额。

（4）未按期申报抵扣增值税进项税额的处理。

增值税一般纳税人取得的增值税扣税凭证因客观原因未按期申报抵扣增值税进项税额，符合下列条件的，可申请办理抵扣手续：增值税一般纳税人取得的增值税扣税凭证已认证或已采集上报信息但未按照规定期限申报抵扣；实行纳税辅导期管理的增值税一般纳税人以及实行海关进口增值税专用缴款书“先比对后抵扣”管理办法的增值税一般纳税人，取得的增值税扣税凭证稽核比对结果相符但未按规定期限申报抵扣，属于发生真实交易且符合规定的客观原因的，经主管税务机关审核，允许纳税人继续申报抵扣其进项税额。

增值税一般纳税人除符合规定的客观原因以外的其他原因造成增值税扣税凭证未按期申报抵扣的，按照增值税扣税凭证申报抵扣的有关规定执行。

客观原因包括如下类型：

① 因自然灾害、社会突发事件等不可抗力原因造成增值税扣税凭证未按期申报抵扣；

② 有关司法、行政机关在办理业务或者检查中，扣押、封存纳税人账簿资料，导致纳税人未能按期办理申报手续；

③ 税务机关信息系统、网络故障，导致纳税人未能及时取得认证结果通知书或稽核结果通知书，未能及时办理申报抵扣；

④ 由于企业办税人员伤亡、突发危重疾病或者擅自离职，未能办理交接手续，导致未能按期申报抵扣；

⑤ 国家税务总局规定的其他情形。

（二）扣减当期销项税额的规定

纳税人在销售货物时，因货物质量、规格等原因而发生销货退回或折让，由于销货退回或折让不仅涉及销货价款或折让价款的退回，而且涉及增值税的退回，因此销货方应对当期的销项税额进行调整。税法规定，一般纳税人因销货退回或折让而退还购买方的增值税税额，应从发生销货退回或折让当期的销项税额中扣减。

（三）扣减当期进项税额的规定

1.进货退回或折让的税务处理

纳税人在购进货物时，因货物质量、规格等原因而发生进货退回或折让，由于进货退回或折让不仅涉及进货价款或折让价款的退回，而且涉及增值税的收回，因此购货方应对当期的进项税额进行调整。税法规定，一般纳税人因进货退回或折让而收回的增值税税额，应从发生进货退回或折让当期的进项税额中扣减。

【例2-15】某连锁超市2023年8月向某电器经销商订购一批电器，进价为50万元（不含税，下同），收到对方发票后已付款。9月，超市在验货时发现一批进价5万元的电器包装损坏，和供货方协商后，供货方同意补发新包装，并按4.8万元结算该批电器；该月超市的进项税额为10万元。计算该超市应该扣减的进项税额。

【解析】9月，超市发生购货折让0.2万元应在当月的进项税额中扣减，则：

应该扣减的进项税额=0.2×13%×10 000=260（元）

2.向供货方收取的返还收入的税务处理

自2004年7月1日起，对商业企业向供货方收取的与商品销售量、销售额挂钩的各种返还收入，均应按平销返利行为的有关规定冲减当期增值税进项税额，其计算公式为：

$$\text{当期应冲减的进项税额}=\text{当期取得的返还收入}\div(1+\text{所购进货物适用增值税税率})\times\text{所购进货物适用增值税税率}$$

商业企业向供货方收取的各种返还收入，一律不得开具增值税专用发票。

【例2-16】某大型购物广场2023年8月向供货方收取的服装销售返点收入为58万元，计算该购物广场当期应冲减的进项税额。

【解析】该购物广场当期应冲减的进项税额=58÷（1+13%）×13%=6.67（万元）

3.已经抵扣进项税额的购进货物或应税劳务发生用途改变的税务处理

由于增值税采用“购进扣税法”，当期购进的货物或应税劳务如果未确定用于非经营性项目，其进项税额就会在当期销项税额中予以抵扣，但已经抵扣进项税额的购进货物或应税劳务如果事后改变用途，如用于免税项目、集体福利或个人消费，购进货物发生非正常损失，在产品或产成品发生非正常损失，则根据税法的规定，应将购进货物或应税劳务的进项税额从当期的进项税额中扣减。无法准确确认该项进项税额的，按当期实际成本计算应扣减的进项税额。

【例2-17】一般纳税人在财产清查时，发现上月购进的免税农产品（非烟叶）已经变质，该批农产品的成本是9 000元，计算该批农产品应转出的进项税额。

【解析】该批农产品应转出的进项税额=9 000÷（1-9%）×9%=890.11（元）

（四）留抵税额的税务处理

纳税人在计算应纳税额时，如果当期销项税额小于当期进项税额，根据税法的规定，可以结转下期继续抵扣，称为留抵税额。

需要注意的是：

（1）纳税人应在增值税纳税申报期内，向主管税务机关申请退还留抵税额。

（2）纳税人出口货物劳务、发生跨境应税行为，适用免抵退税办法的，办理免抵退税后，仍符合本公告规定条件的，可以申请退还留抵税额；适用免退税办法的，相关进项税额不得用于退还留抵税额。

（3）纳税人取得退还的留抵税额后，应相应调减当期留抵税额。按照本条规定再次满足退税条件的，可以继续向主管税务机关申请退还留抵税额，但连续期间，不得重复计算。

（4）以虚增进项、虚假申报或其他欺骗手段骗取留抵退税款的，由税务机关追缴其骗取的退税款，并按照《税收征收管理法》等有关规定处理。

（五）一般纳税人注销时存货及留抵税额的税务处理

一般纳税人注销或被取消辅导期一般纳税人资格，转为小规模纳税人时，其存货不作进项税额转出处理，其留抵税额也不予以退税。

（六）纳税人既欠缴增值税，又有增值税留抵税额问题的税务处理

为了加强对增值税的管理，及时追缴欠税，解决增值税一般纳税人既欠缴增值税，又有增值税留抵税额的问题，税法规定，纳税人因销项税额小于进项税额而产生期末留抵税额的，应以期末留抵税额抵减增值税欠税。

抵减增值税欠税时，应按欠税发生时间逐笔抵扣，先发生的先抵扣。抵缴的欠税包括呆账税金和欠税滞纳金。

增值税一般纳税人拖欠纳税检查应补缴的增值税税款，如果有进项留抵税额，根据规定，用增值税留抵税额抵减查补税款欠税。

【例2-18】某生产企业为增值税一般纳税人，适用的增值税税率为13%，2023年5月有关生产经营业务如下：

（1）销售甲产品给某大商场，开具增值税专用发票，取得不含税销售额80万元。另外，开具普通发票，取得销售甲产品的送货运输费5.8万元。

（2）销售乙产品，开具普通发票，取得含税销售额30.82万元。

（3）将试制的一批应税新产品赠送客户，成本价为20万元，成本利润率为10%，该新产品无同类产品市场销售价格。

（4）销售使用过的摩托车5辆，开具普通发票，每辆取得含税销售额1.04万元。该摩托车原值每辆0.9万元，于2019年3月购进。

（5）购进货物取得增值税专用发票，注明支付的货款为60万元、进项税额为7.8万元，货物已验收入库。另外，支付购货的运输费用6万元，取得运输公司开具的增值税专用发票。

（6）向农业生产者购进免税农产品一批，支付收购价30万元，支付给运输单位的运费为5万元，取得运输公司开具的增值税专用发票，农产品已验收入库。本月下旬将购进的农产品的20%用于本企业职工福利，其余投入生产。

要求：计算该企业2023年5月应缴纳的增值税税额。

【解析】（1）销售甲产品的销项税额=80×13%+5.8÷（1+13%）×13%=11.07（万元）

（2）销售乙产品的销项税额=30.82÷（1+13%）×13%=3.55（万元）

（3）赠送客户新产品的销项税额=20×（1+10%）×13%=2.86（万元）

（4）销售使用过的摩托车应纳税额=5×1.04÷（1+13%）×13%=0.60（万元）

（5）外购货物应抵扣的进项税额=7.8+6×9%=8.34（万元）

（6）外购免税农产品应抵扣的进项税额=（30×10%+5×9%）×（1−20%）=2.76（万元）

（7）该企业5月份应缴纳的增值税税额=11.07+3.55+2.86+0.60−8.34−2.76=6.98（万元）

（七）关于增值税税控系统专用设备和技术维护费用抵减增值税税额的有关政策

自2011年12月1日起，增值税纳税人购买增值税税控系统专用设备支付的费用以及缴纳的技术维护费（以下称二项费用）可在增值税应纳税额中全额抵减。具体规定如下：

（1）增值税纳税人2011年12月1日（含，下同）以后初次购买增值税税控系统专用设备（包括分开票机）支付的费用，可凭购买增值税税控系统专用设备取得的增值税专用发票，在增值税应纳税额中全额抵减（抵减额为价税合计额），不足抵减的可结转下期继续抵减。增值税纳税人非初次购买增值税税控系统专用设备支付的费用，由其自行负担，不得在增值税应纳税额中抵减。

（2）增值税纳税人2011年12月1日以后缴纳的技术维护费（不含补缴的2011年11月30日以前的技术维护费），可凭技术维护服务单位开具的技术维护费发票，在增值税应纳税额中全额抵减，不足抵减的，可结转下期继续抵减。技术维护费按照价格主管部门核定的标准执行。

（3）增值税一般纳税人支付的二项费用在增值税应纳税额中全额抵减的，其增值税专用发票不作为增值税抵扣凭证，其进项税额不得从销项税额中抵扣。

（4）纳税人购买的增值税税控系统专用设备自购买之日起3年内因质量问题无法正常使用的，由专用设备供应商负责免费维修，无法维修的免费更换。

(5) 纳税人在填写纳税申报表时，对可在增值税应纳税额中全额抵减的增值税税控系统专用设备费用以及技术维护费，应按规定要求填报。

(八) 进项税额的加计抵减

(1) 生产、生活性服务业纳税人的增值税加计抵减。

自2019年4月1日至2022年12月31日，允许生产、生活性服务业纳税人按照当期可抵扣进项税额加计10%，抵减应纳税额。自2023年1月1日至2023年12月31日，允许生产性服务业纳税人按照当期可抵扣进项税额加计5%抵减应纳税额。计算公式如下：

当期计提加计抵减额=当期可抵扣进项税额×10%（5%）

当期可抵减加计抵减额=上期期末加计抵减额余额+当期计提加计抵减额-当期调减加计抵减额

纳税人兼营出口货物劳务、发生跨境应税行为且无法划分不得计提加计抵减额的进项税额，按照以下公式计算：

$$\text{不得计提加计抵减额的进项税额}=\text{当期无法划分的全部进项税额}\times\text{当期出口货物劳务和发生跨境应税行为的销售额}\div\text{当期全部销售额}$$

(2) 生活性服务业增值税加计抵减政策。

2019年10月1日至2021年12月31日，允许生活性服务业纳税人按照当期可抵扣进项税额加计15%，抵减应纳税额。自2023年1月1日至2023年12月31日，允许生活性服务业纳税人按照当期可抵扣进项税额加计10%抵减应纳税额。计算公式如下：

当期计提加计抵减额=当期可抵扣进项税额×15%（10%）

当期可抵减加计抵减额=上期期末加计抵减额余额+当期计提加计抵减额-当期调减加计抵减额

四、简易计税方法应纳税额的计算

(一) 应纳税额的计算公式

税法规定，小规模纳税人发生应税行为，按照简易计税方法计税，即按销售额和征收率计算应纳税额，不得抵扣进项税额，也不得自行开具增值税专用发票。其应纳税额的计算公式为：

应纳税额=销售额×征收率

公式中的销售额与增值税一般纳税人计算应纳增值税的销售额所包含的内容是一致的，即纳税人发生应税行为取得的全部价款和价外费用，但是不包括按征收率收取的增值税税额。

(二) 不含税销售额的换算

需要将其换算为不含税销售额的情况，其换算公式为：

不含税销售额=含税销售额÷（1+征收率）

注：自2023年1月1日至2023年12月31日，增值税小规模纳税人适用3%征收率的应税销售收入，减按1%征收率征收增值税，此时，不含税销售额=含税销售额÷（1+1%）。

纳税人适用简易计税方法计税的，因销售折让、中止或者退回而退还给购买方的销售额，应当从当期销售额中扣减。扣减当期销售额后仍有余额造成多缴的税款，可以从以后的应纳税额中扣减。

【例2-19】某商店为增值税小规模纳税人，2023年8月，取得零售收入总额12.12万元，计算该商店2023年8月应缴纳的增值税税额。

【解析】8月取得的不含税销售额=12.12÷（1+1%）=12（万元）

8月应缴纳的增值税税额=12×1%=0.12（万元）

（三）小规模纳税人销售自己使用过的固定资产

小规模纳税人（除其他个人外）销售自己使用过的固定资产，减按2%征收率征收增值税。

销售额=含税销售额÷（1+3%）

应纳税额=销售额×2%

注意：自2020年5月1日至2023年12月31日，从事二手车经销的纳税人销售其收购的二手车，由原按照简易办法依3%征收率减按2%征收增值税，改为减按0.5%征收增值税。

（四）小规模纳税人缴纳增值税相关政策

（1）小规模纳税人跨县（市）提供建筑服务，应以取得的全部价款和价外费用扣除支付的分包款后的余额为销售额，按照3%的征收率计算应纳税额。

（2）小规模纳税人销售其取得（不含自建）的不动产（不含个体工商户销售购买的住房和其他个人销售不动产），应以取得的全部价款和价外费用减去该项不动产购置原价或者取得不动产时的作价后的余额为销售额，按照5%的征收率计算应纳税额。

（3）小规模纳税人销售其自建的不动产，应以取得的全部价款和价外费用为销售额，按照5%的征收率计算应纳税额。

（4）房地产开发企业中的小规模纳税人，销售自行开发的房地产项目，按照5%的征收率计税。

（5）其他个人销售其取得（不含自建）的不动产（不含其购买的住房），应以取得的全部价款和价外费用减去该项不动产购置原价或者取得不动产时的作价后的余额为销售额，按照5%的征收率计算应纳税额。

（6）小规模纳税人出租其取得的不动产（不含个人出租住房），应按照5%的征收率计算应纳税额。

（7）其他个人出租其取得的不动产（不含住房），应按照5%的征收率计算应纳税额。

（8）个人出租住房，应按照5%的征收率减按1.5%计算应纳税额。

（五）“营改增”后一般纳税人按简易计税方法计税的规定

1.一般纳税人适用简易计税方法计税的应税行为

（1）公共交通运输服务。

公共交通运输服务，包括轮客渡、公交客运、地铁、城市轻轨、出租车、长途客运、班车。

班车，是指按固定路线、固定时间运营并在固定站点停靠的运送旅客的陆路运输服务。

（2）经认定的动漫企业为开发动漫产品提供的动漫脚本编撰、形象设计、背景设计、动画设计、分镜、动画制作、摄制、描线、上色、画面合成、配音、配乐、音效合成、剪辑、字幕制作、压缩转码（面向网络动漫、手机动漫格式适配）服务，以及在境内转让动漫版权（包括动漫品牌、形象或者内容的授权及再授权）。

动漫企业和自主开发、生产动漫产品的认定标准和认定程序，按照《文化部　财政部 国家税务总局关于印发〈动漫企业认定管理办法（试行）〉的通知》（文市发〔2008〕51号）的规定执行。

（3）电影放映服务、仓储服务、装卸搬运服务、收派服务和文化体育服务。

（4）以纳入营改增试点之日前取得的有形动产为标的物提供的经营租赁服务。

（5）在纳入营改增试点之日前签订的尚未执行完毕的有形动产租赁合同。

2.建筑服务

（1）一般纳税人以清包工方式提供的建筑服务，可以选择适用简易计税方法计税。

以清包工方式提供建筑服务，是指施工方不采购建筑工程所需的材料或只采购辅助材料，并收取人工费、管理费或者其他费用的建筑服务。

（2）一般纳税人为甲供工程提供的建筑服务，可以选择适用简易计税方法计税。

甲供工程，是指全部或部分设备、材料、动力由工程发包方自行采购的建筑工程。

建筑工程总承包单位为房屋建筑的地基与基础、主体结构提供工程服务，建筑单位自行采购全部或部分钢材、混凝土、砌体材料、预制构件的，适用简易计税方法计税。

此外，一般纳税人销售自产机器设备的同时提供安装服务，应分别核算机器设备和安装服务的销售额，安装服务可以按照甲供工程选择适用简易计税方法计税。一般纳税人销售外购机器设备的同时提供安装服务，如果已经按照兼营的有关规定，分别核算机器设备和安装服务的销售额，安装服务可以按照甲供工程选择适用简易计税方法计税。

（3）一般纳税人为建筑工程老项目提供的建筑服务，可以选择适用简易计税方法计税。

建筑工程老项目，是指：

①《建筑工程施工许可证》注明的合同开工日期在2016年4月30日前的建筑工程项目；

②未取得《建筑工程施工许可证》的，建筑工程承包合同注明的开工日期在2016年4月30日前的建筑工程项目。

（4）一般纳税人跨县（市）提供建筑服务，选择适用简易计税方法计税的，应以取得的全部价款和价外费用扣除支付的分包款后的余额为销售额，按照3%的征收率计算应纳税额。

3.销售不动产

（1）一般纳税人销售其2016年4月30日前取得（不含自建）的不动产，可以选择适用简易计税方法，以取得的全部价款和价外费用减去该项不动产购置原价或者取得不动产时的作价后的余额为销售额，按照5%的征收率计算应纳税额。纳税人应按照上述计税方法在不动产所在地预缴税款后，向机构所在地主管税务机关进行纳税申报。

（2）一般纳税人销售其2016年4月30日前自建的不动产，可以选择适用简易计税方法，以取得的全部价款和价外费用为销售额，按照5%的征收率计算应纳税额。纳税人应按照上述计税方法在不动产所在地预缴税款后，向机构所在地主管税务机关进行纳税申报。

（3）房地产开发企业中的一般纳税人，销售自行开发的房地产老项目，可以选择适用简易计税方法按照5%的征收率计税。

4.不动产经营租赁服务

（1）一般纳税人出租其2016年4月30日前取得的不动产，可以选择适用简易计税方法，按照5%的征收率计算应纳税额。纳税人出租其2016年4月30日前取得的与机构所在地不在同一县（市）的不动产，应按照上述计税方法在不动产所在地预缴税款后，向机构所在地主管税务机关进行纳税申报。

（2）公路经营企业中的一般纳税人收取试点前开工的高速公路的车辆通行费，可以选择适用简易计税方法，减按3%的征收率计算应纳税额。

试点前开工的高速公路，是指相关施工许可证明上注明的合同开工日期在2016年4月30日前的高速公路。

（3）一般纳税人出租其2016年5月1日后取得的、与机构所在地不在同一县（市）的不动产，应按照3%的预征率在不动产所在地预缴税款后，向机构所在地主管税务机关进行纳税申报。

（六）其他应税行为及规定

（1）增值税一般纳税人固定业户临时到外省、市销售货物的，必须向经营地税务机关出示《跨区域涉税事项报告表》回原地纳税，需要向购货方开具专用发票的，亦回原地补开。对未持《跨区域涉税事项报告表》的，经营地税务机关按3%的征收率征税。

（2）一般纳税人销售自产的下列货物，可选择按照简易计税方法依3%征收率计算缴纳增值税。

① 县级及县级以下小型水力发电单位生产的电力。小型水力发电单位，是指各类投资主体建设的装机容量为50 000千瓦以下（含50 000千瓦）的小型水力发电单位。

② 建筑用和生产建筑材料所用的砂、土、石料。

③ 以自己采掘的砂、土、石料或其他矿物连续生产的砖、瓦、石灰（不含粘土实心砖、瓦）。

④ 用微生物、微生物代谢产物、动物毒素、人或动物的血液或组织制成的生物制品。

⑤ 自来水。

⑥ 商品混凝土（仅限于以水泥为原料生产的水泥混凝土）。

（3）一般纳税人销售货物属于下列情形之一的，暂按简易计税方法依照3%征收率计算缴纳增值税：

① 寄售商店代销寄售物品（包括居民个人寄售的物品在内）。

② 典当业销售死当物品。

③ 经国务院或国务院授权机关批准的免税商店零售的免税品。

（4）对属于一般纳税人的自来水公司销售自来水按简易计税方法依照3%征收率征收增值税，不得抵扣其购进自来水取得增值税扣税凭证上注明的增值税税款。

（5）自2016年2月1日起，纳税人销售自己使用过的固定资产，适用简易计税方法依照3%征收率减按2%征收增值税政策的，可以放弃减税，按照简易计税方法依照3%征收率缴纳增值税，并可以开具增值税专用发票。

(6) 自2016年4月1日起，属于增值税一般纳税人的兽用药品经营企业销售兽用生物制品，可以选择简易计税方法按照兽用生物制品销售额和3%的征收率计算缴纳增值税。

兽用药品经营企业，是指取得兽医行政管理部门颁发的《兽药经营许可证》，获准从事兽用生物制品经营的兽用药品批发和零售企业。

属于增值税一般纳税人的兽用药品经营企业销售兽用生物制品，选择简易计税方法计算缴纳增值税的，36个月内不得变更计税方法。

(7) 自2012年7月1日起，属于增值税一般纳税人的药品经营企业销售生物制品，可以选择简易计税方法按照生物制品销售额和3%的征收率计算缴纳增值税。选择简易计税方法计算缴纳增值税的，36个月内不得变更计税方法。

(七) 纳税人销售旧货适用征收率的规定

纳税人销售旧货，按照简易计税方法依照3%的征收率减按2%征收增值税。

所谓旧货，是指进入二次流通的具有部分使用价值的货物（含旧汽车、旧摩托车和旧游艇），但不包括自己使用过的物品。

纳税人按照简易计税方法依照3%征收率减按2%征收增值税的，按下列公式确定销售额和应纳税额：

销售额=含税销售额÷（1+3%）

应纳税额=销售额×2%

自2020年5月1日至2023年12月31日，从事二手车经销的纳税人销售其收购的二手车，由原按照简易计税方法依3%征收率减按2%征收增值税，改为减按0.5%征收增值税，按下列公式确定销售额和应纳税额：

销售额=含税销售额÷（1+0.5%）

应纳税额=销售额×0.5%

五、进口货物的征税

对进口货物征税是一项国际惯例。根据《增值税暂行条例》的规定，一切进口货物的单位和个人都应当依照条例规定缴纳增值税。

(一) 进口货物征税的纳税人

进口货物的收货人或办理报关手续的单位和个人，为进口货物增值税的纳税人，包括国内一切从事进口业务的企事业单位、机关团体和个人。

对于单位和个人委托代理进口应征增值税的货物，一律由进口代理者代缴进口环节增值税。纳税后，由代理者将已纳税款和进口货物价款等与委托方结算，由委托者承担已纳税款。

(二) 进口货物征税的范围

根据规定，申报进入中华人民共和国海关境内的货物，均应缴纳增值税。

确定一项货物是否属于进口货物，首先看其是否有报关进口手续。一般来说，境外产品要输入我国境内，必须向我国海关申报进口，并办理有关报关手续。只要是报关进口的应税货物，不论其用途如何（是自行采购用于贸易还是自用），不论是购进还是国外捐赠，均应按照规定缴纳进口环节的增值税（免税进口的货物除外）。

国家在规定对进口货物征税的同时，还对某些进口货物制定了减免税的特殊政策。例如，属于来料加工、进料加工贸易方式进口国外的原材料、零部件等在国内加工后复出口的，对进口的原材料、零部件等按规定给予免税或减税，但这些免税或减税的进口原材料、零部件等若不能加工后复出口，而是销往国内的，就要予以补税。

（三）进口货物的适用税率

进口货物的增值税税率与增值税一般纳税人在国内销售同类货物的税率相同。

（四）进口货物应纳税额的计算

纳税人进口货物，应按照组成计税价格和规定的税率计算应纳税额，不得抵扣任何税额，即在计算进口环节的应纳增值税税额时，不得抵扣发生在我国境外的各种税款。组成计税价格和应纳税额的计算公式为：

组成计税价格=关税完税价格+关税+消费税

应纳税额=组成计税价格×税率

需要注意的是，进口货物增值税的组成计税价格中包括已纳关税税额，如果进口货物属于消费税应税消费品，其组成计税价格中还要包括已纳消费税税额。

【例2-20】某商场于2023年10月进口货物一批。该批货物在国外的买价为40万元，另支付该货物相关的税金3万元；该批货物运抵我国海关前发生的运输费、保险费等共计17万元。货物报关后，商场按规定缴纳了进口环节的增值税并取得了海关开具的完税凭证。假定该批进口货物在国内全部销售，取得不含税销售额80万元。货物进口关税税率为15%，增值税税率为13%。

要求：计算该批货物进口环节、国内销售环节分别应缴纳的增值税税额。

【解析】（1）关税的完税价格=40+3+17=60（万元）

（2）应缴纳进口关税=60×15%=9（万元）

（3）进口环节应缴纳增值税的组成计税价格=60+9=69（万元）

（4）进口环节应缴纳增值税税额=69×13%=8.97（万元）

（5）国内销售环节的销项税额=80×13%=10.4（万元）

（6）国内销售环节应缴纳增值税税额=10.4−8.97=1.43（万元）

第四节　增值税出口退（免）税

一、增值税出口退（免）税概述

增值税出口退（免）税是指在国际贸易中，对报关出口的货物或者劳务和服务退还在国内各生产环节和流转环节按税法规定已缴纳的增值税，或免征应缴纳的增值税。它是国际贸易中通常采用的并为世界各国普遍接受的、目的在于鼓励各国出口货物或者劳务和服务实现公平竞争的一种税收措施。

各国的出口退（免）税制度都是基于国际贸易规则体系和本国税收法律、法规的框架建立的。

二、增值税出口退（免）税办法

（1）生产企业出口自产货物和视同自产货物及对外提供加工、修理修配劳务，以及《财政部 国家税务总局关于出口货物劳务增值税和消费税政策的通知》（财税〔2012〕39号）附件5列明生产企业出口的非自产货物，免征增值税，相应的进项税额抵减应纳增值税税额（不包括适用增值税即征即退、先征后退政策的应纳增值税税额），未抵减完的部分予以退还。

（2）不具有生产能力的出口企业或其他单位出口货物、服务，免征增值税，相应的进项税额予以退还。

（3）境内的单位和个人提供适用增值税零税率的应税服务，属于适用简易计税方法的，实行免征增值税办法；属于适用增值税一般计税方法的，生产企业实行免抵退税办法，外贸企业外购研发服务和设计服务出口实行免退税办法，外贸企业自己开发的研发服务和设计服务出口，视同生产企业连同其出口货物统一实行免抵退税办法。

（4）境内的单位和个人提供适用增值税零税率应税服务的，可以放弃适用增值税零税率，选择免税或按规定缴纳增值税。放弃适用增值税零税率后，36个月内不得再次申请适用增值税零税率。

（5）境内的单位和个人提供适用增值税零税率的应税服务，按月向主管退税的税务机关申报办理增值税免抵退税或免税手续。具体管理办法由国家税务总局商财政部另行制定。

三、增值税出口退税率

（一）退税率的一般规定

除财政部和国家税务总局根据国务院决定而明确的增值税出口退税率（以下称退税率）外，出口货物的退税率为其适用税率。国家税务总局根据上述规定将退税率通过出口货物、劳务、服务退税率文库予以发布，供征纳双方执行。退税率有调整的，除另有规定外，其执行时间以货物（包括被加工、修理修配的货物）《出口货物报关单》（出口退税专用）上注明的出口日期为准。

（二）退税率的特殊规定

（1）外贸企业购进按简易计税方法征税的出口货物、从小规模纳税人购进的出口货物，其退税率分别为简易计税方法实际执行的征收率、小规模纳税人征收率。上述出口货物取得增值税专用发票的，退税率按照增值税专用发票上的税率和出口货物退税率孰低的原则确定。

（2）出口企业委托加工、修理修配货物，其加工、修理修配费用的退税率，为出口货物的退税率。

（3）中标机电产品、出口企业向海关报关进入特殊区域销售给特殊区域内生产企业生产耗用的列名原材料、水电气，其退税率为适用税率。如果国家调整列名原材料的退税率，列名原材料应当自调整之日起按调整后的退税率执行。

（4）海洋工程结构物退税率的适用，根据财税〔2012〕39号附件3“海洋工程结构物和海上石油天然气开采企业的具体范围”确定。

适用不同退税率的货物、服务，应分开报关、核算并申报退（免）税，未分开报关、核算或划分不清的，从低适用退税率。

四、增值税免、抵、退税和免退税的计算

（一）生产企业出口货物、劳务、服务增值税免抵退税的计算

1.当期应纳税额的计算

当期应纳税额=当期销项税额-（当期进项税额-当期不得免征和抵扣税额）

$$\text{当期不得免征和抵扣税额}=\text{出口货物离岸价}\times\text{外汇人民币折合率}\times(\text{出口货物适用税率}-\text{出口货物退税率})-\text{当期不得免征和抵扣税额的抵减额}$$

$$\text{当期不得免征和抵扣税额的抵减额}=\text{当期免税购进原材料价格}\times(\text{出口货物适用税率}-\text{出口货物退税率})$$

2.当期免、抵、退税额的计算

$$\text{当期免、抵、退税额}=\text{当期出口货物离岸价}\times\text{外汇人民币折合率}\times\text{出口货物退税率}-\text{当期免、抵、退税额抵减额}$$

当期免、抵、退税额抵减额=当期免税购进原材料价格×出口货物退税率

3.当期应退税额和免抵税额的计算

（1）当期期末留抵税额≤当期免、抵、退税额，则：

当期应退税额=当期期末留抵税额

当期免抵税额=当期免、抵、退税额-当期应退税额

（2）当期期末留抵税额>当期免、抵、退税额，则：

当期应退税额=当期免、抵、退税额

当期免抵税额=0

当期期末留抵税额为当期增值税纳税申报表中的“期末留抵税额”。

【例2-21】某自营出口生产企业是增值税一般纳税人，出口货物的征税率为13%，退税率为10%。8月发生的有关经营业务为：购原材料一批，取得的增值税专用发票上注明的价款为200万元，外购货物准予抵扣进项税额为26万元，货物已验收入库。当月进料加工免税进口料件的组成计税价格为100万元。上期期末留抵税额为6万元。本月内销货物不含税销售额为100万元，收款113万元存入银行。本月出口货物销售额折合人民币200万元。计算该企业当期的免、抵、退税额。

【解析】（1）

$$\begin{aligned}\text{免、抵、退税不得免征和抵扣税额的抵减额}&=\text{免税进口料件的组成计税价格}\times(\text{出口货物征税率}-\text{出口货物退税率})\\&=100\times(13\%-10\%)\\&=3\text{（万元）}\end{aligned}$$

（2）

$$\begin{aligned}\text{免、抵、退税不得免征和抵扣税额}&=\text{出口货物离岸价}\times\text{外汇人民币牌价}\times(\text{出口货物征税率}-\text{出口货物退税率})-\text{免、抵、退税不得免征和抵扣税额的抵减额}\\&=200\times(13\%-10\%)-3\\&=6-3\\&=3\text{（万元）}\end{aligned}$$

（3）当期应纳税额=当期内销货物的销项税额-（当期进项税额-当期免、抵、退税不得免征和抵扣税额）-上期留抵税额

=100×13%-（26-3）-6

=13-23-6

=-16（万元）

（4）免、抵、退税额抵减额=免税购进原材料价格×出口货物退税率

=100×10%

=10（万元）

（5）免、抵、退税额=出口货物离岸价×外汇人民币牌价×出口货物退税率-免、抵、退税额抵减额

=200×10%-10=10（万元）

（6）按规定，如当期期末留抵税额>当期免、抵、退税额，则：

当期应退税额=当期免、抵、退税额

该企业应退税额为10万元。

（7）当期免抵税额=当期免、抵、退税额-当期应退税额

=10-10

=0

（8）8月期末留抵结转下期继续抵扣税额=16-10=6（万元）

4.生产企业办理出口退（免）税的基本流程

生产企业出口货物增值税实行免、抵、退税办法，办理免、抵、退税的业务流程如下：

（1）向商务主管部门取得进出口经营权。

（2）取得一般纳税人资格。

（3）向税务机关退税部门办理出口退（免）税开业认定。

（4）报送出口。

（5）进行纳税（预免抵）申报。

（6）取得《出口货物报关单》（出口退税专用）。

（7）确认出口销售收入。

（8）收汇核销。

（9）单证齐全申报免、抵、退税。

（10）开具《税收收入退还书》及《免抵税调库通知书》。

（11）取得退税款。

（二）外贸企业一般贸易出口货物退还增值税的计算

外贸企业出口货物退还增值税应依据购进货物的增值税专用发票所注明的进项税额和出口货物对应的退税率计算。实行出口退税电子化管理以后，外贸企业出口货物应退税款的计算方法有两种：一是单票对应法；二是加权平均法。

单票对应法是指对同一关联号下的出口数量、金额按商品代码进行加权平均，合理分配各出口货物占用的数量，最后计算出每笔出口货物应退税额的方法。采用这种方法，在一次申报中，同一关联号、同一商品代码下，应保持进货与出口数量一致；如果进货数量大于出

口数量，企业应到主管退税机关申请开具《出口退税进货分批申报单》，分批申报退税。

【例2-22】某进出口公司2023年10月进货及出口明细见表2-1（多票进货对应多票出口），适用10%的退税率。

表2-1　　某进出口公司2023年10月进货及出口明细表

进货明细：					
商品代码	商品名称	数　量	单　价	计税金额	退税率
61011000	女外套	1 000件	90元	90 000元	13%
61011000	女外套	3 000件	70元	210 000元	13%
61011000	女外套	1 000件	80元	80 000元	13%
出口明细：					
商品代码	商品名称	数　量			
61011000	女外套	1 500件			
61011000	女外套	3 500件			

要求：根据上述资料，计算该进出口公司2023年10月出口货物应退税额。

【解析】关联号内加权平均单价 $=\sum$ 关联号内相同商品码的各笔进货金额 $\div\sum$ 关联号内相同商品码的各笔进货数量

=（90 000+210 000+80 000）÷（1 000+3 000+1 000）

=76（元）

该公司2023年10月出口货物应退税额=出口数量合计数×关联号内加权平均单价×适用退税率

=5 000×76×10%

=38 000（元）

加权平均法，是指出口企业进货凭证按“企业代码+部门代码+商品代码”进行汇总，加权平均计算每种商品代码下的加权平均单价和平均退税率，出口申报按同样的关键字计算本次实际进货占用额，即用上述加权平均单价乘以平均退税率，再乘以实际退税数量，以计算每种商品代码下的应退税额的方法。审核数据按月保存，进货结余自动保留，供下期退税时继续使用。

（三）外贸企业进料加工复出口货物退还增值税的计算

进料加工是指有进出口经营权的企业，为了加工出口货物，而从国外进口原料、材料、辅料、元器件、配套件、零部件和包装材料（以下统称进口料件），加工成货物收回后复出口的一种贸易方式。进料加工贸易按进口料件的国内加工方式的不同，可分为作价加工和委托加工两种。

1.作价加工复出口货物退税的计算

作价加工复出口货物退税的计算公式为：

应退税额=出口货物的应退税额-销售进口料件的应抵扣税额

销售进口料件的应抵扣税额=销售进口料件金额×复出口货物退税率-海关对进口料件实征增值税

式中："销售进口料件金额"是指外贸企业销售进口料件的增值税专用发票上注明的金额；"复出口货物退税率"是指进口料件加工的复出口货物退税率；"海关对进口料件实征增值税"是指海关完税凭证上注明的增值税税额。

【例2-23】某进出口公司10月发生以下业务：

10月1日，以进料加工贸易方式进口一批玉米，到岸价格为126万美元，海关按85%的免税比例征收进口增值税20万元人民币。

10月5日，该公司以作价加工方式销售玉米给某厂加工柠檬酸出口，开具销售玉米的增值税专用发票，销售金额为1 100万元人民币，税额为99万元人民币。

10月20日，收到该批玉米加工的柠檬酸，工厂开具增值税专用发票，销售金额为1 500万元人民币。

10月25日，该公司将加工收回的柠檬酸全部报关出口（玉米增值税税率为9%，柠檬酸出口退税率为9%）。

要求：计算上述业务的应退税额。

【解析】销售进口料件的应抵扣税额=1 100×9%-20=79（万元人民币）

应退税额=1 500×9%-79=56（万元人民币）

2.委托加工复出口货物退税的计算

委托加工复出口货物退税的计算公式为：

$$\text{应退税额}=\text{购进原辅材料增值税专用发票注明的进项金额}\times\text{原辅材料适用退税率}+\text{增值税专用发票注明的加工费金额}\times\text{复出口货物退税率}+\text{海关对进口料件实征增值税}$$

3.外贸企业收购小规模纳税人出口货物退还增值税的计算

外贸企业从小规模纳税人处购进的出口货物，只有取得税务机关代开增值税专用发票，才能出口退税；外贸企业从小规模纳税人处购进并持有普通发票的一般货物，不能出口退税。外贸企业收购小规模纳税人出口货物退还增值税的计算公式为：

应退税额=专用发票注明的金额×征收率

第五节　税收优惠及征收管理

一、增值税税收优惠

（一）农业生产者销售的自产农业产品

农业生产者销售的自产农业产品，是指直接从事植物的种植、收割和动物的饲养、捕捞的单位和个人销售的《农业产品征税范围注释》所列的自产农业产品；对上述单位和个人销售的外购的农业产品，以及单位和个人外购的农业产品生产、加工后销售的，仍然属于《农业产品征税范围注释》所列的农业产品，不属于免税范围，应当按照规定税率征收增值税。

自2013年4月1日起，纳税人采取“公司+农户”经营模式从事畜禽饲养，即公司与农户签订委托养殖合同，向农户提供畜禽苗、饲料、兽药及疫苗等（所有权属于公司），农户饲养畜禽苗至成品后交付公司回收，在公司将回收的成品畜禽用于销售的经营模式下，纳税人回收再销售畜禽，属于农业生产者销售自产农产品，免征增值税。

（二）粮食和食用植物油

对承担粮食收储任务的国有购销企业销售的粮食免征增值税。自2014年5月1日起，对承担粮食收储任务的国有购销企业销售的大豆免征增值税。

杏仁油、葡萄籽油属于食用植物油，适用9%的增值税税率。

救灾救济粮、军队用粮和水库移民口粮可以免税。

（三）农业生产资料

1.饲料

精料补充料属于“配合饲料”范畴，自2013年9月1日起免征增值税。

2.其他农业生产资料

其他农业生产资料包括农膜，生产销售的除尿素以外的氮肥、除磷酸二铵以外的磷肥、钾肥及以免税化肥为主要原料的复混肥，有机肥，批发和零售的种子、种苗、农药，免征增值税。

（四）资源综合利用产品

为进一步推动资源综合利用和节能减排，规范和优化增值税政策，自2015年7月1日起，国家对资源综合利用产品和劳务增值税优惠政策进行了整合和调整。

1.税收优惠的内容

纳税人销售自产的资源综合利用产品和提供资源综合利用劳务（以下称销售综合利用产品和劳务），可享受增值税即征即退政策。具体综合利用的资源名称、综合利用产品和劳务名称、技术标准和相关条件、退税比例等按照《资源综合利用产品和劳务增值税优惠目录》（以下简称《目录》）的相关规定执行。

2.享受资源综合利用产品和劳务增值税优惠的条件

纳税人从事《目录》所列的资源综合利用项目，其申请享受增值税即征即退政策时，应同时符合下列条件：

（1）属于增值税一般纳税人。

（2）销售综合利用产品和劳务，不属于国家发展改革委《产业结构调整指导目录》中的禁止类、限制类项目。

（3）销售综合利用产品和劳务，不属于《环境保护综合名录》中的“高污染、高环境风险”产品或者重污染工艺。

（4）综合利用的资源，属于《国家危险废物名录》列明的危险废物的，应当取得省级及以上环境保护部门颁发的《危险废物经营许可证》，且许可经营范围包括该危险废物的利用。

（5）纳税信用等级不属于税务机关评定的C级或D级。

纳税人在办理退税事宜时，应向主管税务机关提供其符合上述条件以及《目录》规定的技术标准和相关条件的书面声明材料，未提供书面声明材料或者出具虚假材料的，税务机关不得给予退税。

3.其他规定

(1) 已享受增值税即征即退政策的纳税人，自不符合《通知》第二条规定的条件以及《目录》规定的技术标准和相关条件的次月起，不再享受增值税即征即退政策。

(2) 已享受增值税即征即退政策的纳税人，因违反税收、环境保护的法律法规受到处罚（警告或单次1万元以下罚款除外）的，自处罚决定下达的次月起36个月内，不得享受《通知》规定的增值税即征即退政策。

(3) 纳税人应当单独核算适用增值税即征即退政策的综合利用产品和劳务的销售额和应纳税额。未单独核算的，不得享受增值税即征即退政策。

(4) 自2019年9月1日起，纳税人销售自产磷石膏资源综合利用产品，可享受增值税即征即退政策，退税比例为70%。

（五）电力

(1) 对农村电管站在收取电价时一并向用户收取的农村电网维护费免税。

(2) 三峡水电站电力产品的增值税税收负担超过8%的部分实行增值税即征即退政策。

(3) 自2003年1月1日起，对葛洲坝水电站对外销售的电力产品，按照增值税适用税率征收增值税，税收负担超过8%的部分实行即征即退政策。

(4) 自2004年1月1日起，对黄河上游水电开发有限责任公司生产的电力产品，税收负担超过8%的部分实行即征即退政策。

（六）医疗卫生

(1) 避孕药品和用具免税。

(2) 对非营利性医疗机构按照国家规定的价格取得的医疗服务收入，免征各项税款；对非营利性医疗机构自产自用的制剂，免征增值税。

(3) 对营利性医疗机构取得的收入，直接用于改善医疗卫生条件的，自取得执业登记之日起3年内，对其自产自用的制剂免征增值税。

(4) 血站供应给医疗机构的临床用血免征增值税。

(5) 自2018年5月1日起，增值税一般纳税人生产销售和批发、零售抗癌药品，可选择按照简易计税方法依照3%征收率计算缴纳增值税，对进口抗癌药品，减按3%征收进口环节增值税。

(6) 自2019年1月1日至2023年12月31日，继续对国产抗艾滋病病毒药品清单范围内的产品，免征生产环节和流通环节增值税。

（七）修理修配

1.飞机修理

自2000年1月1日起，对飞机维修劳务增值税实际税负超过6%的部分，实行由税务机关即征即退的政策。

2.铁路货车修理

为支持我国铁路建设，经国务院批准，从2001年1月1日起，对铁路系统内部单位为本系统修理货车的业务免征增值税。

（八）煤层气抽采

自2007年1月1日起，对煤层气抽采企业的增值税一般纳税人抽采销售煤层气实行增值税先征后退政策。

（九）软件产品

（1）自2011年1月1日起，对增值税一般纳税人销售其自行开发生产的软件产品，按13%的法定税率征收增值税后，对其增值税实际税负超过3%的部分实行即征即退政策。

（2）增值税一般纳税人将进口的软件进行转换等本地化改造后对外销售，其销售的软件可按照自行开发生产的软件产品的有关规定享受即征即退的税收优惠政策。本地化改造是指对进口软件重新设计、改进、转换、汉化等工作，单纯对进口软件进行汉化处理后再销售的不包括在内。

（3）纳税人受托开发软件产品，著作权属于受托方的，征收增值税；著作权属于委托方或属于双方共同拥有的，不征收增值税；对经过国家版权局注册登记，纳税人在销售时一并转让著作权、所有权的，不征收增值税。

（十）债转股企业

按债转股企业与金融资产管理公司签订的债转股协议，债转股原企业将货物资产作为投资提供给债转股新公司的，免征增值税。

（十一）蔬菜鲜活肉蛋产品

（1）自2012年1月1日起，对从事蔬菜批发、零售的纳税人销售的蔬菜，免征蔬菜流通环节增值税。

（2）自2012年10月1日起，免征部分鲜活肉蛋产品流通环节增值税。

（十二）《营业税改征增值税试点过渡政策的规定》中的相关要求

1.免征增值税的项目

（1）托儿所、幼儿园提供的保育和教育服务。

超过规定收费标准的收费，以开办实验班、特色班和兴趣班等为由另外收取的费用以及与幼儿入园挂钩的赞助费、支教费等超过规定范围的收入，不属于免征增值税的收入。

（2）养老机构提供的养老服务。

（3）残疾人福利机构提供的育养服务。

（4）婚姻介绍服务。

（5）殡葬服务。

（6）残疾人员本人为社会提供的服务。

（7）医疗机构提供的医疗服务。

（8）从事学历教育的学校提供的教育服务。

从事学历教育的学校是指：普通学校；经地（市）级以上人民政府或者同级政府的教育行政部门批准成立、国家承认其学员学历的各类学校；经省级及以上人力资源社会保障行政部门批准成立的技工学校、高级技工学校；经省级人民政府批准成立的技师学院。上述学校均包括符合规定的从事学历教育的民办学校，但不包括职业培训机构等国家不承认学历的教育机构。

提供教育服务免征增值税的收入，是指对列入规定招生计划的在籍学生提供学历教育服务取得的收入，具体包括：经有关部门审核批准并按规定标准收取的学费、住宿费、课本费、作业本费、考试报名费收入，以及学校食堂提供餐饮服务取得的伙食费收入。除此之外的收入，包括学校以各种名义收取的赞助费、择校费等，不属于免征增值税的范围。

境外教育机构与境内从事学历教育的学校开展中外合作办学、提供学历教育服务取得的收入免征增值税。

（9）学生勤工俭学提供的服务。

（10）农业机耕、排灌、病虫害防治、植物保护、农牧保险以及相关技术培训业务，家禽、牲畜、水生动物的配种和疾病防治。

（11）纪念馆、博物馆、文化馆、文物保护单位管理机构、美术馆、展览馆、书画院、图书馆在自己的场所提供文化体育服务取得的第一道门票收入。

（12）寺院、宫观、清真寺和教堂举办文化、宗教活动的门票收入。

（13）行政单位之外的其他单位收取的符合《营业税改征增值税试点实施办法》第十条规定条件的政府性基金和行政事业性收费。

（14）个人转让著作权。

（15）个人销售自建自用住房。

（16）2023年12月31日前，公共租赁住房经营管理单位出租公共租赁住房收入。

（17）台湾航运公司、航空公司从事海峡两岸海上直航、空中直航业务在大陆取得的运输收入。

（18）纳税人提供的直接或者间接国际货物运输代理服务。

① 纳税人提供直接或者间接国际货物运输代理服务，向委托方收取的全部国际货物运输代理服务收入，以及向国际运输承运人支付的国际运输费用，必须通过金融机构进行结算。

② 纳税人为大陆与我国香港、澳门、台湾地区之间的货物运输提供的货物运输代理服务参照国际货物运输代理服务有关规定执行。

③ 委托方索取发票的，纳税人应当就国际货物运输代理服务收入向委托方全额开具增值税普通发票。

（19）下列利息收入：

①自2017年12月1日至2023年12月31日，对金融机构向农户发放小额贷款取得的利息收入，免征增值税。金融机构应将相关免税证明材料留存备查，单独核算符合免税条件的小额贷款利息收入，按现行规定向主管税务机构办理纳税申报；未单独核算的，不得免征增值税。

上述小额贷款，是指单笔且该农户贷款余额总额在100万元（含本数）以下的贷款。

②国家助学贷款。

③国债、地方政府债。

④中国人民银行对金融机构的贷款。

⑤住房公积金管理中心用住房公积金在指定的委托银行发放的个人住房贷款。

⑥外汇管理部门在从事国家外汇储备经营过程中，委托金融机构发放的外汇贷款。

⑦统借统还业务中，企业集团或企业集团中的核心企业以及集团所属财务公司按不高于支付给金融机构的借款利率水平或者支付的债券票面利率水平，向企业集团或者集团内下属单位收取的利息。

统借方向资金使用单位收取的利息，高于支付给金融机构借款利率水平或者支付的债券票面利率水平的，应全额缴纳增值税。

⑧自2018年11月7日起至2025年12月31日止，对境外机构投资境内债券市场取得的债券利息收入暂免征收增值税。

（20）被撤销金融机构以货物、不动产、无形资产、有价证券、票据等财产清偿债务。

（21）保险公司开办的1年期以上人身保险产品取得的保费收入。

（22）下列金融商品转让收入：

① 合格境外投资者（QFII）委托境内公司在我国从事证券买卖业务。

② 香港市场投资者（包括单位和个人）通过沪港通买卖上海证券交易所上市A股。

③ 对香港市场投资者（包括单位和个人）通过基金互认买卖内地基金份额。

④ 证券投资基金（封闭式证券投资基金、开放式证券投资基金）管理人运用基金买卖股票、债券。

⑤ 个人从事金融商品转让业务。

⑥ 创新企业境内发行存托凭证试点阶段涉及的差价收入。

（23）金融同业往来利息收入。

① 金融机构与中国人民银行所发生的资金往来业务，包括中国人民银行对一般金融机构贷款，以及中国人民银行对商业银行的再贴现等。

② 银行联行往来业务，是指同一银行系统内部不同行、处之间所发生的资金账务往来业务。

③ 金融机构间的资金往来业务，是指经中国人民银行批准，进入全国银行间同业拆借市场的金融机构之间通过全国统一的同业拆借网络进行的短期（1年以下，含1年）无担保资金融通行为。

④ 金融机构之间开展的转贴现业务。

（24）同时符合下列条件的担保机构从事中小企业信用担保或者再担保业务取得的收入（不含信用评级、咨询、培训等收入）3年内免征增值税：

① 已取得监管部门颁发的融资性担保机构经营许可证，依法登记注册为企（事）业法人，实收资本超过2 000万元。

② 平均年担保费率不超过银行同期贷款基准利率的50%。平均年担保费率=本期担保费收入÷（期初担保余额+本期增加担保金额）×100%。

③ 连续合规经营2年以上，资金主要用于担保业务，具备健全的内部管理制度和为中小企业提供担保的能力，经营业绩突出，对受保项目具有完善的事前评估、事中监控、事后追偿与处置机制。

④ 为中小企业提供的累计担保贷款额占其2年累计担保业务总额的80%以上，单笔800万元以下的累计担保贷款额占其累计担保业务总额的50%以上。

⑤ 对单个受保企业提供的担保余额不超过担保机构实收资本总额的10%，且平均单

笔担保责任金额不超过3 000万元人民币。

⑥ 担保责任余额不低于其净资产的3倍，且代偿率不超过2%。

担保机构免征增值税政策采取备案管理方式。符合条件的担保机构应到所在地县（市）主管税务机关和同级中小企业管理部门履行规定的备案手续，自完成备案手续之日起，享受3年免征增值税政策。3年免税期满后，符合条件的担保机构可按规定程序办理备案手续后继续享受该项政策。

（25）国家商品储备管理单位及其直属企业承担商品储备任务，从中央或者地方财政取得的利息补贴收入和价差补贴收入。

（26）纳税人提供技术转让、技术开发和与之相关的技术咨询、技术服务。

（27）同时符合下列条件的合同能源管理服务：

① 节能服务公司实施的合同能源管理项目相关技术应当符合国家质量监督检验检疫总局（现国家市场监督管理总局）和国家标准化管理委员会发布的《合同能源管理技术通则》（GB/T 24915—2010）规定的技术要求。

② 节能服务公司与用能企业签订节能效益分享型合同，其合同格式和内容，符合《民法典》和《合同能源管理技术通则》（GB/T 24915—2010）等规定。

（28）自2021年1月1日起至2023年12月31日，科普单位的门票收入，以及县级及以上党政部门和科协开展科普活动的门票收入。

（29）政府举办的从事学历教育的高等、中等和初等学校（不含下属单位），举办进修班、培训班取得的全部归该学校所有的收入。

全部归该学校所有，是指举办进修班、培训班取得的全部收入进入该学校统一账户，并纳入预算全额上缴财政专户管理，同时由该学校对有关票据进行统一管理和开具。

举办进修班、培训班取得的收入进入该学校下属部门自行开设账户的，不予免征增值税。

（30）政府举办的职业学校设立的主要为在校学生提供实习场所并由学校出资自办、由学校负责经营管理、经营收入归学校所有的企业，从事《销售服务、无形资产或者不动产注释》中“现代服务”（不含融资租赁服务、广告服务和其他现代服务）、“生活服务”（不含文化体育服务、其他生活服务和桑拿、氧吧）业务活动取得的收入。

（31）自2019年6月1日至2025年12月31日，社区家庭服务企业提供社区养老、托育、家政服务取得的收入。

（32）福利彩票、体育彩票的发行收入。

（33）军队空余房产租赁收入。

（34）为了配合国家住房制度改革，企业、行政事业单位按房改成本价、标准价出售住房取得的收入。

（35）将土地使用权转让给农业生产者用于农业生产。

（36）涉及家庭财产分割的个人无偿转让不动产、土地使用权。

（37）土地所有者出让土地使用权和土地使用者将土地使用权归还土地所有者。

（38）县级以上地方人民政府或自然资源行政主管部门出让、转让或收回自然资源使用权（不含土地使用权）。

（39）随军家属就业。

①为安置随军家属就业而新开办的企业，自领取营业执照之日起，其提供的应税服务3年内免征增值税。

享受税收优惠政策的企业，随军家属必须占企业总人数的60%（含）以上，并有军（含）以上政治和后勤机关出具的证明。

②从事个体经营的随军家属，自办理税务登记事项之日起，其提供的应税服务3年内免征增值税。

随军家属必须有师以上政治机关出具的可以表明其身份的证明。

按照上述规定，每一名随军家属可以享受一次免税政策。

（40）军队转业干部就业。

① 从事个体经营的军队转业干部，自领取营业执照之日起，其提供的应税服务3年内免征增值税。

② 为安置自主择业的军队转业干部就业而新开办的企业，凡安置自主择业的军队转业干部占企业总人数60%（含）以上的，自领取营业执照之日起，其提供的应税服务3年内免征增值税。

享受上述优惠政策的自主择业的军队转业干部必须持有师以上部队颁发的转业证件。

2.增值税即征即退

（1）一般纳税人提供管道运输服务，对其增值税实际税负超过3%的部分实行增值税即征即退政策。

（2）经中国人民银行、银保监会（现国家金融监督管理总局）或者商务部批准从事融资租赁业务的试点纳税人中的一般纳税人，提供有形动产融资租赁服务和有形动产融资性售后回租服务，对其增值税实际税负超过3%的部分实行增值税即征即退政策。商务部授权的省级商务主管部门和国家经济技术开发区批准的从事融资租赁业务和融资性售后回租业务的试点纳税人中的一般纳税人，2016年5月1日后实收资本达到1.7亿元的，从达到标准的当月起按照上述规定执行；2016年5月1日后实收资本未达到1.7亿元但注册资本达到1.7亿元的，在2016年7月31日前仍可按照上述规定执行，2016年8月1日后开展的有形动产融资租赁业务和有形动产融资性售后回租业务不得按照上述规定执行。

3.扣减增值税规定

（1）退役士兵创业就业减税政策。

① 自主就业退役士兵从事个体经营的，自办理个体工商户登记当月起，在3年（36个月，下同）内按每户每年12 000元为限额依次扣减其当年实际应缴纳的增值税、城市维护建设税、教育费附加、地方教育附加和个人所得税。限额标准最高可上浮20%，各省、自治区、直辖市人民政府可根据本地区实际情况在此幅度内确定具体限额标准。

② 企业招用自主就业退役士兵，与其签订1年以上期限劳动合同并依法缴纳社会保险费的，自签订劳动合同并缴纳社会保险当月起，在3年内按实际招用人数予以定额依次扣减增值税、城市维护建设税、教育费附加、地方教育附加和企业所得税优惠。定额标准为每人每年6 000元，最高可上浮50%，各省、自治区、直辖市人民政府可根据本地区实际情况在此幅度内确定具体定额标准。

③ 自主就业退役士兵是指依照《退役士兵安置条例》（国务院 中央军委令第608号）的规定退出现役并按自主就业方式安置的退役士兵。所称企业是指属于增值税纳税人或企业所得税纳税人的企业等单位。

④ 自主就业退役士兵从事个体经营的，在享受税收优惠政策进行纳税申报时，注明其退役军人身份，并将《中国人民解放军义务兵退出现役证》《中国人民解放军士官退出现役证》或《中国人民武装警察部队义务兵退出现役证》《中国人民武装警察部队士官退出现役证》留存备查。

⑤ 企业招用自主就业退役士兵既可以适用规定的税收优惠政策，又可以适用其他扶持就业专项税收优惠政策的，企业可以选择适用最优惠的政策，但不得重复享受。

⑥ 退役士兵创业就业减税政策执行期间为2019年1月1日至2021年12月31日。纳税人在2021年12月31日享受规定税收优惠政策未满3年的，可继续享受至3年期满为止。退役士兵以前年度已享受退役士兵创业就业税收优惠政策满3年的，不得再享受规定的税收优惠政策；以前年度享受退役士兵创业就业税收优惠政策未满3年且符合规定条件的，可按规定享受优惠至3年期满。

（2）重点群体创业就业。

①建档立卡贫困人口持《就业创业证》（注明"自主创业税收政策"或"毕业年度内自主创业税收政策"）或《就业失业登记证》（注明"自主创业税收政策"）的人员，从事个体经营的，自办理个体工商户登记当月起，在3年（36个月，下同）内按每户每年12 000元为限额依次扣减其当年实际应缴纳的增值税、城市维护建设税、教育费附加、地方教育附加和个人所得税。限额标准最高可上浮20%，各省、自治区、直辖市人民政府可根据本地区实际情况在此幅度内确定具体限额标准。

纳税人年度应纳税款小于上述扣减限额的，减免税额以其实际缴纳的税款为限；大于上述扣减限额的，以上述扣减限额为限。

上述人员具体包括：A.纳入全国扶贫开发信息系统的建档立卡贫困人口；B.在人力资源社会保障部门公共就业服务机构登记失业半年以上的人员；C.零就业家庭、享受城市居民最低生活保障家庭劳动年龄内的登记失业人员；D.毕业年度内高校毕业生。高校毕业生是指接受高等学历教育的普通高等学校、成人高等学校应届毕业的学生；毕业年度是指毕业所在自然年即1月1日至12月31日。

②企业招用建档立卡贫困人口，以及在人力资源社会保障部门公共就业服务机构登记失业半年以上且持《就业创业证》或《就业失业登记证》（注明"企业吸纳税收政策"）的人员，与其签订1年以上期限劳动合同并依法缴纳社会保险费的，自签订劳动合同并缴纳社会保险当月起，在3年内按实际招用人数予以定额依次扣减增值税、城市维护建设税、教育费附加、地方教育附加和企业所得税优惠。定额标准为每人每年6 000元，最高可上浮30%，各省、自治区、直辖市人民政府可根据本地区实际情况在此幅度内确定具体定额标准。城市维护建设税、教育费附加、地方教育附加的计税依据是享受本项税收优惠政策前的增值税应纳税额。

按上述标准计算的税收扣减额应在企业当年实际应缴纳的增值税、城市维护建设税、教育费附加、地方教育附加和企业所得税税额中扣减，当年扣减不完的，不得结转下年使用。

所称企业是指属于增值税纳税人或企业所得税纳税人的企业等单位。

③国务院扶贫办（现国家乡村振兴局）在每年1月15日前将建档立卡贫困人口名单及相关信息提供给人力资源社会保障部、税务总局，税务总局将相关信息转发给各省、自治区、直辖市税务部门。人力资源社会保障部门依托全国扶贫开发信息系统核实建档立卡贫困人口身份信息。

④企业可以选择最优惠的政策，但不得重复享受。

⑤执行期限为2019年1月1日至2021年12月31日。纳税人在2021年12月31日享受规定税收优惠政策未满3年的，可继续享受至3年期满为止。所述人员，以前年度已享受重点群体创业就业税收优惠政策满3年的，不得再享受税收优惠政策；以前年度享受重点群体创业就业税收优惠政策未满3年且符合规定条件的，可按规定享受优惠至3年期满。

4.其他相关政策

（1）金融企业发放贷款后，自结息日起90天内发生的应收未收利息按现行规定缴纳增值税，自结息日起90天后发生的应收未收利息暂不缴纳增值税，待实际收到利息时按规定缴纳增值税。

上述所称金融企业，是指银行（包括国有、集体、股份制、合资、外资银行以及其他所有制形式的银行）、城市信用社、农村信用社、信托投资公司、财务公司。

（2）个人将购买不足2年的住房对外销售的，按照5%的征收率全额缴纳增值税；个人将购买2年以上（含2年）的住房对外销售的，免征增值税。上述政策适用于北京市、上海市、广州市和深圳市之外的地区。

个人将购买不足2年的住房对外销售的，按照5%的征收率全额缴纳增值税；个人将购买2年以上（含2年）的非普通住房对外销售的，以销售收入减去购买住房价款后的差额按照5%的征收率缴纳增值税；个人将购买2年以上（含2年）的普通住房对外销售的，免征增值税。上述政策仅适用于北京市、上海市、广州市和深圳市。

办理免税的具体程序、购买房屋的时间、开具发票、非购买形式取得住房行为及其他相关税收管理规定，按照《国务院办公厅转发建设部等部门关于做好稳定住房价格工作意见的通知》（国办发〔2005〕26号）、《国家税务总局 财政部 建设部关于加强房地产税收管理的通知》（国税发〔2005〕89号）和《国家税务总局关于房地产税收政策执行中几个具体问题的通知》（国税发〔2005〕172号）的有关规定执行。

（3）自2019年1月1日至2023年12月31日，党报、党刊将其发行、印刷业务及相应的经营性资产剥离组建的文化企业，自注册之日起所取得的党报、党刊发行收入和印刷收入免征增值税。

（4）自2019年1月1日至2023年12月31日，对电影主管部门（包括中央、省、地市及县级）按照各自职能权限批准从事电影制片、发行、放映的电影集团公司（含成员企业）、电影制片厂及其他电影企业取得的销售电影拷贝（含数字拷贝）收入、转让电影版权（包括转让和许可使用）收入、电影发行收入以及在农村取得的电影放映收入，免征增值税。

对广播电视运营服务企业收取的有线数字电视基本收视维护费和农村有线电视基本收视费，免征增值税。一般纳税人提供的城市电影放映服务，可以按现行政策规定，选择按照简易计税方法计算缴纳增值税。

（5）自2019年1月1日至2023年12月31日，对饮水工程运营管理单位向农村居民提供生活用水取得的自来水销售收入，免征增值税。

（十三）起征点

个人发生应税行为的销售额未达到增值税起征点的，免征增值税；达到起征点的，全额计算缴纳增值税。

增值税起征点不适用于登记为一般纳税人的个体工商户。

增值税起征点幅度如下：

（1）按期纳税的，为月销售额5 000～20 000元（含本数）。

（2）按次纳税的，为每次（日）销售额300～500元（含本数）。

（十四）小微企业普惠性税收减免政策

自2023年1月1日至2023年12月31日，小规模纳税人发生增值税应税销售行为，合计月销售额未超过10万元（以1个季度为1个纳税期的，季度销售额未超过30万元，下同）的，免征增值税。

小规模纳税人发生增值税应税销售行为，合计月销售额超过10万元，但扣除本期发生的销售不动产的销售额后未超过10万元的，其销售货物、劳务、服务、无形资产取得的销售额免征增值税。

纳税人兼营减税、免税项目的，应当分别核算减税、免税项目的销售额；未分别核算销售额的，不得减税、免税。

免税货物恢复征税后，其免税期间外购的货物，一律不得作为当期进项税额抵扣。恢复征税后收到的该项货物免税期间的增值税专用发票进项税额，应当从当期进项税额中扣除。

二、增值税征收管理

（一）增值税纳税义务发生时间

1.《增值税暂行条例》对增值税纳税义务发生时间的规定

《增值税暂行条例》明确规定了增值税纳税义务的发生时间有以下两个方面：第一，销售货物或者提供应税劳务的，为收讫销售款项或者取得索取销售款项凭据的当天；先开具发票的，为开具发票的当天。第二，进口货物的，为报关进口的当天。按销售结算方式的不同，具体为：

（1）采取直接收款方式销售货物的，不论货物是否发出，均为收到销售款或者取得索取销售款凭据的当天。

（2）采取托收承付和委托银行收款方式销售货物的，为发出货物并办妥托收手续的当天。

（3）采取赊销和分期收款方式销售货物的，为书面合同约定的收款日期的当天，无书面合同或者书面合同没有约定收款日期的，为货物发出的当天。

（4）采取预收货款方式销售货物的，为货物发出的当天，但生产销售生产工期超过12个月的大型机械设备、船舶、飞机等货物，为收到预收款或者书面合同约定的收款日期的当天。

（5）委托其他纳税人代销货物的，为收到代销单位的代销清单或者收到全部或者部分货款的当天。未收到代销清单及货款的，为发出代销货物满180天的当天。

（6）销售应税劳务的，为提供劳务同时收讫销售款或者取得索取销售款凭据的当天。

（7）纳税人发生视同销售货物行为的，为货物移送的当天。

2.《营业税改征增值税试点实施办法》对增值税纳税义务发生时间的规定

（1）纳税人发生应税行为并收讫销售款项或者取得索取销售款项凭据的当天；先开具发票的，为开具发票的当天。

收讫销售款项，是指纳税人销售服务、无形资产、不动产过程中或者完成后收到款项。

取得索取销售款项凭据的当天，是指书面合同确定的付款日期；未签订书面合同或者书面合同未确定付款日期的，为服务、无形资产转让完成的当天或者不动产权属变更的当天。

（2）纳税人提供租赁服务采取预收款方式的，其纳税义务发生时间为收到预收款的当天。

（3）纳税人从事金融商品转让的，其纳税义务发生时间为金融商品所有权转移的当天。

（4）纳税人发生视同销售服务、无形资产或者不动产情形的，其纳税义务发生时间为服务、无形资产转让完成的当天或者不动产权属变更的当天。

（5）增值税扣缴义务发生时间为纳税人增值税纳税义务发生的当天。

【例2-24】甲企业2023年10月5日为乙企业提供了一项咨询服务，合同价款为200万元，合同约定2023年10月10日乙企业付款50万元，但实际到2023年11月7日才付。纳税义务发生的时间应该是哪天?

【解析】虽然该企业收到款项的时间是11月7日，但由于其是在10月5日开始提供咨询服务的，因此纳税义务发生的时间应为10月10日，而非11月7日。

（二）纳税期限

增值税的纳税期限分别为1日、3日、5日、10日、15日、1个月或者1个季度。纳税人的具体纳税期限，由主管税务机关根据纳税人应纳税额的大小分别核定。

以1个季度为纳税期限的规定适用于小规模纳税人、银行、财务公司、信托投资公司、信用社，以及财政部和国家税务总局规定的其他纳税人。不能按照固定期限纳税的，可以按次纳税。

纳税人以1个月或者1个季度为1个纳税期的，自期满之日起15日内申报纳税；以1日、3日、5日、10日或者15日为1个纳税期的，自期满之日起5日内预缴税款，于次月1日起15日内申报纳税并结清上月应纳税款。

纳税人进口货物，应当自海关填发海关进口增值税专用缴款书之日起15日内缴纳税款。

（三）纳税地点

1. 固定业户的纳税地点

固定业户应当向其机构所在地或者居住地主管税务机关申报纳税。总机构和分支机构不在同一县（市）的，应当分别向各自所在地主管税务机关申报纳税；经财政部和国家税务总局或者其授权的财政和税务机关批准，可以由总机构汇总向总机构所在地主管税务机关申报纳税。总分支机构不在同一县（市），但在同一省（自治区、直辖市、计划单列市）的，经省（自治区、直辖市、计划单列市）财政厅（局）和国家税务总局批准，可以由总机构汇总向总机构所在地主管税务机关申报缴纳增值税。

固定业户到外县（市）销售货物或者应税劳务的，应当向其机构所在地主管税务机关申请开具《外出经营活动税收管理证明》，并向其机构所在地主管税务机关申报纳税；未开具证明的，应当向销售地或者劳务发生地主管税务机关申报纳税；未向销售地或者劳务发生地主管税务机关申报纳税的，由其机构所在地主管税务机关补征税款。

固定业户（指增值税一般纳税人）临时到外省、市销售货物的，必须向经营地税务机关出示《外出经营活动税收管理证明》，回原地纳税，需要向购货方开具专用发票的，亦回原地补开。

2. 非固定业户的纳税地点

非固定业户应当向应税行为发生地主管税务机关申报纳税；未申报纳税的，由其机构所在地或者居住地主管税务机关补征税款。

3. 其他个人的纳税地点

其他个人提供建筑服务，销售或者租赁不动产，转让自然资源使用权，应向建筑服务发生地、不动产所在地、自然资源所在地主管税务机关申报纳税。

一般纳税人跨省（自治区、直辖市、计划单列市）提供建筑服务或者销售、出租取得的与机构所在地不在同一省（自治区、直辖市、计划单列市）的不动产，在机构所在地申报纳税时，计算的应纳税额小于已预缴税额，且差额较大的，由国家税务总局通知建筑服务发生地或者不动产所在地省级税务机关，在一定时期内暂停预缴增值税。

4. 扣缴义务人的纳税地点

扣缴义务人应当向其机构所在地或者居住地主管税务机关申报缴纳扣缴的税款。

5. 进口货物的纳税地点

进口货物，应当由进口人或其代理人向报关地海关申报纳税。

第六节　增值税发票的使用和管理

二维码5：发票的分类与报销

一、增值税发票的种类和使用范围

发票是指一切单位和个人在购销商品、提供或者接受劳务服务以及从事其他经营活动时，提供给对方的收付款的书面证明。它是财务收支的法定凭证、会计核算的原始凭据，也是税务检查的重要依据。

（一）增值税专用发票

增值税专用发票，是增值税一般纳税人（以下简称一般纳税人）销售货物或者提供应税劳务开具的发票，是购买方支付增值税额并可按照增值税有关规定据以抵扣增值税进项税额的凭证。

专用发票由基本联次或者基本联次附加其他联次构成，基本联次为三联：发票联、抵扣联和记账联。发票联，作为购买方核算采购成本和增值税进项税额的记账凭证；抵扣联，作为购买方报送主管税务机关认证和留存备查的凭证；记账联，作为销售方核算销售收入和增值税销项税额的记账凭证。其他联次的用途由一般纳税人自行确定。票面上的“税额”指的是“销项税额”，“金额”指的是销售业务的“不含税金额”。发票的三联具有复写功能，一次开具，内容一致。

增值税专用发票（增值税税控开票系统）实行最高开票限额管理。最高开票限额，是指单份专用发票或货运专票开具的销售额合计数不得达到的上限额度。最高开票限额由一般纳税人申请，区县税务机关依法审批。一般纳税人申请最高开票限额时，需填报《增值税专用发票最高开票限额申请单》。主管税务机关受理纳税人申请以后，根据需要进行实地查验。实地查验的范围和方法由各省税务机关确定。税务机关应根据纳税人实际生产经营和销售情况进行审批，保证纳税人生产经营的正常需要。

（二）增值税普通发票

增值税普通发票，包括纸质增值税普通发票（卷式和平铺）和增值税电子普通发票。一般纳税人和小规模纳税人的销售业务，在不开具增值税专用发票的情况下，可以在增值税税控开票系统开具增值税普通发票。

自2018年8月9日起，深圳市开展通过区块链系统开具电子普通发票应用试点，有效解决“一票多报”和“假发票”的问题。2022年5月起，试点实行全面电子化发票，全面数字化的电子发票是与纸质发票具有同等法律效力的全新发票，不以纸质形式存在，不用介质支撑，无须申请领用、发票验旧及申请增版增量。纸质发票的票面信息全面数字化，多个票种集成归并为电子发票单一票种，全国统一赋码，实施开具金额总额度管理，自动流转交付。2025年，我国将基本实现发票全领域、全环节、全要素电子化。

（三）专业发票

专业发票是指国有金融、保险企业的存贷、汇兑、转账凭证、保险凭证；国有邮政、电信企业的邮票、邮单、话务、电报收据；国有铁路、民用航空企业和交通部门、国有公路、水上运输企业的客票、货票等。经国家税务总局或者省、自治区、直辖市税务机关批准，专业发票可由政府主管部门自行管理，不套印税务机关的统一发票监制章，也可根据税收征管的需要纳入统一发票管理。

二、增值税发票的开具

（一）增值税专用发票的开具范围

一般纳税人发生应税行为，应当向索取增值税专用发票的购买方开具增值税专用发票，并在增值税专用发票上分别注明销售额和销项税额。

自2020年2月1日起，增值税小规模纳税人（其他个人除外）发生增值税应税行为，需要开具增值税专用发票的，可以自愿使用增值税发票管理系统自行开具。选择自行开具增值税专用发票的小规模纳税人，税务机关不再为其代开增值税专用发票。增值税小规模纳税人应当就开具增值税专用发票的销售额计算增值税应纳税额，并在规定的纳税申报期内向主管税务机关申报缴纳。

1.《国家税务总局关于修订〈增值税专用发票使用规定〉的通知》规定不得开具专用发票的情形

一般纳税人有下列情形之一的，不得领购开具增值税专用发票：

（1）会计核算不健全，不能向税务机关准确提供增值税销项税额、进项税额、应纳税额数据及其他有关增值税税务资料的。

（2）有《税收征收管理法》规定的税收违法行为，拒不接受税务机关处理的。

（3）有下列行为之一，经税务机关责令限期改正而仍未改正的：

① 虚开增值税专用发票；

② 私自印制专用发票；

③ 向税务机关以外的单位和个人取得专用发票；

④ 借用他人专用发票；

⑤ 未按规定开具专用发票；

⑥ 未按规定保管专用发票和专用设备；

⑦ 未按规定申请办理防伪税控系统变更发行；

⑧ 未按规定接受税务机关检查。

2.《营业税改征增值税试点实施办法》规定不得开具专用发票的情形

《营业税改征增值税试点实施办法》规定，属于下列情形之一的，不得开具专用发票：

（1）向消费者个人销售服务、无形资产或者不动产。

（2）适用免征增值税规定的应税行为。

3.其他不得开具增值税专用发票的情形

（1）销售免税货物或提供免征增值税的应税劳务和应税行为的，不得开具专用发票，法律、法规及国家税务总局另有规定的除外。

（2）商业企业一般纳税人零售的烟、酒、食品、服装、鞋帽（不包括劳保专用的部分）、化妆品等消费品不得开具专用发票。

（3）销售报关出口的货物、在境外销售应税劳务，不得开具专用发票。

（4）将货物用于集体福利或个人消费，不得开具专用发票。

（5）将货物无偿赠送他人，不得开具专用发票；如果受赠者为一般纳税人，可根据受赠人的要求开具专用发票。

（二）增值税专用发票的开具要求

增值税专用发票的开具要求如下：

（1）项目齐全，与实际交易相符。

（2）字迹清楚，不得压线、错格。

（3）发票联和抵扣联加盖财务专用章或者发票专用章。

（4）按照增值税纳税义务的发生时间开具。

自2017年7月1日起，购买方为企业的，索取增值税普通发票时，应向销售方提供纳税人识别号或统一社会信用代码；销售方为其开具增值税普通发票时，应在“购买方纳税人识别号”栏填写购买方的纳税人识别号或统一社会信用代码。不符合规定的发票，不得作为税收凭证。

销售方开具增值税发票时，发票内容应按照实际销售情况如实开具，不得根据购买方要求填写与实际交易不符的内容。销售方开具发票时，通过销售平台系统与增值税发票税控系统后台对接，导入相关信息开票的，系统导入的开票数据内容应与实际交易柜符，如不相符应及时修改完善销售平台系统。

一般纳税人销售货物或者提供应税劳务，可汇总开具专用发票，同时使用防伪税控系统开具《销售货物或者提供应税劳务清单》，并加盖发票专用章。

对不符合要求的专用发票，购买方有权拒收。

（三）营改增后增值税发票的开具

1.增值税发票开具应税交易名称编码的选择

国家税务总局编写了《商品和服务税收分类与编码（试行）》，并在新系统中增加了编码相关功能。自2016年5月1日起，增值税纳税人，使用增值税税控开票系统开具增值税发票，应选择相应的最低级次的编码开具增值税发票。

2.差额征收增值税的发票开具

按照现行政策规定适用差额征税办法缴纳增值税，纳税人不得全额开具增值税发票的（财政部、国家税务总局另有规定的除外），纳税人自行开具或者税务机关代开增值税发票时，通过开票系统中差额征税开票功能，录入含税销售额（或含税评估额）和扣除额，开票系统自动计算税额和不含税金额，“备注”栏自动打印“差额征税”字样，不应与其他应税行为混开。

3.增值税发票“备注”栏须备注的情况

（1）增值税一般纳税人提供货物运输服务，使用增值税专用发票和增值税普通发票，开具发票时应将起运地、到达地、车种车号以及运输货物信息等内容填写在发票“备注”栏中，如内容较多可另附清单。

（2）提供建筑服务，纳税人自行开具或者税务机关代开增值税发票时，应在发票的“备注”栏注明建筑服务发生地县（市、区）名称及项目名称。

（3）销售不动产，纳税人自行开具或者税务机关代开增值税发票时，应在发票“货物或应税劳务、服务名称”栏填写不动产名称及房屋产权证书号码（无房屋产权证书的可不填写），“单位”栏填写面积单位，“备注”栏注明不动产的详细地址。

（4）出租不动产，纳税人自行开具或者税务机关代开增值税发票时，应在“备注”栏注明不动产的详细地址。

（5）销售方与售卡方不是同一个纳税人的，销售方在收到售卡方结算的销售款时，应向售卡方开具增值税普通发票，并在“备注”栏注明“收到预付卡结算款”，不得开具增值税专用发票。

（6）保险机构作为车船税扣缴义务人，在代收车船税并开具增值税发票时，应在增值税发票“备注”栏中注明代收车船税税款信息，具体包括：保险单号、税款所属期（详细至月）、代收车船税金额、滞纳金金额、金额合计等。该增值税发票可作为纳税人缴纳车船税及滞纳金的会计核算原始凭证。

（7）互联网物流平台企业代开货物运输发票，企业使用自有专用发票开票系统，应按照3%的征收率代开专用发票，并在发票“备注”栏注明会员的纳税人名称和统一社会信用代码（或纳税人识别号或组织机构代码）。

（8）铁路运输企业受托代征的印花税款信息，可填写在发票“备注”栏中。

（9）税务机关代开发票相关的“备注”栏。①“备注”栏注明纳税人名称和纳税人识别号；②代开建筑服务发票时，注明建筑服务发生地县（市、区）名称及项目名称；③为个人保险代理人汇总代开增值税发票时，应注明“个人保险代理人汇总代开”字样；④为出售或出租不动产代开发票时，注明不动产详细地址；⑤为跨县（市、区）提供不动产经营租赁服务、建筑服务的小规模纳税人（不包括其他个人）代开增值税发票时，在发票“备注”栏中自动打印“YD”字样。

（10）生产企业委托综服企业代办出口退税，生产企业代办退税的出口货物，应先按出口货物离岸价和增值税适用税率计算销项税额并按规定申报缴纳增值税，同时向综服企业开具备注栏内注明“代办退税专用”字样的增值税专用发票，作为综服企业代办退税的凭证。

（四）红字增值税发票的开具

自2016年8月1日起，增值税一般纳税人开具专用发票后，发生销货退回、开票有误、应税服务中止等情形但不符合发票作废条件，或者因销货部分退回及发生销售折让，需要开具红字专用发票的，按以下方式处理：

（1）购买方取得专用发票已用于申报抵扣的，购买方可在增值税发票管理新系统（以下简称新系统）中填开并上传《开具红字增值税专用发票信息表》（以下简称《信息表》），在填开《信息表》时不填写相对应的蓝字专用发票信息，应暂依《信息表》所列增值税税额从当期进项税额中转出，待取得销售方开具的红字专用发票后，与《信息表》一并作为记账凭证。

购买方取得专用发票未用于申报抵扣，但发票联或抵扣联无法退回的，购买方填开《信息表》时应填写相对应的蓝字专用发票信息。

销售方开具专用发票尚未交付购买方，以及购买方未用于申报抵扣并将发票联及抵扣联退回的，销售方可在新系统中填开并上传《信息表》。销售方填开《信息表》时应填写相对应的蓝字专用发票信息。

（2）主管税务机关通过网络接收纳税人上传的《信息表》，系统自动校验通过后，生成带有“红字发票信息表编号”的《信息表》，并将信息同步至纳税人端系统中。

（3）销售方凭税务机关系统校验通过的《信息表》开具红字专用发票，在新系统中以销项负数开具。红字专用发票应与《信息表》一一对应。

（4）纳税人也可凭《信息表》电子信息或纸质资料到税务机关对《信息表》内容进行系统校验。

税务机关为小规模纳税人代开专用发票，需要开具红字专用发票的，按照一般纳税人开具红字专用发票的方法处理。

纳税人需要开具红字增值税普通发票的，可以在所对应的蓝字发票金额范围内开具多份红字发票。红字机动车销售统一发票需与原蓝字机动车销售统一发票一一对应。

（五）专用发票的作废处理

专用发票的作废处理有即时作废和符合条件作废两种。开具时发现有误的，可即时作废；一般纳税人在开具专用发票当月，发生销货退回、开票有误等情形，收到退回的发票联、抵扣联符合作废条件的，按作废处理。需要注意的是，符合作废条件是指同时符合下列条件：

（1）收到退回的发票联、抵扣联时间未超过销售方开票当月。

（2）销售方未抄税并且未记账。

（3）购买方未认证或者认证结果为“纳税人识别号认证不符”或“专用发票代码、号码认证不符”。

作废专用发票必须在防伪税控系统中将相应的数据电文按“作废”处理，收回全联次的蓝字发票后，在纸质专用发票（含未打印的专用发票）各联次上注明“作废”字样，全联次留存。

三、防伪税控系统增值税发票数据采集

防伪税控开票系统、增值税发票选择确认平台、增值税网上申报系统是增值税一般纳税人依法履行纳税义务常常使用的涉税软件平台。税控系统的开票销项税额、增值税发票选择确认平台勾选认证的进项税额，是增值税计算机稽核系统发票比对的唯一数据来源。因此，税务机关通过纳税人抄税、报税和专用发票的勾选认证来采集专用发票涉税数据。增值税纳税常常使用的涉税专用设备有两种，即金税盘和CA数字证书。

（一）抄税、报税

一般纳税人开具专用发票后，应按月进行抄税和报税，以便税务机关将专用发票存根联数据采集到防伪税控报税子系统。

1.抄税

抄税是指纳税人报税前在增值税税控开票系统内，点击“抄税”按钮，将开票系统中的销项税额抄到金税盘中。

2.报税

报税是指纳税人持金税盘于次月通过网上报税系统向税务机关报送开票销项税额数据。

3.清卡

次月，一般纳税人可以通过网上远程金税盘清卡或到税务局现场进行金税盘清卡，方便下个申报期能正常开票。

自2019年12月31日起，除了特定纳税人及特殊情形外，取消增值税发票抄报税，改由纳税人对开票数据进行确认。

（二）认证

1.认证方法

认证是指税务机关通过防伪税控系统对专用发票所列的进项税额数据的识别、确认。

一般纳税人通过增值税发票选择确认平台（即增值税进项税额勾选确认平台），月末通过勾选确认当期用于抵扣的增值税进项税额。认证方法包括勾选认证和扫描认证。

自2019年3月1日起，将取消增值税发票认证的纳税人范围扩大至全部一般纳税人，包括纳税信用级别为A、B、C、D、M。

取消增值税发票认证，是指由手工扫描需要抵扣的纸质发票，调整为由纳税人在增值税发票选择确认平台选择确认需要抵扣的增值税发票电子信息。取消增值税发票认证，不是增值税发票不需要认证了，而是把原来的纸质专用发票的扫描认证变为网上勾选“确认”即认证。增值税专用发票、机动车销售统一发票、高速通行费及国内旅客运输服务的增值税电子普通发票，应自开具之日起360日内登录增值税发票选择确认平台进行勾选确认，并在规定的纳税申报期内，向主管税务机关申报抵扣进项税额。

2.异常扣税凭证的处理

自2020年2月1日起，按以下规定处理。

（1）符合下列情形之一的增值税专用发票，列入异常凭证范围：

① 纳税人丢失、被盗税控专用设备中未开具或已开具未上传的增值税专用发票；

② 非正常户纳税人未向税务机关申报或未按规定缴纳税款的增值税专用发票；

③ 增值税发票管理系统稽核比对发现“比对不符”“缺联”“作废”的增值税专用发票；

④ 经国家税务总局、省税务局大数据分析发现，纳税人开具的增值税专用发票存在涉嫌虚开、未按规定缴纳消费税等情形的；

⑤ 属于《国家税务总局关于走逃（失联）企业开具增值税专用发票认定处理有关问题的公告》（国家税务总局公告2016年第76号）第二条第（一）项规定情形的增值税专用发票：一是商贸企业购进、销售货物名称严重背离的；生产企业无实际生产加工能力且无委托加工，或生产能耗与销售情况严重不符，或购进货物并不能直接生产其销售的货物且无委托加工的。二是直接走逃失踪不纳税申报，或虽然申报但通过填列增值税纳税申报表相关栏次，规避税务机关审核比对，进行虚假申报的。

（2）增值税一般纳税人申报抵扣异常凭证，同时符合下列情形的，其对应开具的增值税专用发票列入异常凭证范围：

① 异常凭证进项税额累计占同期全部增值税专用发票进项税额70%（含）以上的；

② 异常凭证进项税额累计超过5万元的。

纳税人尚未申报抵扣、尚未申报出口退税或已作进项税额转出的异常凭证，其涉及的进项税额不计入异常凭证进项税额的计算。

（3）增值税一般纳税人取得的增值税专用发票列入异常凭证范围的，应按照以下规定处理：

①尚未申报抵扣增值税进项税额的，暂不允许抵扣。已经申报抵扣增值税进项税额的，除另有规定外，一律作进项税额转出处理。

②尚未申报出口退税或者已申报但尚未办理出口退税的，除另有规定外，暂不允许办理出口退税。适用增值税免抵退税办法的纳税人已经办理出口退税的，应根据列入异常凭证范围的增值税专用发票上注明的增值税额作进项税额转出处理；适用增值税免退税办法

的纳税人已经办理出口退税的，税务机关应按照现行规定将列入异常凭证范围的增值税专用发票对应的已退税款追回。

纳税人因骗取出口退税停止出口退（免）税期间取得的增值税专用发票列入异常凭证范围的，按照第①项规定处理。

③消费税纳税人以外购或委托加工收回的已税消费品为原料连续生产应税消费品，尚未申报扣除原料已纳消费税税款的，暂不允许抵扣；已经申报抵扣的，冲减当期允许抵扣的消费税税款，当期不足冲减的，应当补缴税款。

④纳税信用A级纳税人取得异常凭证且已经申报抵扣增值税、办理出口退税或抵扣消费税的，可以自接到税务机关通知之日起10个工作日内，向主管税务机关提出核实申请。经税务机关核实，符合现行增值税进项税额抵扣、出口退税或消费税抵扣相关规定的，可不作进项税额转出、追回已退税款、冲减当期允许抵扣的消费税税款等处理。纳税人逾期未提出核实申请的，应于期满后按照第①项、第②项、第③项规定处理。

⑤纳税人对税务机关认定的异常凭证存有异议，可以向主管税务机关提出核实申请。经税务机关核实，符合现行增值税进项税额抵扣或出口退税相关规定的，纳税人可继续申报抵扣或者重新申报出口退税；符合消费税抵扣规定且已缴纳消费税税款的，纳税人可继续申报抵扣消费税税款。

（4）经国家税务总局、省税务局大数据分析发现存在涉税风险的纳税人，不得离线开具发票，其开票人员在使用开票软件时，应当按照税务机关指定的方式进行人员身份信息实名验证。

（5）新办理增值税一般纳税人登记的纳税人，自首次开票之日起3个月内不得离线开具发票，按照有关规定不使用网络办税或不具备风险条件的特定纳税人除外。

3.申报抵扣或出口退税的处理

自2020年2月1日起，增值税一般纳税人取得海关进口增值税专用缴款书（以下简称“海关缴款书”）后如需申报抵扣或出口退税，按以下方式处理：

（1）增值税一般纳税人取得仅注明一个缴款单位信息的海关缴款书，应当登录本省（区、市）增值税发票选择确认平台查询、选择用于申报抵扣或出口退税的海关缴款书信息。通过增值税发票选择确认平台查询到的海关缴款书信息与实际情况不一致或未查询到对应信息的，应当上传海关缴款书信息，经系统稽核比对相符后，纳税人登录增值税发票选择确认平台查询、选择用于申报抵扣或出口退税的海关缴款书信息。

（2）增值税一般纳税人取得注明两个缴款单位信息的海关缴款书，应当上传海关缴款书信息，经系统稽核比对相符后，纳税人登录增值税发票选择确认平台查询、选择用于申报抵扣或出口退税的海关缴款书信息。

4.异常海关缴款书的处理

增值税一般纳税人取得的2017年7月1日及以后开具的海关缴款书，应当自开具之日起360日内通过增值税发票选择确认平台进行选择确认或申请稽核比对。

自2020年2月1日起，稽核比对结果为不符、缺联、重号、滞留的异常海关缴款书按以下方式处理：

（1）对于稽核比对结果为不符、缺联的海关缴款书，纳税人应当持海关缴款书原件向主管税务机关申请数据修改或核对。属于纳税人数据采集错误的，数据修改后再次进行稽核比对；不属于数据采集错误的，纳税人可向主管税务机关申请数据核对，主管税务机关会同海关进行核查。经核查，海关缴款书票面信息与纳税人实际进口货物业务一致的，纳税人可登录增值税发票选择确认平台查询、选择用于申报抵扣或出口退税的海关缴款书信息。

（2）对于稽核比对结果为重号的海关缴款书，纳税人可向主管税务机关申请核查。经核查，海关缴款书票面信息与纳税人实际进口货物业务一致的，纳税人可登录增值税发票选择确认平台查询、选择用于申报抵扣或出口退税的海关缴款书信息。

（3）对于稽核比对结果为滞留的海关缴款书，可继续参与稽核比对，纳税人不需要申请数据核对。

四、专用发票缴销

一般纳税人注销税务登记，应将税控专用设备和结存未用的纸质专用发票送交主管税务机关。

五、丢失发票的相关处理

（一）丢失增值税专用发票

1.丢失抵扣联

第二联为抵扣联，是购买方扣税凭证。一般纳税人丢失已开具专用发票的抵扣联，如果丢失前已认证相符，可使用专用发票发票联复印件留存备查；如果丢失前未认证，可使用专用发票发票联认证，专用发票发票联复印件留存备查。

2.丢失发票联

第三联为发票联，是购买方记账凭证。一般纳税人丢失已开具专用发票的发票联，可将专用发票抵扣联作为记账凭证，专用发票抵扣联复印件留存备查。

3.发票联和抵扣联都丢失

一般纳税人丢失已开具专用发票的发票联和抵扣联，如果丢失前已认证相符，购买方可凭销售方提供的相应专用发票记账联复印件及销售方主管税务机关出具的《丢失增值税专用发票已报税证明单》或《丢失货物运输业增值税专用发票已报税证明单》（以下简称《证明单》），作为增值税进项税额的抵扣凭证；如果丢失前未认证，购买方凭销售方提供的相应专用发票记账联复印件进行认证，认证相符后可凭专用发票记账联复印件及销售方主管税务机关出具的《证明单》，作为增值税进项税额的抵扣凭证。专用发票记账联复印件和《证明单》留存备查。

4.丢失记账联

第一联为记账联，是销售方记账凭证，法规未作出明确规定，根据相关文件精神，可使用其他联次的复印件记账，注意由原件保存单位或者个人在复印件上注明“与原件核对无误，原件存于我处”，并由提供人签章。

（二）丢失增值税普通发票

纳税人丢失机动车销售统一发票，可采取补开机动车销售发票的方法解决。具体程序为：

（1）丢失机动车销售发票的消费者到机动车销售单位取得销售统一发票存根联复印件（加盖销售单位发票专用章或财务专用章）；

（2）到机动车销售方所在地主管税务机关盖章确认并登记备案；

（3）由机动车销售单位重新开具与原销售发票存根联内容一致的机动车销售发票。消费者凭重新开具的机动车销售发票办理相关手续。

（三）丢失其他普通发票

1.丢失记账联

普通发票第一联为记账联，是销售方记账凭证，应取得发票联的复印件，由原件保存单位或者个人在复印件上注明"与原件核对无误，原件存于我处"，并由提供人签章。

2.丢失发票联

普通发票第二联为发票联，是购买方记账凭证，从外单位取得的原始凭证如有遗失，应当取得原开出单位盖有公章的证明，并注明原凭证的号码、金额和内容等，由经办单位会计机构负责人、会计主管人员和单位领导人批准后，才能代作原始凭证。如果确实无法取得证明，如火车、轮船、飞机票等凭证，由当事人写出详细情况，由经办单位会计机构负责人、会计主管人员和单位领导人批准后，代作原始凭证。购买方取得开票方有效证明后用记账联发票复印件入账，复印件上由原件保存单位或者个人注明"与原件核对无误，原件存于我处"，并由提供人签章。

（四）丢失空白发票

使用发票的单位和个人应当妥善保管发票。发生发票丢失情形时，应当于发现丢失当日书面报告税务机关。

六、虚开发票的处理

虚开发票是指在没有任何购销事实的前提下，为他人、为自己或让他人为自己、介绍他人开具发票的行为。虚开发票的行为是严重的违法行为，既涉及专用发票开具方或销售方，也涉及专用发票接受方或购进方。

税务机关对纳税人虚开专用发票的行为，应按照《税收征收管理法》及《中华人民共和国发票管理办法》的有关规定给予处罚。

纳税人取得虚开的专用发票，不得作为增值税合法有效的扣税凭证抵扣其进项税额。

根据《国家税务总局关于纳税人取得虚开的增值税专用发票的处理问题的通知》（国税发〔1997〕134号）的规定，对取得虚开的增值税专用发票的纳税人的处理是：

（1）受票方利用他人虚开的专用发票，向税务机关申报抵扣税款进行偷税的，应当依照《税收征收管理法》及有关规定追缴税款，处以偷税数额5倍以下的罚款；进项税额大于销项税额的，还应当调减其留抵的进项税额。利用虚开的专用发票骗取出口退税的，应当依法追缴税款，处以骗税数额5倍以下的罚款。

（2）在货物交易中，购货方从销售方取得第三方开具的专用发票，或者从销货地以外的地区取得专用发票，向税务机关申报抵扣税款或者申请出口退税的，应当按偷税、骗取出口退税处理，依照《税收征收管理法》及有关规定追缴税款，并处以偷税、骗税数额5

倍以下的罚款。

（3）纳税人以上述第（1）条、第（2）条所列的方式取得专用发票未申报抵扣税款，或者未申请出口退税的，应当依照《中华人民共和国发票管理办法》及有关规定，按所取得专用发票的份数，分别处以1万元以下的罚款，但知道或者应当知道取得的是虚开的专用发票，或者让他人为自己提供虚开的专用发票的，应当从重处罚。

（4）利用虚开的专用发票进行偷税、骗税，构成犯罪的，税务机关依法进行追缴税款等行政处理，并移送司法机关追究刑事责任。

七、善意取得及不属于善意取得虚开专用发票的处理

1.善意取得虚开专用发票的处理

购货方善意取得虚开专用发票，应同时具备以下特征：购货方与销售方存在真实的交易，销售方使用的是其所在省（自治区、直辖市、计划单列市）的专用发票，专用发票注明的销售方名称、印章、货物数量、金额及税额等全部内容与实际相符，且没有证据表明购货方知道销售方提供的专用发票是以非法手段获得的。

善意取得虚开专用发票，对购货方应作如下处理：

（1）不以偷税或者骗取出口退税论处。

（2）取得的虚开专用发票应按有关法规不予抵扣进项税款或者不予出口退税；已经抵扣的进项税款或者取得的出口退税，应依法追缴。

（3）如能重新取得合法、有效的专用发票，准许其抵扣进项税款；如不能重新取得合法、有效的专用发票，不准许其抵扣进项税款或追缴其已抵扣的进项税款。

（4）因善意取得虚开专用发票被依法追缴其已抵扣税款的，不再加收滞纳金。

2.不属于善意取得虚开专用发票的处理

有下列情形之一的，无论购货方（受票方）与销售方是否进行了实际的交易，专用发票所注明的数量、金额与实际交易是否相符，均不属于善意取得虚开专用发票：

（1）购货方取得的专用发票所注明的销售方名称、印章与其进行实际交易的销售方不符的，即“购货方从销售方取得第三方开具的专用发票”的情况。

（2）购货方取得的专用发票为销售方所在省（自治区、直辖市和计划单列市）以外地区的，即“从销货地以外的地区取得专用发票”的情况。

（3）其他有证据表明购货方明知取得的专用发票系销售方以非法手段获得的，即“受票方利用他人虚开的专用发票，向税务机关申报抵扣税款进行偷税”的情况。

对于购货方不属于善意取得虚开专用发票的，应按前述虚开专用发票的有关情况作出相应处理。

八、增值税发票的领用

（一）限量限额发售

发票的领购实行按次限量控制，主管税务机关可根据纳税人的经营情况核定每次发票的供应数量，首次发售发票数量不得超过25份，包括增值税专用发票和普通发票。

纳税人领购的发票未使用完而再次领购的，主管税务机关发售发票的份数不得超过核

定的每次领购发票份数与未使用完的发票份数的差额。

实行纳税辅导期管理的小型企业，领购发票的最高开票限额不得超过10万元；其他一般纳税人发票最高开票限额应根据企业实际经营情况重新核定。

（二）增购预征

辅导期纳税人1个月内多次领购专用发票的，应从当月第二次领购专用发票起，按照上一次已领购并开具的专用发票销售额的3%预缴增值税，未预缴增值税的，主管税务机关不得向其发售专用发票。

预缴增值税时，纳税人应提供已领购并开具的专用发票记账联，主管税务机关根据其提供的专用发票记账联计算应预缴的增值税。

辅导期纳税人按规定预缴的增值税可在本期增值税应纳税额中抵减，抵减后预缴增值税仍有余额的，可抵减下期再次领购专用发票时应当预缴的增值税。

纳税辅导期结束后，纳税人因增购专用发票发生的预缴增值税有余额的，主管税务机关应在纳税辅导期结束后的第一个月内，一次性退还纳税人。

辅导期纳税人取得的增值税专用发票抵扣联、海关进口增值税专用缴款书以及运输费用结算单据在交叉稽核比对无误后，方可抵扣进项税额。

本章主要税法依据

❶《中华人民共和国增值税暂行条例》（2008年11月5日中华人民共和国国务院令第538号）

❷《中华人民共和国增值税暂行条例实施细则》（2008年12月18日中华人民共和国财政部 国家税务总局令第50号）

❸《财政部 国家税务总局关于全国实施增值税转型改革若干问题的通知》（2008年12月19日财税〔2008〕170号）

❹《关于修改〈中华人民共和国增值税暂行条例实施细则〉和〈中华人民共和国营业税暂行条例实施细则〉的决定》（2011年10月28日中华人民共和国财政部令第65号）

❺《财政部 国家税务总局关于重新印发〈总分机构试点纳税人增值税计算缴纳暂行办法〉的通知》（2013年10月24日财税〔2013〕74号）

❻《财政部 国家税务总局关于全面推开营业税改征增值税试点的通知》（2016年3月23日财税〔2016〕36号）

❼《国家税务总局关于发布〈纳税人跨县（市、区）提供建筑服务增值税征收管理暂行办法〉的公告》（2016年3月31日国家税务总局公告2016年第17号）

❽《增值税一般纳税人登记管理办法》（2017年12月29日国家税务总局令第43号）

❾《国家税务总局关于统一小规模纳税人标准等若干增值税问题的公告》（2018年4月20日国家税务总局公告2018年第18号）

❿《财政部 税务总局关于统一增值税小规模纳税人标准的通知》（2018年4月4日财税〔2018〕33号）

⓫《国家税务总局关于增值税一般纳税人登记管理若干事项的公告》（2018年1月

29日国家税务总局公告2018年第6号）

⑫《财政部 税务总局关于实施小微企业普惠性税收减免政策的通知》（2019年1月17日财税〔2019〕13号）

⑬《财政部 税务总局 海关总署关于深化增值税改革有关政策的公告》（2019年3月20日财政部 税务总局 海关总署公告〔2019〕39号）

⑭《国家税务总局关于深化增值税改革有关事项的公告》（2019年3月21日国家税务总局公告〔2019〕14号）

⑮《国家税务总局关于扩大小规模纳税人自行开具增值税专用发票试点范围等事项的公告》（2019年2月3日国家税务总局公告〔2019〕8号）

⑯《国务院办公厅关于印发全国深化“放管服”改革优化营商环境电视电话会议重点任务分工方案的通知》（2019年8月12日国办发〔2019〕39号）

⑰《财政部 税务总局 国务院扶贫办关于扶贫货物捐赠免征增值税政策的公告》（2019年4月10日财政部 税务总局 国务院扶贫办公告〔2019〕55号）

⑱《财政部 税务总局 退役军人部关于进一步扶持自主就业退役士兵创业就业有关税收政策的通知》（2019年2月2日财税〔2019〕21号）

⑲《财政部 税务总局关于明确生活性服务业增值税加计抵减政策的公告》（2019年9月30财政部 税务总局公告〔2019〕87号）

⑳《国家税务总局关于国内旅客运输服务进项税抵扣等增值税征管问题的公告》（2019年9月16日国家税务总局公告〔2019〕31号）

㉑《国家税务总局关于增值税发票管理等有关事项的公告》（2019年10月9日国家税务总局公告〔2019〕33号）

㉒《财政部 税务总局 发展改革委 民政部 商务部 卫生健康委关于养老、托育、家政等社区家庭服务业税费优惠政策的公告》（2019年6月28日财政部 税务总局 发展改革委 民政部 商务部 卫生健康委公告〔2019〕76号）

㉓《财政部 国家税务总局关于继续实施支持文化企业发展增值税政策的通知》（2019年2月13日财税〔2019〕17号）

㉔《财政部 国家税务总局 中央宣传部关于继续实施文化体制改革中经营性文化事业单位转制为企业若干税收政策的通知》（2019年2月16日财税〔2019〕16号）

㉕《财政部 税务总局关于进一步加大增值税期末留抵退税政策实施力度的公告》（2022年4月17日财政部 税务总局公告2022年第14号）

㉖《财政部 税务总局关于明确增值税小规模纳税人减免增值税等政策的公告》（2023年1月9日财政部 税务总局公告2023年第1号）

第三章

促进公平收入分配的消费税

本章重点

1. 应税消费品税目
2. 应纳消费税税额的计算
3. 自产自用和委托加工应税消费品的税务处理
4. 进口消费税
5. 出口退税

本章难点

1. 计税销售额的确定
2. 自产自用应税消费品税额的计算
3. 委托加工应税消费品的确认和代收代缴消费税的计算
4. 进口环节应纳消费税的计算
5. 外购和委托加工收回应税消费品已纳消费税扣除的计算

消费税是对消费品或消费行为按消费流转额征收的一种商品税。消费税可分为一般消费税和特别消费税，前者主要是对普通消费品包括必需品和日用品征税，后者主要是对特定消费品或特定消费行为如奢侈品等征税。消费税以消费品为征税对象，在这种情况下，税收会随价格转嫁给消费者负担，消费者是间接纳税人，实际负税人。消费税的征收具有较强的选择性，是国家贯彻消费政策，引导消费结构，从而调整产业结构的重要手段，因此在保证国家财政收入、体现国家经济政策等方面具有十分重要的意义。

我国现行消费税是对在我国境内从事生产、委托加工和进口应税消费品的单位和个人，就其销售额或销售数量，在特定环节征收的一种税。简单地说，我国的消费税是对特定的消费品和消费行为征收的一种税。

我国现行消费税的基本规范是2008年11月5日经国务院第34次常务会议修订通过并颁布，自2009年1月1日起施行的《消费税暂行条例》，以及2008年12月15日财政部、国家税务总局第51号令颁布的《中华人民共和国消费税暂行条例实施细则》（以下简称《消费税暂行条例实施细则》)。

第一节　征税范围及纳税人

一、征税范围

根据《消费税暂行条例》的规定，我国消费税的征税范围为：在中华人民共和国境内生产、委托加工和进口《消费税暂行条例》规定的消费品，具体包括生产应税消费品、委托加工应税消费品、进口应税消费品、零售应税消费品。

（一）生产应税消费品

生产应税消费品，于销售时纳税，是消费税征收的主要环节，因为消费税具有单一环节征税的特点，所以在生产销售环节征税以后，货物在流通环节无论再转销多少次，都不用再缴纳消费税了。生产应税消费品除了直接对外销售应征收消费税外，纳税人用生产的应税消费品换取生产资料、消费资料、投资入股、偿还债务，以及用于继续生产应税消费品以外的其他方面都应缴纳消费税。自2015年5月10日起，将卷烟批发环节从价税税率由5%提高至11%，并按0.005元/支加征从量税。

（二）委托加工应税消费品

委托加工应税消费品是指由委托方提供原料和主要材料，受托方只收取加工费和代垫部分辅助材料加工的应税消费品。由受托方提供原材料或其他情形的，一律不能视同委托加工应税消费品。委托加工的应税消费品收回后，再继续用于生产应税消费品销售的，其委托加工环节缴纳的消费税可以扣除。

（三）进口应税消费品

单位和个人进口的货物属于消费税征税范围的，在进口环节也要缴纳消费税。为了降低征税成本，进口环节消费税由海关代征。

（四）零售应税消费品

经国务院批准，自1995年1月1日起，金银首饰的消费税由生产销售环节征收改为零售环节征收。改在零售环节征收消费税的金银首饰范围仅限于金、银和金基、银基合金首饰，以及金、银和金基、银基合金的镶嵌首饰。自2002年1月1日起，钻石及钻石饰品消费税改在零售环节征收。自2003年5月1日起，铂金首饰消费税改在零售环节征收。

零售环节适用的消费税税率为5%，在纳税人销售金银首饰、铂金首饰、钻石及钻石饰品时征收。其计税依据是不含增值税的销售额。

《财政部 国家税务总局关于对超豪华小汽车加征消费税有关事项的通知》（财税〔2016〕129号）第一条规定："'小汽车'税目下增设'超豪华小汽车'子税目。征收范围为每辆零售价格130万元（不含增值税）及以上的乘用车和中轻型商用客车，即乘用车和中轻型商用客车子税目中的超豪华小汽车。对于超豪华小汽车，在生产（进口）环节按现行税率征收消费税的基础上，在零售环节加征消费税，税率为10%。"

消费税征税环节见表3-1。

表3-1 消费税征税环节

应税消费品	征税环节
1.金银首饰、铂金首饰、钻石及钻石饰品	零售环节纳税，其他环节不纳税
2.超豪华小汽车	生产、委托加工、进口、零售环节纳税
3.卷烟	生产、委托加工、进口、批发环节纳税
4.其他应税消费品	生产、委托加工、进口环节纳税，其他环节不纳税

【例3-1】批发环节销售的卷烟是否同时征收增值税和消费税？

【解析】自2009年5月1日起，在卷烟批发环节加征一道从价税，增值税层层征收，所以，批发环节销售的卷烟同时征收增值税和消费税。

二、纳税人

在中华人民共和国境内生产、委托加工和进口《消费税暂行条例》规定的消费品的单位和个人，以及国务院确定的销售《消费税暂行条例》规定的消费品的其他单位和个人，为消费税的纳税人，应当依照《消费税暂行条例》缴纳消费税。

这里的“单位”，是指企业、行政单位、事业单位、军事单位、社会团体及其他单位。

这里的“个人”，是指个体工商户及其他个人。

这里的“在中华人民共和国境内”，是指生产、委托加工和进口属于应当缴纳消费税的消费品的起运地或者所在地在境内。

具体来说，消费税的纳税人包括：生产应税消费品的单位和个人；进口应税消费品的单位和个人；委托加工应税消费品的单位和个人；零售应税消费品的单位和个人；自产自用应税消费品的单位和个人。

进口的应税消费品，尽管其产制地不在我国境内，但其在我国境内销售和被消费，为了平衡进口应税消费品与本国应税消费品的税负，必须由从事进口应税消费品的进口人或者代理人按照规定缴纳消费税。个人携带或者邮寄入境的应税消费品的消费税，连同关税一并计征，由携带入境者或者收件人缴纳。

【例3-2】受托加工高档化妆品的企业属于消费税纳税人吗？

【解析】委托加工应税消费品时，委托方是消费税的纳税人，受托方是代收代缴义务人。

委托加工方式下消费税与增值税的关系见表3-2。

表3-2 委托加工方式下消费税与增值税的关系

<table>
<tr><th>税种</th><th>委托方</th><th>受托方</th></tr>
<tr><td>增值税</td><td>委托方是增值税的负税人</td><td>受托方是增值税的纳税人（提供加工劳务）</td></tr>
<tr><td rowspan="2">消费税</td><td>委托方是消费税的纳税人</td><td>除受托方为个人（含个体工商户）外，受托方应代收代缴消费税（金银首饰的委托加工、委托代售除外）</td></tr>
<tr><td colspan="2">如果受托方是个人（含个体工商户），委托方应在收回加工应税消费品后向所在地主管税务机关缴纳消费税</td></tr>
</table>

第二节　税目与税率

二维码6：消费税税目与税率

一、税目

我国现行消费税设置了15个税目，有的税目还进一步划分了若干子目。

（一）烟

凡是以烟叶为原料加工生产的产品，不论使用何种辅料，均属于本税目的征收范围，包括卷烟（进口卷烟、白包卷烟、手工卷烟和未经国务院批准纳入计划的企业及个人生产的卷烟）、电子烟、雪茄烟和烟丝。卷烟的分类见表3-3。

表3-3　**卷烟的分类**

类别	标准	税率
甲类卷烟	每标准条（200支）调拨价格（不含增值税）≥70元	56%+0.003元/支
乙类卷烟	每标准条（200支）调拨价格（不含增值税）<70元	36%+0.003元/支

电子烟是指用于产生气溶胶供人抽吸等的电子传输系统，包括烟弹、烟具以及烟弹与烟具组合销售的电子烟产品。烟弹是指含有雾化物的电子烟组件。烟具是指将雾化物雾化为可吸入气溶胶的电子装置。

（二）酒

酒是酒精度在1度以上的各种酒类饮料，包括白酒、黄酒、啤酒和其他酒。

白酒是指以高粱、玉米、大米、糯米、大麦、小麦、青稞等各种粮食为原料，经过糖化、发酵后，采用蒸馏方法酿制的酒。

黄酒是指以糯米、粳米、籼米、大米、黄米、玉米、小麦、青稞等各种粮食为原料，经过加温、糖化、发酵、压榨酿制的酒。黄酒的征收范围包括各种原料酿制的黄酒和酒精度超过12度（含12度）的土甜酒。

啤酒是指以大麦或其他粮食为原料，加入啤酒花，经糖化、发酵、过滤酿制的含有二氧化碳的酒。对饮食业、商业、娱乐业开办的啤酒屋（啤酒坊）利用啤酒生产设备生产的啤酒，应当征收消费税。果啤属于啤酒（参见国税函〔2005〕333号）。

啤酒的分类见表3-4。

表3-4　**啤酒的分类**

甲类啤酒 （税额：250元/吨）	每吨不含增值税出厂价格（含包装物及包装物押金）≥3 000元
乙类啤酒 （税额：220元/吨）	每吨不含增值税出厂价格（含包装物及包装物押金）<3 000元

其他酒是指除白酒、黄酒、啤酒以外，酒精度在1度以上的各种酒，包括糠麸白酒、其他原料白酒、土甜酒、复制酒、果木酒、汽酒、药酒。国税函〔2008〕742号文件规

定，对调味料酒不征收消费税。

（三）高档化妆品

本税目的征收范围包括高档美容及修饰类化妆品、高档护肤类化妆品和成套化妆品。

高档美容及修饰类化妆品和高档护肤类化妆品是指生产（进口）环节销售（完税）价格（不含增值税）在10元/毫升（克）或15元/片（张）及以上的美容、修饰类化妆品和护肤类化妆品。

舞台、戏剧、影视演员化妆用的上妆油、卸妆油、油彩不属于本税目的征收范围。

（四）贵重首饰及珠宝玉石

凡以金、银、白金、宝石、珍珠、钻石、翡翠、珊瑚、玛瑙等高贵稀有物质及其他金属、人造宝石等制作的各种金银首饰，以及镶嵌首饰和经采掘、打磨、加工的各种珠宝玉石，都属于本税目的征收范围。

（五）鞭炮、焰火

各种鞭炮、焰火属于本税目的征收范围。

体育上用的发令纸、鞭炮药引线，不按本税目征收。

（六）成品油

本税目包括汽油、柴油、石脑油、溶剂油、航空煤油、润滑油、燃料油7个子目。

橡胶填充油、溶剂油原料属于溶剂油征收范围。

润滑油包括矿物性润滑油、植物性润滑油、动物性润滑油和化工原料合成润滑油。

《国家税务总局关于催化料、焦化料征收消费税的公告》（国家税务总局公告2012年第46号）规定，自2012年11月1日起，催化料、焦化料属于燃料油的征收范围，应当征收消费税。

《关于对成品油生产企业生产自用油免征消费税的通知》（财税〔2010〕98号）规定，从2009年1月1日起，对成品油生产企业在生产成品油过程中，作为燃料、动力及原材料消耗掉的自产成品油，免征消费税。对用于其他用途或直接对外销售的成品油照章征收消费税。

（七）小汽车

汽车是指由动力驱动，具有4个或4个以上车轮的非轨道承载的车辆。

包括：乘用车、中轻型商用客车、超豪华小汽车。

要求：含驾驶员座位在内的座位数≤23座。

不包括：

(1) 电动汽车。

(2) 车身长度≥7米、座位10~23座（含）以下的商用客车。

(3) 沙滩车、雪地车、卡丁车、高尔夫车。

（八）摩托车

摩托车包括轻便摩托车和摩托车两种。

对最大设计车速不超过50千米/小时、发动机气缸总工作容量不超过50毫升的三轮摩托车不征收消费税。对气缸容量小于250毫升的小排量摩托车不征收消费税。

（九）高尔夫球及球具

高尔夫球及球具是指从事高尔夫球运动所需的各种专用装备，包括高尔夫球、高尔夫球杆及高尔夫球包（袋）等。高尔夫球杆的杆头、杆身和握把也属于本税目的征收范围。

高尔夫球是指重量不超过45.93克、直径不超过42.67毫米的高尔夫球运动比赛、练习用球；高尔夫球杆是指被设计用来打高尔夫球的工具，由杆头、杆身和握把三部分组成；高尔夫球包（袋）是指专门用于装高尔夫球及球杆的包（袋）。

（十）高档手表

高档手表是指销售价格（不含增值税）每只在10 000元（含）以上的各类手表。

本税目的征收范围包括符合以上标准的各类手表。

（十一）游艇

游艇是指长度大于8米（含8米）小于90米（含90米），船体由玻璃钢、钢、铝合金、塑料等多种材料制作，可以在水上移动的水上浮载体。游艇按照动力可分为无动力艇、帆艇和机动艇。

本税目的征收范围包括艇身长度大于8米（含8米）小于90米（含90米），内置发动机，可以在水上移动，一般为私人或团体购置，主要用于水上运动和休闲娱乐等非牟利活动的各类机动艇。

（十二）木制一次性筷子

木制一次性筷子，又称卫生筷子，是指以木材为原料经过锯段、浸泡、旋切、刨切、烘干、筛选、打磨、倒角、包装等环节加工而成的各类一次性使用的筷子。

本税目的征收范围包括各种规格的木制一次性筷子。

未经打磨、倒角的木制一次性筷子也属于本税目的征收范围。

（十三）实木地板

实木地板是指以木材为原料，经锯割、干燥、刨光、截断、开榫、涂漆等工序加工而成的块状或条状的地面装饰材料。实木地板按生产工艺的不同，可分为独板（块）实木地板、实木指接地板、实木复合地板三类；按表面处理状态的不同，可分为未涂饰地板（白坯板、素板）和漆饰地板两类。

本税目的征收范围包括各种规格的实木地板、实木指接地板、实木复合地板及用于装饰墙壁、天棚的侧端面为榫、槽的实木装饰板。未经涂饰的素板也属于本税目的征收范围。

（十四）电池

电池是一种将化学能、光能等直接转换为电能的装置，一般是由电极、电解质、容器、极端，通常还有隔离层组成的基本功能单元，以及用一个或多个基本功能单元装配成的电池组，范围包括：原电池、蓄电池、燃料电池、太阳能电池和其他电池。

对无汞原电池、金属氢化物镍蓄电池（又称“氢镍蓄电池”或“镍氢蓄电池”）、锂原电池、锂离子蓄电池、太阳能电池、燃料电池和全钒液流电池免征消费税。

（十五）涂料

涂料是指涂于物体表面能形成具有保护、装饰或特殊性能的固态涂膜的一类液体或固体材料的总称。

涂料由主要成膜物质、次要成膜物质等构成。按主要成膜物质，涂料可分为油脂类、天然树脂类、酚醛树脂类、沥青类、醇酸树脂类、氨基树脂类、硝基类、过滤乙烯树脂类、烯类树脂类、丙烯酸酯类树脂类、聚酯树脂类、环氧树脂类、聚氨酯树脂类、元素有机类、橡胶类、纤维素类、其他成膜物类等。

二、税率

消费税采用比例税率、定额税率和复合税率三种形式，以适应不同应税消费品的实际情况。消费税税率的形式见表3-5。

表3-5 消费税税率的形式

消费品	税率形式
啤酒、黄酒、成品油	定额税率
卷烟、白酒	复合税率
其他应税消费品	比例税率

消费税根据不同的税目或子目确定相应的税率或单位税额。现行消费税税目税率（税额）表见表3-6。

表3-6 消费税税目税率（税额）表

税　目	税　率
一、烟	
1.卷烟	
（1）甲类卷烟	56%加0.003元/支
（2）乙类卷烟	36%加0.003元/支
（3）商业批发	11%加0.005元/支
2.雪茄烟	36%
3.烟丝	30%
4.电子烟	
（1）生产（进口）环节	36%
（2）批发环节	11%
二、酒	
1.白酒	20%加0.5元/500克（或者500毫升）
2.黄酒	240元/吨
3.啤酒	

续表

税目	税率
（1）甲类啤酒	250元/吨
（2）乙类啤酒	220元/吨
4.其他酒	10%
三、高档化妆品	15%
四、贵重首饰及珠宝玉石	
1.金银首饰、铂金首饰、钻石及钻石饰品	5%
2.其他贵重首饰和珠宝玉石	10%
五、鞭炮、焰火	15%
六、成品油	
1.汽油	1.52元/升
2.柴油	1.20元/升
3.航空煤油（暂缓征收）	1.20元/升
4.石脑油	1.52元/升
5.溶剂油	1.52元/升
6.润滑油	1.52元/升
7.燃料油	1.20元/升
七、小汽车	
1.乘用车	
（1）气缸容量（排气量，下同）在1.0升（含1.0升）以下的	1%
（2）气缸容量在1.0升以上至1.5升（含1.5升）的	3%
（3）气缸容量在1.5升以上至2.0升（含2.0升）的	5%
（4）气缸容量在2.0升以上至2.5升（含2.5升）的	9%
（5）气缸容量在2.5升以上至3.0升（含3.0升）的	12%
（6）气缸容量在3.0升以上至4.0升（含4.0升）的	25%
（7）气缸容量在4.0升以上的	40%
2.中轻型商用客车	5%
3.超豪华小汽车（零售环节）	10%

续表

税　目	税　率
八、摩托车	
1.气缸容量为250毫升的	3%
2.气缸容量在250毫升以上的	10%
九、高尔夫球及球具	10%
十、高档手表	20%
十一、游艇	10%
十二、木制一次性筷子	5%
十三、实木地板	5%
十四、电池	4%
十五、涂料	4%

根据《国家税务总局关于配制酒消费税适用税率问题的公告》（国家税务总局公告2011年第53号）的规定，配制酒的适用税率见表3-7。

表3-7　**配制酒的适用税率**

（1）以蒸馏酒或食用酒精为酒基，具有国家相关部门批准的国食健字或卫食健字文号并且酒精度≤38度的配制酒	按“其他酒”10%适用税率征收消费税
（2）以发酵酒为酒基，酒精度≤20度的配制酒	
（3）其他配制酒	按“白酒”适用税率征收消费税

第三节　计税依据及应纳税额的计算

一、计税依据

按照现行消费税法的基本规定，消费税应纳税额的计算主要分为从价计征、从量计征和从价从量复合计征三种方法。消费税的计税方法见表3-8。

表3-8　**消费税的计税方法**

计税方法	计税公式
1.从价计征	销售额×比例税率
2.从量计征	销售数量×单位税额
3.复合计征	销售额×比例税率+销售数量×单位税额

（一）从价计征

在从价计征方法下，应纳税额等于应税消费品的销售额乘以适用税率，应纳税额的多少取决于应税消费品的销售额和适用税率两个因素。

1.销售额的确定

销售额为纳税人销售应税消费品时向购买方收取的全部价款和价外费用。销售，是指有偿转让应税消费品的所有权；有偿，是指从购买方取得货币、货物或者其他经济利益；价外费用，是指价外向购买方收取的手续费、补贴、基金、集资费、返还利润、奖励费、违约金、滞纳金、延期付款利息、赔偿金、代收款项、代垫款项、包装费、包装物租金、储备费、优质费、运输装卸费以及其他各种性质的价外收费，但下列项目不包括在内：

（1）同时符合以下条件的代垫运输费用：

① 承运部门的运输费用发票开具给购买方的。

② 纳税人将该项发票转交给购买方的。

（2）同时符合以下条件代为收取的政府性基金或者行政事业性收费：

① 由国务院或者财政部批准设立的政府性基金，由国务院或者省级人民政府及其财政、价格主管部门批准设立的行政事业性收费。

② 收取时开具省级以上财政部门印制的财政票据。

③ 所收款项全额上缴财政。

其他价外费用，无论是否属于纳税人的收入，均应并入销售额计算征税。

实行从价计征办法计算应纳税额的应税消费品连同包装销售的，无论包装是否单独计价，也不论在会计上如何核算，均应并入应税消费品的销售额中征收消费税。如果包装物不作价随同产品销售，而是收取押金，则此项押金不应并入应税消费品的销售额中征收消费税，但对因逾期未收回包装物不再退还的押金，或者已收取的时间超过12个月的押金，应并入应税消费品的销售额，按照应税消费品的适用税率征收消费税。

对既作价随同应税消费品销售，又另外收取押金的包装物，凡纳税人在规定的期限内没有退还的，其押金应并入应税消费品的销售额，按照应税消费品的适用税率缴纳消费税。

纳税人销售的应税消费品，以外汇结算销售额的，其销售额的人民币折合率可以选择结算当天或者当月1日的国家外汇牌价（原则上为中间价）。纳税人应事先确定采取何种折合率，确定后1年内不得变更。不同税种下包装物押金的处理见表3-9。

表3-9 不同税种下包装物押金的处理

<table>
<tr><th colspan="2">产品</th><th>时点</th><th>增值税</th><th>消费税</th><th>企业所得税</th></tr>
<tr><td colspan="2" rowspan="2">一般产品</td><td>收取时</td><td>不纳税</td><td>不纳税</td><td>不纳税</td></tr>
<tr><td>逾期时</td><td>按不含税销售额纳税</td><td>纳税（成品油除外）</td><td>纳税</td></tr>
<tr><td rowspan="4">酒类产品</td><td rowspan="2">黄酒、啤酒</td><td>收取时</td><td>不纳税</td><td>不纳税</td><td>不纳税</td></tr>
<tr><td>逾期时</td><td>按不含税销售额纳税</td><td>不纳税（定额税率）</td><td>纳税</td></tr>
<tr><td rowspan="2">其他酒类产品</td><td>收取时</td><td>纳税</td><td>纳税</td><td>不纳税</td></tr>
<tr><td>逾期时</td><td>不纳税</td><td>不纳税</td><td>纳税</td></tr>
</table>

2. 含增值税销售额的换算

应税消费品在缴纳消费税的同时，与一般货物一样，还应缴纳增值税。按照《消费税暂行条例实施细则》的规定，应税消费品的销售额不包括应向购货方收取的增值税税款。如果纳税人应税消费品的销售额未扣除增值税税款或者因不得开具增值税专用发票而发生价款和增值税税款合并收取的，在计算消费税时，应当换算为不含增值税税款的销售额。其换算公式为：

应税消费品的销售额=含增值税的销售额÷（1+增值税税率或征收率）

在使用换算公式时，应根据纳税人的具体情况分别使用增值税税率或征收率。如果消费税纳税人同时又是增值税一般纳税人，则适用13%的增值税税率；如果消费税纳税人同时又是增值税小规模纳税人，则适用3%的征收率。

（二）从量计征

在从量计征方法下，应纳税额等于应税消费品的销售数量乘以单位税额，应纳税额的多少取决于应税消费品的销售数量和单位税额两个因素。

1. 销售数量的确定

销售数量是指纳税人生产、加工和进口应税消费品的数量。具体规定为：

（1）销售应税消费品的，为应税消费品的销售数量。

（2）自产自用应税消费品的，为应税消费品的移送使用数量。

（3）委托加工应税消费品的，为纳税人收回的应税消费品数量。

（4）进口应税消费品的，为海关核定的应税消费品进口征税数量。

2. 计量单位的换算标准

《消费税暂行条例》规定，黄酒、啤酒以吨为税额单位；汽油、柴油以升为税额单位。考虑到在实际销售过程中，一些纳税人会把吨或升这两个计量单位混用，为了规范不同产品的计量单位，准确计算应纳税额，表3-10列出了吨与升的换算标准。

表3-10 吨与升的换算标准

序号	消费品名称	换算标准
1	黄酒	1吨=962升
2	啤酒	1吨=988升
3	汽油	1吨=1 388升
4	柴油	1吨=1 176升
5	航空煤油	1吨=1 246升
6	石脑油	1吨=1 385升
7	溶剂油	1吨=1 282升
8	润滑油	1吨=1 126升
9	燃料油	1吨=1 015升

（三）从价从量复合计征

在现行消费税的征税范围中，只有卷烟、白酒采用复合计征方法。应纳税额等于应税销售数量乘以定额税率再加上应税销售额乘以比例税率。

生产销售卷烟、白酒从量定额计税的依据为实际销售数量。进口、委托加工、自产自用卷烟、白酒从量定额计税的依据分别为海关核定的进口征税数量、委托方收回数量、移送使用数量。

（四）计税依据的特殊规定

（1）卷烟从价定率计税办法的计税依据为调拨价格或核定价格。卷烟消费税最低计税价格具体见国家税务总局令2011年第26号、2017年第32号，税总函〔2016〕180号、228号、371号、415号。

实际销售价格高于核定计税价格的卷烟，按照实际销售价格征收消费税；反之，按照计税价格征收消费税。

（2）纳税人通过自设非独立核算门市部销售的自产应税消费品，应当按照门市部对外销售额或者销售数量征收消费税。

（3）纳税人用于换取生产资料和消费资料、投资入股和抵偿债务等方面的应税消费品，应当以纳税人同类应税消费品的最高销售价格为计税依据计算消费税。

（4）兼营不同税率应税消费品的税务处理。

纳税人生产销售应税消费品，如果不是单一经营某一税率的产品，而是经营多种不同税率的产品，就属于兼营行为。由于《消费税暂行条例》所附税目税率表列举的各种应税消费品的税率高低不同，因此纳税人在兼营不同税率的应税消费品时，税法就要针对其不同的核算方式分别规定税务处理方法，以加强税收管理，避免因核算方式不同而出现税款流失的情况。

纳税人兼营不同税率的应税消费品，应当分别核算不同税率应税消费品的销售额、销售数量；未分别核算销售额、销售数量的，或者将不同税率的应税消费品组成成套消费品销售的，从高适用税率。

需要解释的是，纳税人兼营不同税率的应税消费品，是指纳税人生产、销售两种税率以上的应税消费品。所谓从高适用税率，是指对兼营高低不同税率的应税消费品，当不能分别核算销售额、销售数量，或者将不同税率的应税消费品组成成套消费品销售时，就以应税消费品中适用的高税率与混合在一起的销售额、销售数量相乘，得出应纳消费税税额。

例如，某酒厂既生产税率为20%的白酒，又生产税率为10%的其他酒，如药酒等。对于这种情况，该厂应分别核算白酒与其他酒的销售额，然后按各自适用的税率计税；如果不分别核算各自的销售额，其他酒也须按白酒的税率计算纳税。如果该酒厂还生产白酒与其他酒小瓶装礼品套酒，就是税法所称的成套消费品，则应按全部销售额以白酒的税率计算应纳消费税税额，而不能以其他酒的税率计算其中任何一部分的应纳税额。

对未分别核算的销售额按高税率计税，意在督促企业对不同税率应税消费品的销售额分别核算，从而准确计算应纳税额。

二、生产销售环节应纳消费税的计算

纳税人在生产销售环节应缴纳的消费税，包括直接对外销售应税消费品应缴纳的消费税和自产自用应税消费品应缴纳的消费税。

（一）直接对外销售应税消费品应纳消费税的计算

直接对外销售应税消费品应纳消费税的计算涉及三种方法。

1.从价定率计算

在从价定率计算方法下，应纳税额等于应税消费品的销售额乘以比例税率。其基本计算公式为：

应纳税额=销售额×比例税率

【例3-3】某高档化妆品生产企业为增值税一般纳税人，2023年10月15日向某大型商场销售高档化妆品一批，开具增值税专用发票，取得不含增值税销售额30万元，增值税税额3.9万元；10月20日向某单位销售高档化妆品一批，开具普通发票，取得含增值税销售额4.52万元。计算该高档化妆品生产企业上述业务应缴纳的消费税税额。

【解析】（1）高档化妆品的应税销售额=30+4.52÷（1+13%）=34（万元）

（2）由于高档化妆品适用的消费税税率为15%，则：

应纳消费税税额=34×15%=5.1（万元）

2.从量定额计算

在从量定额计算方法下，应纳税额等于应税消费品的销售数量乘以定额税率。基本计算公式为：

应纳税额=销售数量×定额税率

【例3-4】某啤酒厂2023年10月份销售乙类啤酒400吨，每吨出厂价格为2 800元。计算该啤酒厂10月份应缴纳的消费税税额。

【解析】销售乙类啤酒，适用定额税率220元/吨，则：

应纳消费税税额=销售数量×定额税率=400×220=88 000（元）

3.从价定率和从量定额复合计算

现行消费税的征税范围中，只有卷烟、白酒采用复合计算方法。其基本计算公式为：

应纳税额=销售数量×定额税率+销售额×比例税率

【例3-5】某白酒生产企业为增值税一般纳税人，2023年10月份销售粮食白酒50吨，取得不含增值税的销售额150万元。计算该白酒生产企业10月份应缴纳的消费税税额。

【解析】白酒适用比例税率20%，定额税率每500克0.5元，则：

应纳消费税税额=销售数量×定额税率+销售额×比例税率

=50×2 000×0.5÷10 000+150×20%

=35（万元）

（二）自产自用应税消费品应纳消费税的计算

所谓自产自用，是指纳税人生产应税消费品后，不是用于直接对外销售，而是用于连续生产应税消费品或用于其他方面。这种自产自用应税消费品的形式，在实际经济活动中是常见的，但在是否纳税以及如何纳税上也是最容易出现问题的。例如，有的企业把自己生产的应税消费品，以福利或奖励等形式发给本厂职工，以为不是对外销售，不必计入销售额，无须纳税，这样就出现了漏缴税款的现象。因此，认真理解税法对自产自用应税消费品的有关规定很有必要。

1.用于连续生产应税消费品

纳税人自产的应税消费品，用于连续生产应税消费品的，不纳税。这里的“用于连续生产应税消费品”，是指纳税人将自产的应税消费品作为直接材料生产最终应税消费品，自产自用应税消费品构成了最终应税消费品的实体。例如，卷烟厂生产出烟丝，烟丝已是应税消费品，卷烟厂再用生产出的烟丝连续生产卷烟，这样，用于连续生产卷烟的烟丝就不缴纳消费税，而只对生产的卷烟征收消费税。当然，如果生产出的烟丝直接用于销售，则烟丝还是要缴纳消费税的。这一规定体现了税不重征且计税简便的原则。

2.用于其他方面的应税消费品

纳税人自产的应税消费品，除用于连续生产应税消费品外，凡用于其他方面的，于移送使用时纳税。这里的“用于其他方面”，是指用于生产非应税消费品、在建工程、管理部门、非生产机构、提供劳务，以及用于馈赠、赞助、集资、广告、样品、职工福利、奖励等方面。所谓“用于生产非应税消费品”，是指把自产的应税消费品用于生产消费税税目税率（税额）表所列15类产品以外的产品。

3.组成计税价格及应纳税额的计算

纳税人自产自用的应税消费品，凡用于其他方面，应当纳税的，按照纳税人生产的同类消费品的销售价格计算应纳税额。这里的“同类消费品的销售价格”，是指纳税人当月销售的同类消费品的销售价格。如果当月同类消费品各期的销售价格高低不同，应按销售数量加权平均计算，但销售的应税消费品有下列情况之一的，不得加权平均计算：

（1）销售价格明显偏低又无正当理由的；

（2）无销售价格的。

如果当月无销售或者当月未完结，应按照同类消费品上月或者最近月份的销售价格计算纳税。

没有同类消费品销售价格的，按照组成计税价格计算纳税。

实行从价定率办法计算纳税的消费品组成计税价格的计算公式为：

组成计税价格=（成本+利润）÷（1-比例税率）

实行复合计税办法计算纳税的消费品组成计税价格的计算公式为：

组成计税价格=（成本+利润+自产自用数量×定额税率）÷（1-比例税率）

上述公式中的“成本”，是指应税消费品的产品生产成本。

上述公式中的“利润”，是指根据应税消费品全国平均成本利润率计算的利润。应税消费品全国平均成本利润率由国家税务总局确定。

4.应税消费品全国平均成本利润率

应税消费品全国平均成本利润率见表3-11。

表3-11　　应税消费品全国平均成本利润率

货物名称	利润率	货物名称	利润率
1.甲类卷烟	10%	11.摩托车	6%
2.乙类卷烟	5%	12.高尔夫球及球具	10%
3.雪茄烟	5%	13.高档手表	20%
4.烟丝	5%	14.游艇	10%
5.粮食白酒	10%	15.木制一次性筷子	5%
6.薯类白酒	5%	16.实木地板	5%
7.其他酒	5%	17.乘用车	8%
8.高档化妆品	5%	18.中轻型商用客车	5%
9.鞭炮、焰火	5%	19.电池	4%
10.贵重首饰及珠宝玉石	6%	20.涂料	7%

【例3-6】某化妆品公司将一批自产的高档化妆品用于职工福利。该高档化妆品的成本为8 000元，无同类产品市场销售价格，但已知其成本利润率为5%，消费税税率为15%。计算该批高档化妆品应缴纳的消费税税额。

【解析】(1) 组成计税价格=成本×（1+成本利润率）÷（1-消费税税率）
=8 000×（1+5%）÷（1-15%）
=8 400÷0.85
=9 882.35（元）

(2) 应纳消费税税额=9 882.35×15%=1 482.35（元）

（三）白酒消费税最低计税价格核定管理办法

自2009年8月1日起，对计税价格偏低的白酒核定消费税最低计税价格。

(1) 白酒生产企业销售给销售单位的白酒，生产企业消费税计税价格低于销售单位对外销售价格（不含增值税，下同）70%的，税务机关应核定消费税最低计税价格。

上述所称销售单位，是指销售公司、购销公司以及委托境内其他单位或个人包销本企业生产白酒的商业机构。销售公司、购销公司是指专门购进并销售白酒生产企业生产的白酒，与该白酒生产企业存在关联性质的机构。包销是指销售单位依据协定价格从白酒生产企业购进白酒，同时承担大部分包装材料等成本费用，并负责销售白酒。

(2) 白酒生产企业应将各种白酒的消费税计税价格和销售单位销售价格，在主管税务机关规定的时限内填报。

(3) 白酒消费税最低计税价格由白酒生产企业自行申报，税务机关核定。

(4) 主管税务机关应将白酒生产企业申报的销售给销售单位的消费税计税价格低于销售单位对外销售价格70%、年销售额1 000万元以上的各种白酒，在规定的时限内逐级上报至国家税务总局。国家税务总局选择其中部分白酒核定消费税最低计税价格。

（5）除国家税务总局已核定消费税最低计税价格的白酒外，其他白酒生产企业销售给销售单位的白酒，消费税计税价格低于销售单位对外销售价格（不含增值税，下同）70%的，消费税最低计税价格由各省、自治区、直辖市和计划单列市税务机关核定。

（6）白酒消费税最低计税价格核定标准如下：

①白酒生产企业销售给销售单位的白酒，生产企业消费税计税价格高于销售单位对外销售价格70%（含70%）的，税务机关暂不核定消费税最低计税价格。

②白酒生产企业销售给销售单位的白酒，生产企业消费税计税价格低于销售单位对外销售价格70%的，消费税最低计税价格由税务机关根据生产规模、白酒品牌、利润水平等情况，在销售单位对外销售价格50%~70%的范围内自行核定。其中生产规模较大、利润水平较高的企业生产的需要核定消费税最低计税价格的白酒，税务机关核价幅度原则上应选择在销售单位对外销售价格60%~70%的范围内。

（7）已核定最低计税价格的白酒，生产企业实际销售价格高于消费税最低计税价格的，按实际销售价格申报纳税；实际销售价格低于消费税最低计税价格的，按最低计税价格申报纳税。

（8）已核定最低计税价格的白酒，销售单位对外销售价格持续上涨或下降时间达到3个月以上、累计上涨或下降幅度在20%（含）以上的，税务机关应重新核定最低计税价格。

（9）白酒生产企业在办理消费税纳税申报时，应附"已核定最低计税价格白酒清单"。

（10）白酒生产企业未按规定上报销售单位销售价格的，税务机关应按照销售单位销售价格征收消费税。

三、委托加工环节应税消费品应纳税额的计算

（一）委托加工应税消费品的确定

委托加工的应税消费品是指由委托方提供原料和主要材料，受托方只收取加工费和代垫部分辅助材料加工的应税消费品。对于由受托方提供原材料生产的应税消费品，或者受托方先将原材料卖给委托方，然后接受加工的应税消费品，以及由受托方以委托方名义购进原材料生产的应税消费品，不论纳税人在财务上是否作销售处理，都不得作为委托加工应税消费品，而应当按照销售自制应税消费品缴纳消费税。

（二）代收代缴税款的规定

对于确实属于委托方提供原料和主要材料，受托方只收取加工费和代垫部分辅助材料的应税消费品，税法规定，由受托方在向委托方交货时代收代缴消费税。这样，受托方就是法定的代收代缴义务人。如果受托方对委托加工的应税消费品没有代收代缴或少代收代缴消费税，就要按照《税收征收管理法》的规定，承担相应法律责任。因此，受托方必须严格履行代收代缴义务，正确计算和按时代缴税款。为了加强对受托方代收代缴税款的管理，《国家税务总局关于消费税若干征税问题的通知》对委托个体经营者加工应税消费品纳税的问题进行了调整，由原定一律由受托方代收代缴税款，改为"对纳税人委托个体经营者加工的应税消费品，一律于委托方收回后在委托方所在地缴纳消费税"。此外，《消费税暂行条例实施细则》也规定，委托个人加工的应税消费品，由委托方收回后缴纳消

费税。

委托加工的应税消费品，受托方在交货时已代收代缴消费税，按照《财政部 国家税务总局关于〈中华人民共和国消费税暂行条例实施细则〉有关条款解释的通知》（财法〔2012〕8号）的规定，"委托方将收回的应税消费品，以不高于受托方的计税价格出售的，为直接出售，不再缴纳消费税；委托方以高于受托方的计税价格出售的，不属于直接出售，需按照规定申报缴纳消费税，在计税时准予扣除受托方已代收代缴的消费税"。委托方将收回的应税消费品销售的税务处理见表3-12。

表3-12　**委托方将收回的应税消费品销售的税务处理**

情形	税务处理
委托方以不高于受托方的计税价格出售的，为直接出售	不再缴纳消费税
委托方以高于受托方的计税价格出售的，不属于直接出售	需按照规定申报缴纳消费税，在计税时准予扣除受托方已代收代缴的消费税

（三）组成计税价格及应纳税额的计算

委托加工的应税消费品，按照受托方的同类消费品的销售价格计算纳税。同类消费品的销售价格是指受托方（即代收代缴义务人）当月销售的同类消费品的销售价格，如果当月同类消费品各期销售价格高低不同，应按销售数量加权平均计算，但销售的应税消费品有下列情况之一的，不得列入加权平均计算：

（1）销售价格明显偏低又无正当理由的。

（2）无销售价格的。

如果当月无销售或者当月未完结，应按照同类消费品上月或最近月份的销售价格计算纳税。没有同类消费品销售价格的，按照组成计税价格计算纳税。

实行从价定率办法计算纳税的组成计税价格的计算公式为：

组成计税价格=（材料成本+加工费）÷（1-比例税率）

实行复合计税办法计算纳税的组成计税价格的计算公式为：

组成计税价格=（材料成本+加工费+委托加工收回数量×定额税率）÷（1-比例税率）

上述组成计税价格公式中有两个重要的名词需要解释。

1.材料成本

《消费税暂行条例实施细则》第十八条规定："材料成本，是指委托方所提供加工材料的实际成本。委托加工应税消费品的纳税人，必须在委托加工合同上如实注明（或以其他方式提供）材料成本；凡未提供材料成本的，受托方所在地主管税务机关有权核定其材料成本。"

从这一规定可以看出，税法对委托方提供原料和主要材料，要求其以明确的方式如实提供材料成本。之所以这样严格要求，是为了防止假冒委托加工应税消费品或少报材料成本以逃避纳税的现象。

2.加工费

《消费税暂行条例实施细则》第十九条规定："加工费，是指受托方加工应税消费品向委托方所收取的全部费用（包括代垫辅助材料的实际成本）。”这是税法对受托方的要求。受托方必须如实提供向委托方收取的全部费用，这样才能既保证组成计税价格及代收代缴消费税被准确计算出来，又使受托方按加工费得以正确计算其应纳税额。

【例3-7】某鞭炮企业2023年10月受托为某单位加工一批鞭炮，委托单位提供的原材料金额为30万元，收取委托单位不含增值税的加工费4万元，鞭炮企业当地无加工鞭炮的同类产品市场价格。计算鞭炮企业应代收代缴的消费税。

【解析】鞭炮适用的消费税税率为15%，则：

（1）组成计税价格=（30+4）÷（1−15%）=40（万元）

（2）应代收代缴的消费税=40×15%=6（万元）

四、进口环节应纳消费税的计算

纳税人进口应税消费品，应按照组成计税价格和规定的税率计算应纳税额。

（一）进口一般货物应纳消费税的计算

1.实行从价定率办法计算应纳税额

在从价定率办法下应纳税额的计算公式为：

组成计税价格=（关税完税价格+关税）÷（1−消费税比例税率）

应纳税额=组成计税价格×消费税比例税率

公式中所称“关税完税价格”，是指海关核定的关税计税价格。

【例3-8】某商贸公司2023年7月从国外进口一批应税消费品，已知该批应税消费品的关税完税价格为90万元，按规定应缴纳关税18万元。假定进口应税消费品的消费税税率为10%。计算该批消费品进口环节应缴纳的消费税税额。

【解析】（1）组成计税价格=（90+18）÷（1−10%）=120（万元）

（2）应纳税额=120×10%=12（万元）

2.实行从量定额办法计算应纳税额

在从量定额办法下应纳税额的计算公式为：

应纳税额=进口应税消费品数量×消费税定额税率

3.实行复合计税办法计算应纳税额

在复合计税办法下应纳税额的计算公式为：

$$\text{组成计税价格}=(\text{关税完税价格}+\text{关税}+\text{进口应税消费品数量}\times\text{消费税定额税率})\div(1-\text{消费税比例税率})$$

应纳税额=组成计税价格×消费税比例税率+进口应税消费品数量×消费税定额税率

进口环节消费税除国务院另有规定者外，一律不得给予减税、免税。

（二）进口卷烟应纳消费税税额的计算

1.进口卷烟消费税适用比例税率的确定

为统一进口卷烟与国产卷烟的消费税政策，自2009年1月1日起，进口卷烟消费税适用的比例税率按以下办法确定：

（1）每标准条进口卷烟（200支）确定消费税适用比例税率的价格的计算公式为：

$$\frac{\text{每标准条进口卷烟(200支)确定}}{\text{消费税适用比例税率的价格}}=\left(\frac{\text{关税完税}}{\text{价格}}+\text{关税}+\frac{\text{进口应税}}{\text{消费品数量}}\times\frac{\text{消费税}}{\text{定额税率}}\right)\div\left(1-\frac{\text{消费税}}{\text{税率}}\right)$$

其中，关税完税价格和关税为每标准条的关税完税价格及关税税额；消费税定额税率为每标准条（200支）0.6元（依据现行消费税定额税率折算而成）；消费税税率固定为36%。

（2）每标准条进口卷烟（200支）确定消费税适用比例税率的价格≥70元人民币的，适用比例税率为56%；每标准条进口卷烟（200支）确定消费税适用比例税率的价格<70元人民币的，适用比例税率为36%。

2.进口卷烟消费税组成计税价格和应纳消费税税额的计算

（1）进口卷烟消费税组成计税价格的计算公式为：

$$\frac{\text{进口卷烟消费税}}{\text{组成计税价格}}=\left(\frac{\text{关税完税}}{\text{价格}}+\text{关税}+\frac{\text{消费税}}{\text{定额税}}\right)\div\left(1-\frac{\text{进口卷烟消费税}}{\text{适用比例税率}}\right)$$

（2）进口卷烟应纳消费税税额的计算公式为：

$$\frac{\text{进口卷烟应纳}}{\text{消费税税额}}=\frac{\text{进口卷烟消费税}}{\text{组成计税价格}}\times\frac{\text{进口卷烟消费税}}{\text{适用比例税率}}+\frac{\text{消费税}}{\text{定额税}}$$

消费税定额税=海关核定的进口卷烟数量×消费税定额税率

其中，消费税定额税率与国内相同，每标准箱（50 000支）为150元。

【例3-9】有进出口经营权的某外贸公司，2023年9月从国外进口卷烟320箱（每箱250条，每条200支），支付买价2 000 000元，支付到达我国海关前的运输费用120 000元、保险费用80 000元。已知进口卷烟的关税税率为20%。计算卷烟在进口环节应缴纳的消费税税额。

【解析】（1）

$$\begin{array}{l}\text{每标准条进口卷烟}\\\text{确定消费税适用}\\\text{比例税率的价格}\end{array}=[(2\ 000\ 000+120\ 000+80\ 000)\div(320\times250)\times(1+20\%)+0.6]\div(1-36\%)$$

$$=52.5\text{（元）}$$

每标准条卷烟价格小于70元，适用消费税税率为36%。

（2）进口卷烟条数=320×250=80 000（条）

（3）

$$\begin{array}{l}\text{进口卷烟}\\\text{应缴纳的}\\\text{消费税税额}\end{array}=[(2\ 000\ 000+120\ 000+80\ 000)\times(1+20\%)+80\ 000\times0.6]\div(1-36\%)\times36\%+80\ 000\times0.6$$

$$=1\ 560\ 000\text{（元）}$$

五、零售环节应纳税额的计算

对既销售金银首饰，又销售非金银首饰的生产、经营单位，应将两类商品划分清楚，分别核算销售额。凡划分不清楚或不能分别核算，并在生产环节销售的，一律从高适用税率征收消费税；在零售环节销售的，一律按金银首饰征收消费税。金银首饰与其他产品组成成套消费品销售的，应按销售额全额征收消费税。

金银首饰连同包装物销售的，无论包装物是否单独计价，也无论会计上如何核算，均应并入金银首饰的销售额，计征消费税。

带料加工的金银首饰，应按受托方销售同类金银首饰的销售价格确定计税依据征收消费税。没有同类金银首饰销售价格的，按照组成计税价格计算纳税。

纳税人采用以旧换新（含翻新改制）方式销售的金银首饰，应按实际收取的不含增值税的全部价款确定计税依据征收消费税。

金银首饰的计税依据见表3-13。

表3-13　　**金银首饰的计税依据**

情形	计税依据
金银首饰与其他产品组成成套消费品销售	按销售额全额征收消费税
金银首饰连同包装物销售	包装物应并入金银首饰的销售额，计征消费税
带料加工的金银首饰	按受托方销售同类金银首饰的销售价格确定计税依据征收消费税； 没有同类金银首饰销售价格的，按组成计税价格计算纳税
以旧换新（含翻新改制）方式销售的金银首饰	按实际收取的不含增值税的全部价款确定计税依据征收消费税

超豪华小汽车零售环节消费税应纳税额计算公式：

应纳税额=零售环节销售额（不含增值税，下同）×零售环节消费税税率

国内汽车生产企业直接销售给消费者的超豪华小汽车，消费税税率按照生产环节税率和零售环节税率加总计算。消费税应纳税额的计算公式为：

应纳税额=销售额×（生产环节消费税税率+零售环节消费税税率）

自产自用、委托加工、进口应税消费品的计税依据见表3-14。

表3-14　　**自产自用、委托加工、进口应税消费品的计税依据**

类型	第一顺序	第二顺序	
自产自用	按纳税人生产的同类消费品的售价计税	从价定率	（成本+利润）÷（1-消费税比例税率）
		复合计税	（成本+利润+自产自用数量×定额税率）÷（1-消费税比例税率）
委托加工	受托方同类应税消费品的售价	从价定率	（材料成本+加工费）÷（1-消费税比例税率）
		复合计税	（材料成本+加工费+委托加工数量×定额税率）÷（1-消费税比例税率）
进口	从价定率	（关税完税价格+关税）÷（1-消费税比例税率）	
	复合计税	（关税完税价格+关税+进口应税消费品数量×消费税定额税率）÷（1-消费税比例税率）	

六、已纳消费税扣除的计算

为了避免重复征税，现行税法规定，将外购应税消费品和委托加工收回的应税消费品继续生产应税消费品销售的，可以将外购应税消费品和委托加工收回的应税消费品已缴纳的消费税扣除。

（一）外购应税消费品已纳税款的扣除

某些应税消费品是用外购已缴纳消费税的应税消费品连续生产出来的，在对这些应税

消费品征税时，税法规定应按当期生产领用数量，计算准予扣除外购的应税消费品已纳的消费税税款。扣除范围包括：

（1）外购已税烟丝为原料生产的卷烟。

（2）外购已税高档化妆品为原料生产的高档化妆品。

（3）外购已税珠宝、玉石为原料生产的贵重首饰及珠宝、玉石。

（4）外购已税鞭炮、焰火为原料生产的鞭炮、焰火。

（5）外购已税杆头、杆身和握把为原料生产的高尔夫球杆。

（6）外购已税木制一次性筷子为原料生产的木制一次性筷子。

（7）外购已税实木地板为原料生产的实木地板。

（8）外购已税汽油、柴油、石脑油、燃料油、润滑油为原料生产的应税消费品。

（9）外购已税摩托车生产的摩托车（如用外购两轮摩托车改装为三轮摩托车）。

上述当期准予扣除的外购应税消费品已纳消费税税款的计算公式为：

$$\frac{\text{当期准予扣除的外购应税}}{\text{消费品已纳消费税税款}}=\frac{\text{当期准予扣除的}}{\text{外购应税消费品买价}}\times\frac{\text{外购应税}}{\text{消费品适用税率}}$$

$$\frac{\text{当期准予扣除的外购}}{\text{应税消费品买价}}=\frac{\text{期初库存的外购}}{\text{应税消费品买价}}+\frac{\text{当期购进的}}{\text{应税消费品买价}}-\frac{\text{期末库存的外购}}{\text{应税消费品买价}}$$

注意：

（1）酒、溶剂油、航空煤油、小汽车、高档手表、游艇，不抵税。

（2）除汽油、柴油、石脑油、燃料油、润滑油外，必须是同类消费品才能抵税。

（3）按生产领用数量抵扣已纳消费税。

（4）扣税的要求为：继续生产扣税，零售、委托加工不扣税。

【例3-10】某卷烟生产企业，月初库存外购应税烟丝金额为20万元，当月又外购应税烟丝金额为50万元（不含增值税），月末库存烟丝金额为10万元，其余被当月生产卷烟领用。计算卷烟厂当月准许扣除的外购烟丝已纳消费税税款。

【解析】（1）当期准予扣除的外购烟丝买价=20+50−10=60（万元）

（2）烟丝适用的消费税税率为30%，则：

当月准许扣除的外购烟丝已纳消费税税款=60×30%=18（万元）

需要说明的是，纳税人用外购已税珠宝、玉石为原料生产的改在零售环节征收消费税的金银首饰（镶嵌首饰），在计税时一律不得扣除外购珠宝、玉石的已纳税款。

外购已税消费品的买价是指外购应税消费品增值税专用发票上注明的销售额（不包括增值税税额，增值税专用发票必须是2006年4月1日以后开具的）。

纳税人取得的《海关进口消费税专用缴款书》注明的进口环节消费税，也按上述计算方法抵扣。

（二）委托加工收回的应税消费品已纳税款的扣除

委托加工收回的应税消费品由于已由受托方代收代缴消费税，因此委托方收回货物后用于连续生产应税消费品的，其已纳税款准予按照规定从连续生产的应税消费品应纳消费税税额中抵扣。按照国家税务总局的规定，下列连续生产的应税消费品准予从应纳消费税税额中按当期生产领用数量计算扣除委托加工收回的应税消费品已纳消费税税款：

（1）以委托加工收回的已税烟丝为原料生产的卷烟。

（2）以委托加工收回的已税高档化妆品为原料生产的高档化妆品。

（3）以委托加工收回的已税珠宝、玉石为原料生产的贵重首饰及珠宝、玉石。

（4）以委托加工收回的已税鞭炮、焰火为原料生产的鞭炮、焰火。

（5）以委托加工收回的已税杆头、杆身和握把为原料生产的高尔夫球杆。

（6）以委托加工收回的已税木制一次性筷子为原料生产的木制一次性筷子。

（7）以委托加工收回的已税实木地板为原料生产的实木地板。

（8）以委托加工收回的已税汽油、柴油、石脑油、燃料油、润滑油为原料生产的应税消费品。

（9）以委托加工收回的已税摩托车生产的摩托车。

上述当期准予扣除的委托加工收回的应税消费品已纳消费税税款的计算公式为：

$$\text{当期准予扣除委托加工收回的应税消费品已纳消费税税款}=\text{期初库存的委托加工应税消费品已纳税款}+\text{当期收回的委托加工应税消费品已纳税款}-\text{期末库存的委托加工应税消费品已纳税款}$$

需要说明的是，纳税人用委托加工收回的已税珠宝、玉石为原料生产的改在零售环节征收消费税的金银首饰，在计税时一律不得扣除委托加工收回的珠宝、玉石原料的已纳消费税税款。

第四节 征收管理

一、纳税义务发生时间

纳税人生产的应税消费品于销售时纳税，进口消费品应当于应税消费品的报关进口环节纳税，但金银首饰、铂金首饰、钻石及钻石饰品在零售环节纳税。消费税纳税义务发生时间，以货款结算方式或行为发生时间分别确定。

（1）纳税人销售应税消费品，其纳税义务发生时间为：

① 纳税人采取赊销和分期收款结算方式的，为销售合同规定的收款日期的当天。

② 纳税人采取预收货款结算方式的，为发出应税消费品的当天。

③ 纳税人采取托收承付和委托银行收款方式销售应税消费品的，为发出应税消费品并办妥托收手续的当天。

④ 纳税人采取其他结算方式的，为收讫销售款或者取得索取销售款凭据的当天。

（2）纳税人自产自用应税消费品的，其纳税义务发生时间为移送使用的当天。

（3）纳税人委托加工收回应税消费品的，其纳税义务发生时间为纳税人提货的当天。

（4）纳税人进口应税消费品的，其纳税义务发生时间为报关进口的当天。

二、纳税期限

按照《消费税暂行条例》的规定，消费税的纳税期限分别为1日、3日、5日、10日、15日、1个月或者1个季度；纳税人的具体纳税期限，由主管税务机关根据纳税人应纳税额的大小分别核定；不能按照固定期限纳税的，可以按次纳税。

纳税人以1个月或1个季度为1个纳税期的，自期满之日起15日内申报纳税；以1日、3日、5日、10日或者15日为1个纳税期的，自期满之日起5日内预缴税款，于次月1日起至15日内申报纳税并结清上月应纳税款。

纳税人进口应税消费品，应当自海关填发《海关进口消费税专用缴款书》之日起15日内缴纳税款。

如果纳税人不能按照规定的纳税期限依法纳税，将按《税收征收管理法》的有关规定处理。

三、纳税地点

消费税的纳税地点包括：

（1）纳税人销售应税消费品，以及自产自用应税消费品，除国家另有规定外，应当向纳税人核算地主管税务机关申报纳税。

（2）委托个人加工应税消费品，由委托方向其机构所在地或者居住地主管税务机关申报纳税；除此之外，由受托方向机构所在地或者居住地主管税务机关代收代缴消费税税款。

（3）进口应税消费品，由进口人或者其代理人向报关地海关申报纳税。

（4）纳税人到外县（市）销售或者委托外县（市）代销自产应税消费品，于应税消费品销售后，向机构所在地或者居住地主管税务机关申报纳税。

《财政部 国家税务总局关于消费税纳税人总分支机构汇总缴纳消费税有关政策的通知》（财税〔2012〕42号）规定，纳税人的总机构与分支机构不在同一县（市），但在同一省（自治区、直辖市）范围内，经省（自治区、直辖市）财政厅（局）、税务局审批同意，可以由总机构汇总向总机构所在地主管税务机关申报缴纳消费税。省（自治区、直辖市）财政厅（局）、税务局应将审批同意的结果，上报财政部、国家税务总局备案。

（5）纳税人销售的应税消费品，如因质量等原因由购买者退回，经所在地主管税务机关审核批准后，可退还已征收的消费税税款，但不能自行直接抵减应纳税款。

本章主要税法依据

❶《中华人民共和国消费税暂行条例》（2008年11月10日中华人民共和国国务院令第539号）

❷《中华人民共和国消费税暂行条例实施细则》（2008年12月15日中华人民共和国财政部 国家税务总局令第51号）

❸《财政部 国家税务总局关于调整烟产品消费税政策的通知》（2009年5月26日中

华人民共和国财政部 国家税务总局令第84号）

❹《国家税务总局关于配制酒消费税适用税率问题的公告》（2011年9月28日国家税务总局公告第53号）

❺《财政部 国家税务总局关于消费税纳税人总分支机构汇总缴纳消费税有关政策的通知》（2012年4月13日中华人民共和国财政部 国家税务总局令第42号）

❻《财政部 国家税务总局关于〈中华人民共和国消费税暂行条例实施细则〉有关条款解释的通知》（2012年7月13日中华人民共和国财政部 国家税务总局令第8号）

❼《财政部 国家税务总局关于调整消费税政策的通知》（2014年11月25日财税〔2014〕93号）

❽《财政部 国家税务总局关于提高成品油消费税的通知》（2014年11月28日财税〔2014〕94号）

❾《财政部 国家税务总局关于继续提高成品油消费税的通知》（2015年1月12日财税〔2015〕11号）

❿《财政部 国家税务总局关于对电池、涂料征收消费税的通知》（2015年1月16日财税〔2015〕16号）

⓫《财政部 国家税务总局关于调整化妆品进口环节消费税的通知》（2016年9月30日财关税〔2016〕48号）

⓬《财政部 国家税务总局关于调整化妆品消费税政策的通知》（2016年9月30日财税〔2016〕103号）

⓭《财政部 海关总署 国家税务总局关于关于跨境电子商务零售进口税收政策的通知》（2016年3月24日财关税〔2016〕18号）

⓮《财政部 国家税务总局关于对超豪华小汽车加征消费税有关事项的通知》（2016年11月30日财税〔2016〕129号）

⓯《国家税务总局关于卷烟消费税计税价格核定管理有关问题的公告》（2017年8月29日国家税务总局公告2017年第32号）

⓰《国家税务总局关于成品油消费税征收管理有关问题的公告》（2018年1月2日国家税务总局公告2018年第1号）

⓱《财政部 国家税务总局关于延长对废矿物油再生油品免征消费税政策实施期限的通知》（2018年12月7日财税〔2018〕144号）

⓲《财政部 海关总署 税务总局关于对电子烟征收消费税的公告》（2022年10月2日财政部 海关总署 税务总局公告2022年第33号）

第四章

服务区域发展的城市维护建设税和教育费附加

本章重点

1.城市维护建设税、教育费附加的纳税人
2.城市维护建设税、教育费附加的计税依据
3.城市维护建设税、教育费附加应纳税额的计算

本章难点

1.城市维护建设税、教育费附加的计税依据
2.城市维护建设税、教育费附加应纳税额的计算

城市维护建设税是对从事工商经营，缴纳增值税、消费税（以下简称“两税”）的单位和个人就其实际缴纳的“两税”为计税依据而征收的一种税。它是国家为了加强城市的维护建设、扩大和稳定城市建设资金的来源而采取的一项税收措施。城市维护建设税与其他税种不同，没有独立的征税对象或税基，而是以“两税”实际缴纳的税额之和为计税依据，随“两税”附征，本质上是一种附加税。城市维护建设税专款专用，用来保证城市的公共事业和公共设施的维护与建设，是一种具有受益税性质的税种。

我国现行城市维护建设税的基本规范是1985年2月8日国务院发布的《中华人民共和国城市维护建设税暂行条例》。《中华人民共和国城市维护建设税法》（以下简称《城市维护建设税法》）已由中华人民共和国第十三届全国人民代表大会常务委员会第二十一次会议于2020年8月11日表决通过，自2021年9月1日起施行，同时废止《中华人民共和国城市维护建设税暂行条例》。

第一节　城市维护建设税的征税范围及纳税人

一、征税范围

《城市维护建设税法》规定，在中华人民共和国境内缴纳增值税、消费税的单位和个

人，为城市维护建设税的纳税人。

【例4-1】下列收入中，不需要缴纳城市维护建设税的是（　　）。

A.单位销售货物取得的收入

B.对外捐赠自产货物

C.农业生产者销售的自产农产品取得的收入

D.房地产企业销售不动产取得的收入

【解析】凡是依照税法规定缴纳“两税”的单位和个人，都应同时缴纳城市维护建设税。A、B、D选项均需缴纳增值税，C选项免征增值税，故正确答案为C选项。

二、纳税人

根据《城市维护建设税法》的规定，在中华人民共和国境内缴纳增值税、消费税的单位和个人，为城市维护建设税的纳税人。无论国有企业、外资企业、集体企业、私营企业、个体工商户，还是其他单位、个人，只要缴纳了“两税”中的任何一种税，都必须同时缴纳城市维护建设税。

城市维护建设税的扣缴义务人为负有增值税、消费税扣缴义务的单位和个人，在扣缴增值税、消费税的同时扣缴城市维护建设税。

【例4-2】下列单位中，不需要缴纳城市维护建设税的是（　　）。

A.仅需缴纳个人所得税的事业单位

B.负有缴纳消费税义务的私营企业

C.负有缴纳增值税义务的国有企业

D.软件开发企业

【解析】城市维护建设税以缴纳“两税”的单位和个人为纳税人。无论国有企业、外资企业、集体企业、私营企业、个体工商户，还是其他单位、个人，只要缴纳了“两税”中的任何一种税，都必须同时缴纳城市维护建设税。D选项，软件开发企业是增值税纳税人，需缴纳城市维护建设税。故正确答案为A选项。

第二节　城市维护建设税的税率

根据《城市维护建设税法》的有关规定，城市维护建设税是根据城市维护建设资金不同层次的需要而设计的，实行分区域的差别比例税率，即按纳税人所在城市、县城或镇等不同的行政区域分别规定不同的比例税率。按照纳税人所在地的不同，税率分为7%、5%、1%三个档次。具体适用范围是：

（1）纳税人所在地在市区的，税率为7%。

（2）纳税人所在地在县城、镇的，税率为5%。

（3）纳税人所在地不在市区、县城或镇的，税率为1%。

纳税人所在地，是指纳税人住所地或者与纳税人生产经营活动相关的其他地点，具体地点由省、自治区、直辖市确定。

【例4-3】在北京依法登记的流动经营商贩李某，7月在西安市缴纳增值税，则其城市维护建设税应在（　　）缴纳。

A.西安缴纳，按西安的适用税率计算

B.北京缴纳，按北京的适用税率计算

C.西安缴纳，按北京的适用税率计算

D.北京缴纳，按西安的适用税率计算

【解析】流动经营等无固定纳税地点的单位和个人按纳税人缴纳“两税”所在地的规定税率就地缴纳城市维护建设税。故正确答案为A选项。

第三节　城市维护建设税的计税依据及应纳税额的计算

一、计税依据

《城市维护建设税法》规定：“城市维护建设税以纳税人依法实际缴纳的增值税、消费税税额为计税依据。

城市维护建设税的计税依据应当按照规定扣除期末留抵退税退还的增值税税额。

城市维护建设税计税依据的具体确定办法，由国务院依据本法和有关税收法律、行政法规规定，报全国人民代表大会常务委员会备案。”

城市维护建设税以“两税”为计税依据，指的是“两税”实际缴纳税额，不包括加收的滞纳金和罚款等非应税款项。纳税人因违反“两税”的有关规定，在被查补“两税”和被处以罚款时，应同时对其偷漏的城市维护建设税进行补税和罚款。

对进口货物或者境外单位和个人向境内销售劳务、服务、无形资产缴纳的增值税、消费税税额，不征收城市维护建设税。

如果免征或者减征“两税”，则同时免征或者减征城市维护建设税，但是对出口产品退还增值税、消费税的，不退还已缴纳的城市维护建设税。

【例4-4】城市维护建设税的计税基础有（　　）。

A.实际缴纳的资源税　　B.实际缴纳的增值税

C.实际缴纳的消费税　　D.实际缴纳的企业所得税

E.实际缴纳的土地增值税

【解析】城市维护建设税以纳税人依法实际缴纳的增值税、消费税税额为计税依据。故正确答案为B、C选项。

二、应纳税额的计算

城市维护建设税以纳税人依法实际缴纳的增值税、消费税税额为计税依据。其计算公式为：

应纳税额=（实际缴纳的增值税税额+实际缴纳的消费税税额）×适用税率

注意：

（1）城市维护建设税是一种附加税，其计税依据只包括纳税人实际缴纳的“两税”税额，不包括非应税款项。

（2）城市维护建设税实行所在地差别税率，要根据纳税人所在地确定适用税率。

（3）纳税人跨地区提供建筑服务、销售和出租不动产的，应在建筑服务发生地、不动产所在地预缴增值税时，以预缴增值税税额为计税依据，并按预缴增值税所在地的城市维护建设税适用税率和教育费附加征收率就地计算缴纳城市维护建设税和教育费附加。

（4）预缴增值税的纳税人在其机构所在地申报缴纳增值税时，以其实际缴纳的增值税税额为计税依据，并按机构所在地的城市维护建设税适用税率和教育费附加征收率就地计算缴纳城市维护建设税和教育费附加。

（5）城市维护建设税的计税依据应当按照规定扣除期末留抵退税退还的增值税税额。

【例4-5】某县城的A企业2023年12月应缴纳增值税231万元，其中因符合有关政策规定而被退库13万元；缴纳消费税112万元，因故被加收滞纳金0.25万元。计算该企业实际应缴纳的城市维护建设税。

【解析】城市维护建设税的计税依据包括纳税人实际缴纳的“两税”税额，随“两税”的退库而退库，不包括滞纳金等非应税款项，则：

应纳税额=（231-13+112）×5%=330×5%=16.5（万元）

【例4-6】某市区的某外资企业为增值税一般纳税人，主要从事货物的生产与销售。2023年6月按规定缴纳增值税100万元，同时补缴2023年4月的10万元增值税及相应的滞纳金1.595万元，罚款20万元。计算该企业6月应缴纳的城市维护建设税。

【解析】城市维护建设税的计税依据包括纳税人实际缴纳的“两税”税额，补缴“两税”的同时要补缴城市维护建设税，不包括滞纳金和罚款等非应税款项，则：

应纳税额=（100+10）×7%=7.7（万元）

【例4-7】某市区的商贸企业进口一批应税消费品，成交价格为310万元，关税税率为20%，消费税税率为20%，增值税税率为13%（已取得完税凭证）。该批消费品当期全部售出，不含税售价为1 500万元。另外出口商品一批，出口销售额为1 000万元（该批商品为本月购进，不含税买价为900万元）。计算该企业本月应缴纳的城市维护建设税（以上价格均不含增值税，购进货物取得增值税专用发票）。

【解析】城市维护建设税的计税依据包括纳税人实际缴纳的“两税”税额，城市维护建设税进口不征、出口不退，则：

进口环节海关代征的增值税构成该企业的进项税额=310×（1+20%）÷（1-20%）×13%=60.45（万元）

内销产品应纳增值税=1 500×13%-900×13%-60.45=17.55（万元）

应纳城市维护建设税=17.55×7%=1.2285（万元）

第四节 城市维护建设税的税收优惠及征收管理

一、税收优惠

城市维护建设税以“两税”为计税依据，并与“两税”同时征收，城市维护建设税原则上不单独减免。因城市维护建设税具有附加税性质，所以当主税发生减免时，城市维护建设税也相应发生税收减免。

城市维护建设税的税收减免具体包括以下几种情况：

（1）城市维护建设税按减免后实际缴纳的“两税”税额计征，免征或者减征“两税”的，城市维护建设税同时免征或者减征，即城市维护建设税随“两税”的减免而减免。

（2）对于因免征或者减征“两税”而发生的“两税”的退税，应同时退还已缴纳的城市维护建设税，即城市维护建设税随“两税”的退库而退库。

（3）海关对进口产品代征增值税、消费税的，不征收城市维护建设税，即城市维护建设税进口不征。

（4）对“两税”实行先征后返、先征后退、即征即退办法的，除另有规定外，对随“两税”附征的城市维护建设税，一律不予退（返）还。

（5）对出口产品退还增值税、消费税的，不退还已缴纳的城市维护建设税，即城市维护建设税出口不退。生产企业出口货物实行“免抵退税”办法后，经国家税务总局正式审核批准的当期免抵的增值税税额应纳入城市维护建设税的计征范围，按规定的税率征收城市维护建设税。

（6）为支持国家重大水利工程建设，对国家重大水利工程建设基金免征城市维护建设税。

（7）自2022年1月1日至2024年12月31日，由省、自治区、直辖市人民政府根据本地区实际情况，以及宏观调控需要，对增值税小规模纳税人、小型微利企业和个体工商户可以在50%的税额幅度内减征城市维护建设税。增值税小规模纳税人已依法享受城市维护建设税其他优惠政策的，可叠加享受减征的优惠政策。

（8）自2018年7月27日起，对实行增值税期末留抵退税的纳税人，允许其从城市维护建设税的计税（征）依据中扣除退还的增值税税额。

【例4-8】下列关于城市维护建设税减免税的说法，正确的有（　　）。

A.进口货物缴纳增值税，但不缴纳城市维护建设税

B.出口货物退还增值税，同时退还城市维护建设税

C.为支持国家重大水利工程建设，对国家重大水利工程建设基金免征城市维护建设税

D.对增值税实行“先征后退”办法的，也可以退还城市维护建设税

【解析】城市维护建设税进口不征、出口不退。对“两税”实行先征后返、先征后退、即征即退办法的，除另有规定外，对随“两税”附征的城市维护建设税，一律不予退

（返）还。故正确答案为A、C选项。

二、征收管理

（一）纳税环节

城市维护建设税的纳税环节，可以比照“两税”的有关规定办理。纳税人只要发生“两税”的纳税义务，就要在同样的环节计算缴纳城市维护建设税。

（二）纳税地点

城市维护建设税以纳税人实际缴纳的“两税”税额为计税依据，与“两税”同时缴纳。所以，纳税人缴纳“两税”的地点，就是该纳税人缴纳城市维护建设税的地点，但是下列情况属于例外：

（1）代征代扣“两税”的单位和个人，其城市维护建设税的纳税地点在代征代扣地。

（2）对中国铁路总公司的分支机构预征1%增值税所应缴纳的城市维护建设税和教育费附加，由中国铁路总公司按季向北京市税务局缴纳。

（3）对流动经营等无固定纳税地点的单位和个人，应随同“两税”在经营地按适用税率缴纳城市维护建设税。

（4）纳税人跨地区提供建筑服务、销售和出租不动产的，应在建筑服务发生地、不动产所在地预缴增值税时，按预缴增值税所在地的城市维护建设税适用税率和教育费附加征收率就地计算缴纳城市维护建设税和教育费附加。

由于城市维护建设税是与“两税”同时征收的，因此在一般情况下，城市维护建设税不单独加收滞纳金或罚款。如果纳税人缴纳了“两税”之后，却不按规定缴纳城市维护建设税，则可以对其单独加收滞纳金，也可以对其单独进行罚款。

（三）纳税义务发生时间

城市维护建设税的纳税义务发生时间与增值税、消费税的纳税义务发生时间一致，分别与增值税、消费税同时缴纳。

（四）纳税申报

纳税人应及时申报缴纳城市维护建设税和教育费附加，纳税申报表样表及填报说明参照《国家税务总局关于增值税、消费税与附加税费申报表整合有关事项的公告》（2021年7月9日国家税务总局公告2021年第20号）。

【例4-9】下列关于城市维护建设税征收管理的说法中，正确的是（　　）。

A.海关对进口产品代征增值税、消费税的，不征收城市维护建设税

B.对流动经营等无固定纳税地点的单位和个人，不征收城市维护建设税

C.对出口产品退还增值税、消费税的，同时退还已缴纳的城市维护建设税

D.由受托方代收代缴消费税的单位，按照委托人所在地的适用税率就地缴纳城市维护建设税

【解析】选项B，对流动经营等无固定纳税地点的单位和个人，按纳税人缴纳“两税”所在地规定税率就地缴纳城市维护建设税；选项C，对出口产品退还增值税、消费税的，

不退还已缴纳的城市维护建设税；选项D，由受托方代收代缴消费税的单位，按照受托方所在地适用税率就地缴纳城市维护建设税。故正确答案为A选项。

第五节　教育费附加

教育费附加是以纳税人实际缴纳的“两税”税额为依据征收的一种附加费。教育费附加名义上是一种专项资金，但实质上具有税的性质。为了调动各种社会力量办教育的积极性，开辟多种渠道筹措教育经费，国务院于1986年4月28日颁布了《征收教育费附加的暂行规定》，同年7月1日开始在全国范围内征收教育费附加。

一、教育费附加的征收范围及纳税人

教育费附加对缴纳“两税”的单位和个人征收，以其实际缴纳的“两税”税额为计征依据，并分别与“两税”同时缴纳。

自2010年12月1日起，外商投资企业、外国企业及外籍个人适用国务院1986年发布的《征收教育费附加的暂行规定》。1986年以来国务院及国务院财税主管部门发布的有关教育费附加的法规、规章、政策，同时适用于外商投资企业、外国企业及外籍个人。

【例4-10】下列说法中，正确的是（　　）。

A.只要缴纳增值税，就要缴纳教育费附加

B.同时缴纳增值税、消费税的纳税人才需要缴纳教育费附加

C.只要退还“两税”，就退还教育费附加

D.缴纳增值税、消费税的单位和个人需要缴纳教育费附加

【解析】选项A，进口环节缴纳了增值税，不需要缴纳教育费附加。选项B，教育费附加对缴纳“两税”的单位和个人征收，以其实际缴纳的“两税”税额为计征依据，并分别与“两税”同时缴纳。选项C，教育费附加不随"两税"的退还而退还。故正确答案为D选项。

二、教育费附加的征收率

现行教育费附加的征收率为3%。

【例4-11】教育费附加的征收率与（　　）一致。

A.增值税小规模纳税人销售货物的征收率

B.增值税一般纳税人的税率

C.白酒消费税的从价税率

D.销售不动产的增值税税率

【解析】教育费附加的征收率与小规模纳税人销售货物的征收率一致，均为3%。选项B、C、D均为税率，税率的数值分别为13%（9%、6%、0）、20%、9%。故正确答案为A选项。

三、教育费附加的计征依据及计算

教育费附加的计征依据是纳税人实际缴纳的“两税”税额之和，其计算公式为：

应纳教育费附加=（实际缴纳的增值税税额+实际缴纳的消费税税额）×征收比率

【例4-12】某外资企业地处武汉市区，2023年5月被税务机关查补增值税45 000元、消费税25 000元、所得税30 000元，还被加收滞纳金2 000元，被处罚款50 000元。计算该企业应补缴的教育费附加。

【解析】应补缴的教育费附加=（45 000+25 000）×3%=2 100（元）

【例4-13】A市某建筑公司于2023年5月1日中标B地某项目，采用一般计税方法，2023年7月1日收到第一笔工程款1 000万元。假定A市机构所在地城市维护建设税税率为7%、教育费附加征收率为3%；B地项目所在地城市维护建设税税率为5%、教育费附加征收率为3%。假定本月无其他收入，符合条件的进项税额为60万元。试分析该建筑公司城市维护建设税及教育费附加的缴纳情况。

【解析】A市建筑公司应当向B地税务机关预缴增值税，则：

预缴增值税=1 000÷（1+9%）×2%=18.35（万元）

A市建筑公司应当向B地税务机关缴纳城市维护建设税和教育费附加，则：

城市维护建设税=18.35×5%=0.92（万元）

教育费附加=18.35×3%=0.55（万元）

A市建筑公司本月增值税销项税额=1 000÷（1+9%）×9%=82.57（万元）

本月应纳增值税=本月销项税额-本月进项税额=82.57-60=22.57（万元）

$$\frac{\text{A市建筑公司本月向A市}}{\text{税务机关实际缴纳增值税}}=\frac{\text{本月应纳}}{\text{增值税}}-\frac{\text{本月异地}}{\text{预缴增值税}}=22.57-18.35=4.22\text{（万元）}$$

A市建筑公司应当向A市税务机关缴纳城市维护建设税和教育费附加，则：

城市维护建设税=4.22×7%=0.30（万元）

教育费附加=4.22×3%=0.13（万元）

四、教育费附加的减免规定

教育费附加的减免规定与城市维护建设税的减免规定相同，要点如下：

（1）海关对进口产品代征增值税、消费税的，不征收教育费附加。

（2）对由于减免增值税、消费税而发生退税的，可以同时退还已征收的教育费附加，但对出口产品退还增值税、消费税的，不退还已征收的教育费附加。

（3）对国家重大水利工程建设基金免征教育费附加。

（4）自2016年2月1日起，按月纳税的月销售额不超过10万元（按季度纳税的季度销售额不超过30万元）的缴纳义务人，免征教育费附加、地方教育附加、水利建设基金。

（5）自2018年7月27日起，对实行增值税期末留抵退税的纳税人，允许其从教育费附加和地方教育附加的计征依据中扣除退还的增值税税额。

（6）自2022年1月1日至2024年12月31日，由省、自治区、直辖市人民政府根据本地区实际情况，以及宏观调控需要确定，对增值税小规模纳税人、小型微利企业和个体工商户可以在50%的税额幅度内减征教育费附加、地方教育附加。增值税小规模纳税人已依法享受教育费附加、地方教育附加其他优惠政策的，可叠加享受减征50%的优惠政策。

（7）自2019年1月1日起，纳入产教融合型企业建设培育范围的试点企业，兴办职业教育的投资符合《财政部关于调整部分政府性基金有关政策的通知》（财税〔2019〕46号）规定的，可按投资额的30%比例，抵免该企业当年应缴教育费附加和地方教育附加。试点企业属于集团企业的，其下属成员单位（包括全资子公司、控股子公司）对职业教育有实际投入的，可按本通知规定抵免教育费附加和地方教育附加。

允许抵免的投资是指试点企业当年实际发生的，独立举办或参与举办职业教育的办学投资和办学经费支出，以及按照有关规定与职业院校稳定开展校企合作，对产教融合实训基地等国家规划布局的产教融合重大项目建设投资和基本运行费用的支出。

试点企业当年应缴教育费附加和地方教育附加不足抵免的，未抵免部分可在以后年度继续抵免。试点企业有撤回投资和转让股权等行为的，应当补缴已经抵免的教育费附加和地方教育附加。

自2019年5月28日起，纳税人享受城市维护建设税、教育费附加优惠的，实行“自行判别、申报享受、有关资料留存备查”办理方式，申报时无须再向税务机关提供有关资料。

【例4-14】下列关于教育费附加的说法中，正确的是（　　）。

A.对进口产品征收增值税的同时征收教育费附加

B.对出口产品退还增值税的同时退还教育费附加

C.由于减免增值税而发生退税的，可以同时退还已征收的教育费附加

D.企业减免增值税1年后才能减免教育费附加

【解析】选项A，进口环节征收“两税”，不征收教育费附加；选项B，出口产品退还“两税”，不退还教育费附加；选项D，企业减免增值税的当年即可减免教育费附加。故正确答案为C选项。

本章主要税法依据

❶《中华人民共和国城市维护建设税法》（2020年8月11日中华人民共和国主席令第五十一号）

❷《征收教育费附加的暂行规定》（1986年4月28日国发〔1986〕50号）

❸《国务院关于修改〈征收教育费附加的暂行规定〉的决定》（2005年8月20日中华人民共和国国务院令第448号）

❹《国务院关于统一内外资企业和个人城市维护建设税和教育费附加制度的通知》（2010年10月18日国发〔2010〕35号）

❺《财政部 国家税务总局关于纳税人异地预缴增值税有关城市维护建设税和教育费附加政策问题的通知》（2016年7月12日财税〔2016〕74号）

❻《财政部 国家税务总局关于扩大有关政府性基金免征范围的通知》(2016年1月29日财税〔2016〕12号)

❼《财政部 税务总局关于增值税期末留抵退税有关城市维护建设税、教育费附加和地方教育附加政策的通知》(2018年7月27日财税〔2018〕80号)

❽《财政部 税务总局关于实施小微企业普惠性税收减免政策的通知》(2019年1月17日财税〔2019〕13号)

❾《财政部关于调整部分政府性基金有关政策的通知》(2019年4月22日财税〔2019〕46号)

❿《国家税务总局关于增值税、消费税与附加税费申报表整合有关事项的公告》(2021年7月9日国家税务总局公告2021年第20号)

⓫《财政部 税务总局关于进一步实施小微企业"六税两费"减免政策的公告》(2022年3月1日财政部 税务总局公告2022年第10号)

第五章

助力美丽中国建设的绿色税收

本章重点

1. 资源税的纳税人、税目、计税依据
2. 环境保护税的纳税人、税目、计税依据

本章难点

1. 计税依据的确定
2. 应纳税额的计算

第一节　资源税的征税范围及纳税人

二维码7：资源税

一、资源税的概念

资源税是以部分自然资源为课税对象，对在中华人民共和国领域和中华人民共和国管辖的其他海域开发应税资源的单位和个人，以其应税产品的销售额或销售数量、自用数量为计税依据而征收的一种税。

资源的含义比较广泛。一般人们提到资源，是指自然界存在的天然物质财富，包括地下资源、地上资源、空间资源。从其物质内容的角度来看，包括矿产资源、土地资源、水资源、动物资源、植物资源、海洋资源、太阳能资源、空气资源等。对其中一部分资源征收资源税，可以体现国家对资源产品的特定调控意图。

我国从1984年开始正式征收资源税。1984年9月18日，国务院发布《中华人民共和国资源税条例（草案）》，从1984年10月1日起施行。1993年12月25日，国务院重新发布《中华人民共和国资源税暂行条例》，从1994年1月1日起实施新的包括盐税在内的资源税。2011年10月28日，财政部部务会议和国家税务总局局务会议修订通过《中华人民共和国资源税暂行条例实施细则》，自2011年11月1日起施行。2016年5月，《财政部 国

家税务总局关于全面推进资源税改革的通知》(财税〔2016〕53号)和《财政部 国家税务总局关于资源税改革具体政策问题的通知》(财税〔2016〕54号)发布，资源税改革自2016年7月1日起在全国范围内实施。2019年8月26日第十三届全国人民代表大会常务委员会第十二次会议通过《中华人民共和国资源税法》(以下简称《资源税法》)，自2020年9月1日起施行，《中华人民共和国资源税暂行条例》同时废止。

二、资源税的征税范围

资源税的征税范围，从理论上看可以包括一切开发和利用的国有资源，《中华人民共和国资源税暂行条例》所列的征税范围包括原油、天然气、煤炭、其他非金属矿原矿、黑色金属矿原矿、有色金属矿原矿和盐。

自2016年7月1日起，我国开展水资源税改革试点工作，并逐步将其他自然资源纳入征收范围。

自2017年12月1日起，在北京、天津、山西、内蒙古、山东、河南、四川、陕西、宁夏9个省、自治区、直辖市扩大水资源税改革试点。

国务院根据国民经济和社会发展需要，对取用地表水或者地下水的单位和个人试点征收水资源税。征收水资源税的，停止征收水资源费。

资源税特点：

1.只对特定资源征税；

2.具有受益税性质(资源有偿分配)；

3.具有级差收入税的特点。

2020年9月1日起施行的《资源税法》将征税范围分为矿产品和盐两大类，矿产品包括原矿和选矿产品。

水资源税根据当地水资源状况、取用水类型和经济发展等情况实行差别税率。

三、纳税人

在中华人民共和国领域和中华人民共和国管辖的其他海域开发应税资源的单位和个人，为资源税的纳税人，具体包括：

① 在我国境内开发应税资源的企业，包括国有企业、集体企业、私营企业、股份制企业以及外商投资企业和外国企业。

② 在我国境内开发应税资源的非企业性单位，包括行政单位、事业单位、军事单位、社会团体和其他单位。

③ 在我国境内开发应税资源的个体经营者和其他个人。

【例5-1】下列各项中，属于资源税纳税人的有(　　)。

A.进口盐的外贸企业　　B.自产自用煤炭的矿山

C.境内生产盐的外商投资企业　　D.境外开采有色金属矿产品的企业

E.销售蜂窝煤的商业企业

【解析】资源税有着“进口不征、出口不退”的计税规则。进口的矿产品不缴资源税；

在境外开采矿产品不征收资源税；蜂窝煤不属于资源税征税范围。故正确答案为B、C项。

2011年11月1日前已依法订立中外合作开采陆上、海上石油资源合同的，在该合同有效期内，继续依照国家有关规定缴纳矿区使用费，不缴纳资源税；合同期满后，依法缴纳资源税。

第二节　资源税的税目与税率

一、资源税的税目

（一）税目

资源税的税目反映了征收资源税的具体范围，是资源税课征对象的具体表现形式。《资源税法》对税目的确定，既着眼于合理调节级差收入水平，又适当考虑了我国征收管理水平的现状。在具体设计税目时，采取列举法，即按照各种课税的产品类别分别设置税目。

我国资源税的征税范围由资源税法所附《资源税税目税率表》确定，包括能源矿产、金属矿产、非金属矿产、水气矿产、盐5大类，各税目的征税对象包括原矿或选矿。具体包括：

1.能源矿产

能源矿产包括原油，天然气、页岩气、天然气水合物，煤，煤成（层）气，铀、钍，油页岩、油砂、天然沥青、石煤，地热。

2.金属矿产

金属矿产包括黑色金属和有色金属。

3.非金属矿产

非金属矿产包括矿物类、岩石类、宝玉石类。

4.水气矿产

水气矿产包括二氧化碳气、硫化氢气、氦气、氡气，矿泉水。

5.盐

盐包括钠盐、钾盐、镁盐、锂盐，天然卤水，海盐。

【例5-2】下列各项中，属于资源税征税范围的是（　　）。

A.花岗岩　　　　B.人造石油

C.海盐　　　　D.煤成（层）气

【解析】答案为ACD。按照现行资源税征税范围规定，人造石油不属于资源税征税范围，不征收资源税，而花岗岩、海盐和煤成（层）气均属于资源税征收范围。

（二）视同销售

纳税人自用应税产品应当缴纳资源税的情形，包括纳税人以应税产品用于非货币性资产交换、捐赠、偿债、赞助、集资、投资、广告、样品、职工福利、利润分配或者连续生产非应税产品等。

（三）原矿与选矿的选择

纳税人以自采原矿（经过采矿过程采出后未进行选矿或者加工的矿石）直接销售，或者自用于应当缴纳资源税情形的，按照原矿计征资源税。

纳税人以自采原矿洗选加工为选矿产品（通过破碎、切割、洗选、筛分、磨矿、分级、提纯、脱水、干燥等过程形成的产品，包括富集的精矿和研磨成粉、粒级成型、切割成型的原矿加工品）销售，或者将选矿产品自用于应当缴纳资源税情形的，按照选矿产品计征资源税，在原矿移送环节不缴纳资源税。对于无法区分原生岩石矿种的粒级成型砂石颗粒，按照砂石税目征收资源税。

二、资源税的税率

自2020年9月1日起，应税资源的具体范围及税率，由《资源税法》所附《资源税税目税率表》确定，见表5-1。

表5-1　资源税税目税率表

税目			征税对象	税率
能源矿产	原油		原矿	6%
	天然气、页岩气、天然气水合物		原矿	6%
	煤		原矿或者选矿	2%~10%
	煤成（层）气		原矿	1%~2%
	铀、钍		原矿	4%
	油页岩、油砂、天然沥青、石煤		原矿或者选矿	1%~4%
	地热		原矿	1%~20%或者每立方米1~30元
金属矿产	黑色金属	铁、锰、铬、钒、钛	原矿或者选矿	1%~9%
	有色金融	铜、铅、锌、锡、镍、锑、镁、钴、铋、汞	原矿或者选矿	2%~10%
		铝土矿	原矿或者选矿	2%~9%
		钨	选矿	6.5%
		钼	选矿	8%
		金、银	原矿或者选矿	2%~6%
		铂、钯、钌、锇、铱、铑	原矿或者选矿	5%~10%
		轻稀土	选矿	7%~12%
		中重稀土	选矿	20%
		铍、锂、锆、锶、铷、铯、铌、钽、锗、镓、铟、铊、铪、铼、镉、硒、碲	原矿或者选矿	2%~10%

续表

税目			征税对象	税率
非金属矿产	矿物类	高岭土	原矿或者选矿	1%~6%
		石灰岩	原矿或者选矿	1%~6% 或者每吨（或者每立方米）1~10元
		磷	原矿或者选矿	3%~8%
		石墨	原矿或者选矿	3%~12%
		萤石、硫铁矿、自然硫	原矿或者选矿	1%~8%
		天然石英砂、脉石英、粉石英、水晶、工业用金刚石、冰洲石、蓝晶石、硅线石（矽线石）、长石、滑石、刚玉、菱镁矿、颜料矿物、天然碱、芒硝、钠硝石、明矾石、砷、硼、碘、溴、膨润土、硅藻土、陶瓷土、耐火粘土、铁矾土、凹凸棒石粘土、海泡石粘土、伊利石粘土、累托石粘土	原矿或者选矿	1%~12%
		叶蜡石、硅灰石、透辉石、珍珠岩、云母、沸石、重晶石、毒重石、方解石、蛭石、透闪石、工业用电气石、白垩、石棉、蓝石棉、红柱石、石榴子石、石膏	原矿或者选矿	2%~12%
		其他粘土（铸型用粘土、砖瓦用粘土、陶粒用粘土、水泥配料用粘土、水泥配料用红土、水泥配料用黄土、水泥配料用泥岩、保温材料用粘土）	原矿或者选矿	1%~5% 或者每吨（或者每立方米）0.1~5元
	岩石类	大理岩、花岗岩、白云岩、石英岩、砂岩、辉绿岩、安山岩、闪长岩、板岩、玄武岩、片麻岩、角闪岩、页岩、浮石、凝灰岩、黑曜岩、霞石正长岩、蛇纹岩、麦饭石、泥灰岩、含钾岩石、含钾砂页岩、天然油石、橄榄岩、松脂岩、粗面岩、辉长岩、辉石岩、正长岩、火山灰、火山渣、泥炭	原矿或者选矿	1%~10%
		砂石	原矿或者选矿	1%~5% 或者每吨（或者每立方米）0.1~5元
	宝玉石类	宝石、玉石、宝石级金刚石、玛瑙、黄玉、碧玺	原矿或者选矿	4%~20%
水气矿产	二氧化碳气、硫化氢气、氦气、氡气		原矿	2%~5%
	矿泉水		原矿	1%~20% 或者每立方米1~30元
盐	钠盐、钾盐、镁盐、锂盐		选矿	3%~15%
	天然卤水		原矿	3%~15%或者每吨（或者每立方米）1~10元
	海盐			2%~5%

《资源税税目税率表》中规定实行幅度税率的，其具体适用税率由省、自治区、直辖市人民政府统筹考虑该应税资源的品位、开采条件以及对生态环境的影响等情况，在《资源税税目税率表》规定的税率幅度内提出，报同级人民代表大会常务委员会决定，并报全国人民代表大会常务委员会和国务院备案。《资源税税目税率表》中规定征税对象为原矿或者选矿的，应当分别确定具体适用税率。

纳税人开采或者生产同一税目下适用不同税率应税产品的，应当分别核算不同税率应税产品的销售额或者销售数量；未分别核算或者不能准确提供不同税率应税产品的销售额或者销售数量的，从高适用税率。

【例5-3】下列关于资源税税率的说法中，正确的是（　　）。

A.从2020年9月1日起，所有的应税资源都采用比例税率

B.对《资源税税目税率表》中列举名称的资源品目，由国家税务总局统一规定适用税率

C.石灰岩原矿或者选矿适用从价计征或者从量计征

D.对《资源税税目税率表》中的其他粘土，仍实行从量定额的方式征收

【解析】石灰岩原矿或者选矿适用从价计征或者从量计征。对《资源税税目税率表》中列举名称的资源品目，由省级人民政府在规定的税率幅度内提出具体适用税率，报同级人民代表大会常务委员会决定，并报全国人民代表大会常务委员会和国务院备案。其他粘土适用从价计征或者从量计征。故正确答案为C选项。

【例5-4】下列关于资源税税率的说法中，正确的是（　　）。

A.有色金属选矿一律实行幅度比例税率

B.开采不同应税产品的，未分别核算或不能准确提供不同应税产品的销售额或销售数量的，从高适用税率

C.原油和天然气税目不同，适用税率也不同

D.具体适用税率由省级人民政府提出，报全国人民代表大会常委会决定

【解析】选项 A，有色金属中的钨、钼、中重稀土选矿采用固定比例税率，其他的选矿适用幅度比例税率。选项 C，原油和天然气都属于能源矿产税目，适用税率都为6%。选项D，《资源税税目税率表》中规定实行幅度税率的，其具体适用税率由省、自治区、直辖市人民政府统筹考虑该应税资源的品位、开采条件以及对生态环境的影响等情况，在《资源税税目税率表》规定的税率幅度内提出，报同级人民代表大会常务委员会决定，并报全国人民代表大会常务委员会和国务院备案。故正确答案为B选项。

第三节　资源税的计税依据及应纳税额的计算

一、计税依据

按照《资源税法》的规定，资源税应纳税额的计算主要包括从价计征和从量计征两种方法。资源税的计税依据为应税产品的销售额或销售量。地热、砂石、矿泉水、天然卤

水、石灰岩、其他粘土可以选择实行从价计征或者从量计征，具体计征方式由省、自治区、直辖市人民政府提出，报同级人民代表大会常务委员会决定，并报全国人民代表大会常务委员会和国务院备案，其他税目适用从价计征。

（一）从价计征

在从价计征方法下，应纳税额等于应税产品的销售额乘以适用税率。应纳税额的多少取决于应税产品的销售额和适用税率两个因素。

1.销售额的确定

销售额是纳税人销售应税产品向购买方收取的全部价款，不包括增值税税款。

计入销售额中的相关运杂费用，凡取得增值税发票或者其他合法有效凭据的，准予从销售额中扣除。相关运杂费用是指应税产品从坑口或者洗选（加工）地到车站、码头或者购买方指定地点的运输费用、建设基金以及随运销产生的装卸、仓储、港杂费用。

【补充】对同时符合以下条件的运杂费用，在计算应税产品计税销售额时，可予以扣减：

（1）包含在应税产品销售收入中；

（2）属于纳税人销售应税产品环节发生的运杂费用，具体是指运送应税产品从坑口或洗选（加工）地到车站、码头或者购买方指定地点的运杂费用；

（3）取得相关运杂费用发票或者其他合法有效凭据；

（4）将运杂费用与计税销售额分别进行核算。

纳税人以人民币以外的货币结算销售额的，应当折合成人民币计算。其销售额的人民币折合率可以选择销售发生的当天或者当月1日的人民币汇率中间价。纳税人应事先确定采用何种折合率，确定后1年内不得变更。

价外费用包括价外向购买方收取的手续费、补贴、基金、集资费、返还利润、奖励费、违约金、滞纳金、延期付款利息、赔偿金、代收款项、代垫款项、包装费、包装物租金、储备费、优质费、运输装卸费以及其他各种性质的价外收费，但下列项目不包括在内：

（1）同时符合以下条件的代垫运输费用：

① 承运部门的运输费用发票开具给购买方的。

② 纳税人将该项发票转交给购买方的。

（2）同时符合以下条件代为收取的政府性基金或者行政事业性收费：

① 由国务院或者财政部批准设立的政府性基金，由国务院或者省级人民政府及其财政、价格主管部门批准设立的行政事业性收费。

② 收取时开具省级以上财政部门印制的财政票据。

③ 所收款项全额上缴财政。

【例5-5】从价计征资源税的计税销售额中包括（　　）。

A.资源税　　B.增值税销项税

C.从矿区到车站的运输费用　　D.延期付款利息

E.赔偿金

【解析】资源税为价内税，包含在销售额中；增值税为价外税，不包括在销售额中。原矿销售额不包括从矿区到车站、码头或用户指定运达地点的运输费用。延期付款利息和赔偿金属于价外费用，计入销售额中。故选A、D、E项。

2.混合销售和混合加工

纳税人外购应税产品与自采应税产品混合销售或者混合加工为应税产品销售的，在计算应税产品销售额或者销售数量时，准予扣减外购应税产品的购进金额或者购进数量；当期不足扣减的，可结转下期扣减。纳税人应当准确核算外购应税产品的购进金额或者购进数量，未准确核算的，一并计算缴纳资源税。

纳税人核算并扣减当期外购应税产品购进金额、购进数量，应当依据外购应税产品的增值税发票、海关进口增值税专用缴款书或者其他合法有效凭据。

混合销售的具体规定：纳税人以外购原矿与自采原矿混合为原矿销售，或者以外购选矿产品与自产选矿产品混合为选矿产品销售的，在计算应税产品销售额或者销售数量时，直接扣减外购原矿或者外购选矿产品的购进金额或者购进数量。

【例5-6】某煤矿企业2023年6月外购原煤1 000吨，取得的增值税专用发票上注明价款180万元。将外购原煤和自采原煤混合后销售2 000吨，不含税销售款为400万元。当地省级人民政府规定，原煤资源税税率为5%，该企业2023年6月应缴纳的资源税税额为（　　）万元。

A.20　　B.11　　C.9　　D.29

【解析】纳税人以外购原矿与自采原矿混合为原矿销售，或者以外购选矿产品与自产选矿产品混合为选矿产品销售的，在计算应税产品销售额或者销售数量时，直接扣减外购原矿或者外购选矿产品的购进金额或者购进数量。

该企业2023年6月应纳资源税=（400-180）×5%=11（万元）。

混合加工的具体规定：纳税人以外购原矿与自采原矿混合洗选加工为选矿产品销售的，在计算应税产品销售额或者销售数量时，按照下列方法进行扣减：

$$\text{准予扣减的外购应税产品购进金额（数量）}=\text{外购原矿购进金额（数量）}\times\left(\frac{\text{本地区原矿适用税率}}{}\div\frac{\text{本地区选矿产品适用税率}}{}\right)$$

【例5-7】甲煤炭生产企业位于A地，2023年10月从位于B地的乙煤炭生产企业购进原煤，取得的增值税专用发票上注明金额为100万元。甲企业将其与部分自采原煤混合洗选加工为选煤并在本月全部销售，取得不含税销售收入450万元，该批自采原煤同类产品不含税销售价格为200万元。已知A地选煤资源税税率为4%；B地原煤资源税税率为3%，选煤资源税税率为2%。请计算甲企业2023年10月上述业务应纳资源税。

【解析】$\text{准予扣减的外购应税产品购进金额}=\text{外购原煤购进金额}\times\left(\text{B地原煤适用税率}\div\text{B地选煤适用税率}\right)=100\times(3\%\div2\%)=150\text{（万元）}$

甲企业应纳资源税=（450-150）×4%=12（万元）

不能按照上述方法计算扣减的，按照主管税务机关确定的其他合理方法进行扣减。

3.特殊情形下销售额的确定

（1）纳税人申报的应税产品销售额明显偏低并且无正当理由的，有视同销售应税产品行为而无销售额的，除财政部、国家税务总局另有规定外，按下列顺序确定其销售额：

①按纳税人最近时期同类产品的平均销售价格确定。

②按其他纳税人最近时期同类产品的平均销售价格确定。

③按后续加工非应税产品销售价格，减去后续加工环节的成本利润后确定。

④按应税产品组成计税价格确定。

组成计税价格=成本×（1+成本利润率）÷（1-资源税税率）

上述公式中的成本利润率由省、自治区、直辖市税务机关确定。

⑤按其他合理方法确定。

【例5-8】某油气田开采企业开采天然气300万立方米，开采成本为400万元，并未后续加工为非应税产品，全部销售给关联企业，价格明显偏低并且无正当理由。当地无同类天然气售价，主管税务机关确定的成本利润率为10%，计算该油气田企业当月应纳资源税税额（天然气资源税税率为6%）。

【解析】应纳资源税税额=400×（1+10%）÷（1-6%）×6%=28.09（万元）

（2）纳税人开采或者生产应税产品自用的，应当依照规定缴纳资源税；但是，自用于连续生产应税产品的，不缴纳资源税。

（二）从量计征

在从量计征方法下，计税依据是纳税人应税产品的销售数量和自用数量。纳税人开采或者生产应税产品销售的，以销售数量为课税数量；纳税人开采或者生产应税产品自用的，以自用数量为课税数量。另外，对一些情况有以下具体规定：

（1）纳税人开采或者生产不同税目应税产品的，应当分别核算不同税目应税产品的销售数量；未分别核算或者不能准确提供不同税目应税产品的销售数量的，从高适用税率。

（2）纳税人不能准确提供应税产品销售数量或移送使用数量的，以应税产品的产量或主管税务机关确定的折算比换算成的数量为课税数量。

目前，我国对《资源税税目税率表》中未列举名称的其他非金属矿产品，按照从价计征为主、从量计征为辅的原则，由省级人民政府确定计征方式。

【例5-9】某矿山开采企业以开采粘土、砂石为主，2023年12月开采粘土40 000立方米，本月销售38 000立方米。计算该企业2023年12月应纳资源税税额。（粘土资源税单位税额为3元/立方米）

【解析】应纳资源税税额=38 000×3=114 000（元）

二、应纳税额的计算

（一）从价计征

在从价计征方法下，资源税的应纳税额等于销售额乘以适用税率。其计算公式为：

应纳税额=销售额×税率

【例5-10】某油田2023年12月生产原油25万吨，当月销售20万吨，取得不含税收入80万元。加热、修井用1.6万吨，将0.4万吨原油赠送协作单位；开采天然气70万立方米，当月销售60万立方米，取得不含税收入120万元，待售10万立方米。原油、天然气资源税税率均为6%，计算该油田2023年12月应纳资源税税额。

【解析】加热、修井用原油免征资源税，未税原油用于赠送协作单位，属于视同销售行为，移送环节征收资源税。

该油田应纳资源税税额=（80+0.4×80÷20）×6%+120×6%=12.096（万元）

【例5-11】某煤矿2023年12月开采原煤80万吨，销售50万吨，取得不含税收入45 000万元；销售与原煤同时开采的天然气，取得不含税收入40万元。因管理不善，当月开采的原煤发生火灾损失5万吨。原煤资源税税率为3%，天然气资源税税率为6%。计算该煤矿当月应纳资源税税额。

【解析】煤矿生产的天然气不征收资源税。纳税人开采或生产应税矿产品的过程中，因意外事故或自然灾害等原因遭受重大损失的，由各省、自治区、直辖市人民政府酌情决定资源税减税或免税，对于因管理不善而产生的损失则没有减免税的优惠，应照章征收资源税。

该煤矿当月应纳资源税税额=45 000×3%+45 000÷50×5×3%=1 485（万元）

【例5-12】某稀土矿山企业2023年12月销售稀土精矿取得不含增值税收入1 200万元；销售开采的稀土矿原矿取得含税收入280万元；移送50吨稀土原矿继续加工稀土精矿，尚未销售。当地稀土矿资源税税率为7.5%。计算该企业当月应纳资源税税额。

【解析】纳税人开采并销售稀土原矿不属于资源税征税范围。

该企业当月应纳资源税税额=1 200×7.5%=90（万元）

【例5-13】某油气田开采企业2023年12月开采原油的同时开采天然气4 500立方米，开采成本为500万元，当月全部用于职工宿舍供暖。已知当地无同类天然气售价，当地规定的天然气成本利润率为8%，天然气适用资源税税率为6%。该油气田开采企业当月天然气应纳资源税和增值税合计为多少万元？

【解析】组成计税价格=500×（1+8%）÷（1-6%）=574.47（万元）

应纳资源税税额=574.47×6%=34.47（万元）

应纳增值税税额=574.47×9%=51.70（万元）

应纳资源税和增值税合计=34.47+51.70=86.17（万元）

（二）从量计征

在从量计征方法下，资源税的应纳税额按照应税产品的课税数量和规定的单位税额计算。其计算公式为：

应纳税额=课税数量×单位税额

【例5-14】某矿山2023年12月销售其开采的砂石3 000立方米，已知当地砂石资源税单位税额为2.5元/立方米，计算该矿山应纳资源税税额。

【解析】该矿山应纳资源税税额=3 000×2.5=7 500（元）

第四节　资源税的税收优惠及征收管理

一、减、免税项目

根据现行政策规定，资源税的减、免税政策如下：

（1）纳税人开采或生产应税产品，自用于连续生产应税产品的，不缴纳资源税；自用于其他方面的，视同销售缴纳资源税。

（2）纳税人开采或者生产应税产品过程中，因意外事故或者自然灾害等原因遭受重大损失，以及纳税人开采共伴生矿、低品位矿、尾矿，省、自治区、直辖市可以决定免征或者减征资源税。具体由省、自治区、直辖市人民政府提出，报同级人民代表大会常务委员会决定，并报全国人民代表大会常务委员会和国务院备案。

（3）煤炭开采企业因安全生产需要抽采的煤成（层）气，免征资源税。

（4）原油、天然气优惠政策：

① 开采原油过程中用于加热的原油免征资源税。

② 对油田范围内运输过程中用于加热的原油、天然气免征资源税。

③ 对稠油、高凝油资源税减征40%。

④ 高含硫天然气、三次采油开采的原油、天然气，减征30%资源税。

⑤ 从低丰度油气田开采的原油、天然气，减征20%资源税。

⑥ 从深水油气田开采的原油、天然气，减征30%资源税。

⑦ 自2018年4月1日至2023年12月31日，对页岩气资源税（按6%的规定税率）减征30%，对青藏铁路公司及其所属单位运营期间自采自用的砂、石等材料免征资源税。

（5）煤炭资源税优惠政策：

①从衰竭期矿山开采的矿产品，减征30%资源税。

衰竭期矿山，是指设计开采年限超过十五年，且剩余可开采储量下降到原设计可开采储量的20%以下或者剩余开采年限不超过五年的矿山。衰竭期矿山以开采企业下属的单个矿山为单位确定。

②自2014年12月1日至2023年8月31日，对充填开采置换出来的煤炭，减征50%资源税。

（6）自2019年1月1日至2024年12月31日，由省、自治区、直辖市人民政府根据本地区实际情况，以及宏观调控需要确定，对增值税小规模纳税人可以在50%的税额幅度内减征资源税。增值税小规模纳税人已依法享受资源税其他优惠政策的，可叠加享受减征的优惠政策。

【例5-15】某油田企业（增值税一般纳税人，原油资源税税率6%）本月开采原油8万吨，对外销售原油1.5万吨，其中包括三次采油的原油0.5万吨，原油不含税销售单价3 000元/吨。该企业本月应纳资源税（　　）万元。

A.240　　B.336　　C.360　　D.243

【解析】对三次采油资源税减征30%。

应纳资源税=3 000×（1.5－0.5）×6%＋3 000×0.5×6%×（1－30%）=243（万元）。

纳税人开采或者生产同一应税产品同时符合两项或者两项以上减征资源税优惠政策的，除另有规定外，只能选择其中一项执行。

二、纳税义务发生时间

纳税人销售应税产品，纳税义务发生时间为收讫销售款或者取得索取销售款凭据的当日；自用应税产品的，纳税义务发生时间为移送应税产品的当日。

【例5-16】某煤矿企业（增值税一般纳税人），2023年11月采用分期收款方式向某供热公司销售优质原煤4 000吨，每吨不含税单价120元，价款480 000元，购销合同规定，本月收取1/3的价款，实际取得不含税价款150 000元。已知原煤资源税税率为5%。当月应纳资源税为（　　）元。

A.24 000　　B.8 000　　C.7 500　　D.9 040

【解析】纳税人采取分期收款结算方式的，其纳税义务发生时间为销售合同规定的收款日期的当天。本题当月应收取1/3的价款，资源税按总计应纳税额的1/3确定。

当月应纳资源税=480 000×5%÷3=8 000（元）

三、纳税地点

纳税人应当向应税产品开采地或者生产地税务机关申报缴纳资源税。

【例5-17】甲省A市某煤炭公司所属生产单位在乙省B市开采煤矿，该煤矿是由丙省C市某煤炭设计院设计开采的，其开采的原煤销往丁省D市，则其资源税纳税地点为（　　）。

A.丁省D市　　B.丙省C市　　C.乙省B市　　D.甲省A市

【解析】纳税人应当向应税产品开采地或者生产地税务机关申报缴纳资源税，故答案为C选项。

四、纳税期限

资源税按月或者按季申报缴纳；不能按固定期限计算缴纳的，可以按次申报缴纳。

纳税人按月或者按季申报缴纳的，应当自月度或者季度终了之日起15日内，向税务机关办理纳税申报并缴纳税款；按次申报缴纳的，应当自纳税义务发生之日起15日内，向税务机关办理纳税申报并缴纳税款。

【例5-18】下列关于资源税的规定中，说法正确的是（　　）。

A.矿泉水只能从价计征资源税

B.自用应税产品的，纳税义务发生时间为移送使用的当日

C.资源税纳税期限，均为自纳税义务发生之日起15日内

D.纳税人应当向应税产品销售地税务机关申报缴纳资源税

【解析】选项A，矿泉水可以选择从价或者从量计征资源税；选项C，纳税人按月或者按季申报缴纳的，应当自月度或者季度终了之日起15日内，向税务机关办理纳税申报并缴纳税款；按次申报缴纳的，应当自纳税义务发生之日起15日内，向税务机关办理纳税申报并缴纳税款；选项D，纳税人应当向应税产品开采地或者生产地税务机关申报缴纳资源税。故答案为B选项。

为贯彻落实中办、国办印发的《关于进一步深化税收征管改革的意见》，深入推进税务领域“放管服”改革，优化营商环境，切实减轻纳税人、缴费人申报负担。自2021年6月1日起，纳税人申报缴纳城镇土地使用税、房产税、车船税、印花税、耕地占用税、资源税、土地增值税、契税、环境保护税、烟叶税中一个或多个税种时，使用《财产和行为税纳税申报表》（附件1）。纳税人新增税源或税源变化时，须先填报《财产和行为税税源明细表》（国家税务总局公告2021年第9号）。

第五节　环境保护税的税收规定

环境保护税，也被称为生态税、绿色税，是国际税收学界20世纪末才兴起的概念，至今没有一个被广泛接受的统一定义。它是把环境污染和生态破坏的社会成本，内化到生产成本和市场价格中去，再通过市场机制来分配环境资源的一种经济手段。《中华人民共和国环境保护税法》（以下简称《环境保护税法》）自2018年1月1日起施行，对在中华人民共和国领域和中华人民共和国管辖的其他海域，直接向环境排放应税污染物的企事业单位和其他生产经营者征收环境保护税。

二维码8：环境保护税

一、征税范围

环境保护税的征税范围为应税污染物，包括大气污染物、水污染物、固体废物、噪声。大气污染物是指向大气排放并导致大气污染的物质，包括二氧化硫、氮氧化物、粉尘等；水污染物是指直接或者间接向水体排放的，且能导致水体污染的物质，包括重金属、悬浮物、动植物油等；固体废物是指在生产、生活和其他活动中产生的丧失原有利用价值或者虽未丧失利用价值但被抛弃或者放弃的固态、半固态和置于容器中的气态的物品、物质以及法律和行政法规规定纳入固体废物管理的物品、物质，包括煤矸石、尾矿等；噪声是指工业噪声，即在工业生产活动中使用固定的设备时产生的超过国家规定的环境噪声排

放标准、干扰周围生活环境的声音。表5-2为应税污染物和当量值表。

表5-2　应税污染物和当量值表

一、第一类水污染物污染当量值

污染物	污染当量值（千克）
1.总汞	0.0005
2.总镉	0.005
3.总铬	0.04
4.六价铬	0.02
5.总砷	0.02
6.总铅	0.025
7.总镍	0.025
8.苯并（α）芘	0.0000003
9.总铍	0.01
10.总银	0.02

二、第二类水污染物污染当量值

污染物	污染当量值（千克）	备注
11.悬浮物（SS）	4	
12.生化需氧量（BOD_5）	0.5	同一排放口中的化学需氧量、生化需氧量和总有机碳，只征收一项
13.化学需氧量（CODcr）	1	
14.总有机碳（TOC）	0.49	
15.石油类	0.1	
16.动植物油	0.16	
17.挥发酚	0.08	
18.总氰化物	0.05	
19.硫化物	0.125	
20.氨氮	0.8	
21.氟化物	0.5	

续表

污染物	污染当量值（千克）	备注
22.甲醛	0.125	
23.苯胺类	0.2	
24.硝基苯类	0.2	
25.阴离子表面活性剂（LAS）	0.2	
26.总铜	0.1	
27.总锌	0.2	
28.总锰	0.2	
29.彩色显影剂（CD-2）	0.2	
30.总磷	0.25	
31.单质磷（以P计）	0.05	
32.有机磷农药（以P计）	0.05	
33.乐果	0.05	
34.甲基对硫磷	0.05	
35.马拉硫磷	0.05	
36.对硫磷	0.05	
37.五氯酚及五氯酚钠（以五氯酚计）	0.25	
38.三氯甲烷	0.04	
39.可吸附有机卤化物（AOX）（以Cl计）	0.25	
40.四氯化碳	0.04	
41.三氯乙烯	0.04	
42.四氯乙烯	0.04	
43.苯	0.02	
44.甲苯	0.02	
45.乙苯	0.02	
46.邻-二甲苯	0.02	

续表

污染物	污染当量值（千克）	备注
47.对-二甲苯	0.02	
48.间-二甲苯	0.02	
49.氯苯	0.02	
50.邻二氯苯	0.02	
51.对二氯苯	0.02	
52.对硝基氯苯	0.02	
53.2，4-二硝基氯苯	0.02	
54.苯酚	0.02	
55.间-甲酚	0.02	
56.2，4-二氯酚	0.02	
57.2，4，6-三氯酚	0.02	
58.邻苯二甲酸二丁酯	0.02	
59.邻苯二甲酸二辛酯	0.02	
60.丙烯腈	0.125	
61.总硒	0.02	

三、pH值、色度、大肠菌群数、余氯量水污染物污染当量值

污染物		污染当量值	备注
1.pH值	1.0~1，13~14	0.06吨污水	pH5~6指大于等于5，小于6；pH9~10指大于9，小于等于10，其余类推
	2.1~2，12~13	0.125吨污水	
	3.2~3，11~12	0.25吨污水	
	4.3~4，10~11	0.5吨污水	
	5.4~5，9~10	1吨污水	
	6.5~6	5吨污水	
2.色度		5吨水·倍	
3.大肠菌群数（超标）		3.3吨污水	大肠菌群数和余氯量只征收一项
4.余氯量（用氯消毒的医院废水）		3.3吨污水	

四、禽畜养殖业、小型企业和第三产业水污染物污染当量值

（本表仅适用于计算无法进行实际监测或者物料衡算的畜禽养殖业、小型企业和第三产业等小型排污者的水污染物污染当量数）

类型		污染当量值	备注
禽畜养殖场	1.牛	0.1头	仅对存栏规模大于50头牛、500头猪、5 000羽鸡鸭等的禽畜养殖场征收
	2.猪	1头	
	3.鸡、鸭等家禽	30羽	
4.小型企业		1.8吨污水	
5.饮食娱乐服务业		0.5吨污水	
6.医院	消毒	0.14床	医院病床数大于20张的按照本表计算污染当量数
		2.8吨污水	
	不消毒	0.07床	
		1.4吨污水	

五、大气污染物污染当量值

污染物	污染当量值（千克）
1.二氧化硫	0.95
2.氮氧化物	0.95
3.一氧化碳	16.7
4.氯气	0.34
5.氯化氢	10.75
6.氟化物	0.87
7.氰化氢	0.005
8.硫酸雾	0.6
9.铬酸雾	0.0007
10.汞及其化合物	0.0001
11.一般性粉尘	4
12.石棉尘	0.53
13.玻璃棉尘	2.13
14.碳黑尘	0.59
15.铅及其化合物	0.02
16.镉及其化合物	0.03

续表

污染物	污染当量值（千克）
17.铍及其化合物	0.0004
18.镍及其化合物	0.13
19.锡及其化合物	0.27
20.烟尘	2.18
21.苯	0.05
22.甲苯	0.18
23.二甲苯	0.27
24.苯并（α）芘	0.000002
25.甲醛	0.09
26.乙醛	0.45
27.丙烯醛	0.06
28.甲醇	0.67
29.酚类	0.35
30.沥青烟	0.19
31.苯胺类	0.21
32.氯苯类	0.72
33.硝基苯	0.17
34.丙烯腈	0.22
35.氯乙烯	0.55
36.光气	0.04
37.硫化氢	0.29
38.氨	9.09
39.三甲胺	0.32
40.甲硫醇	0.04
41.甲硫醚	0.28
42.二甲二硫	0.28
43.苯乙烯	25
44.二硫化碳	20

【例5-19】下列选项中，属于环境保护税征税范围的有（　　）。

A.挥发性有机物VOCs　　　　B.建筑业噪声

C.一般性粉尘　　　　D.酚类

【解析】挥发性有机物VOCs和建筑业噪声不属于我国环境保护税的征税范围，故正确答案为C、D项。

二、纳税人

在中国领域和管辖的其他海域，直接向环境排放应税污染物的企事业单位和其他生产经营者为环境保护税的纳税义务人。征收环境保护税不再征收排污费。

有下列情形之一的，不属于直接向环境排放污染物，不缴纳相应污染物的环境保护税：

（1）企事业单位和其他生产经营者向依法设立的污水集中处理、生活垃圾集中处理场所排放应税污染物的。

（2）企事业单位和其他生产经营者在符合国家和地方环境保护标准的设施、场所贮存或者处置固体废物的。

（3）达到省级人民政府确定的规模标准并且有污染物排放口的畜禽养殖场，应当依法缴纳环境保护税，但依法对畜禽养殖废弃物进行综合利用和无害化处理的除外。

【例5-20】下列选项中，需要缴纳环境保护税的是（　　）。

A.某造纸厂直接向环境排放污水

B.某建筑公司在建筑工地超标的建筑噪声

C.某美容院向依法设立的污水集中处理场排放污水

D.某居民个人向环境排放污水

【解析】环境保护税的纳税义务人是直接向环境排放应税污染物的企事业单位和其他生产经营者，不包括居民个人。建筑噪声不属于环境保护税的征税范围。企事业单位和其他生产经营者向依法设立的污水集中处理、生活垃圾集中处理场所排放应税污染物的，不属于直接向环境排放污染物，不缴纳相应污染物的环境保护税。正确答案为A项。

三、税率

环境保护税实行定额税率。为实现排污费制度向环境保护税制度平稳过渡，环境保护税以大气、水污染物排污费标准作为税额下限。同时，按照税收法定原则，为避免地方裁量权过大，对环境保护税设定了税额上限，为最低税额标准的10倍，即大气污染物的税额幅度为1.2～12元，水污染物的税额幅度为1.4~14元。应税大气、水污染物具体适用税额的确定和调整，由各省、自治区、直辖市人民政府统筹考虑本地区环境承载能力、污染物排放现状和经济社会生态发展目标要求，参考排污费征收标准，在规定的税额幅度内提出，报同级人民代表大会常务委员会决定，并报全国人民代表大会常务委员会和国务院备案。

参考现行排污费征收标准，对固体废物和噪声实行固定税额。其中，固体废物按不同种类，税额标准为每吨5～1 000元；噪声按超标分贝数，税额标准为每月350~11 200元。环境保护税税目税额见表5-3。

表5-3 环境保护税税目税额表

税目		计税单位	税额	备注
大气污染物		每污染当量	1.2～12元	
水污染物		每污染当量	1.4～14元	
固体废物	煤矸石	每吨	5元	
	尾矿	每吨	15元	
	危险废物	每吨	1 000元	
	冶炼渣、粉煤灰、炉渣、其他固体废物（含半固态、液态废物）	每吨	25元	
噪声	工业噪声	超标1～3分贝	每月350元	1.一个单位边界上有多处噪声超标，根据最高一处超标声级计算应纳税额；当沿边界长度超过100米有2处以上噪声超标，按照两个单位计算应纳税额 2.一个单位有不同地点作业场所的，应当分别计算应纳税额，合并计征 3.昼、夜均超标的环境噪声，昼、夜分别计算应纳税额，累计计征 4.声源一个月内超标不足15天的，减半计算应纳税额 5.夜间频繁突发和夜间偶然突发厂界超标噪声，按等效声级和峰值噪声两项指标中超标分贝值高的一项计算应纳税额
		超标4～6分贝	每月700元	
		超标7～9分贝	每月1 400元	
		超标10～12分贝	每月2 800元	
		超标13～15分贝	每月5 600元	
		超标16分贝以上	每月11 200元	

四、计税依据

环境保护税主要按照污染物排放量计征，但污染物排放量的计量较为复杂，大气、水、固体废物、噪声等计量标准不尽相同。税法对应税污染物的计税依据分别作了规定。

（一）应税大气污染物

应税大气污染物按照污染物排放量折合的污染当量数确定。应税大气污染物的污染当量数，以该污染物的排放量除以该污染物的污染当量值计算。每种应税大气污染物的具体污染当量值，依照表5-2应税污染物和当量值表计算。

应税大气污染物污染当量数=该污染物的排放量÷该污染物的污染当量值

每一排放口或者没有排放口的应税大气污染物，按照污染当量数从大到小排序，对前三项污染物征收环境保护税。

各省、自治区、直辖市人民政府根据本地区污染物减排的特殊需要，可以增加同一排放口征收环境保护税的应税污染物项目数，报同级人民代表大会常务委员会决定，并报全国人民代表大会常务委员会和国务院备案。

【例5-21】某企业2023年3月向大气直接排放二氧化硫、氟化物各100千克，一氧化碳200千克、氯化氢80千克，该企业只有一个排放口。请计算该企业当月排放大气污染物的计税依据。

【解析】第一步：查污染当量值表（见表5-4）。

表5-4 **污染当量值表**

污染物	污染当量值表
1.二氧化硫	0.95
2.一氧化碳	16.7
3.氯化氢	10.75
4.氟化物	0.87

第二步：计算污染当量数。

污染当量数=该污染物的排放量÷该污染物的污染当量值

二氧化硫污染当量数=100÷0.95=105.26

一氧化碳污染当量数=200÷16.7=11.98

氯化氢污染当量数=80÷10.75=7.44

氟化物污染当量数=100÷0.87=114.94

第三步：按污染当量数排序。

氟化物污染当量数（114.94）> 二氧化硫污染当量数（105.26）> 一氧化碳污染当量数（11.98）>氯化氢污染当量数（7.44）

该企业只有一个排放口，排序选取计税前三项污染物为：氟化物、二氧化硫、一氧化碳。

在建筑施工、货物装卸和堆存过程中无组织排放应税大气污染物的，按照生态环境部规定的排污系数、物料衡算方法计算应税污染物排放量；不能按照生态环境部规定的排污系数、物料衡算方法计算的，按照各省、自治区、直辖市生态环境主管部门规定的抽样测算方法核定计算应税污染物排放量。

（二）应税水污染物

应税水污染物按照污染物排放量折合的污染当量数确定。应税水污染物的污染当量数，以该污染物的排放量除以该污染物的污染当量值计算。其中，色度的污染当量数，以污水排放量乘以色度超标倍数再除以适用的污染当量值计算。

应税水污染物污染当量数=该污染物的排放量÷该污染物的污染当量值

色度的污染当量值为5吨水·倍，即

色度的污染当量数=排污量×色度超标倍数÷5吨水·倍

每一排放口的应税水污染物，按照表5-2应税污染物和当量值表区分第一类水污染物和其他类水污染物，按照污染当量数从大到小排序，对第一类水污染物按照前五项征收环境保护税，对其他类水污染物按照前三项征收环境保护税。

【例5-22】某污水处理厂5月向水体直接排放第一类水污染物总汞、总镉、总铬、总砷、总铅、总银各10千克；排放第二类水污染物悬浮物（SS）、挥发酚、氨氮、生化需氧量（BOD5）各10千克。请计算水污染物计税依据。

【解析】第一步：查找第一类水污染物污染当量值（见表5-5）。

表5-5　**第一类水污染物污染当量值**

污染物	污染当量值（千克）
1.总汞	0.0005
2.总镉	0.005
3.总铬	0.04
4.六价铬	0.02
5.总砷	0.02
6.总铅	0.025
7.总镍	0.025
8.苯并（α）芘	0.0000003
9.总铍	0.01
10.总银	0.02

第二步：计算第一类水污染物的污染当量数。

总汞污染当量数=10÷0.0005=20 000

总镉污染当量数=10÷0.005=2 000

总铬污染当量数=10÷0.04=250

总砷污染当量数=10÷0.02=500

总铅污染当量数=10÷0.025=400

总银污染当量数=10÷0.02=500

第三步：对第一类水污染物污染当量数排序。

总汞（20 000）＞总镉（2 000）＞总砷（500）=总银（500）＞总铅（400）＞总铬（250）

每一排放口的应税水污染物按照污染当量数从大到小排序，对第一类水污染物按照前五项征收环境保护税。

第四步：查找第二类水污染物污染当量值（见表5-6）。

表5-6　　第二类水污染物污染当量值

污染物	污染当量值（千克）
11.悬浮物（SS）	4
12.生化需氧量（BOD5）	0.5
13.化学需氧量（COD）	1
14.总有机碳（TOC）	0.49
15.石油类	0.1
16.动植物油	0.16
17.挥发酚	0.08
18.总氰化物	0.05
19.硫化物	0.125
20.氨氮	0.8
21.氟化物	0.5

第五步：计算第二类水污染物的污染当量数。

悬浮物（SS）污染当量数=10÷4=2.5

生化需氧量（BOD5）污染当量数=10÷0.5=20

挥发酚污染当量数=10÷0.08=125

氨氮污染当量数=10÷0.8=12.5

第六步：对第二类水污染物污染当量数排序。

挥发酚（125）＞生化需氧量（BOD5）（20）＞氨氮（12.5）＞悬浮物（SS）（2.5）

每一排放口的应税水污染物按照污染当量数从大到小排序，对第二类水污染物按照前三项征收环境保护税。

【例5-23】印染厂排放污水2 000吨，排放标准色度为80倍，实际排放色度监测值为320倍。请计算污染当量数。

【解析】色度的污染当量数，以污水排放量乘以色度超标倍数再除以适用的污染当量值计算。

超标倍数=（320-80）÷80=3（倍）

污染当量数=2 000×3÷5=1 200

（三）应税固体废物

应税固体废物按照固体废物的排放量确定。固体废物的排放量为当期应税固体废物的产生量减去当期应税固体废物的贮存量、处置量、综合利用量的余额。固体废物的贮存量、处置量，是指在符合国家和地方环境保护标准的设施、场所贮存或者处置的固体废物数量；固体废物的综合利用量，是指按照国务院发展改革、工业和信息化主管部门关于资源综合利用要求以及国家和地方环境保护标准进行综合利用的固体废物数量。

$$\text{固体废物排放量}=\text{当期固体废物的产生量}-\text{当期固体废物的贮存量}-\text{当期固体废物的处置量}-\text{当期固体废物的综合利用量}$$

【例5-24】假设某企业2023年3月产生尾矿1 000吨，其中综合利用的尾矿300吨（符合国家相关规定），在符合国家和地方环境保护标准的设施贮存300吨。请计算该企业当月尾矿的排放量。

【解析】$\text{固体废物排放量}=\text{当期固体废物的产生量}-\text{当期固体废物的贮存量}-\text{当期固体废物的处置量}-\text{当期固体废物的综合利用量}$

$=1\ 000-300-300=400$（吨）

（四）应税噪声

应税噪声按照超过国家规定标准的分贝数确定。工业噪声的注意事项如下：

（1）一个单位同一监测点当月有多处噪声超标，以最高一次超标声级计算应纳税额；当沿边界长度超过100米有2处以上噪声超标，按照两个单位计算应纳税额。

（2）一个单位有不同地点作业场所的，应当分别计算应纳税额，合并计征。

（3）昼、夜均超标的环境噪声，昼、夜分别计算应纳税额，累计计征。

（4）声源一个月内累计超标不足15昼或15夜的，分别减半计算应纳税额。

（5）夜间频繁突发和夜间偶然突发厂界超标噪声，按等效声级和峰值噪声两项指标中超标分贝值高的一项计算应纳税额。

【例5-25】某工业企业2023年5月厂界外定点测量结果昼间均超标，A点测量超标5分贝；B点测量超标10分贝。

情形一：若该企业只有一处作业场所，且两个测量点沿边界长度在100米以内，则按照最高一处超标声级计算应纳税额，即直接按照超标10分贝计算应纳税额。

情形二：若该企业只有一处作业场所，且两个测量点沿边界长度在100米以上，则按照两个单位计算应纳税额。

（五）应税污染物排放量的计算方法和顺序

应税大气污染物、水污染物、固体废物的排放量和噪声的分贝数，按照下列方法和顺序计算：

（1）纳税人安装使用符合国家规定和监测规范的污染物自动监测设备的，按照污染物自动监测数据计算。

（2）纳税人未安装使用污染物自动监测设备的，按照监测机构出具的符合国家有关规定和监测规范的监测数据计算。

（3）因排放污染物种类多等原因不具备监测条件的，按照国务院环境保护主管部门规定的排污系数、物料衡算方法计算。

排污系数，是指在正常技术、经济和管理条件下，生产单位产品所应排放的污染物量的统计平均值。

物料衡算，是指根据物质质量守恒原理对生产过程中使用的原料、生产的产品和产生的废物等进行测算的一种方法。

（4）不能按照上述第一项至第三项规定的方法计算的，按照省、自治区、直辖市人民政府环境保护主管部门规定的抽样测算方法核定计算。

五、应纳税额的计算

环境保护税应纳税额按照下列方法计算：

应纳税额=大气污染物、水污染物的污染当量数×具体适用税额

应纳税额=固体废物排放量×具体适用税额

应税噪声的应纳税额为超过国家规定标准的分贝数对应的具体适用税额。

【例5-26】接【例5-21】，假设当地大气污染物每污染当量税额1.2元，该企业只有一个排放口。请计算该企业当月大气污染物应缴纳的环境保护税税额。

【解析】在【例5-21】中，通过计算排序，污染当量数排名前三位的大气污染物为：

氟化物（114.94）＞二氧化硫（105.26）＞一氧化碳（11.98）

当月大气污染物应纳税额=大气污染物的污染当量数×具体适用税额

氟化物应纳税额=114.94×1.2=137.93（元）

二氧化硫应纳税额=105.26×1.2=126.31（元）

一氧化碳应纳税额=11.98×1.2=14.38（元）

【例5-27】接【例5-22】，假定废水中的生化需氧量、氨氮、总磷和五项主要重金属（铅、汞、铬、镉、类金属砷）的税额为每污染当量2.8元；其余水污染物的税额为每污染当量1.4元。请计算该企业5月水污染物应缴纳的环境保护税税额。

【解析】在【例5-22】中，通过计算，第一类水污染物排名前五位的污染物排序为：

总汞（20 000）＞总镉（2 000）＞总砷（500）=总银（500）＞总铅（400）

当月水污染物应纳税额=水污染物的污染当量数×具体适用税额

第一类水污染物应纳税额为：

总汞应纳税额=20 000×2.8=56 000（元）

总镉应纳税额=2 000×2.8=5 600（元）

总砷应纳税额=500×2.8=1 400（元）

总银应纳税额=500×1.4=700（元）

总铅应纳税额=400×2.8=1 120（元）

在【例5-22】中，通过计算，第二类水污染物排名前三位的污染物排序为：

挥发酚（125）＞生化需氧量（20）＞氨氮（12.5）

第二类水污染物应纳税额为：

挥发酚应纳税额=125×1.4=175（元）

生化需氧量应纳税额=20×2.8=56（元）

氨氮应纳税额=12.5×2.8=35（元）

【例5-28】接【例5-24】，已知尾矿的适用税额为15元/吨，请计算该企业排放尾矿应缴纳的环境保护税税额。

【解析】在【例5-24】中，计算出尾矿的排放量为400吨（1 000-300-300），则：

当月应纳税额=固体废物排放量×具体适用税额=400×15=6 000（元）

【例5-29】接【例5-25】，已知噪声超标4~6分贝，适用税额为700元/月，超标10~12分贝，适用税额为2 800元/月。请计算该企业当月应缴纳的环境保护税税额。

【解析】情形一：若该企业只有一处作业场所，且两个测量点沿边界长度在100米以内，则按照最高一处超标声级计算应纳税额，即直接按照超标10分贝计算应纳税额。该企业应纳税额为2 800元。

情形二：若该企业只有一处作业场所，且两个测量点沿边界长度在100米以上，则按照两个单位计算应纳税额。该企业应纳税额=700+2 800=3 500（元）

六、环境保护税减免的基本规定

（一）暂予免税的情形

（1）为支持农业发展，对农业生产（不包括规模化养殖）排放的应税污染物暂予免税。

（2）考虑到现行税制中已有车船税、消费税、车辆购置税等税种对机动车的生产和使用进行调节，对促进节能减排发挥了积极作用，因此，对机动车、铁路机车、非道路移动机械、船舶和航空器等流动污染源排放应税污染物暂予免税。

（3）依法设立的城乡污水集中处理、生活垃圾集中处理场所排放相应应税污染物，不超过国家和地方规定的排放标准的，暂予免税。

（4）为鼓励固体废物综合利用，减少污染物排放，对纳税人综合利用的固体废物，符合国家和地方环境保护标准的，暂予免税。

（二）减征的情形

纳税人排放应税大气污染物或者水污染物的浓度值低于国家和地方规定的污染物排放标准30%的，减按75%征收环境保护税。

纳税人排放应税大气污染物或者水污染物的浓度值低于国家和地方规定的污染物排放标准50%的，减按50%征收环境保护税。纳税人任何一个排放口排放应税大气污染物、水污染物的浓度值，以及没有排放口排放应税大气污染物的浓度值，超过国家和地方规定的污染物排放标准的，依法不予减征环境保护税。

七、申报与缴纳

（一）纳税义务发生时间

纳税义务发生时间为纳税人排放应税污染物的当日。

（二）纳税期限

环境保护税按月计算，按季申报缴纳。不能按固定期限计算缴纳的，可以按次申报缴纳。

纳税人申报缴纳时，应当向税务机关报送所排放应税污染物的种类、数量，大气污染物、水污染物的浓度值，以及税务机关根据实际需要要求纳税人报送的其他纳税资料。

纳税人按季申报缴纳的，应当自季度终了之日起15日内，向税务机关办理纳税申报并缴纳税款。纳税人按次申报缴纳的，应当自纳税义务发生之日起15日内，向税务机关办理纳税申报并缴纳税款。

（三）纳税地点

纳税人应当向应税污染物排放地税务机关申报缴纳环境保护税。

（四）征收管理

环境保护税由税务机关依照《税收征收管理法》和《环境保护税法》的有关规定征收管理。生态环境主管部门依照本法和有关环境保护法律、法规的规定负责对污染物的监测管理。纳税人委托监测机构监测应税污染物排放量的，应当按照国家有关规定制订监测方案，并将监测数据资料及时报送生态环境主管部门。

县级以上地方人民政府应当建立税务机关、生态环境主管部门和其他相关单位分工协作工作机制，加强环境保护税征收管理，保障税款及时足额入库。

生态环境主管部门和税务机关应当建立涉税信息共享平台和工作配合机制。生态环境主管部门应当将排污单位的排污许可、污染物排放数据、环境违法和受行政处罚情况等环境保护相关信息，定期交送税务机关。

税务机关应当将纳税人的纳税申报、税款入库、减免税额、欠缴税款以及风险疑点等环境保护税涉税信息，定期交送环境保护主管部门。

本章主要税法依据

❶《中华人民共和国资源税法》（2019年8月26日中华人民共和国主席令第33号）

❷《财政部 税务总局关于资源税有关问题执行口径的公告》（2020年6月23日财政部 税务总局公告2020年第34号 ）

❸《国家税务总局关于资源税征收管理若干问题的公告》（2020年8月28日国家税务总局公告2020年第14号）

❹《财政部 税务总局关于进一步实施小微企业“六税两费”减免政策的公告》（2022年3月1日财政部 税务总局公告2022年第10号 ）

❺《财政部 国家税务总局 水利部关于印发〈扩大水资源税改革试点实施办法〉的通知》（2017年11月24日财税〔2017〕80号）

❻《财政部 税务总局关于实施小微企业普惠性税收减免政策的通知》（2019年1月17日财税〔2019〕13号）

❼《中华人民共和国环境保护税法》（2016年12月25日第十二届全国人民代表大会常务委员会第二十五次会议通过，根据2018年10月26日第十三届全国人民代表大会常务委员会第六次会议《全国人民代表大会常务委员会关于修改<中华人民共和国野生动物保护法>等十五部法律的决定》修正）

❽《中华人民共和国环境保护税法实施条例》（2017年12月25日中华人民共和国国务院令第693号）

❾《财政部 税务总局 生态环境部关于环境保护税有关问题的通知》（2018年3月30日财税〔2018〕23号）

❿《财政部 税务总局 生态环境部关于明确环境保护税应税污染物适用等有关问题的通知》（2018年10月25日财税〔2018〕117号）

第六章

支持地方经济发展的土地增值税

本章重点

1. 应税收入的确定
2. 扣除项目的确定
3. 销售新房和二手房确定应纳税所得额的区别
4. 税率及应纳税额的计算

本章难点

1. 扣除项目的确定
2. 销售新房和二手房确定应纳税所得额的区别
3. 税率及应纳税额的计算

土地增值税是对有偿转让国有土地使用权及地上建筑物和其他附着物产权并取得增值性收入的单位和个人征收的一种税。

土地属于不动产，对土地课税既是一种古老的税收形式，也是当代各国普遍征收的一种财产税。有的国家和地区将土地单列出来征税，如土地税、地价税、农地税、城市土地税、土地登记税等。有的国家和地区鉴于土地与地面房屋、建筑物及其他附着物的密不可分性，对土地征税往往未予单独列示，而统称为房地产税、不动产税、财产税等。

1949年中华人民共和国成立以来，我国针对土地、房屋等不动产先后开征过的税种有契税、城市房地产税、房产税、城镇土地使用税等，但这些税种都不对土地增值额或土地收益额征税。1993年12月13日，国务院发布了《中华人民共和国土地增值税暂行条例》（以下简称《土地增值税暂行条例》），自1994年1月1日起开征土地增值税。1995年1月27日，财政部又颁布了《中华人民共和国土地增值税暂行条例实施细则》（以下简称《土地增值税暂行条例实施细则》），进一步细化了土地增值税征收管理办法。

第一节 征税范围及纳税人

一、征税范围

土地增值税的课税对象是有偿转让国有土地使用权及地上建筑物和其他附着物产权所取得的增值额。

（一）征税范围的一般规定

（1）土地增值税只对转让国有土地使用权的行为征税，转让非国有土地和出让国有土地的行为均不征税。

所谓国有土地使用权，是指土地使用人根据国家法律、合同等的规定，对国家所有的土地享有的使用权利。土地增值税只对企业、单位和个人等经济主体转让国有土地使用权的行为征税。对属于集体所有的土地，按现行规定必须先由国家征用后才能转让，未经国家征用的集体土地不得转让。自行转让集体土地是一种违法行为，应由有关部门依照相关法律来处理，而不应纳入土地增值税的征税范围。

出让国有土地是指国家以土地所有者的身份将土地使用权在一定年限内让与土地使用者，并由土地使用者向国家支付土地出让金的行为。由于土地使用权的出让方是国家，出让收入在性质上属于政府凭借所有权在土地一级市场上收取的租金，所以政府出让土地的行为及取得的收入也不属于土地增值税的征税范围。

（2）土地增值税既对转让土地使用权征税，也对转让地上建筑物和其他附着物的产权征税。

所谓地上建筑物，是指建于土地上的一切建筑物，包括地上地下的各种附属设施，如厂房、仓库、商店、医院、地下室、围墙、烟囱、电梯、中央空调、管道等。所谓附着物，是指附着于土地上不能移动，一经移动即遭损坏的种植物、养植物及其他物品。税法规定，纳税人转让地上建筑物及其附着物的产权取得的增值性收入，也应缴纳土地增值税。

（3）土地增值税只对有偿转让的房地产征税，对以继承、赠与等方式无偿转让的房地产不予征税。具体包括两种情况：

① 房产所有人、土地使用权所有人将房屋产权、土地使用权赠与直系亲属或承担直接赡养义务人的行为。

② 房产所有人、土地使用权所有人通过中国境内非营利的社会团体、国家机关将房屋产权、土地使用权赠与教育、民政和其他社会福利、公益事业的行为。

（二）征税范围的若干具体规定

（1）非公司制企业整体改制为有限责任公司或者股份有限公司，有限责任公司（股份有限公司）整体改制为股份有限公司（有限责任公司），对改制前的企业将国有土地使用权、地上的建筑物及其附着物（以下称房地产）转移、变更到改制后的企业，暂不征收土地增值税。

（2）按照法律规定或者合同约定，两个或两个以上企业合并为一个企业，且原企业投资主体存续的，对原企业将房地产转移、变更到合并后的企业，暂不征收土地增值税。

（3）按照法律规定或者合同约定，企业分设为两个或两个以上与原企业投资主体相同的企业，对原企业将房地产转移、变更到分立后的企业，暂不征收土地增值税。

（4）单位、个人在改制重组时以房地产作价入股进行投资，对其将房地产转移、变更到被投资的企业，暂不征收土地增值税。

第（1）~（4）条有关土地增值税的政策不适用于房地产开发企业，政策执行期限为2021年1月1日至2023年12月31日。需注意，所称不改变原企业投资主体、投资主体相同，是指企业改制重组前后出资人不发生变动，出资人的出资比例可以发生变动；投资主体存续，是指原企业出资人必须存在于改制重组后的企业，出资人的出资比例可以发生变动。

（5）合作建房。对于一方出地，一方出资金，双方合作建房，建成后按比例分房自用的，暂免征收土地增值税；建成后转让的，应征收土地增值税。

（6）交换房地产。如果交换行为中既发生了房产产权、土地使用权的转移，交换双方又取得了实物形态的收入，按规定属于土地增值税的征税范围，但对个人之间互换自有居住用房地产的，经当地税务机关核实，可以免征土地增值税。

（7）抵押房地产。抵押房地产在抵押期间不征收土地增值税；待抵押期满后，视该房地产是否转移产权来确定是否征收土地增值税。因房地产抵债而发生房地产权属转让的，应列入土地增值税的征税范围。

（8）出租房地产。对于房地产的出租，尽管出租人取得了收入，但由于没有发生房产产权的转让，因此不属于土地增值税的征税范围。

（9）房地产评估增值。对于房地产评估增值，由于没有发生房地产权属的转让，因此其不属于土地增值税的征税范围。

（10）国家收回国有土地使用权、征用地上建筑物及附着物，虽然发生了权属的变更，原房地产所有人也取得了收入，但按照《土地增值税暂行条例》的有关规定，可以免征土地增值税。

（11）房地产的代建房行为。对于房地产开发公司而言，其虽然取得了收入，但由于没有发生房地产权属的转移，其收入属于劳务收入性质，因此不属于土地增值税的征税范围。

（12）土地使用者转让、抵押或者置换土地。无论其是否取得了该土地的使用权属证书，无论其在转让、抵押或置换土地的过程中是否与对方当事人办理了土地使用权属证书变更登记手续，只要土地使用者享有占有、使用、收益或处分该土地的权利，且有合同等证据表明其实质转让、抵押或置换了土地并取得了相应的经济利益，土地使用者及对方当事人就应当依照税法的规定缴纳土地增值税。

【例6-1】下列各项中，属于土地增值税征税范围的有（　　）。

A.转让国有土地使用权　　B.出让国有土地使用权

C.转让地上建筑物产权　　D.转让地上附着物产权

E.转让地下建筑物产权

【解析】出让国有土地使用权的行为不属于土地增值税的征税范围。故正确答案为A、C、D、E项。

【例6-2】下列行为中，应当征收土地增值税的有（　　）。

A.将房屋产权赠与直系亲属

B.由双方合作建房后分配自用

C.以房地产抵债而发生房地产产权转让

D.被兼并企业将房地产转让到兼并企业

E.以房地产作价入股投资于房地产开发公司

【解析】选项A，将房屋产权赠与直系亲属的，不征收土地增值税；选项B、D，双方合作建房建成后由双方分房自用或被兼并企业将房地产转让到兼并企业的，暂免征收土地增值税。故正确答案为C、E项。

二、纳税人

土地增值税的纳税人是转让国有土地使用权、地上的建筑物及其附着物产权，并取得收入的单位和个人，既包括机关、团体、部队、企事业单位、个体工商户及国内其他单位和个人，也包括外商投资企业、外国企业及外国机构、华侨、港澳台同胞及外国公民等。

第二节　计税依据

土地增值税的计税依据是转让房地产所取得的增值额。转让房地产所取得的增值额，是指转让房地产的不含增值税收入减去税法规定的扣除项目金额后的余额。因此，转让房地产所取得的增值额的大小，取决于转让房地产的收入和扣除项目金额两个因素。

一、收入的确定

纳税人转让房地产所取得的收入为不含增值税收入，包括货币收入、实物收入和其他收入在内的全部价款及有关的经济利益。免征增值税的，确定计税依据时，转让房地产取得的收入不扣减增值税税额。

对于纳税人取得的实物收入，要按取得收入时的市场价格折算成货币收入；对于纳税人取得的无形资产收入，要进行专门评估，在确定其价值后折算成货币收入。

取得的收入为外币的，应当以取得收入当天或当月1日国家公布的市场汇价折合成人民币，据以计算土地增值税税额。当月以分期收款方式取得的外币收入，也应按实际收款日或收款当月1日国家公布的市场汇价折合成人民币，据以计算土地增值税税额。

对于县级及县级以上人民政府要求房地产开发企业在售房时代收的各项费用，如果代收费用是计入房价中向购买方一并收取的，可作为转让房地产所取得的收入计税；如果代收费用未计入房价中，而是在房价之外单独收取的，可以不作为转让房地产的收入。

对于代收费用作为转让收入计税的，在计算扣除项目金额时，可予以扣除，但不允许作为加计20%扣除的基数；对于代收费用未作为转让房地产的收入计税的，在计算增值额时不允许扣除代收费用。

二、扣除项目及其金额

二维码9：房地产开发企业土地增值税

《土地增值税暂行条例》以及《财政部 国家税务总局关于营改增后契税 房产税 土地增值税 个人所得税计税依据问题的通知》等规定：土地增值税扣除项目涉及的增值税进项税额，允许在销项税额中计算抵扣的，不计入扣除项目，不允许在销项税额中计算抵扣的，可以计入扣除项目。允许从房地产转让收入总额中扣除的项目及金额，可以分为以下六类：

（一）取得土地使用权所支付的金额

取得土地使用权所支付的金额是指纳税人为取得土地使用权所支付的费用和按国家统一规定缴纳的有关费用之和。

"取得土地使用权所支付的费用"可以有三种形式：

（1）以出让方式取得土地使用权的，为支付的土地出让金。

（2）以行政划拨方式取得土地使用权的，为转让土地使用权时按规定补缴的出让金。

（3）以转让方式取得土地使用权的，为支付的地价款。

"按国家统一规定缴纳的有关费用"是指纳税人在取得土地使用权过程中为办理有关手续，按国家统一规定缴纳的有关登记、过户手续费和契税。

（二）房地产开发成本

房地产开发成本是指纳税人房地产开发项目实际发生的成本，这些成本允许按实际发生数扣除。房地产开发成本主要包括土地征用及拆迁补偿费、前期工程费、建筑安装工程费、基础设施费、公共配套设施费、开发间接费用等。

（1）土地征用及拆迁补偿费，包括土地征用费、耕地占用税、劳动力安置费，及有关地上和地下附着物拆迁补偿的净支出、安置动迁用房支出等。

（2）前期工程费，包括规划、设计、项目可行性研究和水文、地质、勘察、测绘、"三通一平"等支出。

（3）建筑安装工程费，包括以出包方式支付给承包单位的建筑安装工程费及以自营方式发生的建筑安装工程费。

（4）基础设施费，包括开发小区内道路、供水、供电、供气、排污、排洪、通信、照明、环卫、绿化等工程发生的支出。

（5）公共配套设施费，包括不能有偿转让的开发小区内公共配套设施发生的支出。

（6）开发间接费用，是指直接组织、管理开发项目发生的费用，包括工资、职工福利费、折旧费、修理费、办公费、水电费、劳动保护费、周转房摊销等。

（三）房地产开发费用

房地产开发费用是指与房地产开发项目有关的销售费用、管理费用和财务费用。为了便于计算操作，对有关费用的扣除，尤其是财务费用中数额较大的利息支出扣除，税法作了较为详细的规定。

（1）对于利息支出以外的其他房地产开发费用，按取得土地使用权所支付的金额和房地产开发成本金额之和，在5%以内计算扣除。

（2）对于利息支出，其允许扣除的房地产开发费用分两种情况：

① 纳税人能够按转让房地产项目计算分摊利息支出，并能提供金融机构的贷款证明的，其允许扣除的房地产开发费用为：利息+（取得土地使用权所支付的金额+房地产开发成本）×5%以内。这里的利息允许据实扣除，但最高不能超过按商业银行同类同期贷款利率计算的金额。

② 纳税人不能按转让房地产项目计算分摊利息支出，或不能提供金融机构贷款证明的，其允许扣除的房地产开发费用为：（取得土地使用权所支付的金额+房地产开发成本）×10%以内。这里的利息支出不得单独计算，而应并入房地产开发费用中一并计算扣除。

上述计算扣除的具体比例，由各省、自治区、直辖市人民政府规定。

此外，财政部、国家税务总局还对扣除项目金额中利息支出的计算问题作了两点专门规定：一是利息的上浮幅度按国家的有关规定执行，超过上浮幅度的部分不允许扣除；二是对于超过贷款期限的利息部分和加罚的利息不允许扣除。

（四）与转让房地产有关的税金

与转让房地产有关的税金，是指在转让房地产时缴纳的城市维护建设税、印花税，教育费附加也可视同税金予以扣除。

房地产开发企业实际缴纳的城市维护建设税、教育费附加，凡能够按清算项目准确计算的，允许据实扣除。凡不能按清算项目准确计算的，则按该清算项目预缴增值税时实际缴纳的城市维护建设税、教育费附加扣除。

允许扣除的印花税，是指在转让房地产时缴纳的印花税。房地产开发企业以外的其他纳税人在计算土地增值税时，允许扣除在转让房地产环节缴纳的印花税。

【例6-3】计算土地增值税扣除项目金额时不得扣除的项目有（　　）。

A.取得土地使用权所支付的金额　　B.土地征用及拆迁补偿费

C.超过国家规定上浮幅度的利息　　D.超过贷款期限的利息

E.加罚的利息

【解析】财政部、国家税务总局对扣除项目金额中利息支出的计算作了两点专门规定：一是利息的上浮幅度按国家的有关规定执行，超过上浮幅度的部分不允许扣除　二是对于超过贷款期限的利息部分和加罚的利息不允许扣除。故正确答案为C、D、E项。

（五）财政部规定的其他扣除项目

财政部规定的一项重要扣除项目是：对从事房地产开发的纳税人，允许按取得土地使用权时所支付的金额与房地产开发成本之和，加计20%扣除；对取得土地使用权后，未进行开发即转让的，计算其增值额时，只允许扣除取得土地使用权时支付的地价款、交纳的有关费用，以及在转让环节缴纳的税金。这样规定的目的主要是抑制炒买炒卖地皮的投机行为，保护正常开发投资者的积极性。

【例6-4】房地产开发公司支付的下列相关税费，可列入加计20%扣除范围的有（　　）。

A.取得土地使用权缴纳的契税　　B.占用耕地缴纳的耕地占用税

C.销售过程中发生的销售费用　　D.开发小区内的道路建设费用

E.支付建筑人员的工资、福利费

【解析】选项A、B、D、E作为开发成本可加计扣除，故选A、B、D、E项。

（六）旧房及建筑物的评估价格

税法规定，转让旧房的，应将房屋及建筑物的评估价格、取得土地使用权所支付的地价款和按国家统一规定缴纳的有关费用及在转让环节缴纳的税金作为扣除项目金额计征土地增值税。

（1）“旧房及建筑物的评估价格”是指在转让已使用的房屋及建筑物时，由政府批准设立的房地产评估机构评定的重置成本价乘以成新度折扣率后的价格。评估价格必须经当地税务机关确认。

重置成本价是指对旧房及建筑物，按转让时的建材价格及人工费用计算，建造同样面积、同样层次、同样结构、同样建设标准的新房及建筑物所需花费的成本费用。成新度折扣率是指按旧房的新旧程度作一定比例的折扣。

【例6-5】一幢房屋已使用近10年，建造时的造价为1 000万元，按转让时的建材及人工费用计算，建造同样的新房需花费4 000万元，该房有六成新，计算该房的评估价格。

【解析】该房的评估价格=4 000×60%=2 400（万元）

（2）对取得土地使用权时未支付地价款或不能提供已支付的地价款凭据的，不允许扣除取得土地使用权时所支付的金额。

纳税人转让旧房及建筑物时，因计算纳税的需要而对房地产进行评估，其支付的评估费用允许在计算增值额时予以扣除。对《土地增值税暂行条例》第九条规定的纳税人存在隐瞒、虚报房地产成交价格等情形而按房地产评估价格计算征收土地增值税时所发生的评估费用，不允许在计算土地增值税时扣除。

三、评估价格及有关规定

所谓评估价格，是指由政府批准设立的房地产评估机构根据相同地段、同类房地产进行综合评定的价格。这种评估价格也需要经当地税务机关确认。

税法规定，纳税人有下列情况之一的，需要对房地产进行评估，并以房地产的评估价格来确定转让房地产收入、扣除项目的金额：

（一）出售旧房及建筑物

新房是指建成后未使用的房产；凡是使用一定时间或达到一定磨损程度的房产，均属于旧房，使用时间和磨损程度的标准由各省、自治区、直辖市财政厅（局）和地方税务局具体规定。

根据税法的规定，出售旧房及建筑物的，应按评估价格计算扣除项目的金额。

评估的基本方法是：对于出售的旧房及建筑物，首先应确定该房屋及建筑物的重置成本价，然后确定其新旧程度（即成新度折扣率），最后以重置成本价乘以其成新度折扣率，以确定转让该旧房及建筑物的扣除项目金额。

由政府批准设立的房地产评估机构评定的房地产重置成本价乘以成新度折旧率的价格，适用于旧房地产的估价。其计算公式为：

旧房地产评估价格=房地产重置成本价×成新度折扣率

使用上述公式计算、评估时应注意以下两点：

第一，房地产重置成本价是指假设在估价时点重新取得全新状况的估价对象或者重新开发建设全新状况的估价对象所必需的支出和应获得的利润。

第二，房屋的成新度折扣率是根据房屋在评估时的实际新旧程度，按专业机构规定的房屋新旧等级标准进行对照，并参考房屋的使用时间、使用程度和保养情况，综合的房屋新旧度比例，一般用几成新来表示。

营改增后，纳税人转让旧房及建筑物，凡不能取得评估价格，但能提供购房发票的，《土地增值税暂行条例》第六条第（一）、（三）项规定的扣除项目的金额按照下列方法计算：

（1）提供的购房凭据为营改增前取得的营业税发票的，按照发票所载金额（不扣减营业税）并从购买年度起至转让年度止每年加计5%计算。

（2）提供的购房凭据为营改增后取得的增值税普通发票的，按照发票所载价税合计金额从购买年度起至转让年度止每年加计5%计算。

（3）提供的购房发票为营改增后取得的增值税专用发票的，按照发票所载不含增值税金额加上不允许抵扣的增值税进项税额之和，并从购买年度起至转让年度止每年加计5%计算。

计算扣除项目时，“每年”是指按购房发票所载日期起至售房发票开具之日止，每满12个月计1年；超过1年，未满12个月但超过6个月的，可以视同1年。

对纳税人购房时缴纳的契税，凡能提供契税完税凭证的，准予作为“与转让房地产有关的税金”予以扣除，但不作为加计5%的基数。

【例6-6】纳税人转让旧房及建筑物，凡不能取得评估价格，但能提供购房发票的，可按发票所载金额并从购买年度起至转让年度止每年加计（　　）计算扣除。

A.2%　　B.5%　　C.10%　　D.20%

【解析】纳税人转让旧房及建筑物，凡不能取得评估价格，但能提供购房发票的，经当地税务部门确认，《土地增值税暂行条例》第六条第（一）、（三）项规定的扣除项目的金额，可按发票所载金额并从购买年度起至转让年度止每年加计5%计算。故正确答案为B选项。

（二）隐瞒、虚报房地产成交价格

隐瞒、虚报房地产成交价格的情况主要有两种：

（1）纳税人不报转让土地使用权、地上建筑物及其附着物的价款，即根本不申报。

（2）纳税人有意低报转让土地使用权、地上建筑物及其附着物的价款，即少申报。

隐瞒、虚报房地产成交价格，应由评估机构参照同类房地产的市场交易价格进行评估。采用市场比较法，首先要收集较多的交易实例，从中挑选出与被评估的房地产在地理位置、外观形状、建筑面积、建筑材料、使用年限等方面类似的房地产作为参照物，进行价格比较，然后要对影响交易价格的相关因素进行调整修正，最后才能得出最接近的价格。采用市场比较法计算房地产评估价格的公式如下：

房地产评估价格 = 交易实例房地产价格 × 实物状况因素修正 × 权益因素修正 × 区域因素修正 × 其他因素修正

（三）提供扣除项目金额不实

提供扣除项目金额不实，是指纳税人在纳税申报时，不据实提供扣除项目金额，而是虚增被转让房地产扣除项目的内容或金额，使税务机关无法从纳税人方面了解计征土地增值税所需的正确的扣除项目金额，从而达到通过虚增成本少纳税的目的。

对于纳税人申报扣除项目金额不实的，应由评估机构对该房屋按照评估出的房屋重置成本价，乘以房屋的成新度折扣率，确定房产的扣除项目金额，并用该房产所坐落土地取得时的基准地价或标定地价来确定土地的扣除项目金额，房产和土地的扣除项目金额之和即为该房地产的扣除项目金额。

（四）转让房地产的成交价格低于房地产评估价格且无正当理由

转让房地产的成交价格低于房地产评估价格且无正当理由，是指纳税人申报的转让房地产的成交价低于房地产评估机构通过市场比较法进行房地产评估时所确定的正常市场交易价，对此，纳税人又不能提供有效凭据或无正当理由进行解释的行为。对于这种情况，应按评估的市场交易价确定其实际成交价，并以此作为转让房地产的收入计算征收土地增值税。

【例6-7】下列各项在计算土地增值税时，属于允许扣除的房地产开发费用的项目有（　　）。

A.建筑安装工程费用　　B.转让房地产缴纳的城市维护建设税

C.房地产销售费用　　D.房地产开发项目贷款利息

E.拆迁补偿费　　F.对外出租房产缴纳的税金及附加

【解析】选项A、E，建筑安装工程费用、拆迁补偿费属于房地产开发成本中的项目；选项B，转让房地产缴纳的城市维护建设税属于与转让房地产有关的税金；选项F，对外出租房产不属于土地增值税的征税范围。故选C、D项。

第三节　税率及应纳税额的计算

一、税率

征收土地增值税的主要目的在于抑制房地产的投机、炒卖活动，限制滥占耕地的行为，并适当调节纳税人的收入分配，保障国家权益。因此，土地增值税税率设计的基本原则是：增值多的多征，增值少的少征，无增值的不征。按照这个原则，土地增值税采用四级超率累进税率（见表6-1）。

表6-1　土地增值税四级超率累进税率表

级数	增值额与扣除项目金额的比率	税率	速算扣除系数
1	未超过50%（含）的部分	30%	0
2	超过50%但未超过100%（含）的部分	40%	5%
3	超过100%但未超过200%（含）的部分	50%	15%
4	超过200%的部分	60%	35%

二、应纳税额的计算

土地增值税以转让房地产的增值额为计税依据，按照超率累进税率计算应纳税额，其计算原理与超额累进税率基本相同。

计算的基本原理和方法是：首先以出售房地产的不含税总收入减除扣除项目金额，求得增值额；然后用增值额与扣除项目相比，其比值即为土地增值率；最后根据土地增值率的高低确定适用税率，用增值额乘以适用税率，求得应纳税额。

下面就转让房地产的不同情况，分别介绍应纳税额的计算方法。

（一）转让土地使用权和出售新建房及配套设施应纳土地增值税税额的计算

转让土地使用权和出售新建房及配套设施应纳土地增值税税额的计算包括以下几个步骤：

1.计算增值额

增值额=不含增值税收入额-扣除项目金额

2.计算增值率

增值率=增值额÷扣除项目金额×100%

3.确定适用税率

依据计算的增值率，按税率表确定适用税率。

4.依据适用税率计算应纳税额

应纳土地增值税税额=增值额×适用税率-扣除项目金额×速算扣除系数

【例6-8】金科地产公司出售一幢写字楼，收入总额为1 000万元（为不含税收入）。开发该写字楼的有关支出为：支付地价款及各种费用100万元；房地产开发成本300万元；财务费用中的利息支出为45万元（可按转让项目计算分摊并提供金融机构证明）；转让环节缴纳的相关税费共计5万元（不含增值税）。该单位所在地政府规定的其他房地产开发费用计算扣除比例为5%。计算该房地产开发公司应纳土地增值税税额。

【解析】（1）收入总额为1 000万元。

（2）取得土地使用权支付的地价款及有关费用为100万元。

（3）房地产开发成本为300万元。

（4）房地产开发费用=45+（100+300）×5%=65（万元）

（5）允许扣除的税费为5万元。

（6）从事房地产开发的纳税人加计扣除20%，则：

加计扣除额=（100+300）×20%=80（万元）

（7）扣除项目金额合计=100+300+65+5+80=550（万元）

（8）增值额=1 000−550=450（万元）

（9）增值率=450÷550×100%=81.82%

（10）应纳土地增值税税额=450×40%−550×5%=152.5（万元）

（二）出售旧房应纳土地增值税税额的计算

出售旧房及建筑物，首先按评估价格及有关因素计算扣除项目金额，然后根据上述方法计算应纳税额。具体计算步骤如下：

1.计算评估价格

评估价格=重置成本价×成新度折扣率

2.汇集扣除项目金额

3.计算增值率，确定适用税率

4.计算应纳税额

应纳土地增值税税额=增值额×适用税率−扣除项目金额×速算扣除系数

【例6-9】某工业企业转让一幢20世纪90年代建造的厂房，当时造价100万元，无偿取得土地使用权。如果按现行市场价的材料、人工费计算，建造同样的房子需要600万元，该房子为七成新，按不含税价格500万元出售，支付相关税费共计2.75万元（不含增值税）。计算该企业转让旧房应纳土地增值税税额。

【解析】（1）评估价格=600×70%=420（万元）

（2）允许扣除的税金为2.75万元。

（3）扣除项目金额合计=420+2.75=422.75（万元）

（4）增值额=500−422.75=77.25（万元）

（5）增值率=77.25÷422.75×100%=18.27%

（6）应纳土地增值税税额=77.25×30%−422.75×0=23.175（万元）

（三）特殊售房方式应纳土地增值税税额的计算

房地产业的经营方式较为特殊，土地增值税征收管理的难度也比较大，其中最突出的情况是纳税人成片受让土地使用权后分期分批开发、转让房地产，以及纳税人采取预售方式出售商品房。为了加强对土地增值税的征收管理，保证税收及时、足额入库，《土地增值税暂行条例实施细则》规定，土地增值税以纳税人房地产成本核算的最基本核算项目或核算对象为单位计算。依据这项原则，我国对上述两种经营方式采取了先按比例征收（预征率：东部地区省份不得低于2%，中部和东北地区省份不得低于1.5%，西部地区省份不得低于1%），然后清算的办法。具体方法如下：

（1）纳税人成片受让土地使用权后，分期分批开发、转让房地产的，对允许扣除项目的金额可按转让土地使用权的面积占总面积的比例计算分摊。若按此办法难以计算或明显不合理，也可按建筑面积或税务机关确认的其他方式计算分摊。

按转让土地使用权的面积占总面积的比例，计算分摊扣除项目金额的公式为：

$$\text{扣除项目金额}=\text{扣除项目的总金额}\times\left(\text{转让土地使用权的面积或建筑面积}\div\text{受让土地使用权的总面积}\right)$$

（2）纳税人采取预售方式出售商品房的，在计算缴纳土地增值税时，可以先按买卖双方签订的预售合同所载金额计算出应缴纳的土地增值税税额，然后根据每笔预收款占总售价款的比例，计算分摊每次需缴纳的土地增值税税额，并在每次预收款时计征。

第四节　税收优惠及征收管理

一、税收优惠

对房地产转让征收土地增值税，涉及面广，政策性强。为了促进房地产开发结构的调整，改善城镇居民的居住条件，并有利于城市改造规划的实施，《土地增值税暂行条例》及其他有关法规规定了相应的减免税项目。

（一）一般减免税规定

1.建造普通标准住宅的税收优惠

建造普通标准住宅出售，增值额未超过扣除项目金额20%的，免征土地增值税；增值额超过扣除项目金额20%的，应就其全部增值额按规定计税。

所谓普通标准住宅，是指按所在地一般民用住宅标准建造的居住用住宅。高级公寓、别墅、小洋楼、度假村以及超面积、超标准豪华装修住宅，均不属于普通标准住宅。普通标准住宅与其他住宅的具体划分界限，2005年5月31日以前由省级人民政府规定。自2005年6月1日起，普通标准住宅应同时满足以下条件：住宅小区建筑容积率在1.0以上，单套建筑面积在120平方米以下，实际成交价格低于同级别土地上住房平均交易价格的1.2倍。各省、自治区、直辖市要根据实际情况，制定本地区享受优惠政策普通住房的具体标准，允许单套建筑面积和价格标准适当浮动，但向上浮动的比例不得超过上述标准的20%。

对于纳税人既建造普通标准住宅，又进行其他房地产开发的，应分别核算增值额；不分别核算增值额或不能准确核算增值额的，其建造的普通标准住宅不能适用这一免税规定。

2.国家征用、收回的房地产的税收优惠

因国家建设需要依法征用、收回的房地产，免税。

这类房地产是指因城市市政规划、国家建设需要拆迁而被政府征用、收回的房地产。由于上述原因，纳税人自行转让房地产的，亦给予免税。

3.个人转让房地产的税收优惠

对居民个人拥有的住宅，在其转让时暂免征收土地增值税。

4.其他税收优惠

自2007年8月1日起，企事业单位、社会团体以及其他组织转让旧房作为廉租住房、公共租赁住房、经济适用房房源且增值额未超过扣除项目金额20%的，免征土地增值税。

（二）特殊减免税规定

对1994年1月1日以前签订的房地产转让合同，不论其房地产在何时转让，均免征土地增值税。

【例6-10】下列各项中，免征或不征的土地增值税有（　　）。

A.国家依法征用、收回的房地产

B.房地产开发企业将开发产品转为自用，且产权未发生转移

C.房地产开发企业将开发产品对外投资

D.合作建房建成后分房自用的

E.企业出租给个人用于经营的房屋

【解析】房地产开发企业将开发产品用于职工福利、奖励、对外投资、分配给股东或投资人、抵偿债务、换取其他单位和个人的非货币性资产等，发生所有权转移时应视同销售房地产。故正确答案为A、B、D、E项。

二、征收管理

（一）纳税申报

土地增值税的纳税人应按照下列程序办理纳税手续：

（1）纳税人应自转让房地产合同签订之日起7日内，向房地产所在地主管税务机关办理纳税申报，同时向税务机关提交房屋及建筑物产权、土地使用权证书，土地使用权转让、房产买卖契约，交易标的物，会计报表和有关资料。

（2）纳税人因经常发生转让房地产行为而难以在每次转让后申报的，可按月或按各省、自治区、直辖市和计划单列市税务局规定的期限缴纳。纳税人选择定期申报方式的，应向纳税所在地税务机关备案。定期申报方式确定后，1年之内不得变更。

（3）纳税人按规定办理纳税手续后，持纳税凭证到房产、土地管理部门办理产权变更手续。纳税人未按照规定缴纳土地增值税的，土地管理部门、房产管理部门不得为其办理有关的权属变更手续。

（二）纳税时间

土地增值税按照转让房地产所取得的实际收益计算征收，由于计税时要涉及房地产开发的成本和费用，有时还要进行房地产评估等，因此其纳税时间不可能像其他税种那样存在统一规定，而应根据房地产转让的不同情况，由主管税务机关具体确定。土地增值税的纳税时间主要有三种情况：

1.以一次交割、付清价款方式转让房地产的

对于这种情况，主管税务机关可在纳税人办理纳税申报后，根据其应纳税额的大小及向有关部门办理过户、登记手续的期限等，规定其在办理过户、登记手续前数日内一次性缴纳全部土地增值税。

2.分期收款方式转让房地产的

对于这种情况，主管税务机关可根据合同规定的收款日期来确定具体的纳税期限。也

就是说，先计算出应缴纳的全部土地增值税税额；然后按总税额除以转让房地产的总收入，求得应纳税额占总收入的比例；最后在每次收到价款时，按收到价款的数额乘以这个比例来确定每次应纳的税额，并规定其应在每次收款后数日内缴纳土地增值税。

3.项目全部竣工结算前转让房地产的

纳税人在项目全部竣工结算前转让房地产取得的收入，由于涉及成本确定或其他原因而无法据实计算土地增值税的，可以预征土地增值税，待该项目全部竣工并办理结算后再进行清算，多退少补。这主要涉及两种情况：

（1）纳税人进行小区开发建设的，其中一部分房地产项目因先行开发并已转让出去，但小区内的部分配套设施往往在转让后才建成。在这种情况下，税务机关可以对先行转让的项目，在取得收入时预征土地增值税。

（2）纳税人以预售方式转让房地产的，对在办理结算和转交手续前就取得的收入，税务机关也可以预征土地增值税，具体办法由省级税务局根据当地情况制定。

根据税法的规定，凡采用预征方法征收土地增值税的，在该项目全部竣工办理结算时，都需要对土地增值税进行清算，根据应征税额和已征税额进行清算，多退少补。

【例6-11】根据税法的有关规定，下列关于房地产转让的说法中，正确的是（　　）。

A.以分期收款方式转让房地产的，根据实际的收款日期确定纳税期限

B.以一次交割、付清价款方式转让房地产的，在办理过户和登记手续后一次性缴纳土地增值税

C.因国家建设需要而搬迁，由纳税人自行转让其房地产的，应自签订房地产转让合同之日起7日内，到房地产所在地主管税务机关备案

D.纳税人因国家建设需要被依法征用房地产并得到经济补偿的，应从签订房地产转让合同之日起15日内，到房地产所在地主管税务机关备案

【解析】选项A，以分期收款方式转让房地产的，主管税务机关可根据合同规定的收款日期确定具体的纳税期限；选项B，以一次交割、付清价款方式转让房地产的，主管税务机关可在纳税人办理纳税申报后，根据其应纳税额的大小及向有关部门办理过户、登记手续的期限等，规定其在办理过户、登记手续前数日内一次性缴纳全部土地增值税；选项D，因国家建设需要被依法征用、收回的房地产，纳税人因此得到经济补偿的，应从签订房地产转让合同之日起7日内，到房地产所在地主管税务机关备案。故正确答案为C选项。

【例6-12】依据税法的相关规定，纳税人办理土地增值税纳税申报的期限是（　　）。

A.签订房地产建筑合同之日起30日内

B.自转让房地产合同签订之日起7日内

C.向有关部门办理过户登记手续之日起7日内

D.签订房地产转让合同且收回款项之日起10日内

【解析】纳税人应自转让房地产合同签订之日起7日内，向房地产所在地主管税务机关办理纳税申报。故正确答案为B选项。

（三）纳税地点

土地增值税由房地产所在地税务机关负责征收。所谓"房地产所在地"，是指房地产

的坐落地。不论纳税人的机构所在地、经营所在地、居住所在地设在何处，均应在转让的房地产所在地进行申报纳税。

1.纳税人是法人的

当转让的房地产坐落地与其机构所在地或经营所在地一致时，可在办理税务登记的原管辖税务机关申报纳税；当转让的房地产坐落地与其机构所在地或经营所在地不一致时，应在房地产坐落地主管税务机关申报纳税。纳税人转让的房地产坐落在两个或两个以上地区的，应按房地产所在地分别申报纳税。

2.纳税人是自然人的

当转让的房地产坐落地与其居住所在地一致时，可在其居住所在地税务机关申报纳税；当转让的房地产坐落地与其居住所在地不一致时，应在房地产坐落地主管税务机关申报纳税。

（四）房地产开发项目土地增值税的清算管理

土地增值税清算是指纳税人在符合土地增值税清算条件后，依照税收法律、法规及土地增值税有关政策的规定，计算房地产开发项目应缴纳的土地增值税税额，并填写《土地增值税清算申报表》，向主管税务机关提供有关资料，办理土地增值税清算手续，结清该房地产项目应缴纳的土地增值税税款的行为。

（1）纳税人符合下列条件之一的，应进行土地增值税的清算：

① 房地产开发项目全部竣工、完成销售的。

② 整体转让未竣工决算房地产开发项目的。

③ 直接转让土地使用权的。

（2）符合以下条件之一的，主管税务机关可要求纳税人进行土地增值税的清算：

① 对于已竣工验收的房地产开发项目，已转让的房地产建筑面积占整个项目可售建筑面积的比例在85%以上，或该比例虽未超过85%，但剩余的可售建筑面积已经出租或自用的。

② 取得销售（预售）许可证满3年仍未销售完毕的。

③ 纳税人申请注销税务登记但未办理土地增值税清算手续的。

④ 省（自治区、直辖市、计划单列市）税务机关规定的其他情况。

对前款所列第③项情形，应在办理注销登记前进行土地增值税的清算。

对于符合第（1）种清算条件且应进行土地增值税清算的项目，纳税人应当在满足条件之日起90日内到主管税务机关办理清算手续。对于符合第（2）种清算条件的项目，由主管税务机关确定是否进行清算；对于确定需要进行清算的项目，由主管税务机关下达清算通知，纳税人应当在收到清算通知之日起90日内办理清算手续。

应进行土地增值税清算的纳税人或经主管税务机关确定需要进行清算的纳税人，在上述规定的期限内拒不清算或不提供清算资料的，主管税务机关可依据《税收征收管理法》的有关规定处理。

【例6-13】对于已竣工验收的房地产开发项目，已转让的房地产建筑面积占整个项目可售建筑面积的比例在（　　）以上的，主管税务机关可要求纳税人进行土地增值税清算。

A.50%　　B.75%　　C.80%　　D.85%

【解析】对于已竣工验收的房地产开发项目，已转让的房地产建筑面积占整个项目可售建筑面积的比例在85%以上的，主管税务机关可要求纳税人进行土地增值税清算。故正确答案为D选项。

【例6-14】下列各项中，主管税务机关可要求纳税人进行土地增值税清算的有（　　）。

A.取得销售许可证满3年仍未销售完毕的

B.取得的销售收入占该项目收入总额50%以上的

C.申请注销税务登记但未办理土地增值税清算手续的

D.转让的房屋建筑面积占整个项目可售建筑面积85%以上的

E.转让的房屋建筑面积占整个项目可售建筑面积虽未超过85%但剩余可售面积自用的

【解析】符合以下条件之一的，主管税务机关可要求纳税人进行土地增值税清算：(1) 对于已竣工验收的房地产开发项目，已转让的房地产建筑面积占整个项目可售建筑面积的比例在85%以上，或该比例虽未超过85%，但剩余的可售建筑面积已经出租或自用的；(2) 取得销售（预售）许可证满3年仍未销售完毕的；(3) 纳税人申请注销税务登记但未办理土地增值税清算手续的；(4) 省（自治区、直辖市、计划单列市）税务机关规定的其他情况。故选A、C、D、E项。

本章主要税法依据

❶《中华人民共和国土地增值税暂行条例》（1993年12月13日中华人民共和国国务院令第138号）

❷《中华人民共和国土地增值税暂行条例实施细则》（1995年1月27日财法字〔1995〕6号）

❸《财政部 国家税务总局关于土地增值税一些具体问题规定的通知》（1995年5月25日财税字〔1995〕48号）

❹《财政部 国家税务总局关于营改增后契税 房产税 土地增值税 个人所得税计税依据问题的通知》（2016年4月25日财税〔2016〕43号）

❺《国家税务总局关于修订土地增值税纳税申报表的通知》（2016年7月7日税总函〔2016〕309号）

❻《国家税务总局关于营改增后土地增值税若干征管规定的公告》（2016年11月10日国家税务总局公告2016年第70号）

❼《国家税务总局关于房地产开发企业土地增值税清算涉及企业所得税退税有关问题的公告》（2016年12月9日国家税务总局公告2016年第81号）

❽《财政部 税务总局关于继续实施企业改制重组有关土地增值税政策的通知》（2018年5月16日财税〔2018〕57号）

第七章

受益地方的房产税

本章重点

1.应税收入的确定
2.房产税的纳税人
3.从价计征、从租计征房产税的适用范围
4.房产税的计算

本章难点

1.从价计征、从租计征房产税的适用范围
2.房产税的计算

房产税是以房产为征税对象，按照房产计税余值或租金收入，向产权所有人征收的一种财产税。

1984年，我国进行了工商税制全面改革，恢复征收房产税。1986年9月15日，国务院发布了《中华人民共和国房产税暂行条例》（以下简称《房产税暂行条例》），自当年10月1日起开始施行。各省、自治区、直辖市人民政府根据《房产税暂行条例》的规定，先后制定了相关实施细则。至此，房产税在全国范围内全面征收。

第一节　征税对象及纳税人

一、征税对象

房产税的征税对象是房产。所谓房产，是以房屋形态表现的财产。房屋是指有屋面和围护结构（有墙或两边有柱），能够遮风避雨，可供人们在其中生产、学习、工作、娱乐、居住或储藏物资的场所。至于那些独立于房屋之外的建筑物，如围墙、烟囱、水塔、变电塔、油池油柜、酒窖菜窖、酒精池、糖蜜池、室外游泳池、玻璃暖房、砖瓦石灰窑以及各种油漆罐等，则不属于房产。

《房产税暂行条例》规定，房产税的征税范围为城市、县城、建制镇和工矿区。

城市是指经国务院批准设立的市。城市的征税范围为市区、郊区和市辖县，不包括农村。

县城是指县人民政府所在地。

建制镇是指经省、自治区、直辖市人民政府批准设立的建制镇。建制镇的征税范围为镇人民政府所在地，不包括所辖的行政村。

工矿区是指工商业比较发达、人口比较集中，符合国务院规定的建制镇标准，但尚未设立建制镇的大中型工矿企业所在地。开征房产税的工矿区必须经省、自治区、直辖市人民政府批准。

【例7-1】下列属于房产税征税对象的是（　　）。

A.室内游泳池　　B.围墙　　C.水塔　　D.玻璃暖房

【解析】室内游泳池不是独立于房屋之外的建筑物，属于房屋范围，是房产税的征税对象。故正确答案为A选项。

二、纳税人

房产税以在征税范围内的房屋产权所有人为纳税人。

（1）产权属国家所有的，由经营管理单位纳税；产权属集体和个人所有的，由集体单位和个人纳税。

（2）产权出典的，由承典人纳税。所谓产权出典，是指产权所有人将房屋、生产资料等的产权，在一定期限内典当给他人使用而取得资金的一种融资业务。这种业务大多发生于出典人急需用款，但又想保留产权赎回权的情况。承典人向出典人交付一定的典价之后，在质典期内即获抵押物品的支配权，并可转典。产权的典价一般要低于卖价。出典人在规定期间内必须归还典价的本金和利息，方可赎回出典房屋的产权。由于在房屋出典期间，产权所有人已无权支配房屋，因此税法规定对房屋具有支配权的承典人为纳税人。

（3）产权所有人、承典人不在房屋所在地的，由房产代管人或者使用人纳税。

（4）产权未确定及租典纠纷未解决的，亦由房产代管人或者使用人纳税。所谓租典纠纷，是指产权所有人在房产出典和租赁关系上，与承典人、租赁人发生各种争议，特别是权利和义务的争议悬而未决的。对于租典纠纷尚未解决的房产，规定由代管人或使用人为纳税人，主要目的在于加强征收管理，保证房产税税款及时入库。

（5）无租使用其他房产的问题。纳税单位和个人无租使用房产管理部门、免税单位及纳税单位的房产，应由使用人代为缴纳房产税。

自2009年1月1日起，外商投资企业、外国企业和外国人经营的房产也应按照规定缴纳房产税。

【例7-2】下列有关房产税纳税人的表述中，不正确的是（　　）。

A.房产产权出典的，出典人为房产税的纳税人

B.房产产权属于个人所有的，个人为房产税的纳税人

C.房产产权属于集体所有的，集体单位为房产税的纳税人

D.房产产权属于国家所有的，其经营管理单位为房产税的纳税人

【解析】房产产权出典的，承典人为纳税人。故选A项。

第二节　计税依据、税率及应纳税额的计算

一、计税依据

房产税的计税依据通常是房产的价值。房产的价值有三种表现形式：一是房产的原值，即房屋的造价；二是房产的净值，即房屋的原值扣除折旧后的价值；三是房产的市价，即买卖房屋的市场价值（价格）。

二维码10：房产税

房产税的计税办法分为两种：一是以房产计税余值作为计税依据，即从价计征；二是以租金收入作为计税依据，即从租计征。

（一）对于经营自用的房屋，以房产计税余值作为计税依据

所谓房产计税余值，是指依照税法的规定按房产原值一次减除10%~30%的损耗价值以后的余额，其中：

（1）对依照房产原值计税的房产，不论是否记载在会计账簿固定资产科目中，均应按照房屋原价计算缴纳房产税。房屋原价应根据国家有关会计制度的规定进行核算。对纳税人未按国家有关会计制度规定核算并记载的，应按规定予以调整或重新评估。

自2010年12月21日起，对按照房产原值计税的房产无论会计上如何核算，房产原值均应包含地价，包括为取得土地使用权支付的价款、开发土地发生的成本费用等。宗地容积率低于0.5的，按房产建筑面积的2倍计算土地面积并据此确定计入房产原值的地价。

（2）房产原值应包括与房屋不可分割的各种附属设备或一般不单独计算价值的配套设施。例如，暖气、卫生、通风、照明、煤气等设备，蒸气、压缩空气、石油、给水排水等管道及电力、电信、电缆导线，电梯、升降机、过道、晒台等。无论会计核算中是否单独记账与核算，都应计入房产原值，计征房产税。

（3）纳税人对原有房屋进行改建、扩建的，要相应增加房屋的原值。

（4）对于更换房屋附属设备和配套设施的，在将其价值计入房产原值时，可扣减原来相应设备和设施的价值；对于附属设备和配套设施中易损坏、需要经常更换的零配件，更新后不再计入房产原值，原零配件的原值也不扣除。

（5）凡在房产税征税范围内具备房屋功能的地下建筑，包括与地上房屋相连的地下建筑（如房屋的地下室、地下停车场、地下商场等）以及完全建在地面以下的建筑、地下人防设施等，均应当按照有关规定计算征收房产税。自用的地下建筑，按以下方式计税：

①工业用途房产，以房屋原价的50%~60%作为应税房产原值。

②商业和其他用途房产，以房屋原价的70%~80%作为应税房产原值。

房屋原价折算为应税房产原值的具体比例，由各省、自治区、直辖市和计划单列市财

政和地方税务部门在上述幅度内自行确定。

③对于与地上房屋相连的地下建筑，应将地下部分与地上房屋视为一个整体，按照地上房屋建筑的有关规定计算征收房产税。

(6) 对于出租房产，租赁双方签订的租赁合同约定有免收租金期限的，免收租金期间由产权所有人按照房产原值缴纳房产税。

(7) 在确定房产计税余值时，房产原值的具体减除比例由各省、自治区、直辖市人民政府在税法规定的减除幅度内自行确定。

如果纳税人未按会计制度规定记载原值，在计征房产原值时，应按规定调整房产原值；房产原值明显不合理的，应重新予以评估；没有房产原值的，应由房屋所在地税务机关参考同类房屋的价值核定。房产原值确定后，根据当地适用的扣除比例，确定房产计税余值。

（二）对于出租的房屋，以不含增值税的租金收入作为计税依据

房屋的租金收入，是房屋产权所有人出租房产使用权所得的报酬，包括货币收入和实物收入。对以劳务或者其他形式为报酬抵付房租收入的，应根据当地同类房产的租金水平，确定租金标准，依率计征。

如果纳税人对个人出租房屋的租金收入申报不实或申报数与同一地段同类房屋的租金收入相比明显不合理，税务部门可以按照《税收征收管理法》的有关规定，采取科学合理的方法核定其应纳税款，具体办法由各省、自治区、直辖市地方税务机关结合当地实际情况制定。

出租的地下建筑，按照出租地上房屋建筑的有关规定计算征收房产税。

（三）投资联营及融资租赁房产的计税依据

(1) 对投资联营的房产，在计征房产税时应予以区别对待。对于以房产投资联营，投资者参与投资利润分红、共担风险的，以房产计税余值作为计税依据计征房产税；对于以房产投资，收取固定收入，不承担联营风险的，实际上是以联营名义取得房产租金，应根据《房产税暂行条例》的有关规定由出租方按不含增值税的租金收入计算应缴纳的房产税。

(2) 对于融资租赁房屋的情况，由于租赁费包括购进房屋的价款、手续费、借款利息等，与一般房屋出租的“租金”内涵不同，且租赁期满后，当承租方偿还最后一笔租赁费时，房屋产权要转移给承租方。这实际上是一种变相的分期付款购买固定资产的形式，所以应以房产计税余值计算征收房产税。融资租赁的房产，由承租人自融资租赁合同约定开始日的次月起依照房产余值缴纳房产税。合同未约定开始日的，由承租人自合同签订的次月起依照房产余值缴纳房产税。

（四）居民住宅区内业主共有的经营性房产的计税依据

对居民住宅区内业主共有的经营性房产，由实际经营（包括自营和出租）的代管人或使用人缴纳房产税。其中自营的，依照房产原值减除10%~30%后的余值计征，没有房产原值或不能将共有住房划分开的，由房产所在地税务机关参照同类房产核定房产原值；出租的，依照不含增值税的租金收入计征房产税。

【例7-3】某企业以房产投资联营，投资者参与利润分红、共担风险，以（　　）为房产税的计税依据。

A.房产计税余值　　B.房产市值　　C.房产净值　　D.房产原值

【解析】对投资联营的房产，在计征房产税时应予以区别对待。对于以房产投资联营，投资者参与投资利润分红、共担风险的，以房产计税余值作为计税依据计征房产税；对于以房产投资，收取固定收入，不承担联营风险的，实际上是以联营名义取得房产租金，应根据《房产税暂行条例》的有关规定由出租方按不含增值税的租金收入计算应缴纳的房产税。故正确答案为A选项。

二、税率

我国现行房产税采用的是比例税率。由于房产税的计税依据分为从价计征和从租计征两种形式，因此房产税的税率也有两种：

（1）依据房产计税余值计税的，税率为1.2%。

（2）依据房产租金收入计税的，税率为12%。

从2008年3月1日起，对个人出租住房，不区分用途，按4%的税率征收房产税。对企事业单位、社会团体以及其他组织按市场价格向个人出租用于居住的住房，减按4%的税率征收房产税。

三、应纳税额的计算

（一）从价计征

从价计征是指按房产的原值减除一定比例后的余值计征。其计算公式为：

应纳税额=房产计税余值×1.2%

房产计税余值=房产原值×（1-原值减除比例）

公式中的“原值减除比例”为10%~30%，具体比例由各省、自治区、直辖市人民政府根据当地的实际情况确定。

【例7-4】某企业经营用房产原值为5 000万元，按照当地的规定，允许按减除30%后的余值计税。计算其应纳房产税税额。

【解析】（1）房产计税余值=5 000×（1-30%）=3 500（万元）

（2）应纳房产税税额=3 500×1.2%=42（万元）

（二）从租计征

从租计征是指按房产不含增值税的租金收入计征。其计算公式为：

应纳税额=不含增值税的租金收入×适用税率

【例7-5】某公司出租房屋3间，年租金收入为30 000元（不含增值税）。计算其应纳房产税税额。

【解析】应纳房产税税额=30 000×12%=3 600（元）

第三节 税收优惠及征收管理

一、税收优惠

房产税的税收优惠是根据国家政策需要和纳税人的负担能力制定的。目前，房产税的税收优惠政策主要有：

（一）国家机关、人民团体、军队自用的房产免征房产税

这里的“人民团体”，是指经国务院授权的政府部门批准设立或登记备案，并由国家拨付行政事业费的各种社会团体。这里的“自用的房产”，是指这些单位本身的办公用房和公务用房，但上述免税单位的出租房产以及非自身业务使用的生产、营业用房，不属于免税范围。

（二）由国家财政部门拨付事业经费的单位自用的房产免征房产税

免征房产税的事业单位指的是实行全额或者差额预算管理的事业单位，自收自支的事业单位则不享受免税优惠。事业单位自用的房产，是指这些单位本身的业务用房，其所属的工厂、商店、招待所等的用房，则应照章纳税。

（三）宗教寺庙、公园、名胜古迹自用的房产免征房产税

宗教寺庙自用的房产，是指举行宗教仪式等的房屋和宗教人员的生活用房屋。公园、名胜古迹自用的房产，是指供公众参观游览的房屋及其管理单位的办公用房屋。但宗教寺庙、公园、名胜古迹中附设的营业单位，如影剧院、饮食部、茶社、照相馆等所使用的房产及出租的房产，不属于免税范围，应照章纳税。

（四）个人所有非营业用的房产免征房产税

个人所有非营业用房主要是指居民住房，不分面积多少，一律免征房产税。对个人拥有的营业用房或者出租的房产，不属于免税房产，应照章纳税。

（五）经财政部批准免税的其他房产

这类免税房产情况特殊、范围较小，是根据实际情况确定的，主要包括：

（1）企业办的各类学校、托儿所、幼儿园自用的房产，免征房产税。

（2）损毁不堪使用的房屋和危险房屋，经有关部门鉴定，在停止使用后，可免征房产税。

（3）纳税人因房屋大修导致连续停用半年以上的，在房屋大修期间免征房产税，免征税额由纳税人在申报缴纳房产税时自行计算扣除，并在申报表附表或“备注”栏中作相应说明。

纳税人房屋大修停用半年以上需要免缴房产税的，应在房屋大修前向主管税务机关报送相关的证明材料，包括大修房屋的名称、坐落地点、产权证编号、房产原值、用途、房屋大修的原因、大修合同及大修的起止时间等信息和资料，以备税务机关查验。

（4）在基建工地为基建工地服务的各种工棚、材料棚、休息棚和办公室、食堂、茶炉房、汽车房等临时性房屋，在施工期间，一律免征房产税。工程结束后，施工企业将这种临时性房屋交还或估价转让给基建单位的，应从基建单位接收的次月起，照章纳税。

（5）纳税单位与免税单位共同使用的房屋，按各自使用的部分划分，分别征收或免征房产税。

（6）自2000年10月1日起，老年服务机构自用的房产免征房产税。老年服务机构是指专门为老年人提供生活照料、文化、护理、健身等多方面服务的福利性、非营利性机构，主要包括老年社会福利院、敬老院（养老院）、老年服务中心、老年公寓（含老年护理院、康复中心、托老所）等。

（7）从2001年1月1日起，对按政府规定价格出租的公有住房和廉租住房，包括企业和自收自支事业单位向职工出租的单位自有住房、房管部门向居民出租的公有住房、落实私房政策中带户发还产权并以政府规定的租金标准向居民出租的私有住房等，暂免征收房产税。

（8）对房地产开发企业建造的商品房，在出售前不征收房产税，但对出售前房地产开发企业已使用或出租、出借的商品房应按规定征收房产税。

（9）2019年1月1日至2021年12月31日期间，对商品储备管理公司及其直属库自用的承担商品储备业务的房产，免征房产税。

（10）自2019年1月1日至2023年12月31日，由财政部门拨付事业经费的文化单位转制为企业，自转制注册之日起五年内对其自用房产，免征房产税。2018年12月31日之前已完成转制的企业，自2019年1月1日起对其自用房产可继续免征五年房产税。

（11）自2019年1月1日至2023年12月31日，对饮水工程运营管理单位自用的生产、办公用房产，免征房产税。饮水工程，是指为农村居民提供生活用水而建设的供水工程设施。饮水工程运营管理单位，是指负责饮水工程运营管理的自来水公司、供水公司、供水（总）站（厂、中心）、村集体、农民用水合作组织等单位。

（12）自2004年8月1日起，对军队空余房产租赁收入暂免征收房产税。

（13）自2019年6月1日至2025年12月31日，对为社区提供养老、托育、家政等服务的机构自有或其通过承租、无偿使用等方式取得并用于提供社区养老、托育、家政服务的房产，免征房产税。

（14）自2019年1月1日至2023年12月31日，对农产品批发市场、农贸市场（包括自有和承租，下同）专门用于经营农产品的房产，暂免房产税。对同时经营其他产品的农产品批发市场和农贸市场使用的房产，按其他产品与农产品交易场地面积的比例，计算征免的房产税。

（15）自2019年1月1日至2023年供暖期结束，“三北”地区对向居民供热收取采暖费的供热企业，为居民供热所使用的厂房及土地免征房产税；对供热企业其他厂房，应当按照规定征收房产税。

对专业供热企业，按其向居民供热取得的采暖费收入占全部采暖费收入的比例，计算免征的房产税。

对兼营供热企业，视其供热所使用的厂房与其他生产经营活动所使用的厂房是否可以区分，按照不同方法计算免征的房产税。可以区分的，对其供热所使用厂房，按向居民供热取得的采暖费收入占全部采暖费收入的比例，计算免征的房产税。难以区分的，对其全部厂房及土地，按向居民供热取得的采暖费收入占其营业收入的比例，计算免征的房产税。

对自供热单位，按向居民供热建筑面积占总供热建筑面积的比例，计算免征供热所使用的厂房及土地的房产税。

（16）自2019年1月1日至2024年12月31日，由各省、自治区、直辖市人民政府根据本地区实际情况，以及宏观调控需要确定，对增值税小规模纳税人可以在50%的税额幅度内减征房产税。增值税小规模纳税人已依法享受城市房产税其他优惠政策的，可叠加享受减征50%的优惠政策。

自2019年5月28日起，纳税人享受房产税优惠的，实行“自行判别、申报享受、有关资料留存备查”办理方式，申报时无须再向税务机关提供有关资料。

【例7-6】依据房产税的相关规定，下列说法正确的有（　　）。

A.房产税的征税范围包括农村

B.房屋产权出典的，由出典人缴纳房产税

C.老年服务机构自用的房产免征房产税

D.对军队空余房产租赁收入暂免征收房产税

E.中国人民银行总行所属分支机构自用的房产免征房产税

【解析】选项A，房产税的征税范围不包括农村；选项B，产权出典的，由承典人纳税；选项E，该优惠政策已经到期。故选C、D项。

二、征收管理

（一）纳税义务发生时间

（1）纳税人将原有房产用于生产经营，从生产经营之月起缴纳房产税。

（2）纳税人自行新建房屋用于生产经营，从建成之次月起缴纳房产税。

（3）纳税人委托施工企业建设的房屋，从办理验收手续之次月起缴纳房产税。对于在办理验收手续前已使用或出租、出借的新建房屋，应从使用或出租、出借的当月起按规定计征房产税。

（4）纳税人购置新建商品房，自房屋交付使用之次月起缴纳房产税。

（5）纳税人购置存量房，自办理房屋权属转移、变更登记手续，房地产权属登记机关签发房屋权属证书之次月起，缴纳房产税。

（6）纳税人出租、出借房产，自交付出租、出借房产之次月起，缴纳房产税。

（7）房地产开发企业自用、出租、出借本企业建造的商品房，自房屋使用或交付之次月起，缴纳房产税。

（二）纳税期限

房产税实行按年计算、分期缴纳的征收方法，具体纳税期限由各省、自治区、直辖市人民政府确定。

（三）纳税申报

房产税的纳税申报，是房屋产权所有人或纳税人缴纳房产税必须履行的法定手续。纳税人应根据税法的要求，将现有房屋的坐落地点、结构、面积、原值、出租收入等情况，据实向当地税务机关办理纳税申报。如果纳税人住址发生变更、产权发生转移，以及出现新建、改建、扩建、拆除房屋等情况，而引起房产原值发生变化或者租金收入变化，都要按规定及时向税务机关办理变更登记，以便税务机关及时掌握纳税人的房产变动情况。

（四）纳税地点

房产税在房产所在地缴纳。房产不在同一地方的纳税人，应按房产的坐落地点分别向房产所在地税务机关纳税。

【例7-7】下列有关房产税纳税义务发生时间的说法中，正确的是（　　）。

A.纳税人自建房屋的，自房屋建成之日起缴纳房产税

B.纳税人委托施工企业建设的房屋，自办理验收手续之日起缴纳房产税

C.纳税人办理验收手续之前已经使用的房屋应缴纳房产税

D.纳税人购置新建商品房，自房屋交付使用之当月起缴纳房产税

【解析】纳税人自行新建房屋用于生产经营，从建成之次月起缴纳房产税；纳税人委托施工企业建设的房屋，从办理验收手续之次月起缴纳房产税；纳税人购置新建商品房，自房屋交付使用之次月起缴纳房产税。故正确答案为C选项。

本章主要税法依据

❶《中华人民共和国房产税暂行条例》（1986年9月15日国发〔1986〕90号）

❷《财政部 国家税务总局关于对老年服务机构有关税收政策问题的通知》（2000年10月1日财税〔2000〕97号）

❸《财政部 国家税务总局关于对外资企业及外籍个人征收房产税有关问题的通知》（2009年1月12日财税〔2009〕3号）

❹《财政部 国家税务总局关于营改增后契税、房产税、土地增值税、个人所得税计税依据问题的通知》（2016年4月25日财税〔2016〕43号）

❺《财政部 税务总局关于部分国家储备商品有关税收政策的公告》（2019年6月28日财政部 税务总局公告2019年第77号）

❻《财政部 税务总局 发展改革委 民政部 商务部 卫生健康委关于养老、托育、家政等社区家庭服务业税费优惠政策的公告》（2019年6月28日财政部 税务总局 发展改革委 民政部 商务部 卫生健康委公告2019年第76号）

❼《财政部 国家税务总局 中央宣传部关于继续实施文化体制改革中经营性文化事业单位转制为企业若干税收政策的通知》（2019年2月16日财税〔2019〕16号）

❽《财政部 税务总局关于公共租赁住房税收优惠政策的公告》（2019年4月15日财政部 税务总局公告2019年第61号）

❾《财政部 国家税务总局关于继续实行农村饮水安全工程税收优惠政策的公告》（2019年4月15日财政部 税务总局公告2019年第67号）

❿《财政部 税务总局关于延长部分税收优惠政策执行期限的公告》（2021年3月15日财政部 税务总局公告2021年第6号）

第八章

因地制宜的城镇土地使用税和耕地占用税

本章重点

1.城镇土地使用税的特点
2.城镇土地使用税的计算
3.城镇土地使用税的征收管理
4.耕地占用税的计算

本章难点

1.城镇土地使用税的税收优惠
2.耕地占用税的税收优惠

第一节 城镇土地使用税

城镇土地使用税的法律依据是1988年9月27日国务院发布的《中华人民共和国城镇土地使用税暂行条例》（以下简称《城镇土地使用税暂行条例》），根据2013年12月7日《国务院关于修改部分行政法规的决定》第三次修订。

二维码11：
城镇土地
使用税

一、城镇土地使用税概述

（一）城镇土地使用税的概念

城镇土地使用税，是指在城市、县城、建制镇、工矿区范围内使用土地的单位和个人，以实际占用的土地面积为计税依据，依照规定由土地所在地税务机关征收的一种税。由于该税只在县城以上城市征收，因此称为城镇土地使用税。

开征城镇土地使用税，能够合理利用城镇土地，调节土地级差收入，提高土地使用效益，加强土地管理。

（二）城镇土地使用税的特点

1.征税对象是国有土地

我国《宪法》明确规定，城镇土地的所有权归国家，单位和个人对占用的土地只有使用权，而无所有权。国家既可以凭借财产权对土地使用人获取的收益进行分配，又可以凭借政治权力对土地使用者进行征税。开征城镇土地使用税，实质上是运用国家政治权力，将纳税人获取的本应属于国家的土地收益集中到国家手中。农业土地未纳入征税范围。

2.征税范围

现行城镇土地使用税对在我国境内使用土地的所有单位和个人征收。城镇土地使用税的征收范围较广，在筹集地方财政资金以及调节土地使用和收益分配方面，发挥了积极的作用。

3.实行差别幅度税额

开征城镇土地使用税的目的之一是调节土地级差收入，而级差收入的产生主要取决于土地的位置。占有位置优越土地的纳税人可以节约运输和流通费用，扩大销售和经营规模，取得额外经济收益。为了体现国家政策，城镇土地使用税实行差别幅度税额。对不同城镇适用不同税额，对同一城镇的不同地段，根据市政建设状况和经济繁荣程度确定不等的负担水平。

4.属于准财产税

城镇土地使用税实质上是对占有土地的行为课税，因此它属于准财产税。

（三）城镇土地使用税的作用

1.有利于促进土地的合理使用

土地是一种宝贵的自然资源，我国虽然幅员辽阔，但人均占有土地面积并不宽裕。过去，我国对非农业用地基本上采取行政划拨、无偿使用的办法，造成了大量土地资源浪费。开征城镇土地使用税后，国有土地不再由单位和个人无偿使用，而要按规定向国家纳税。由于城镇土地使用税的负担是按城市大小和所处地区经济繁荣程度确定的，因此单位和个人多占地、占好地就要多纳税；少占地、占差地就少纳税。这样能够促进企业合理使用土地。

2.有利于调节土地级差收入

在目前的市场经济条件下，影响我国企业效益的客观因素很多。其中，地理位置是影响企业运输成本、流通费用，进而影响企业利润率的重要因素之一。由于土地级差收入的获得与企业本身的经营状况无关，如果对此不征税，则既不利于企业的经济核算，也无法对企业的主观经营成果进行比较。开征城镇土地使用税，将土地的级差收入纳入国家财政，不仅有利于理顺国家和土地使用者的分配关系，而且为企业公平竞争创造了条件。

3.有利于筹集地方财政资金

城镇土地使用税是地方税，它的税收收入归地方政府支配，是地方财政收入的一项稳定来源。同时，由于城镇土地使用税在所有城市、县城、建制镇和工矿区开征，因此它涉及面广、收入额较大，这就为建立和完善地方税体系创造了条件。

二、纳税人

在城市、县城、建制镇和工矿区范围内使用应税土地的单位和个人，为城镇土地使用税的纳税人。自2007年1月1日起，外商投资企业和外国企业也是城镇土地使用税的纳税人。

所称单位，包括国有企业、集体企业、私营企业、股份制企业、外商投资企业、外国企业及其他企业和事业单位、社会团体、国家机关、军队以及其他单位；所称个人，包括个体工商户以及其他个人。

城镇土地使用税的纳税人通常包括以下几类：

（1）拥有土地使用权的单位和个人。

（2）拥有土地使用权的单位和个人不在土地所在地的，实际使用人和代管人为纳税人。

（3）土地使用权未确定或权属纠纷未解决的，其实际使用人为纳税人。

（4）土地使用权共有的，共有各方都是纳税人，由共有各方分别纳税。

（5）在城镇土地使用税征税范围内，实际使用应税集体所有建设用地但未办理土地使用权流转手续的，由实际使用集体土地的单位和个人按规定缴纳城镇土地使用税。

几个人或几个单位共同拥有一块土地的使用权，则城镇土地使用税的纳税人应是对这块土地拥有使用权的每一个人或每一个单位。每一个人或每一个单位都应以其实际使用的土地面积占总面积的比例，分别计算缴纳城镇土地使用税。

例如，某城市的甲与乙共同拥有一块土地的使用权，这块土地的面积为1 500平方米，甲实际使用1/3，乙实际使用2/3，则甲应是其所占的500平方米（1 500×1/3）土地的城镇土地使用税纳税人，乙是其所占的1 000平方米（1 500×2/3）土地的城镇土地使用税纳税人。

【例8-1】以下关于城镇土地使用税的说法中，正确的有（　　）。

A.在城市、县城、建制镇和工矿区范围内使用土地的单位和个人，为城镇土地使用税纳税人

B.在城镇土地使用税征税范围内，实际使用应税集体所有建设用地但未办理土地使用权流转手续的，由实际使用集体土地的单位和个人按规定缴纳城镇土地使用税

C.在城镇土地使用税征税范围内，实际使用应税集体所有建设用地但未办理土地使用权流转手续的，由该集体缴纳城镇土地使用税

D.在城镇土地使用税征税范围内，实际使用应税集体所有建设用地但未办理土地使用权流转手续的，由代管人按规定缴纳城镇土地使用税

【解析】在城镇土地使用税征税范围内，实际使用应税集体所有建设用地但未办理土地使用权流转手续的，由实际使用集体土地的单位和个人按规定缴纳城镇土地使用税。故正确答案为A、B项。

三、征税范围

城镇土地使用税的征税范围，包括在城市、县城、建制镇和工矿区内国家所有和集体

所有的城市土地。

上述城市、县城、建制镇和工矿区分别按以下标准确认：

（1）城市，是指经国务院批准设立的市。城市的征税范围包括市区和郊区。

（2）县城，是指县人民政府所在地。县城的征税范围为县人民政府所在地的城镇。

（3）建制镇，是指经省、自治区、直辖市人民政府批准设立的建制镇。建制镇的征税范围为镇人民政府所在地。

（4）工矿区，是指工商业比较发达，人口比较集中，符合国务院规定的建制镇标准，但尚未设立建制镇的大中型工矿企业所在地。开征城镇土地使用税的工矿区必须经省、自治区、直辖市人民政府批准。

城市、县城、建制镇和工矿区的具体征税范围，由各省、自治区、直辖市人民政府规定。

另外，自2009年1月1日起，公园、名胜古迹内的索道公司经营用地，应按规定缴纳城镇土地使用税；城镇土地使用税征税范围内单独建造的地下建筑用地，也应按规定缴纳城镇土地使用税。“单独建造的地下建筑”是指不与地上建筑融于一体的地下建筑部分，或只有地下部分没有地上部分的建筑。

四、应纳税额的计算

（一）计税依据

城镇土地使用税以纳税人实际占用的应税土地面积为计税依据，应税土地面积的计量单位为平方米。

纳税人实际占用的土地面积按下列办法确定：

（1）由省、自治区、直辖市人民政府确定的单位组织测定土地面积的，以测定的面积为准。

（2）尚未组织测定，但纳税人持有政府部门核发的土地使用证书的，以证书确定的土地面积为准。

（3）尚未核发土地使用证书的，应由纳税人据实申报土地面积，并据以纳税，待核发土地使用证书后再作调整。

城镇土地使用税征税范围内单独建造的地下建筑用地，已取得地下土地使用权证的，按土地使用权证确认的土地面积计算城镇土地使用税；未取得地下土地使用权证或地下土地使用权证上未标明土地面积的，按地下建筑垂直投影面积计算城镇土地使用税。对上述地下建筑用地暂按应纳税额的50%征收城镇土地使用税。

（二）税率

城镇土地使用税采用定额幅度税率，即采用有幅度的差别税额，按大、中、小城市和县城、建制镇、工矿区分别规定城镇土地使用税每平方米的年税额。具体标准如下：

（1）大城市1.5~30元。

（2）中等城市1.2~24元。

（3）小城市0.9~18元。

（4）县城、建制镇、工矿区0.6~12元。

城镇土地使用税税率见表8-1。

表8-1 **城镇土地使用税税率表**

级别	每平方米年税额（元）
大城市	1.5~30
中等城市	1.2~24
小城市	0.9~18
县城、建制镇、工矿区	0.6~12

各省、自治区、直辖市人民政府可根据市政建设情况和经济繁荣程度在规定税额幅度内，确定所辖地区的适用税额幅度。市、县人民政府应根据实际情况，将本地区土地划分为若干等级，在省、自治区、直辖市人民政府确定的税额幅度内，制定相应的适用税额标准，报省、自治区、直辖市人民政府批准执行。

经省、自治区、直辖市人民政府批准，经济落后地区城镇土地使用税的适用税额标准可适当降低，但降低额不得超过上述规定最低税额的30%。经济发达地区的适用税额标准可以适当提高，但必须报经财政部批准。

（三）应纳税额的计算方法

城镇土地使用税的应纳税额可以通过纳税人实际占用应税土地面积乘以该土地所在地段的适用税额求得。其计算公式为：

全年应纳税额=实际占用应税土地面积（平方米）×适用税额

【例8-2】某工业企业坐落在大城市，经有关部门核定，2023年1—6月占用土地面积共计25 000平方米，其中幼儿园占地600平方米，厂区内绿化占地400平方米。该企业当年6月底将占地面积3 000平方米的生产厂房售出，取得收入360万元。当地省级人民政府确定每平方米征收城镇土地使用税3元。计算2023年该企业应缴纳的城镇土地使用税税额。

【解析】该企业应缴纳城镇土地使用税税额=（25 000-600）×3÷2+（25 000-600-3 000）×3÷2
= 68 700（元）

五、税收优惠

（一）法定免征城镇土地使用税的优惠

（1）国家机关、人民团体、军队自用的土地，免征城镇土地使用税。

这部分土地是指这些单位本身的办公用地和公务用地，如国家机关、人民团体的办公楼用地，军队的训练场用地等。

（2）由国家财政部门拨付事业经费的单位自用的土地，免征城镇土地使用税。

这部分土地是指这些单位本身的业务用地，如学校的教学楼、操场、食堂等占用的土地。

（3）宗教寺庙、公园、名胜古迹自用的土地，免征城镇土地使用税。

宗教寺庙自用的土地，是指举行宗教仪式等的用地和寺庙内的宗教人员生活用地。

以上单位的生产、经营用地和其他用地，不属于免税范围的，应按规定缴纳城镇土地使用税，如公园、名胜古迹中附设的营业单位（包括影剧院、饮食部、茶社、照相馆等）使用的土地。

（4）市政街道、广场、绿化地带等公共用地，免征城镇土地使用税。

（5）直接用于农、林、牧、渔业的生产用地，免征城镇土地使用税。

这部分土地是指直接用于种植、养殖、饲养的专业用地，不包括农副产品加工场地和生活、办公用地。

在城镇土地使用税征收范围内经营采摘、观光农业的单位和个人，其直接用于采摘、观光的种植、养殖、饲养的土地，比照此规定免税，但在城镇土地使用税征收范围内，利用林场土地兴建度假村等休闲娱乐场所的，其经营、办公和生活用地，应按规定征收城镇土地使用税。

（6）非营利性医疗机构、疾病控制机构和妇幼保健机构等卫生机构自用的土地，免征城镇土地使用税。

（7）企业办的学校、医院、托儿所、幼儿园用地能与企业其他用地明确区分的，免征城镇土地使用税。

（8）免税单位无偿使用纳税单位的土地（如公安、海关等单位使用铁路、民航等单位土地），免征城镇土地使用税。

纳税单位无偿使用免税单位的土地，纳税单位应照章缴纳城镇土地使用税。纳税单位与免税单位共同使用、共有土地上的多层建筑使用权，纳税单位可按其占用的建筑面积占建筑总面积的比例计算缴纳城镇土地使用税。

（9）公共租赁住房建设期间用地及公共租赁住房建成后占地，免征城镇土地使用税。

（10）由财政部另行规定免税的能源、交通、水利设施用地和其他用地，免征城镇土地使用税。

【例8-3】某县一家由国家拨付经费的事业单位有新、旧两栋办公楼，新楼占地3 000平方米，旧楼占地1 000平方米。2023年8月31日至12月31日，该单位将旧楼出租。当地城镇土地使用税的税率为每平方米15元，计算该事业单位2023年应缴纳的城镇土地使用税税额。

【解析】事业单位自用的新楼免税，出租的旧楼需要缴纳城镇土地使用税。

应纳城镇土地使用税税额=1 000×15÷12×4=5 000（元）

（二）由省、自治区、直辖市税务局确定是否减免城镇土地使用税的优惠

（1）个人所有的居住房屋及院落用地，暂免征收城镇土地使用税。

个人出租（按房管部门房租调整改革前租金标准的除外）或营业用的房屋占地，应按实际用地面积征收城镇土地使用税。

（2）免税单位按房管部门调租前标准出租给职工及职工家属的房屋及院落用地，暂免征收城镇土地使用税。

（3）免税单位职工家属的宿舍用地，暂免征收城镇土地使用税。

除免税单位以外，实行公有产权的企业职工宿舍的城镇土地使用税应按规定缴纳。

(4) 对在一个纳税年度内月平均实际安置残疾人就业人数占单位在职职工总数的比例高于25%（含25%）且实际安置残疾人人数高于10人（含10人）的单位，可减征或免征该年度城镇土地使用税。

(5) 经有关主管部门批准的集体和个人所办的各类学校、医院、托儿所、幼儿园的自用土地，暂免征收城镇土地使用税。

(6) 原房管部门代管的私房落实政策后，有些私房产权已归还房主，但由于各种原因，房屋仍由原住户居住，并且住户仍是按照房管部门在房租调整改革之前确定的租金标准向房主缴纳租金。对于这类房屋用地，房主缴纳城镇土地使用税确有困难的，可由各省、自治区、直辖市税务局根据实际情况，给予定期减征或免征城镇土地使用税的照顾。

(7) 对于各类危险品仓库、厂房所需的防火、防爆、防毒等安全防范用地，可由各省、自治区、直辖市税务局确定，暂免征收城镇土地使用税；对于仓库库区、厂房本身用地，应照章征收城镇土地使用税。

(8) 经批准开山填海整治的土地和改造的废弃土地，从使用的月份起免征城镇土地使用税5～10年。

具体免税期限由各省、自治区、直辖市税务局在《城镇土地使用税暂行条例》规定的期限内自行确定。

（三）暂免征收城镇土地使用税

(1) 自2019年1月1日至2023年供暖期结束，“三北”地区对向居民供热收取采暖费的供热企业，为居民供热所使用的厂房及土地免征城镇土地使用税；对供热企业其他厂房及土地，应当按照规定征收城镇土地使用税。

对专业供热企业，按其向居民供热取得的采暖费收入占全部采暖费收入的比例，计算免征的城镇土地使用税。

对兼营供热企业，视其供热所使用的土地与其他生产经营活动所使用的土地是否可以区分，按照不同方法计算免征的城镇土地使用税。可以区分的，对其供热所使用土地，按向居民供热取得的采暖费收入占全部采暖费收入的比例，计算免征的城镇土地使用税。难以区分的，对其全部土地，按向居民供热取得的采暖费收入占其营业收入的比例，计算免征的城镇土地使用税。

对自供热单位，按向居民供热建筑面积占总供热建筑面积的比例，计算免征供热所使用的土地的城镇土地使用税。

所称供热企业，是指热力产品生产企业和热力产品经营企业。热力产品生产企业包括专业供热企业、兼营供热企业和自供热单位。所称“三北”地区，是指北京市、天津市、河北省、山西省、内蒙古自治区、辽宁省、大连市、吉林省、黑龙江省、山东省、青岛市、河南省、陕西省、甘肃省、青海省、宁夏回族自治区和新疆维吾尔自治区。

(2) 企业的铁路专用线、公路等用地，除另有规定者外，在企业厂区（包括生产、办公及生活区）以内的，应照章征收城镇土地使用税；在厂区以外、与社会公用地段未加隔离的，暂免征收城镇土地使用税。

(3) 企业厂区（包括生产、办公及生活区）以内的绿化用地，应照章征收城镇土地使用税，厂区以外的公共绿化用地和向社会开放的公园用地，暂免征收城镇土地使用税。

（4）经批准开发建设经济适用房的用地，可减免城镇土地使用税。除此以外，对各类房地产开发用地一律不得减免城镇土地使用税。因此，房地产开发企业尚未出售的商品房所占用的土地，不能减免城镇土地使用税。

（5）对股改铁路运输企业及合资铁路运输公司自用的房产、土地暂免征收房产税和城镇土地使用税。

其中，股改铁路运输企业是指铁路运输企业经国务院批准进行股份制改革成立的企业；合资铁路运输公司是指由中国铁路总公司及其所属铁路运输企业与地方政府、企业或其他投资者共同出资成立的铁路运输企业。

（6）应税单位按照国家住房制度改革的有关规定，将住房出售给职工并按规定进行核销账务处理后，住房用地在未办理土地使用权过户期间的城镇土地使用税征免政策，比照各省、自治区、直辖市对个人所有住房用地的现行政策执行。

（7）自2019年1月1日至2023年12月31日，对农产品批发市场、农贸市场（包括自有和承租，下同）专门用于经营农产品的土地，暂免征收城镇土地使用税。对同时经营其他产品的农产品批发市场和农贸市场使用的土地，按其他产品与农产品交易场地面积的比例确定征免城镇土地使用税税额。

享受上述税收优惠的土地，是指农产品批发市场、农贸市场直接为农产品交易提供服务的土地。农产品批发市场、农贸市场的行政办公区、生活区，以及商业餐饮娱乐等非直接为农产品交易提供服务的土地，不属于优惠范围，应按规定征收城镇土地使用税。

（8）饮水工程运营管理单位自用的生产、办公用房产、土地，免征房产税、城镇土地使用税。

所称饮水工程，是指为农村居民提供生活用水而建设的供水工程设施。所称饮水工程运营管理单位，是指负责饮水工程运营管理的自来水公司、供水公司、供水（总）站（厂、中心）、村集体、农民用水合作组织等单位。对于既向城镇居民供水，又向农村居民供水的饮水工程运营管理单位，依据向农村居民供水量占总供水量的比例免征契税、印花税、房产税和城镇土地使用税。无法提供具体比例或所提供数据不实的，不得享受上述税收优惠政策。

上述政策的执行期限为2019年1月1日至2023年12月31日。

（9）自2019年1月1日至2023年12月31日，对国家级、省级科技企业孵化器、大学科技园和国家备案众创空间自用以及无偿或通过出租等方式提供给在孵对象使用的房产、土地，免征房产税和城镇土地使用税；对其向在孵对象提供孵化服务取得的收入，免征增值税。

所称孵化服务是指向在孵对象提供的经纪代理、经营租赁、研发和技术、信息技术、鉴证咨询服务。

2018年12月31日以前认定的国家级科技企业孵化器、大学科技园，自2019年1月1日起享受规定的税收优惠政策。2019年1月1日以后认定的国家级、省级科技企业孵化器、大学科技园和国家备案众创空间，自认定之日次月起享受规定的税收优惠政策。2019年1月1日以后被取消资格的，自取消资格之日次月起停止享受规定的税收优惠政策。

（10）自2007年9月10日起，对核电站的核岛、常规岛、辅助厂房和通信设施用地（不包括地下线路用地），生活、办公用地按规定征收城镇土地使用税，其他用地免征城镇土地使用税。对核电站应税土地在基建期内减半征收城镇土地使用税。

（11）自2019年1月1日至2023年12月31日，对公租房建设期间用地及公租房建成后占地，免征城镇土地使用税。在其他住房项目中配套建设公租房，按公租房建筑面积占总建筑面积的比例免征建设、管理公租房涉及的城镇土地使用税。

纳税人享受本公告规定的优惠政策，应按规定进行免税申报，并将不动产权属证明、载有房产原值的相关材料、纳入公租房及用地管理的相关材料、配套建设管理公租房相关材料、购买住房作为公租房相关材料、公租房租赁协议等留存备查。

（12）自2019年6月1日至2025年12月31日，为社区提供养老、托育、家政等服务的机构自有或其通过承租、无偿使用等方式取得并用于提供社区养老、托育、家政服务的土地，免征城镇土地使用税。

（13）自2019年1月1日至2024年12月31日，由省、自治区、直辖市人民政府根据本地区实际情况，以及宏观调控需要确定，对增值税小规模纳税人可以在50%的税额幅度内减征城镇土地使用税。增值税小规模纳税人已依法享受城镇土地使用税其他优惠政策的，可叠加享受减征50%的优惠政策。

自2019年5月28日起，纳税人享受城镇土地使用税优惠的，实行“自行判别、申报享受、有关资料留存备查”办理方式，申报时无须再向税务机关提供有关资料。

【例8-4】以下表述中，错误的有（　　）。

A.对各类房地产开发用地一律不得减免城镇土地使用税

B.核电站应税土地在基建期内免征城镇土地使用税

C.饮水工程运营管理单位自用的生产、办公用土地，免征城镇土地使用税

D.厂区以外的公共绿化用地和向社会开放的公园用地，暂免征收城镇土地使用税

【解析】A、B项不符合税法规定，故选A、B项。

【例8-5】某省为了向农村居民提供生活用水，2021年1月投资建设了一家供水工程运营管理单位，2023年年初正式开始运营，该单位占用土地200 000平方米。2023年全年供水量为20亿立方米，其中向农村居民年供水量为16亿立方米，该供水运营管理单位所在地城镇土地使用税年税额为4元/平方米。计算2023年该单位应缴纳的城镇土地使用税税额。

【解析】对既向城镇居民供水，又向农村居民供水的饮水工程运营管理单位，依据其向农村居民供水量占总供水量的比例免征城镇土地使用税，则：

$$应纳城镇土地使用税税额=200\ 000\times 4\times\frac{20-16}{20}=160\ 000（元）$$

六、征收管理

（一）纳税期限

城镇土地使用税实行按年计算、分期缴纳的征收方法，具体纳税期限由各省、自治

区、直辖市人民政府确定。

（二）纳税义务发生时间

（1）以出让或转让方式有偿取得土地使用权的，应由受让方自合同约定交付土地时间的次月起缴纳城镇土地使用税；合同未约定交付时间的，由受让方自合同签订的次月起缴纳。

据此，对纳税人自建、委托施工及开发涉及的城镇土地，由纳税人自取得土地使用权合同约定交付土地时间的次月起缴纳城镇土地使用税；合同未约定交付土地时间的，由受让方自合同签订的次月起缴纳城镇土地使用税。因此，是否取得土地使用证或是否全额缴款都不能作为判定纳税义务发生时间的依据。

（2）纳税人购置新建商品房，自房屋交付使用之次月起，缴纳城镇土地使用税。

（3）纳税人购置存量房，自办理房屋权属转移、变更登记手续，房地产权属登记机关签发房屋权属证书之次月起，缴纳城镇土地使用税。

（4）纳税人出租、出借房产，自交付出租、出借房产之次月起，缴纳城镇土地使用税。

（5）纳税人新征用的耕地，自批准征用之日起满1年时开始缴纳城镇土地使用税。

（6）纳税人新征用的非耕地，自批准征用之次月起缴纳城镇土地使用税。

（7）自2009年1月1日起，纳税人因土地权利发生变化而依法终止城镇土地使用税纳税义务的，其应纳税款的计算应截止到土地权利发生变化的当月月末。

【例8-6】以出让或转让方式有偿取得土地使用权的，应由受让方自（　　）起缴纳城镇土地使用税。

A.取得土地产权证书之日

B.合同签订的次月

C.合同约定交付土地时间的次月

D.办理土地权属变更登记的次月

【解析】C项符合税法的规定，故正确答案为C项。

【例8-7】下列关于城镇土地使用税纳税义务发生时间的相关论述，不正确的是（　　）。

A.纳税人出租房产，自交付出租房产之次月起缴纳城镇土地使用税

B.房地产开发企业自用本企业建造的商品房，自房屋使用的当月起缴纳城镇土地使用税

C.纳税人新征用的耕地，自批准征用之日起满1年时开始缴纳城镇土地使用税

D.纳税人购置新建商品房，自房屋交付使用之次月起缴纳城镇土地使用税

【解析】房地产开发企业自用本企业建造的商品房，自房屋使用的次月起缴纳城镇土地使用税。故选B项。

（三）纳税地点和征收机构

城镇土地使用税由土地所在地的税务机关负责征收管理，其收入纳入地方财政预算管理。

纳税人使用的土地不属于同一省、自治区、直辖市管辖的，由纳税人分别向土地所在地税务机关缴纳城镇土地使用税；在同一省、自治区、直辖市管辖范围内，纳税人跨地区使用的土地，其纳税地点由各省、自治区、直辖市税务局确定。

【例8-8】在同一省、自治区、直辖市管辖范围内，纳税人跨地区使用的土地，其缴纳城镇土地使用税的地点（　　）。

A.为纳税人现居住地税务机关

B.由各省、自治区、直辖市税务局确定

C.为任一土地所在地税务机关

D.为各土地所在地税务机关

【解析】在同一省、自治区、直辖市管辖范围内，纳税人跨地区使用的土地，其纳税地点由各省、自治区、直辖市税务局确定。故正确答案为B项。

（四）纳税申报

城镇土地使用税的纳税人，应按照规定及时办理纳税申报。自2021年6月1日起，纳税人申报缴纳城镇土地使用税、房产税、车船税、印花税、耕地占用税、资源税、土地增值税、契税、环境保护税、烟叶税中一个或多个税种时，使用《财产和行为税纳税申报表》。纳税人新增税源或税源变化时，须先填报《财产和行为税税源明细表》。

（五）国家税务总局下放城镇土地使用税困难减免税审批权限

根据《国务院关于取消和下放一批行政审批项目的决定》（国发〔2013〕44号）及《国务院关于修改部分行政法规的决定》（国务院令第645号）文件精神，我国决定把城镇土地使用税困难减免审批权限下放至省级及以下税务机关。

第二节　耕地占用税

耕地占用税的基本法律依据是2018年12月29日颁布的《中华人民共和国耕地占用税法》（以下简称《耕地占用税法》，中华人民共和国主席令第18号），自2019年9月1日起施行。为贯彻落实《耕地占用税法》，财政部、国家税务总局、自然资源部、农业农村部、生态环境部制定了《中华人民共和国耕地占用税法实施办法》，自2019年9月1日起施行。

一、耕地占用税概述

（一）耕地占用税的概念

耕地占用税是对占用耕地建设建筑物、构筑物或从事其他非农业建设的单位和个人，就其实际占用的耕地面积征收的一种税，它属于对特定土地资源占用课税。

耕地是土地资源中最重要的组成部分，是农业生产最基本的生产资料。我国人口众多，耕地资源相对较少，人多地少的矛盾十分突出。我国过去长期实行非农业用地无偿使用制度，助长了乱占耕地的行为，浪费了大量的耕地，加剧了地少人多的矛盾。为了合理利用土地资源，加强土地管理，我们必须十分注意保护耕地。国家决定运用税收经济杠杆与法律、行政等手段保护耕地，通过开征耕地占用税，使那些占用耕地建房及从事其他非农业建设的单位和个人承担必要的经济责任，有利于政府调节他们的经济行为，引导他们节约、合理地使用耕地资源。

（二）耕地占用税的特点

耕地占用税作为一个出于特定目的、对特定的土地资源课征的税种，与其他税种相比，具有比较鲜明的特点，主要表现在：

1.兼具资源税与特定行为税的性质

耕地占用税以占用农用耕地建设建筑物、构筑物或从事其他非农业建设的行为为征税对象，以约束纳税人占用耕地的行为、促进土地资源的合理运用为课征目的，除具有资源占用税的属性外，还具有明显的特定行为税的特点。

2.采用地区差别税率

耕地占用税采用地区差别税率，根据不同地区的具体情况，制定差别税额，以适应我国地域辽阔、各地区之间耕地质量差别较大、人均占有耕地面积相差悬殊的具体情况，具有因地制宜的特点。

3.在占用耕地环节一次性课征

耕地占用税在纳税人获准占用耕地的环节征收，因此，具有一次性征收的特点。

4.税收收入专用于耕地开发与改良

【例8-9】以下关于城镇土地使用税和耕地占用税的说法中，正确的有（　　）。

A.耕地占用税具有“取之于地、用之于地”的补偿性特点

B.耕地占用税是在农村范围内，就改变耕地用途的行为在土地取得环节一次性征收

C.城镇土地使用税按年计算，分期缴纳

D.占用耕地的纳税人在缴纳耕地占用税以后，在土地持有和使用过程中仍要缴纳城镇土地使用税

【解析】正确答案为A、C、D项。

二、纳税人

耕地占用税的纳税人是占用耕地建房或从事非农业建设的单位和个人。

所称单位，包括国有企业、集体企业、私营企业、股份制企业、外商投资企业、外国企业及其他企业和事业单位、社会团体、国家机关、军队以及其他单位；所称个人，包括个体工商户以及其他个人。

经批准占用耕地的，纳税人为农用地转用审批文件中标明的建设用地人；农用地转用审批文件中未标明建设用地人的，纳税人为用地申请人，其中用地申请人为各级人民政府的，由同级土地储备中心、自然资源主管部门或政府委托的其他部门、单位履行耕地占用税申报纳税义务。

未经批准占用耕地的，纳税人为实际用地人。

三、征税范围

（一）一般规定

耕地占用税的征税范围包括纳税人为建房或从事其他非农业建设而占用的国家所有和集体所有的耕地。所谓耕地，是指种植农业作物的土地，包括菜地、园地、林地、草地、农田水利用地、养殖水面和渔业水域滩涂。

园地，包括果园、茶园、橡胶园、其他园地。其他园地包括种植桑树、可可、咖啡、油棕、胡椒、药材等其他多年生作物的园地。

林地，包括乔木林地、竹林地、红树林地、森林沼泽、灌木林地、灌丛沼泽、其他林地，不包括城镇村庄范围内的绿化林木用地，铁路、公路征地范围内的林木用地，以及河流、沟渠的护堤林用地。其他林地包括疏林地、未成林地、迹地、苗圃等林地。

草地，包括天然牧草地、沼泽草地、人工牧草地，以及用于农业生产并已由相关行政主管部门发放使用权证的草地。

农田水利用地，包括农田排灌沟渠及相应附属设施用地。

养殖水面，包括人工开挖或者天然形成的用于水产养殖的河流水面、湖泊水面、水库水面、坑塘水面及相应附属设施用地。

渔业水域滩涂，包括专门用于种植或者养殖水生动植物的海水潮浸地带和滩地，以及用于种植芦苇并定期进行人工养护管理的苇田。

（二）特殊规定

（1）占用耕地建设农田水利设施的，不缴纳耕地占用税。

（2）纳税人因建设项目施工或者地质勘查临时占用耕地，应当依照《耕地占用税法》的规定缴纳耕地占用税。纳税人自批准临时占用耕地期满之日起一年内依法复垦、恢复种植条件的，全额退还已经缴纳的耕地占用税。

临时占用耕地，是指经自然资源主管部门批准，在一般不超过2年内临时使用耕地并且没有修建永久性建筑物的行为。

依法复垦应由自然资源主管部门会同有关行业管理部门认定并出具验收合格确认书。

（3）占用园地、林地、草地、农田水利用地、养殖水面、渔业水域滩涂以及其他农用地建设建筑物、构筑物或者从事非农业建设的，依照《耕地占用税法》的规定缴纳耕地占用税。

占用上述规定的农用地的，适用税额可以适当低于本地区按照《耕地占用税法》确定的适用税额，但降低的幅度不得超过50%。具体适用税额由省、自治区、直辖市人民政府提出，报同级人民代表大会常务委员会决定，并报全国人民代表大会常务委员会和国务院备案。

占用上述规定的农用地建设直接为农业生产服务的生产设施的，不缴纳耕地占用税。因挖损、采矿塌陷、压占、污染等损毁耕地属于税法所称的非农业建设，应依照税法规定缴纳耕地占用税；自自然资源、农业农村等相关部门认定损毁耕地之日起3年内依法复垦或修复，恢复种植条件的，全额退还已经缴纳的耕地占用税。

【例8-10】下列关于耕地占用税的表述中，正确的有（　　）。

A.建设直接为农业生产服务的生产设施而占用林地的，不征收耕地占用税

B.获准占用耕地的单位或者个人，应当自收到自然资源主管部门的通知之日起60日内缴纳耕地占用税

C.免征或者减征耕地占用税后，纳税人改变原占地用途，不再属于免征或者减征耕地占用税情形的，应当按照当地适用税额补缴耕地占用税

D.纳税人临时占用耕地，应当依照规定缴纳耕地占用税，在批准临时占用耕地的期限内恢复原状的，可部分退还已经缴纳的耕地占用税

【解析】获准占用耕地的单位或者个人，应当自收到自然资源主管部门的通知之日起30日内缴纳耕地占用税，所以选项B不正确。纳税人临时占用耕地，应当依照规定缴纳耕地占用税，纳税人在批准临时占用耕地的期限内恢复所占用耕地原状的，全额退还已经缴纳的耕地占用税，所以选项D不正确。故正确答案为A、C项。

四、应纳税额的计算

（一）计税依据

耕地占用税以纳税人实际占用耕地的面积为计税依据，以平方米为计量单位。

（二）税率

我国人口和耕地资源的分布极不均衡，有些地区人口稠密但耕地资源相对匮乏，有些地区人烟稀少但耕地资源比较丰富。同时，各地区之间的经济发展水平也有很大差异。因此，考虑到不同地区之间客观条件的差别以及与此相关的税收调节力度和纳税人负担能力方面的差别，耕地占用税在税率设计上采用了地区差别定额税率。税率规定如下：

（1）人均耕地不超过1亩的地区（以县级行政区域为单位，下同），每平方米为10~50元。

（2）人均耕地超过1亩但不超过2亩的地区，每平方米为8~40元。

（3）人均耕地超过2亩但不超过3亩的地区，每平方米为6~30元。

（4）人均耕地超过3亩的地区，每平方米为5~25元。

各地区耕地占用税的适用税额，由省、自治区、直辖市人民政府根据人均耕地面积和经济发展等情况，在规定的税额幅度内提出，报同级人民代表大会常务委员会决定，并报全国人民代表大会常务委员会和国务院备案。各省、自治区、直辖市耕地占用税适用税额的平均水平，不得低于《耕地占用税法》所附《各省、自治区、直辖市耕地占用税平均税额表》规定的平均税额，见表8-2。

在人均耕地低于0.5亩的地区，各省、自治区、直辖市可以根据当地经济发展情况，适当提高耕地占用税的适用税额，但提高的幅度不得超过《耕地占用税法》确定的适用税额的50%。

占用基本农田的，应当按照《耕地占用税法》确定的当地适用税额，加按150%征收。

表8-2　各省、自治区、直辖市耕地占用税平均税额表

地区	每平方米平均税额（元）
上海	45
北京	40
天津	35
江苏、浙江、福建、广东	30
辽宁、湖北、湖南	25
河北、安徽、江西、山东、河南、重庆、四川	22.5
广西、海南、贵州、云南、陕西	20
山西、吉林、黑龙江	17.5
内蒙古、西藏、甘肃、青海、宁夏、新疆	12.5

【例8-11】某企业占用林地30万平方米建造生产厂房，还占用林地100万平方米开发经济林木，所占耕地适用的定额税率为20元/平方米。计算该企业应缴纳的耕地占用税税额。

【解析】该企业建造生产厂房占地属于从事非农业建设，应缴纳耕地占用税600万元（30×20）；开发经济林木占地属于耕地，不缴纳耕地占用税。

（三）应纳税额的计算

耕地占用税以纳税人实际占用的耕地面积为计税依据，按适用的单位税额计税。其计算公式为：

应纳税额=应税土地面积（平方米）×适用税额

【例8-12】2023年6月，A公司在郊区设立一家分公司，共计占用耕地13 000平方米，其中800平方米修建幼儿园、2 000平方米修建学校（该幼儿园和学校均经县级以上人民政府教育行政部门批准），当地耕地占用税税额为20元/平方米。计算该公司应缴纳的耕地占用税税额。

【解析】学校、幼儿园占用的耕地免征耕地占用税。

应纳耕地占用税税额=（13 000-800-2 000）×20=204 000（元）

五、税收优惠

（一）免征耕地占用税的情形

1.军事设施占用耕地，免征耕地占用税

免税的军事设施，是指《中华人民共和国军事设施保护法》第二条所列建筑物、场地和设备，具体包括：指挥机关，地面和地下的指挥工程、作战工程；军用机场、港口、码头；营区、训练场、试验场；军用洞库、仓库；军用通信、侦察、导航、观测台站，测

量、导航、助航标志；军用公路、铁路专用线，军用通信、输电线路，军用输油、输水管道；边防、海防管控设施；国务院和中央军事委员会规定的其他军事设施。

2.学校、幼儿园、社会福利机构、医疗机构占用耕地，免征耕地占用税

免税的学校，具体包括县级以上人民政府教育行政部门批准成立的大学、中学、小学、学历性职业教育学校，以及特殊教育学校。学校内经营性场所和教职工住房占用耕地的，按照当地适用税额纳税。不在上述范围内的教育机构，如早教中心等，不能免缴耕地占用税，但是由国务院人力资源社会保障行政部门，省、自治区、直辖市人民政府或其人力资源社会保障行政部门批准成立的技工院校等免税。

免税的幼儿园，具体范围限于县级人民政府教育行政部门登记注册或者备案的幼儿园内专门用于幼儿保育、教育的场所。

免税的社会福利机构，是指依法登记的养老服务机构、残疾人服务机构、儿童福利机构及救助管理机构、未成年人救助保护机构内专门为老年人、残疾人、未成年人及生活无着落的流浪乞讨人员提供养护、康复、托管等服务的场所。

养老服务机构，是指为老年人提供养护、康复、托管等服务的老年人社会福利机构，具体包括老年社会福利院、养老院（或老人院）、老年公寓、护老院、护养院、敬老院、托老所、老年人服务中心等。

残疾人服务机构，是指为残疾人提供养护、康复、托管等服务的社会福利机构，具体包括为肢体、智力、视力、听力、语言、精神方面有残疾的人员提供康复和功能补偿的辅助器具，进行康复治疗、康复训练，承担教育、养护和托管服务的社会福利机构。

儿童福利机构，是指为孤、弃、残儿童提供养护、康复、医疗、教育、托管等服务的儿童社会福利服务机构，具体包括儿童福利院、社会福利院、SOS儿童村、孤儿学校、残疾儿童康复中心、社区特教班等。

救助管理机构，是指为生活无着落的流浪乞讨人员提供寻亲、医疗、未成年人教育、离站等服务的救助管理机构，具体包括县级以上人民政府设立的救助管理站、未成年人救助保护中心等专门机构。

免税的医院，具体范围限于县级以上人民政府卫生行政部门批准设立的医院内专门用于提供医护服务的场所及其配套设施。医院内职工住房占用耕地的，按照当地适用税额纳税。

3.建设直接为农业生产服务的生产设施占用规定的农用地，免征耕地占用税

直接为农业生产服务的生产设施，是指直接为农业生产服务而建设的建筑物和构筑物，具体包括储存农用机具和种子、苗木、木材等农业产品的仓储设施，培育、生产种子、种苗的设施，畜禽养殖设施，木材集材道、运材道，农业科研、试验、示范基地，野生动植物保护、护林、森林病虫害防治、森林防火、木材检疫的设施，专为农业生产服务的灌溉排水、供水、供电、供热、供气、通信基础设施，农业生产者从事农业生产必需的食宿和管理设施，其他直接为农业生产服务的生产设施。

4.农村烈士遗属、因公牺牲军人遗属、残疾军人以及符合农村最低生活保障条件的农村居民，在规定用地标准以内新建自用住宅，免征耕地占用税

此外，根据国民经济和社会发展的需要，国务院可以规定免征或者减征耕地占用税的

其他情形，报全国人民代表大会常务委员会备案。

免征或者减征耕地占用税后，纳税人改变原占地用途，不再属于免征或者减征耕地占用税情形的，应当按照当地适用税额补缴耕地占用税。免征或减征耕地占用税后，纳税人改变原占地用途，不再属于免税或减税情形的，应按办理减免税时依据的适用税额对享受减免税的纳税人补征耕地占用税。

（二）减征耕地占用税的情形

（1）铁路线路、公路线路、飞机场跑道、停机坪、港口、航道、水利工程占用耕地，减按每平方米2元的税额征收耕地占用税。

减税的铁路线路，具体范围限于铁路路基、桥梁、涵洞、隧道及其按照规定两侧留地。专用铁路和铁路专用线占用耕地的，按照当地适用税额缴纳耕地占用税。

减税的公路线路，具体范围限于经批准建设的国道、省道、县道、乡道和属于农村公路的村道的主体工程以及两侧边沟或者截水沟。专用公路和城区内机动车道占用耕地的，按照当地适用税额缴纳耕地占用税。

减税的飞机场跑道、停机坪，具体范围限于经批准建设的民用机场专门用于民用航空器起降、滑行、停放的场所。

减税的港口，具体范围限于经批准建设的港口内供船舶进出、停靠以及旅客上下、货物装卸的场所。

减税的航道，具体范围限于在江、河、湖泊、港湾等水域内供船舶安全航行的通道。

减税的水利工程，具体范围限于经县级以上人民政府水利行政主管部门批准建设的防洪、排涝、灌溉、引（供）水、滩涂治理、水土保持、水资源保护等各类工程及其配套和附属工程的建筑物、构筑物占压地和经批准的管理范围用地。

（2）农村居民在规定用地标准以内占用耕地新建自用住宅，按照当地适用税额减半征收耕地占用税；其中，农村居民经批准搬迁，新建自用住宅占用耕地不超过原宅基地面积的部分，免征耕地占用税。

（3）2019年1月1日至2024年12月31日期间，由省、自治区、直辖市人民政府根据本地区实际情况，以及宏观调控需要确定，对增值税小规模纳税人可以在50%的税额幅度内减征耕地占用税。增值税小规模纳税人已依法享受耕地占用税其他优惠政策的，可叠加享受减征50%的优惠政策。

自2019年5月28日起，纳税人享受耕地占用税优惠的，实行“自行判别、申报享受、有关资料留存备查”办理方式，申报时无须再向税务机关提供有关资料。纳税人对留存材料的真实性和合法性承担法律责任。

【例8-13】农村某村民新建住宅，经批准占用耕地200平方米。该地区耕地占用税税额为8元/平方米，农村居民占用耕地新建住宅，按照当地适用税额减半征收耕地占用税，计算该村民应缴纳的耕地占用税税额。

【解析】该村民应缴纳的耕地占用税税额=200×8×50%=800（元）

【例8-14】下列选项中，免征耕地占用税的是（　　）。

A.飞机场跑道占用耕地　　B.医院占用耕地

C.铁路线路占用耕地　　　　　　　　D.军事生产企业占用耕地

【解析】铁路线路、飞机场跑道占用耕地减按每平方米2元的税额征收耕地占用税，军事生产企业占用耕地不属于耕地占用税的减免税范围。故正确答案为B选项。

六、征收管理

（一）纳税义务发生时间

耕地占用税的纳税义务发生时间为纳税人收到自然资源主管部门办理占用耕地手续的书面通知的当日。

未经批准占用耕地的，耕地占用税纳税义务发生时间为自然资源主管部门认定的纳税人实际占用耕地的当日。

因挖损、采矿塌陷、压占、污染等损毁耕地的，纳税义务发生时间为自然资源、农业农村等相关部门认定损毁耕地的当日。

纳税人改变原占地用途，需要补缴耕地占用税的，其纳税义务发生时间为改变用途当日，具体为：经批准改变用途的，纳税义务发生时间为纳税人收到批准文件的当日；未经批准改变用途的，纳税义务发生时间为自然资源主管部门认定纳税人改变原占地用途的当日。

（二）纳税期限

纳税人应当自纳税义务发生之日起30日内申报缴纳耕地占用税。

纳税人改变原占地用途，不再属于免征或减征情形的，应自改变用途之日起30日内申报补缴税款，补缴税款按改变用途的实际占用耕地面积和改变用途时当地适用税额计算。

（三）纳税地点及征税机关

纳税人占用耕地，应当在耕地所在地申报纳税，由税务机关负责征收。

（四）纳税申报

自2021年6月1日起，纳税人申报缴纳城镇土地使用税、房产税、车船税、印花税、耕地占用税、资源税、土地增值税、契税、环境保护税、烟叶税中一个或多个税种时，使用《财产和行为税纳税申报表》。纳税人新增税源或税源变化时，须先填报《财产和行为税税源明细表》。纳税人自行申报享受减免优惠，不需额外提交资料。

本章主要税法依据

❶《中华人民共和国城镇土地使用税暂行条例》（1988年9月27日中华人民共和国国务院令第17号发布，根据2013年12月7日《国务院关于修改部分行政法规的决定》第三次修订）

❷《国务院关于修改〈中华人民共和国城镇土地使用税暂行条例〉的决定》（2006年12月31日中华人民共和国国务院令第483号）

❸《财政部 国家税务总局关于房产税、城镇土地使用税有关政策的通知》（2006

年12月25日财税〔2006〕186号）

❹《财政部 税务总局关于物流企业承租用于大宗商品仓储设施的土地城镇土地使用税优惠政策的通知》（2018年6月1日财税〔2018〕62号）

❺《中华人民共和国耕地占用税法》（2018年12月29日中华人民共和国主席令第18号）

❻《财政部 国家税务总局关于继续实行农产品批发市场、农贸市场房产税、城镇土地使用税优惠政策的通知》（2019年1月9日财税〔2019〕12号）

❼《财政部 税务总局关于实施小微企业普惠性税收减免政策的通知》（2019年1月17日财税〔2019〕13号）

❽《财政部 税务总局关于继续对城市公交站场道路客运站场、城市轨道交通系统减免城镇土地使用税优惠政策的通知》（2019年1月31日财税〔2019〕11号）

❾《财政部 国家税务总局关于延续供热企业增值税、房产税、城镇土地使用税优惠政策的通知》（2019年4月3日财税〔2019〕38号）

❿《财政部 税务总局关于公共租赁住房税收优惠政策的公告》（2019年4月15日财政部 税务总局公告2019年第61号 ）

⓫《财政部 国家税务总局关于继续实行农村饮水安全工程税收优惠政策的公告》（2019年4月15日财政部 税务总局公告2019年第67号）

⓬《财政部 国家税务总局 发展改革委 民政部 商务部 卫生健康委关于养老、托育、家政等社区家庭服务业税费优惠政策的公告》（2019年6月28日财政部 税务总局发展改革委 民政部 商务部 卫生健康委公告2019年第76号）

⓭《财政部 税务总局关于部分国家储备商品有关税收政策的公告》（2019年6月28日财政部 税务总局公告2019年第77号）

⓮《中华人民共和国耕地占用税法实施办法》（2019年8月29日财政部 税务总局自然资源部 农业农村部 生态环境部公告2019年第81号）

⓯《国家税务总局关于耕地占用税征收管理有关事项的公告》（2019年8月30日国家税务总局公告2019年第30号）

⓰《财政部 税务总局关于延长部分税收优惠政策执行期限的公告》（2021年3月15日财政部 税务总局公告2021年第6号）

⓱《财政部 国家税务总局关于延长部分税收优惠政策执行期限的公告》（2022年1月29日财政部 税务总局公告2022年第4号）

第九章

交通强国下的车辆购置税和车船税

本章重点

1. 车辆购置税的征税范围
2. 车辆购置税的计算和税收优惠
3. 车船税的征税范围
4. 车船税的计税依据
5. 车船税的减免税

本章难点

1. 车辆购置税特殊情况下计税依据的确定
2. 车船税的计算

二维码12：车辆购置税和车船税

第一节　车辆购置税

车辆购置税是以在中国境内购置应税车辆行为为课税对象、在特定的环节向车辆购置者征收的一种税。就其性质而言，车辆购置税属于直接税的范畴。

车辆购置税于2001年1月1日起在我国征收。作为一个新的税种，车辆购置税是在原交通部门收取的车辆购置附加费的基础上，通过“费改税”的方式演变而来的，基本上保留了原车辆购置附加费的特点。2018年12月29日颁布的《中华人民共和国车辆购置税法》（中华人民共和国主席令第19号）自2019年7月1日起施行。

一、车辆购置税概述

（一）车辆购置税的特点

1. 征收范围单一

车辆购置税以购置应税车辆行为为课税对象，其征收范围窄，属于行为税。

2.征收环节单一

车辆购置税实行一次性课征制，它不是在生产、经营和消费的每个环节都征收，而是在消费领域中的特定环节一次性征收。

3.征税具有特定目的

车辆购置税为中央税，它取之于应税车辆，用之于交通建设，具有专门用途，可作为中央财政的经常性预算科目，由中央财政根据国家交通建设投资计划，统筹安排使用。这种特定目的的税收可以保证国家财政支出的需要，既有利于统筹合理地安排资金，又有利于保证特定事业和建设支出的需要。

4.价外征收，不转嫁税负

征收车辆购置税的商品价格中不含车辆购置税税额，车辆购置税是附加在价格之外的，且税收的缴纳者即为最终的税收负担者，税负没有转嫁性。

（二）开征车辆购置税的作用

（1）有利于合理筹集建设资金，积累国家财政收入，促进交通基础设施建设事业的健康发展。

（2）有利于规范政府行为，理顺税费关系，深化和完善财税制度改革。

（3）有利于调节收入差别，缓解社会分配不公的矛盾。

（4）有利于配合打击走私，保护民族工业，维护国家权益。

车辆购置税对同一课税对象的应税车辆不论来源渠道如何，都按同一比例税率征收，具有同一应税车辆税负相同的特性。因此，车辆购置税可以平衡进口车辆与国产车辆的税收负担，体现国民待遇原则。车辆购置税在车辆上牌使用前征收，具有源泉控管的特点，可以配合有关部门在打击走私、惩治犯罪方面起到积极的作用。

二、纳税人

车辆购置税的纳税人是指在中华人民共和国境内购置应税车辆的单位和个人。这一表述界定了车辆购置税的应税行为、征税区域和纳税人的范围等方面的内容。

（一）车辆购置税的应税行为

车辆购置税的应税行为是指在中华人民共和国境内购置应税车辆的行为。具体来讲，这种应税行为包括以下几种情况：

1.购买自用行为

购买自用行为包括购买自用国产应税车辆和境内购买自用进口应税车辆的行为。

2.进口自用行为

进口自用行为是指纳税人直接从境外进口或者委托代理进口自用应税车辆，不包括在境内购买进口车辆。

3.受赠自用行为

受赠是指接受他人馈赠，受赠人在接受自用（包括接受免税车辆）后，就发生了应税行为，就要承担纳税义务。

4.自产自用行为

自产自用是指纳税人将自己生产的应税车辆作为最终消费品用于自己消费使用，其消费行为就构成应税行为。

5.获奖自用行为

获奖自用行为包括从各种奖励形式中取得并自用应税车辆的行为。

6.其他自用行为

其他自用行为是指除上述行为以外，通过其他方式取得并自用应税车辆的行为，如以拍卖、抵债、走私、罚没等方式取得并自用的应税车辆。

【例9-1】根据《中华人民共和国车辆购置税法》的规定，下列行为属于车辆购置税应税行为的有（　　）。

A.应税车辆的购买使用行为

B.应税车辆的销售行为

C.自产自用应税车辆的行为

D.以获奖方式取得并自用应税车辆的行为

【解析】车辆购置税的应税行为是指从各种渠道取得并使用应税车辆的行为。故正确答案为A、C、D项。

（二）车辆购置税纳税人的具体范围

车辆购置税纳税人的范围包括单位和个人，具体为：

（1）单位是指国有企业、集体企业、私营企业、股份制企业、外商投资企业、外国企业以及其他企业，事业单位、社会团体、国家机关、部队以及其他单位。

（2）个人是指个体工商户及其他个人，泛指具有民事权利能力，依法享有民事权利、承担民事义务的自然人，包括中华人民共和国公民和外国公民。

已经办理免税、减税手续的车辆，因转让、改变用途等原因不再属于免税、减税范围的，其纳税人按以下规定执行：发生转让行为的，受让人为车辆购置税纳税人；未发生转让行为的，车辆所有人为车辆购置税纳税人。

三、征税对象和征税范围

车辆购置税应税车辆包括汽车、有轨电车、汽车挂车、排气量超过150毫升的摩托车。

无轨电车、农运运输汽车属于汽车范围。

地铁、轻轨等城市轨道交通车辆，装载机、平地机、挖掘机、推土机等轮式专用机械车，以及起重机（吊车）、叉车、电动摩托车，不属于应税车辆。

【例9-2】下列车辆，属于车辆购置税征收范围的有（　　）。

A.汽车　　B.无轨电车　　C.半挂车　　D.电动自行车

【解析】车辆购置税的征收范围包括汽车、有轨电车、汽车挂车、排气量超过150毫升的摩托车，故正确答案为A、B、C项。

四、税率

我国车辆购置税实行统一比例税率，税率为10%。

五、计税依据

车辆购置税以应税车辆为征税对象，按照从价定率、价外征收的方法计算应纳税额。由于应税车辆的购置来源、具体应税行为不同，因此车辆购置税计税价格的组成不一样，计税依据也不同。

（一）购买自用应税车辆计税依据的确定

纳税人购买自用的应税车辆，以计税价格为计税依据。计税价格为纳税人实际支付给销售者的全部价款，即依据纳税人购买应税车辆时相关凭证载明的价格确定，不包括增值税税款。

其换算公式为：

计税价格=含增值税的销售价格÷（1+增值税税率或征收率）

主管税务机关在计征车辆购置税确定计税依据时，计算车辆不含增值税价格的公式为：

不含税价格=（全部价款+价外费用）÷（1+增值税税率或征收率）

【例9-3】某市市场监督管理部门2023年3月向某汽车贸易公司购买1辆小轿车自用，取得普通发票，注明总金额226 000元。该市场监督管理部门是否需要缴纳车辆购置税？如果需要缴纳，应缴纳多少？

【解析】（1）该市场监督管理部门需要缴纳车辆购置税。

（2）应纳车辆购置税税额=226 000÷（1+13%）×10%=20 000（元）

（二）进口自用应税车辆计税依据的确定

纳税人进口自用的应税车辆缴纳车辆购置税时，以组成计税价格为计税依据。计税价格的计算公式为：

计税价格=组成计税价格

=关税完税价格+关税+消费税

=关税×（1+关税税率）÷（1-消费税税率）

这里的“进口自用应税车辆”，是指纳税人直接从境外进口或委托代理进口自用的应税车辆，即非贸易方式进口自用的应税车辆。

公式中的“关税完税价格”，是指海关核定的关税计税价格。

公式中的“关税”，是指由海关课征的进口车辆的关税，其计算公式为：

应纳关税=关税完税价格×关税税率

公式中的“消费税”，是指进口车辆应由海关代征的消费税。

进口自用应税车辆的计税价格，应根据纳税人提供并经海关审查确认的有关完税证明资料确定。

（三）其他自用应税车辆计税依据的确定

纳税人自产自用应税车辆的计税价格，按照纳税人生产的同类应税车辆的销售价格确定，不包括增值税税款。没有同类应税车辆销售价格的，按照组成计税价格确定。组成计税价格计算公式如下：

组成计税价格=成本×（1+成本利润率）

属于应征消费税的应税车辆，其组成计税价格中应加计消费税税额。上述公式中的成本利润率，由国家税务总局及各省、自治区、直辖市和计划单列市税务局确定。

纳税人以受赠、获奖或者其他方式取得自用应税车辆的计税价格，按照购置应税车辆时相关凭证载明的价格确定，不包括增值税税款。

所称的购置应税车辆时相关凭证，是指原车辆所有人购置或者以其他方式取得应税车辆时载明价格的凭证。无法提供相关凭证的，参照同类应税车辆市场平均交易价格确定其计税价格。

原车辆所有人为车辆生产或者销售企业，未开具机动车销售统一发票的，按照车辆生产或者销售同类应税车辆的销售价格确定应税车辆的计税价格。无同类应税车辆销售价格的，按照组成计税价格确定应税车辆的计税价格。

（四）车辆购置税的核定征收

纳税人申报的应税车辆计税价格明显偏低，又无正当理由的，由税务机关依照《税收征收管理法》的规定核定其应纳税额。

（五）车辆购置税的计税依据使用统一货币单位计算

车辆购置税的计税依据和应纳税额应以人民币计算。纳税人以外汇结算应税车辆价款的，按照申报纳税之日的人民币汇率中间价折合成人民币计算缴纳税款。

六、税收优惠

（一）车辆购置税法定免税规定

车辆购置税法定免税规定包括：

（1）外国驻华使馆、领事馆和国际组织驻华机构及其外交人员自用的车辆免税。

（2）中国人民解放军和中国人民武装警察部队列入军队武器装备订货计划的车辆免税。

（3）悬挂应急救援专用号牌的国家综合性消防救援车辆免税。

（4）设有固定装置的非运输专用作业车辆免税。

（5）城市公交企业购置的公共汽电车辆免税。

（二）特定减免税规定

下列车辆减征、免征车辆购置税：

（1）回国服务的在外留学人员用现汇购买1辆个人自用国产小汽车和长期来华定居专家进口1辆自用小汽车，免税。

（2）防汛部门和森林消防部门用于指挥、检查、调度、报汛（警）、联络的由指定厂家生产的设有固定装置的指定型号的车辆，免税。

（3）中国妇女发展基金会“母亲健康快车”项目的流动医疗车，免税。

（4）北京2022年冬奥会和冬残奥会组织委员会新购置车辆，免税。

（5）原公安现役部队和原武警黄金、森林、水电部队改制后换发地方机动车牌证的车辆（公安消防、武警森林部队执行灭火救援任务的车辆除外），一次性免税。

（6）自2018年7月1日至2023年12月31日，对购置挂车减半征收车辆购置税。具体操作按照《财政部 税务总局 工业和信息化部关于对挂车减征车辆购置税的公告》（财政部

税务总局 工业和信息化部公告2018年第69号）的有关规定执行。

（7）对购置日期在2023年1月1日至2023年12月31日期间内的新能源汽车，免征车辆购置税。

（8）农业三轮车免税。

根据国民经济和社会发展的需要，国务院可以规定减征或者其他免征车辆购置税的情形，报全国人民代表大会常务委员会备案。

【例9-4】我国的车辆购置税实行法定减免税，下列属于车辆购置税法定免税范围的是（　）。

A.外国驻华使馆、领事馆和国际组织驻华机构及其外交人员自用的车辆

B.购置的新能源汽车

C.设有固定装置的运输车辆

D.四轮农用运输车

【解析】选项B，属于特定减免税。选项C，设有固定装置的非运输专用作业车辆免税。选项D，四轮农用运输车没有免税优惠。故正确答案为A项。

（三）车辆购置税的退税

已缴纳车辆购置税的车辆，发生下列情形之一的，准予纳税人申请退税：

（1）车辆退回生产企业或者经销商的。

（2）符合免税条件的设有固定装置的非运输车辆但已征税的。

（3）其他依据法律、法规规定应予退税的情形。

退税额以已缴税款为基准，自缴纳税款之日至申请退税之日，每满一年扣减10%。应退税额的计算公式如下：

应退税额=已纳税额×（1-使用年限×10%）

应退税额不得为负数。使用年限的计算方法是，自纳税人缴纳税款之日起，至申请退税之日止。

七、应纳税额的计算

车辆购置税实行从价定率的办法计算应纳税额，应纳税额的计算公式为：

应纳税额=计税价格×税率

由于应税车辆的购置来源、具体应税行为以及计税价格组成的不同，因此车辆购置税应纳税额的计算方法也不同。

（一）购买自用国产应税车辆应纳税额的计算

纳税人购买自用国产应税车辆，其计税价格为纳税人支付给销售者的全部价款（不包括增值税税款）。

【例9-5】杨某2023年12月从当地一家4S店购买1辆1.6升排量的小汽车自己使用，支付含增值税价款110 000元、配件费2 000元、改装费1 000元，支付的各项价款均由4S店开具机动车销售统一发票，另支付保险公司委托4S店代收的保险费5 000元，并由保险公司开票。计算杨某应缴纳的车辆购置税税额。

【解析】应纳车辆购置税税额=（110 000+2 000+1 000）÷（1+13%）×10%=10 000（元）

（二）进口自用应税车辆应纳税额的计算

纳税人进口自用的应税车辆，以组成计税价格为计税依据。

【例9-6】某4S店2023年11月进口9辆商务车，海关核定的关税计税价格为40万元/辆，当月销售4辆，1辆公司自用。计算该4S店应缴纳的车辆购置税税额。（该商务车关税税率为25%，消费税税率为12%）。

【解析】应纳车辆购置税税额=40×（1+25%）÷（1-12%）×10%=5.68（万元）

（三）其他自用应税车辆应纳税额的计算

1.自产自用应税车辆应纳税额的计算

【例9-7】某客车制造厂将自产的1辆客车用于本厂后勤生活服务，该厂在办理车辆登记前，按52 000元向主管税务机关申报纳税。该车同类型应税车辆当月不含税销售价格为80 000元。该厂对自行申报计税价格提不出正当理由。计算该车应缴纳的车辆购置税税额。

【解析】纳税人自产自用应税车辆的申报计税价格是52 000元，低于同类型应税车辆市价80 000元，明显偏低又无正当理由，应按纳税人当月同类型应税车辆的不含税销售价格确定征税。

应纳车辆购置税税额=80 000×10%=8 000（元）

2.受赠自用应税车辆应纳税额的计算

【例9-8】某公司2023年10月接受捐赠小汽车10辆，该小汽车为1.8升排量，成本为100 000元/辆，成本利润率为8%，市场不含增值税平均售价为140 000元/辆。计算该公司应缴纳的车辆购置税税额。

【解析】应纳车辆购置税税额=140 000×10×10%=140 000（元）

3.获奖自用应税车辆应纳税额的计算

【例9-9】赵某在某公司举办的有奖销售活动中，中奖获得微型汽车1辆，公司开具的销售发票金额为65 000元。当月同类型应税车辆的市场购置不含税售价为72 000元。计算赵某应缴纳的车辆购置税税额。

【解析】纳税人通过各种奖励方式取得并自用的应税车辆，按购置应税车辆凭证载明价格确定车辆购置税税额。

应纳车辆购置税税额=72 000×10%=7 200（元）

4.其他方式取得并自用应税车辆应纳税额的计算

其他方式是指除自产、受赠、获奖以外的方式，主要包括拍卖、抵债、走私、罚没等。这些方式取得并自用的应税车辆，按同类型车辆的最低计税价格计征车辆购置税。

【例9-10】甲企业从某拍卖公司通过拍卖购进2辆轿车，其中一辆是未上牌照的新车，不含税成交价为60 000元，该车同类型应税车辆的市场平均不含税价格为120 000元；另一辆是已使用6年的轿车，不含税成交价为50 000元。计算甲企业应纳车辆购置税税额。

【解析】车辆购置税采用一次课征制，购置已经缴纳过车辆购置税的使用过的小汽车自用不再缴纳车辆购置税。通过拍卖购进的车辆，价格一般都较低，成交价只能作为参考，不能作为计税依据，应该以同类型应税车辆市场平均不含税价格确定计税价格征收车辆购置税。

应纳车辆购置税税额=120 000×10%=12 000（元）

5.减税、免税条件消失车辆应纳税额的计算

减税、免税车辆因转让、改变用途等不再属于减税、免税范围的，纳税人应当在办理车辆转移登记或者变更登记前缴纳车辆购置税。计税价格以减税、免税车辆初次办理纳税申报时确定的计税价格为基准，每满一年扣减10%。

应纳税额计算公式如下：

应纳税额=初次办理纳税申报时确定的计税价格×（1-使用年限×10%）×10%-已纳税额

应纳税额不得为负数。使用年限的计算方法是，自纳税人初次办理纳税申报之日起，至不再属于免税、减税范围的情形发生之日止，使用年限取整计算，不满一年的不计算在内。

【例9-11】某部队将1辆通信车进行更新改造，该车使用年限为10年，已使用4年，属于列入军队武器装备计划的免税车辆。改造后由后勤部使用该车。经审核，该车发动机、底盘、车身和电气设备四大组成部分的性能技术数据没有发生根本变化。该汽车初次办理纳税申报时确定的计税价格为56 000元。计算改造的这辆汽车应缴纳的车辆购置税税额。

【解析】应纳车辆购置税税额=56 000×（1-4×10%）×10%=3 360（元）

八、申报与缴纳

（一）纳税义务发生时间及纳税期限

车辆购置税的纳税义务发生时间为纳税人购置应税车辆的当日，以纳税人购置应税车辆所取得的车辆相关凭证上注明的时间为准。具体按照下列情形确定：

（1）购买自用应税车辆的为购买之日，即车辆相关价格凭证的开具日期。

（2）进口自用应税车辆的为进口之日，即《海关进口增值税专用缴款书》或者其他有效凭证的开具日期。

（3）自产、受赠、获奖或者以其他方式取得并自用应税车辆的为取得之日，即合同、法律文书或者其他有效凭证的生效或者开具日期。

已经办理免税、减税手续的车辆因转让、改变用途等原因不再属于免税、减税范围的，纳税义务发生时间为：车辆转让或者用途改变等情形发生之日。

纳税人应当自纳税义务发生之日起60日内申报缴纳车辆购置税。

（二）纳税地点

购置应税车辆的纳税人，应当到下列地点申报纳税：

（1）需要办理车辆登记的，向车辆登记地主管税务机关申报纳税。

（2）不需要办理车辆登记的，单位纳税人向其机构所在地主管税务机关申报纳税，个人纳税人向其户籍所在地或者经常居住地主管税务机关申报纳税。

【例9-12】关于车辆购置税的纳税地点，下列说法中正确的有（　　）。

A.需要办理车辆登记的，纳税地点是纳税人所在地

B.需要办理车辆登记的，应当向购买地主管税务机关申报纳税

C.需要办理车辆登记的，纳税地点是车辆登记地

D.不需要办理车辆登记的，单位纳税人应当向其机构所在地主管税务机关申报纳税

【解析】根据车辆购置税纳税地点的规定，正确答案为C、D项。

（三）纳税申报

车辆购置税由税务机关负责征收。车辆购置税实行一车一申报制度。

纳税人应当在向公安机关交通管理部门办理车辆注册登记前，办理纳税申报，且一次性缴纳车辆购置税。

纳税人应当如实申报应税车辆的计税价格，税务机关应当按照纳税人申报的计税价格征收税款。纳税人编造虚假计税依据的，税务机关应当依照《税收征收管理法》及其实施细则的相关规定处理。

公安机关交通管理部门办理车辆注册登记，应当根据税务机关提供的应税车辆完税或者免税电子信息对纳税人申请登记的车辆信息进行核对，核对无误后依法办理车辆注册登记。

1.一般纳税申报

纳税人办理纳税申报时应当如实填报《车辆购置税纳税申报表》（见2019年6月21日国家税务总局公告2019年第26号附件1），同时提供车辆合格证明和车辆相关价格凭证。

2.免税、减税纳税申报

纳税人在办理车辆购置税免税、减税时，除车辆合格证明和车辆相关价格凭证外，还应当根据不同的免税、减税情形，分别提供相关资料的原件、复印件：

（1）外国驻华使馆、领事馆和国际组织驻华机构及其有关人员的自用车辆，提供机构证明和外交部门出具的身份证明。

（2）城市公交企业购置的公共汽电车辆，提供所在地县级以上（含县级）交通运输主管部门出具的公共汽电车辆认定表。

（3）悬挂应急救援专用号牌的国家综合性消防救援车辆，提供中华人民共和国应急管理部批准的相关文件。

（4）回国服务的在外留学人员购买的自用国产小汽车，提供海关核发的《中华人民共和国海关回国人员购买国产汽车准购单》。

（5）长期来华定居专家进口的自用小汽车，提供国家外国专家局或者其授权单位核发的专家证或者A类和B类《外国人工作许可证》。

3.免税、减税条件消失补缴纳税申报

免税、减税车辆因转让、改变用途等原因不再属于免税、减税范围的，纳税人在办理

纳税申报时，应当如实填报《车辆购置税纳税申报表》（见2019年6月21日国家税务总局公告2019年第26号附件1）。发生二手车交易行为的，提供二手车销售统一发票；属于其他情形的，按照相关规定提供申报材料。

4.申请退税申报

已经缴纳车辆购置税的，纳税人向原征收机关申请退税时，应当如实填报《车辆购置税退税申请表》（见2019年6月21日国家税务总局公告2019年第26号附件2），提供纳税人身份证明，并区别不同情形提供相关资料：

（1）车辆退回生产企业或者销售企业的，提供生产企业或者销售企业开具的退车证明和退车发票。

（2）其他依据法律法规规定应当退税的，根据具体情形提供相关资料。

第二节　车船税

一、车船税概述

2011年2月25日，第十一届全国人民代表大会常务委员会第19次会议通过了《中华人民共和国车船税法》（以下简称《车船税法》），自2012年1月1日起施行。2011年11月23日，国务院第182次常务会议通过了《中华人民共和国车船税法实施条例》（以下简称《车船税法实施条例》），自2012年1月1日起施行。2019年4月23日，第十三届全国人民代表大会常务委员会第十次会议修改了《车船税法》，2019年3月2日，国务院令第709号修改了《车船税法实施条例》。

（一）概念

车船税是对在中华人民共和国境内属于《车船税法》所附《车船税税目税额表》规定的车辆、船舶的所有人或者管理人所征收的一种税。

（二）纳税人

根据《车船税法》的规定，在中华人民共和国境内属于《车船税法》所附《车船税税目税额表》规定的车辆、船舶（以下简称车船）的所有人或者管理人，为车船税的纳税人，应当依照《车船税法》缴纳车船税。

上述所称车辆、船舶是指：

（1）依法应当在车船登记管理部门登记的机动车辆和船舶。

（2）依法不需要在车船登记管理部门登记的在单位内部场所行驶或者作业的机动车辆和船舶。

车船登记管理部门，是指公安、交通运输、农业、渔业、军队、武装警察部队等依法具有车船登记管理职能的部门；单位，是指依照中国法律、行政法规的规定，在中国境内成立的行政机关、企业、事业单位、社会团体以及其他组织。

所有人，是指在我国境内拥有车船的单位和个人；管理人，是指对车船具有管理使用权，但不具有所有权的单位。

（三）征税范围和征税对象

车船税的征税范围为《车船税税目税额表》规定的车船。

其中，车辆为机动车，包括乘用车、商用车、半挂牵引车、三轮汽车、低速载货汽车、挂车、专用作业车、轮式专用机械车和摩托车，非机动车不征车船税；船舶包括各类机动、非机动船舶以及其他水上移动装置，但是船舶上装备的救生艇筏和长度小于5米的艇筏除外。

① 乘用车，是指在设计和技术特性上主要用于载运乘客及随身行李，核定载客人数包括驾驶员在内不超过9人的汽车。

② 商用车，是指除乘用车外，在设计和技术特性上用于载运乘客、货物的汽车，划分为客车和货车。

③ 半挂牵引车，是指装备有特殊装置，用于牵引半挂车的商用车。

④ 三轮汽车，是指最高设计车速不超过每小时50千米，具有三个车轮的货车。

⑤ 低速载货汽车，是指以柴油机为动力，最高设计车速不超过每小时70千米，具有四个车轮的货车。

⑥ 挂车，是指就其设计和技术特性需由汽车或者拖拉机牵引，才能正常使用的一种无动力的道路车辆。

⑦ 专用作业车，是指在其设计和技术特性上用于特殊工作的车辆。

⑧ 轮式专用机械车，是指有特殊结构和专门功能，装有橡胶车轮可以自行行驶，最高设计车速大于每小时20千米的轮式工程机械车。

⑨ 摩托车，是指无论采用何种驱动方式，最高设计车速大于每小时50千米，或者使用内燃机，其排量大于50毫升的两轮或者三轮车辆。

⑩ 船舶，是指各类机动、非机动船舶以及其他水上移动装置，但是船舶上装备的救生艇筏和长度小于5米的艇筏除外。其中，机动船舶是指用机器推进的船舶；拖船是指专门用于拖（推）动运输船舶的专业作业船舶；非机动驳船，是指在船舶登记管理部门登记为驳船的非机动船舶；游艇是指具备内置机械推进动力装置，长度在90米以下，主要用于游览观光、休闲娱乐、水上体育运动等活动，并应当具有船舶检验证书和适航证书的船舶。

从车船税的财产税性质和公平税负的角度出发，不论车船是否应向车船登记管理部门登记，都应纳入征税范围。

临时入境的外国车船和中国香港特别行政区、中国澳门特别行政区、中国台湾地区的车船，不征收车船税。

（四）税目、税额

车船税的税目、税率具体列示于《车船税法》所附的《车船税税目税额表》中。

车船税采用定额税率，即对征税的车船规定单位固定税额，具体包括以下两种形式：

（1）对应税车辆实行有幅度的定额税率，即对各类车辆分别规定一个最低到最高限度的年税额，同时授权各省、自治区、直辖市人民政府在规定的税额幅度内，根据当地的实际情况，对同一计税标准的车辆，具体确定适用税额。

（2）对应税船舶采取分类分级、全国统一的固定税额。采取这种办法，主要是考虑到船舶流动性大、行程较长的特点。

确定车船税税额总的原则是：排气量小的车辆税负轻于排气量大的车辆；载人少的车辆税负轻于载人多的车辆；自重小的车辆税负轻于自重大的车辆；小吨位的船舶税负轻于大吨位的船舶。由于船舶的行驶情况不同，车船税的税额也有所不同（见表9-1）。

表9-1 车船税税目税额表

<table>
<tr><th colspan="2">税目</th><th>计税单位</th><th>年基准税额</th><th>备注</th></tr>
<tr><td rowspan="7">乘用车[按发动机气缸容量（排气量）分档]</td><td>1.0升（含）以下的</td><td rowspan="7">每辆</td><td>60元至360元</td><td rowspan="7">核定载客人数9人（含）以下</td></tr>
<tr><td>1.0升以上至1.6升（含）的</td><td>300元至540元</td></tr>
<tr><td>1.6升以上至2.0升（含）的</td><td>360元至660元</td></tr>
<tr><td>2.0升以上至2.5升（含）的</td><td>660元至1 200元</td></tr>
<tr><td>2.5升以上至3.0升（含）的</td><td>1 200元至2 400元</td></tr>
<tr><td>3.0升以上至4.0升（含）的</td><td>2 400元至3 600元</td></tr>
<tr><td>4.0升以上的</td><td>3 600元至5 400元</td></tr>
<tr><td rowspan="2">商用车</td><td>客车</td><td>每辆</td><td>480元至1 440元</td><td>核定载客人数9人以上，包括电车</td></tr>
<tr><td>货车</td><td>整备质量每吨</td><td>16元至120元</td><td>包括半挂牵引车、三轮汽车和低速载货汽车等</td></tr>
<tr><td>挂车</td><td></td><td>整备质量每吨</td><td>按照货车税额的50%计算</td><td></td></tr>
<tr><td rowspan="2">其他车辆</td><td>专用作业车</td><td rowspan="2">整备质量每吨</td><td>16元至120元</td><td rowspan="2">不包括拖拉机</td></tr>
<tr><td>轮式专用机械车</td><td>16元至120元</td></tr>
<tr><td>摩托车</td><td></td><td>每辆</td><td>36元至180元</td><td></td></tr>
<tr><td rowspan="2">船舶</td><td>机动船舶</td><td>净吨位每吨</td><td>3元至6元</td><td>拖船、非机动驳船分别按照机动船舶税额的50%计算</td></tr>
<tr><td>游艇</td><td>游艇长度每米</td><td>600元至2 000元</td><td></td></tr>
</table>

各省、自治区、直辖市人民政府根据《车船税税目税额表》确定车辆具体适用税额，应当遵循以下原则：

（1）乘用车依排气量从小到大递增税额。

（2）客车按照核定载客人数20人以下和20人（含）以上两档划分，递增税额。

各省、自治区、直辖市人民政府确定的车辆具体适用税额，应当报国务院备案。

【例9-13】以下关于我国车船税税目税额的表述中，正确的有（　　）。

A.车船税实行定额税率

B.客货两用汽车按照货车征税

C.半挂牵引车和挂车按照货车征税

D.拖船和非机动驳船分别按机动船舶税额的70%计算征税

【解析】挂车按照货车税额的50%计算纳税，拖船和非机动驳船分别按机动船舶税额的50%计算征税，故正确答案为A、B项。

其他相关问题：

（1）专用作业车的认定。对于在设计和技术特性上用于特殊工作，并装置了专用设备或器具的汽车，应认定为专用作业车，如汽车起重机、消防车、混凝土泵车、清障车、高空作业车、洒水车、扫路车等。以载运人员或货物为主要目的的专用汽车，如救护车，不属于专用作业车。

（2）税务机关核定客货两用车的征税问题。客货两用车，又称多用途货车，是指在设计和结构上主要用于载运货物，但在驾驶员座椅后带有固定或折叠式座椅，可运载3人以上的货车。客货两用车依照货车的计税单位和年基准税额计征车船税。

（3）《车船税法》及其实施条例涉及的整备质量、净吨位、艇身长度等计税单位，有尾数的一律按照含尾数的计税单位据实计算车船税应纳税额。计算得出的应纳税额小数点后超过两位的，可四舍五入保留两位小数。

（4）乘用车以车辆登记管理部门核发的机动车登记证书或者行驶证书所载的排气量确定税额区间。

（5）纳税人在购买机动车交通事故责任强制保险时，由扣缴义务人代收代缴车船税的，凭注明已收税款信息的机动车交通事故责任强制保险单，车辆登记地主管税务机关不再征收该纳税年度的车船税。再次征收的，车辆登记地主管税务机关应予退还。

二、车船税应纳税额的计算

（一）计税依据的确定

车船税分别以车船的排气量、整备质量、辆、净吨位和艇身长度为计税依据。具体规定如下：

（1）车船的排气量、整备质量、核定载客人数、净吨位、千瓦、艇身长度，以车船登记管理部门核发的车船登记证书或者行驶证所载数据为准。

依法不需要登记的车船和依法应当登记而未办理登记或者不能提供车船登记证书、行驶证的车船，以车船出厂合格证明或者进口凭证标注的技术参数、数据为准；不能提供车船出厂合格证明或者进口凭证的，由主管税务机关参照国家相关标准核定，没有国家相关标准的，参照同类车船核定。

（2）纳税人在购买机动车交通事故责任强制险时，应当向扣缴义务人提供登记地主管税务机关出具的本年度车船税的完税凭证或者减免税证明；不能提供完税凭证或者减免税证明的，在购买保险时应当按照当地的车船税税额标准计算缴纳车船税。

（3）拖船按照发动机功率每1千瓦折合净吨位0.67吨，并以机动船舶税额的50%计算征收车船税。

【例9-14】某船运公司2023年拥有拖船1艘，发动机功率为1 500千瓦。机动船舶车船税年单位税额为：净吨位超过200吨但不超过2 000吨的，每吨4元；净吨位超过2 000吨但不超过10 000吨的，每吨5元。拖船按照发动机功率每1千瓦折合净吨位0.67吨，并以机动船舶税额的50%计算征收车船税。计算该船运公司2023年应缴纳的车船税税额。

【解析】应缴纳的车船税税额=1 500×0.67×4×50%=2 010（元）

（二）应纳税额的计算

1.购置新车船应纳税额的计算

购置的新车船，购置当年的应纳税额自纳税义务发生的当月起按月计算。其计算公式为：

应纳税额=年应纳税额÷12×应纳税月份数

【例9-15】某运输公司2023年有如下运输工具：运输卡车10辆，整备质量12.4吨/辆，4月购入乘用车12辆，当月办理登记取得车辆行驶证，当地政府规定的乘用车车船税税额为1 000元/辆，运输卡车车船税税额为80元/吨。计算2023年该运输公司应缴纳的车船税税额。

【解析】应纳车船税税额=12.4×10×80+12×1 000×9÷12=18 920（元）

2.其他情况下购置车船应纳税额的计算

（1）在一个纳税年度内，已完税的车船被盗抢、报废、灭失的，纳税人可以凭有关管理机关出具的证明和完税凭证，向纳税所在地主管税务机关申请退还自被盗抢、报废、灭失月份起至该纳税年度终了期间的税款。

（2）已办理退税的车船失而复得的，应从公安机关出具相关证明的当月起计算缴纳车船税。

（3）已经缴纳车船税的车船，因质量原因，车船被退回生产企业或者经销商的，纳税人可以向纳税所在地主管税务机关申请退还自退货月份起至该纳税年度终了期间的税款，退货月份以退货发票所载日期的当月为准。

（4）扣缴义务人已代收代缴车船税的，纳税人不再向车辆登记地主管税务机关申报缴纳车船税。

（5）已缴纳车船税的车船在同一纳税年度内办理转让过户的，不另纳税，也不退税。

【例9-16】某运输公司拥有载货汽车15辆（货车自重全部为10吨）、乘人大客车20辆、小客车10辆。计算该运输公司全年应纳车船税税额。（注：载货汽车按自重每吨年税额80元；乘人大客车每辆年税额500元，小客车每辆年税额400元）

【解析】（1）载货汽车应纳税额=15×10×80=12 000（元）

（2）乘人客车应纳税额=20×500+10×400=14 000（元）

（3）全年应纳车船税税额=12 000+14 000=26 000（元）

（三）保险机构代收代缴

（1）从事机动车第三者责任强制保险业务的保险机构为机动车车船税的扣缴义务人，应当在收取保险费时依法代收车船税，并出具代收税款凭证。

（2）保险机构在代收车船税时，应当在机动车交通事故责任强制保险的保险单以及保费发票上注明已收税款的信息和减免税信息，作为代收税款凭证。

（3）纳税人在应当购买交通事故责任强制保险截止日期以后购买的，或以前年度没有缴纳车船税的，保险机构在代收代缴税款的同时，还应代收代缴欠缴税款的滞纳金。

（四）委托交通运输海事管理机构代征

（1）在交通运输部直属海事管理机构（以下简称海事管理机构）登记的应税船舶，其车船税由船籍港所在地税务机关委托当地海事管理机构代征。

（2）海事管理机构代征车船税的计算方法包括：

①船舶按年计算车船税，其计算公式为：

年应纳税额=计税单位×年基准税额

其中：机动船舶、非机动驳船、拖船的计税单位为净吨位每吨；游艇的计税单位为艇身长度每米；年基准税额按照《车船税法》及其实施条例的相关规定执行。

②购置的新船舶，购置当年的应纳税额自纳税义务发生时间起至该年度终了按月计算，其计算公式为：

应纳税额=年应纳税额×应纳税月份数÷12

（3）对于以前年度未依照《车船税法》及其实施条例的规定缴纳车船税的，海事管理机构应代征欠缴税款，并按规定代收滞纳金。

（4）已经缴纳车船税的船舶在同一纳税年度内办理转让过户的，在原登记地不予退税，在新登记地凭完税凭证不再纳税，新登记地海事管理机构应记录上述船舶的完税凭证号和出具该凭证的税务机关或海事管理机构名称，并将完税凭证的复印件存档备查。

三、税收优惠

（一）法定减免

（1）捕捞、养殖渔船免征车船税。捕捞、养殖渔船，是指在渔业船舶管理部门登记为捕捞船或者养殖船的渔业船舶。

（2）军队、武警专用的车船免征车船税。军队、武警专用的车船，是指按照规定在军队、武警车船管理部门登记，并领取军用牌照、武警牌照的车船。

（3）警用车船免征车船税。警用车船，是指公安机关、国家安全机关、监狱、劳动教养管理机关和人民法院、人民检察院领取警用牌照的车辆和执行警务的专用船舶。

（4）悬挂应急救援专用号牌的国家综合性消防救援车辆和国家综合性消防救援专用船舶免征车船税。

（5）依照法律规定应当予以免税的外国驻华使领馆、国际组织驻华代表机构及其有关人员的车船免征车船税。

（6）对节约能源、使用新能源的车船可以减征或者免征车船税。减征或者免征车船税的车船范围，由国务院财政、税务主管部门商国务院有关部门制定，报国务院批准。

（7）对受严重自然灾害影响纳税困难以及有其他特殊原因确需减税、免税的，可以减征或者免征车船税。具体办法由国务院规定，并报全国人民代表大会常务委员会备案。

（8）省、自治区、直辖市人民政府根据当地实际情况，可以对公共交通车船，农村居民拥有并主要在农村地区使用的摩托车、三轮汽车和低速载货汽车定期减征或者免征车船税。

（二）特定减免

（1）经批准临时入境的外国车船和中国香港特别行政区、中国澳门特别行政区、中国台湾地区的车船，不征收车船税。

（2）国家综合性消防救援车辆由部队号牌改挂应急救援专用号牌（详见国办发〔2018〕114号）的，一次性免征改挂当年车船税。

（3）按照规定缴纳船舶吨税的机动船舶，自《车船税法》实施之日起5年内免征车船税。

（4）机场、港口内部行驶或作业的车船，自《车船税法》实施之日起5年内免征车船税。

（三）节能、新能源车船减免

1.对节能汽车，减半征收车船税

（1）减半征收车船税的节能乘用车应同时符合以下标准：

① 获得许可在中国境内销售的排气量为1.6升以下（含 1.6 升）的燃用汽油、柴油的乘用车（含非插电式混合动力、双燃料和两用燃料乘用车）。

② 综合工况燃料消耗量应符合标准。

（2）减半征收车船税的节能商用车应同时符合以下标准：

① 获得许可在中国境内销售的燃用天然气、汽油、柴油的轻型和重型商用车（含非插电式混合动力、双燃料和两用燃料轻型和重型商用车）。

② 燃用汽油、柴油的轻型和重型商用车综合工况燃料消耗量应符合标准。

2.对新能源车船，免征车船税

（1）免征车船税的新能源汽车是指纯电动商用车、插电式（含增程式）混合动力汽车、燃料电池商用车。纯电动乘用车和燃料电池乘用车不属于车船税征税范围，对其不征车船税。

（2）免征车船税的新能源汽车应同时符合以下标准：

①获得许可在中国境内销售的纯电动商用车、插电式（含增程式）混合动力汽车、燃料电池商用车。

②符合新能源汽车产品技术标准。

③通过新能源汽车专项检测，符合新能源汽车标准。

④新能源汽车生产企业或进口新能源汽车经销商在产品质量保证、产品一致性、售后服务、安全监测、动力电池回收利用等方面符合相关要求。

（3）免征车船税的新能源船舶应符合以下标准：

船舶的主推进动力装置为纯天然气发动机。发动机采用微量柴油引燃方式且引燃油热值占全部燃料总热值的比例不超过5%的，视同纯天然气发动机。

符合上述第1条、第2条标准的节能、新能源汽车，由工业和信息化部、国家税务总局不定期联合发布《享受车船税减免优惠的节约能源 使用新能源汽车车型目录》予以公告。

【例9-17】下列车船免征车船税的有（　　）。

A.非机动驳船　　B.插电式混合动力汽车

C.燃料电池商用车　　D.残疾人专用摩托车

【解析】根据车船税优惠政策的规定，正确答案为B、C项。

四、车船税的申报和缴纳

（一）纳税义务发生时间

车船税的纳税义务发生时间为取得车船所有权或者管理权的当月，以购买车船的发票或者其他证明文件所载日期的当月为准。对于在国内购买的机动车，购买日期以机动车销售统一发票所载日期为准；对于进口的机动车，购买日期以《海关关税专用缴款书》所载日期为准；对于购买的船舶，购买日期以购买船舶的发票或者其他证明文件所载日期的当月为准。

（二）纳税地点

车船税的纳税地点为车船的登记地或者车船税扣缴义务人所在地。依法不需要办理登记的车船，车船税的纳税地点为车船的所有人或者管理人所在地。

（三）申报缴纳

车船税按年申报，分月计算，一次性缴纳。纳税年度为公历1月1日至12月31日。具体纳税申报期限由各省、自治区、直辖市人民政府规定。

(1) 公安机关交通管理部门在办理车辆相关登记和定期检验手续时，对未提交自上次检验后各年度依法纳税或者免税证明的，不予登记，不予发放检验合格标志。

(2) 海事部门、船舶检验机构在办理船舶登记和定期检验手续时，对未提交依法纳税或者免税证明，且拒绝扣缴义务人代收代缴车船税的纳税人，不予登记，不予发放检验合格标志。

(3) 对于依法不需要购买机动车交通事故责任强制保险的车辆，纳税人应当向主管税务机关申报缴纳车船税。

(4) 纳税人在首次购买机动车交通事故责任强制保险时缴纳车船税或者自行申报缴纳车船税的，应当提供购车发票及反映排气量、整备质量、核定载客人数等与纳税相关的信息及相应凭证。

(5) 车辆所有人或者管理人在申请办理车辆相关登记、定期检验手续时，应当向公安机关交通管理部门提交依法纳税或者免税证明。公安机关交通管理部门核查后办理相关手续。

【例9-18】根据车船税的征收管理规定，下列表述中，正确的有（　　）。

A.依法不需要办理登记的车船，应在车船所有人或者管理人所在地缴纳车船税

B.车船税纳税义务的发生时间为取得车船所有权或者管理权的次月

C.已由保险机构代收代缴车船税的，纳税人不再向税务机关申报缴纳车船税

D.在同一纳税年度内，已缴纳车船税的车船办理转让过户的，不另缴纳车船税，同时也不退税

【解析】车船税纳税义务的发生时间为取得车船所有权或者管理权的当月。故正确答案为A、C、D项。

本章主要税法依据

❶《中华人民共和国车辆购置税法》（2018年12月29日中华人民共和国主席令第19号）

❷《中华人民共和国车船税法》（2011年2月25日第十一届全国人民代表大会常务委员会第十九次会议通过　根据2019年4月23日第十三届全国人民代表大会常务委员会第十次会议《关于修改<中华人民共和国建筑法>等八部法律的决定》修订）

❸《中华人民共和国车船税法实施条例》（2011年12月5日中华人民共和国国务院令第611号公布　根据2019年3月2日《国务院关于修改部分行政法规的决定》修订）

❹《国家税务总局 交通运输部关于发布〈船舶车船税委托代征管理办法〉的公告》（2013年1月5日国家税务总局 交通运输部公告2013年第1号）

❺《国家税务总局关于发布〈车船税管理规程（试行）〉的公告》（2015年11月26日国家税务总局公告2015年第83号）

❻《财政部 国家税务总局 工业和信息化部 科学技术部关于免征新能源汽车车辆购置税的公告》（2017年12月26日财政部 国家税务总局 工业和信息化部 科学技术部公告2017年第172号）

❼《财政部关于节能新能源车船享受车船税优惠政策的通知》（2018年7月10日财税〔2018〕74号）

❽《财政部 税务总局关于国家综合性消防救援车辆车船税政策的通知》（2019年2月13日财税〔2019〕18号）

❾《财政部 税务总局关于车辆购置税有关具体政策的公告》（2019年5月23日财政部 税务总局公告2019年第71号）

❿《国家税务总局 交通运输部关于城市公交企业购置公共汽电车辆免征车辆购置税有关事项的公告》（2019年6月6日国家税务总局 交通运输部公告2019年第22号）

⓫《国家税务总局关于车辆购置税征收管理有关事项的公告》（2019年6月21日国家税务总局公告2019年第26号）

第十章
具有契约精神的印花税和契税

本章重点

1. 印花税纳税人
2. 印花税的征收范围及税目税率
3. 契税的征税对象
4. 契税的税收优惠

本章难点

1. 印花税的征收范围及税目税率
2. 契税的征税对象
3. 契税应纳税额的计算

第一节 印花税

二维码 13：印花税

印花税是对经济活动和经济交往中书立、领受、使用的应税经济凭证所征收的一种税。因纳税人主要是通过在应税凭证上粘贴印花税票来完成纳税义务，所以称为印花税。

印花税是世界各国普遍征收的一个税种，历史悠久，始于1624年的荷兰。北洋军阀政府曾颁布过《印花税法》，并于1913年首次开征印花税。1927年国民党政府公布了印花税暂行条例。中华人民共和国成立后，中央人民政府政务院于1950年1月发布《全国税政实施要则》，规定印花税为全国统一开征的14个税种之一。1958年简化税制时，印花税被并入工商统一税，很长一段时间未单独征收。

党的十一届三中全会以来，随着改革开放政策的贯彻实施，我国国民经济得到迅速发展，经济活动中依法书立各种凭证已成为普遍现象。为满足经济发展和建立社会主义经济法治的需要，国家相继颁布了《中华人民共和国经济合同法》《中华人民共和国商标法》《工商企业登记管理条例》等一系列经济法规。为了在税收上适应变化着的客观经济情况，广泛筹集财政资金，维护经济凭证书立、领受人的合法权益，1988年8月，国务院令第11号公布了《中华人民共和国印花税暂行条例》，9月财政部发布了《中华人民共和国印花税暂行条例施行细则》，于同年10月1日起恢复征收印花税。2021年2月，《中华人民共和国印花税法（草案）》提请第十三届全国人民代表大会常务委员会第二十六次会议审议。2021年6月10日，第十三届全国人民代表大会常务委员会第二十九次会议通过了《中华人民共和国印花税法》（以下简称《印花税法》），自2022年7月1日起施行。

一、征税范围

我国经济活动中经济凭证种类繁多、数量巨大，我国只对《印花税法》列举的凭证征收印花税，没有列举的凭证不征收印花税。具体征税范围如下：

（一）合同

合同是指当事人之间为实现一定目的，经协商一致，明确当事人各方权利、义务关系的协议。以经济业务活动作为内容的合同，通常称为经济合同。经济合同按照管理的要求，应依照《民法典》和其他有关合同法规订立。经济合同的依法订立，是在经济交往中确定、变更或终止当事人之间的权利和义务关系的合同法律行为，其书面形式即经济合同书。我国印花税只对依法订立的经济合同书征收。印花税税目中的合同比照我国《民法典》的部分合同，在税目税率表中列举了11类合同，它们分别是：

（1）借款合同，是指银行金融机构、经国务院银行业监督管理机构批准设立的其他金融机构与借款人（不包括同业拆借）的借款合同。

（2）融资租赁合同，是指出租人根据承租人对出卖人、租赁物的选择，向出卖人购买租赁物，提供给承租人使用，承租人支付租金的合同。

（3）买卖合同，是指动产买卖合同（不包括个人书立的动产买卖合同），包括供应、预购、采购、购销结合及协作、调剂、补偿、易货等合同；还包括各出版单位与发行单位之间订立的图书、报纸、期刊、音像征订凭证。

（4）承揽合同，是指承揽人按照定做人的要求完成工作，交付工作成果，定做人给付报酬的合同，包括加工、定做、修缮、修理、印刷、广告、测绘、测试等合同。

（5）建设工程合同，是指承包人进行工程建设，发包人支付价款的合同，包括建设工程勘察、设计、施工合同。

（6）运输合同，是指货运合同和多式联运合同（不包括管道运输合同）。

（7）技术合同，不包括专利权、专有技术使用权转让书据。

（8）租赁合同，是指出租人将租赁物交给承租人使用，承租人定期向出租人支付约定的租金的合同，包括租赁房屋、船舶、飞机、机动车辆、机械、器具、设备等合同。

（9）保管合同，又称寄托合同、寄存合同，是指双方当事人约定一方将物品交付他方保管的合同。保管合同是保管人有偿地或无偿地为寄存人保管物品，并在约定期限内或应寄存人的请求，返还保管物品的合同。

(10) 仓储合同，又称仓储保管合同，是保管人储存存货人交付的仓储物，存货人支付仓储费的合同。

(11) 财产保险合同，是投保人与保险人约定以财产及其有关利益为保险标的的协议，包括财产、责任、保证、信用等保险合同，但不包括再保险合同。

(二) 产权转移书据

产权转移即财产权利关系的变更行为，表现为产权主体发生变更。产权转移书据是在产权的买卖、交换、继承、赠与、分割等产权主体变更的过程中，产权出让人与受让人之间所订立的民事法律文书。

我国印花税税目中的产权转移书据包括：

(1) 土地使用权出让书据，是指国家将土地使用权在一定年限内出让给土地使用者，由土地使用者向国家支付土地使用权出让金而签订的协议或合同。

(2) 土地使用权、房屋等建筑物和构筑物所有权转让书据（不包括土地承包经营权和土地经营权转移）。

(3) 股权转让书据（不包括应缴纳证券交易印花税的），是指股份制试点企业向社会公开发行的股票，因购买、继承、赠与所书立的书据，包括上市股票和企业内部发行的股票买卖、继承、赠与等书立的书据。

(4) 商标专用权、著作权、专利权、专有技术使用权转让书据。

(三) 营业账簿

印花税税目中的营业账簿归属于财务会计账簿，是按照财务会计制度的要求设置的，反映生产经营活动的账册。按照营业账簿反映内容的不同，其分为记载资金的账簿（简称资金账簿）和其他营业账簿两类。按照《印花税法》规定，目前只对资金账簿反映生产经营单位"实收资本"和"资本公积"的金额征收印花税，对其他营业账簿不征收印花税。

(四) 证券交易

证券交易，是指证券持有人依照交易规则，将证券转让给其他投资者的行为。证券交易除应遵循《中华人民共和国证券法》规定的证券交易规则，还应同时遵守《民法典》的规定。证券交易一般分为两种形式：一种形式是上市交易，是指证券在证券交易所集中交易挂牌买卖；另一种形式是上柜交易，是指公开发行但未达上市标准的证券在证券柜台交易。

二、纳税人

印花税的纳税人，是在中华人民共和国境内书立应税凭证、进行证券交易，以及在中华人民共和国境外书立在境内使用的应税凭证的单位和个人。

所称应税凭证，是指《印花税法》所附《印花税税目税率表》列明的合同、产权转移书据和营业账簿；所称证券交易，是指转让在依法设立的证券交易所、国务院批准的其他全国性证券交易场所交易的股票和以股票为基础的存托凭证。印花税的纳税人具体包括立合同人、立据人、立账簿人、证券交易人和使用人。

1.立合同人

立合同人是签订合同的当事人，是指对凭证负有直接权利义务关系的单位和个人，但不包括合同的担保人、证人、鉴定人。当事人的代理人有代理纳税的义务，与纳税人负有同等的税收法律义务和责任。

2.立据人

立据人是产权转移书据的当事人，是指土地、房屋等权属转移过程中买卖双方的单位和个人。

3.立账簿人

立账簿人是设立营业账簿的当事人，是指设立并使用营业账簿的单位和个人。例如企业单位因生产、经营需要，设立了营业账簿，该企业即为纳税人。

4.证券交易人

证券交易人是出让证券的当事人，是指在中华人民共和国境内进行证券交易的单位和个人。需要注意的是，证券交易印花税对证券交易的出让方征收，不对受让方征收。

5.使用人

在中华人民共和国境外书立在境内使用的应税凭证的单位和个人，其纳税人是使用人。值得注意的是，同一应税凭证，凡由两方或两方以上当事人共同书立并各执一份的，原则上其当事人各方都是印花税的纳税人，应各就其所持凭证的计税金额全额缴纳印花税。

【例10-1】甲企业将货物卖给乙企业，双方订立了购销合同，丙企业作为该合同的担保人，丁先生作为证人，戊单位作为鉴定人，谁是印花税的纳税人？

【解析】凡由两方或两方以上当事人共同书立的应税凭证，其当事人各方都是印花税的纳税人，应各就其所持凭证的计税金额履行纳税义务，但不包括合同的担保人、证人、鉴定人，故题中甲企业和乙企业为印花税的纳税人。

三、税率

现行印花税采用比例税率，比例税率分为5档，即0.05‰、0.3‰、1‰、0.5‰和0.25‰。其具体规定是：

（1）借款合同、融资租赁合同的税率为0.05‰。

（2）买卖合同、承揽合同、建设工程合同、运输合同、技术合同以及商标专用权、著作权、专利权、专有技术使用权转让书据的税率为0.3‰。

（3）租赁合同、保管合同、仓储合同、财产保险合同和证券交易的税率为1‰。

（4）土地使用权出让书据，土地使用权、房屋等建筑物、构筑物所有权转让书据，股权转让书据的税率为0.5‰。

（5）营业账簿的税率为0.25‰。

以电子形式签订的各类应税凭证均应按规定征收印花税。

印花税税目税率如表10-1所示。

表10-1　　印花税税目税率表

税目		税率	备注
合同（指书面合同）	借款合同	借款金额的万分之零点五	指银行业金融机构、经国务院银行业监督管理机构批准设立的其他金融机构与借款人（不包括同业拆借）的借款合同
	融资租赁合同	租金的万分之零点五	
	买卖合同	价款的万分之三	指动产买卖合同（不包括个人书立的动产买卖合同）
	承揽合同	报酬的万分之三	
	建设工程合同	价款的万分之三	
	运输合同	运输费用的万分之三	指货运合同和多式联运合同（不包括管道运输合同）
	技术合同	价款、报酬或者使用费的万分之三	不包括专利权、专有技术使用权转让书据
	租赁合同	租金的千分之一	
	保管合同	保管费的千分之一	
	仓储合同	仓储费的千分之一	
	财产保险合同	保险费的千分之一	不包括再保险合同
产权转移书据	土地使用权出让书据	价款的万分之五	转让包括买卖（出售）、继承、赠与、互换、分割
	土地使用权、房屋等建筑物和构筑物所有权转让数据（不包括土地承包经营权和土地经营权转移）	价款的万分之五	
	股权转让书据（不包括应缴纳证券交易印花税的）	价款的万分之五	
	商标专用权、著作权、专利权、专有技术使用权转让书据	价款的万分之三	
营业账簿		实收资本（股本）、资本公积合计金额的万分之二点五	
证券交易		成交金额的千分之一	

四、计税依据

印花税实行从价计征，以凭证所载金额为计税依据。其中应税合同的计税依据，为合同所列的金额，不包括列明的增值税税款。具体规定如下：

（1）借款合同的计税依据为借款金额。针对实际借贷活动中不同的借款形式，税法规定了不同的计税方法：

①一项信贷业务既签订借款合同，又一次或分次填开借据的，只以借款合同所载金额为计税依据计税贴花；只填开借据并作为合同使用的，应以借据所载金额为计税依据计税贴花。

②借贷双方签订的流动资金周转性借款合同，一般按年（期）签订，规定最高限额，借款人在规定的期限和最高限额内随借随还。为避免加重借贷双方的负担，对这类合同只以其规定的最高限额为计税依据，在签订时贴花一次，在限额内随借随还不签订新合同的，不再另贴印花。

③对借款方以财产作抵押，从贷款方取得一定数量抵押贷款的合同，应按借款合同贴花；在借款方因无力偿还借款而将抵押财产转移给贷款方时，应再就双方书立的产权书据，按产权转移书据的有关规定计税贴花。

④对银行及其他金融组织的融资租赁业务签订的融资租赁合同，应按合同所载租金总额，暂按借款合同计税。

⑤在贷款业务中，如果贷方系由若干银行组成的银团，银团各方均承担一定的贷款数额。借款方与银团各方共同书立借款合同，各执一份合同正本。对这类合同，借款方与贷款银团各方应分别在所执的合同正本上，按各自的借款金额计税贴花。

⑥在基本建设贷款中，如果按年度用款计划分年签订借款合同，在最后一年按借款总额签订借款总合同，且总合同的借款金额包括各个分合同的借款金额的，对这类基建借款合同，应按分合同分别贴花，最后签订的总合同，只就借款总额扣除分合同借款金额后的余额计税贴花。

（2）融资租赁合同的计税依据为收取或支付的租金。

（3）买卖合同的计税依据为合同记载的价款，不得做任何扣除。例如，以物易物的易货合同是反映既购又销双重经济行为的合同，因此，对这类合同的计税依据为合同所载的购销合计金额。

（4）承揽合同的计税依据是加工或承揽收入的金额。具体规定为：

①对于由受托方提供原材料的加工、定做合同，凡在合同中分别记载加工费金额和原材料金额的，应分别按加工承揽合同、购销合同计税，两项税额相加数，即为合同应贴印花；若合同中未分别记载，则应就全部金额依照加工承揽合同计税贴花。

②对于由委托方提供主要材料或原料，受托方只提供辅助材料的加工合同，无论加工费和辅助材料金额是否分别记载，均以辅助材料与加工费的合计数，依照加工承揽合同计税贴花。对委托方提供的主要材料或原料金额不计税贴花。

（5）建设工程合同的计税依据为合同约定的价款。

（6）运输合同的计税依据为取得的运费收入，不包括所运货物的金额、装卸费和保险费等。

对国内各种形式的货物联运，凡在起运地统一结算全程运费的，应以全程运费作为计税依据，由起运地运费结算双方缴纳印花税；凡分程结算运费的，应以分程的运费作为计税依据，分别由办理运费结算的各方缴纳印花税。

对国际货运，凡由我国运输企业运输的，运输企业所持的运费结算凭证，以本程运费为计税依据；托运方所持的运费结算凭证，以全程运费为计税依据。由外国运输企业运输进出口货物的，对外国运输企业所持运费结算凭证免征印花税；托运方所持运费结算凭证，以运费金额为计税依据。

（7）技术合同的计税依据为合同所载的价款、报酬、使用费。为了鼓励技术研究开发，对技术开发合同，只就合同所载的报酬金额计税，研究开发经费不作为计税依据。但合同约定按研究开发经费一定比例作为报酬的，应按一定比例的报酬金额贴花。

（8）租赁合同的计税依据为租金收入。

（9）保管合同的计税依据为收取（支付）的保管费。

（10）仓储合同的计税依据为收取的仓储费。

（11）财产保险合同的计税依据为支付（收取）的保险费，不包括所保财产金额。

（12）产权转移书据的计税依据，为产权转移书据所列的金额，不包括列明的增值税税款。

（13）应税营业账簿，以账簿记载的“实收资本”与“资本公积”两项合计金额为计税依据。已缴纳印花税的营业账簿，以后年度记载的实收资本（股本）、资本公积合计金额增加的，按照增加部分计算应纳税额。

（14）证券交易的计税依据为成交金额。证券交易无转让价格的，按照办理过户登记手续时该证券前一个交易日收盘价计算确定计税依据；无收盘价的，按照证券面值计算确定计税依据。

【例10-2】公司作为受托方签订甲、乙两份加工承揽合同。甲合同约定：由委托方提供主要材料（金额为300万元），受托方只提供辅助材料（金额为20万元），受托方另收取加工费50万元。乙合同约定：由受托方提供主要材料（金额为200万元）并收取加工费40万元。请判断印花税的计税依据。

【解析】甲合同缴纳印花税的计税依据=20+50=70（万元）

乙合同缴纳印花税的计税依据=200+40=240（万元）

【例10-3】某交通运输企业与某客户签订货物运输合同，合同载明货物价值500万元，运输费用65万元（含装卸费5万元、货物保险费10万元），请判断印花税的计税依据。

【解析】印花税计税依据=65-5-10=50（万元）

五、应纳税额的计算方法

（一）计算应纳税额的方法

应纳税额=应税凭证和证券交易计税金额×适用税率

（二）计算印花税应当注意的问题

（1）同一应税凭证载有两个以上税目事项并分别列明金额的，按照各自适用的税目税率分别计算应纳税额；未分别列明金额的，从高适用税率。

（2）同一应税凭证由两方以上当事人书立的，按照各自涉及的金额分别计算应纳税额。

（3）应税合同、产权转移书据未列明金额的，印花税的计税依据按照实际结算的金额确定。

计税依据按照上述规定仍不能确定的，按照书立合同、产权转移书据时的市场价格确定；依法应当执行政府定价或者政府指导价的，按照国家有关规定确定。

（4）应税凭证所载金额为外国货币的，应按照凭证书立当日国家外汇管理局公布的外汇牌价折合成人民币，然后计算应纳税额。

（5）应纳税额不足1角的，免纳印花税；1角以上的，其税额尾数不满5分的不计，满5分的按1角计算。财产租赁合同经计算，税额不足1元的，按1元贴花。

（6）在签订时无法确定计税金额的某些合同，可在签订时先按定额5元贴花，以后结算时再按实际金额计税，补贴印花。

（7）应税合同在签订时纳税义务即已产生，应计算应纳税额并贴花。所以，不论合同是否兑现或是否按期兑现，均应贴花。

对已履行并贴花的合同，所载金额与合同履行后实际结算金额不一致的，只要双方未修改合同金额，一般不再办理完税手续。

【例10-4】某交通运输企业与A公司签订租赁合同，合同载明将本企业闲置的总价值300万元的10辆货车出租，每辆车月租金4 000元，租期未定，请计算应缴纳的印花税税额。

【解析】由于租期未定，因此可在签订租赁合同时先按定额5元贴花，应缴纳的印花税税额为5元。

【例10-5】假设某股份公司2023年10月发生如下应税业务：

（1）与A公司签订一份买卖合同，销售货物一批不含税金额200万元、增值税销项税额26万元；

（2）通过竞拍取得一宗土地使用权，受让土地使用权出让书据记载金额20 000万元；

（3）将一栋闲置厂房出租给B公司使用，双方签订的房屋租赁合同约定每月不含税租金10万元，租期1年，合同记载不含税租金120万元；

（4）向某银行签订一份借款合同，借款金额5 000万元，借款期限6个月；

（5）为了扩大经营规模，增加实收资本2 000万元。

要求：计算该股份公司2023年10月应缴纳的印花税。（不考虑其他因素）

（1）销售货物应缴纳印花税=200x0.03%x10 000=600（元）

（2）受让土地使用权应缴纳印花税=20 000x0.05%x10 000=100 000（元）

（3）出租厂房应缴纳印花税=120x0.1%x10 000=1 200（元）

（4）向银行借款应缴纳印花税=5 000x0.005%x10 000=2 500（元）

（5）增加实收资本应缴纳印花税=2 000x0.025%x10 000=5 000（元）

该股份公司2023年10月应缴纳印花税=600+100 000+1 200+2 500+5 000=109 300（元）

六、印花税的缴纳方法

印花税的缴纳方法较其他税种不同，是由纳税人根据税法的规定，自行计算应纳税额，自行购买印花税票，自行贴花和画销，自行完成纳税义务。同时，对特殊情形采取特定的纳税贴花方法。

（一）一般纳税方法

印花税通常由纳税人根据规定自行计算应纳税额，购买并一次贴足印花税票。纳税人向税务机关或指定的代售单位购买印花税票。对税务机关来说，印花税票一经售出，国家即取得印花税收入；对纳税人来说，购买了印花税票，并不等于履行了纳税义务。因此，纳税人将印花税票粘贴在应税凭证后，应即行注销，注销标记应与骑缝处相交。所谓骑缝处，是指粘贴的印花税票与凭证之间的交接处。

对于国家政策性银行记载资金的账簿，一次贴花数额较大、难以承担的，经当地税务机关核准，可在3年内分次贴足印花。

（二）简化纳税方法

为了简化贴花手续，对于应纳税额较大或者贴花次数频繁的情况，税法规定了以下三种简化纳税方法：

1.以缴款书或完税证代替贴花的方法

某些应税凭证，如资金账簿、大宗货物的购销合同、建筑工程承包合同等，如果一份凭证的应纳税额较大，超过500元，贴用印花税票不方便的，可向当地税务机关申请填写缴款书或者完税证，将其中一联粘贴在凭证上或者由税务机关在凭证上加注完税标记，代替贴花。

2.按期汇总缴纳印花税的方法

同一种类应税凭证，需频繁贴花的，可由纳税人根据实际情况自行决定是否采用按期汇总申报缴纳印花税的方式。汇总申报缴纳的期限不得超过1个月，采用按期汇总申报缴纳方式的，一年内不得改变。

3.代扣（代收）税款汇总缴纳的方法

税务机关为了加强源泉控制管理，可以委托某些填开应税凭证的代理单位（如代办运输、联运的单位）对凭证当事人应缴纳的印花税予以代扣（代收），并按期汇总缴纳。

（三）纳税贴花的其他具体规定

纳税人贴花时，必须遵照以下规定办理纳税事宜：

（1）在应税凭证书立或领受时即行贴花完税，不得延至凭证生效日期贴花。

（2）印花税票应粘贴在应纳税凭证上，并由纳税人在每枚税票的骑缝处盖戳注销或画销，严禁揭下重用。纳税人将已贴用的印花税票揭下重用，税务机关应追缴其不缴或者少缴的税款、滞纳金，并处以不缴或者少缴税款50%以上5倍以下的罚款，构成犯罪的，依法追究刑事责任。

（3）已经贴花的凭证，修改后所载金额增加的部分，应补贴印花。

（4）对已贴花的各类应纳税凭证，纳税人必须按规定期限保管，不得私自销毁，以备纳税检查。

（5）多贴印花税票，不得申请退税或者抵扣。

（6）纳税人不能确定凭证是否应当纳税的，应及时携带凭证，到当地税务机关鉴别。

（7）纳税人同税务机关对凭证的性质发生争议的，应检附该凭证报请上一级税务机关核定。

（8）纳税人对纳税凭证应妥善保存。凭证的保存期限，凡国家已有明确规定的，按规定办理；其他凭证均应在履行纳税义务完毕后保存10年。

【例10-6】采用自行贴花方法缴纳印花税的，纳税人应（　　）。

A.自行申报应税行为　　B.自行计算应纳税额

C.自行购买印花税票　　D.自行一次贴足印花税票并注销

【解析】采用自行贴花方法缴纳印花税的，纳税人应自行计算应纳税额，自行购买印花税票，自行贴花和注销，自行完成纳税义务。故选B、C、D项。

七、印花税票

（一）税票图案内容

2021年印花税票以“中国共产党领导下的税收事业发展”为题材，一套9枚，各枚面值及图名分别为：1角（中国共产党领导下的税收事业发展·红色税收开天地）、2角（中国共产党领导下的税收事业发展·边区税制固政权）、5角（中国共产党领导下的税收事业发展·财源筑基迎解放）、1元（中国共产党领导下的税收事业发展·税政统一启新篇）、2元（中国共产党领导下的税收事业发展·利税改革添活力）、5元（中国共产党领导下的税收事业发展·分税改革助转型）、10元（中国共产党领导下的税收事业发展·和谐税收促发展）、50元（中国共产党领导下的税收事业发展·宏图绘就新时代）和100元（中国共产党领导下的税收事业发展·砥砺奋进新征程）。

印花税票图案左上角有镂空篆体“税”字。各枚印花税票底边左侧印有“中国印花税票”和“2021”字样，中部印有图名，右侧印有面值和按票面金额大小排列的顺序号（9-X）。

（二）税票规格

2021年印花税票打孔尺寸为50mm×38mm，齿孔度数为13×12.5。20枚1张，每张尺寸280mm×180mm，左右两侧出孔到边。

（三）税票防伪措施

（1）采用哑铃异形齿孔，左右两边居中；

（2）图内红版全部采用特制防伪油墨；

（3）每张喷有7位连续墨号；

（4）其他技术及纸张防伪措施。

（四）其他事项

2021年印花税票自《国家税务总局关于发行2021年印花税票的通告》（国家税务总局通告2021年第3号）发布之日起启用，以前年度发行的各版印花税票仍然有效。

八、减免税优惠

（一）减免税基本规定

根据《印花税法》的规定，下列凭证免征印花税：

（1）应税凭证的副本或者抄本；

（2）依照法律规定应当予以免税的外国驻华使馆、领事馆和国际组织驻华代表机构为获得馆舍书立的应税凭证；

（3）中国人民解放军、中国人民武装警察部队书立的应税凭证；

（4）农民、家庭农场、农民专业合作社、农村集体经济组织、村民委员会购买农业生产资料或者销售农产品书立的买卖合同和农业保险合同；

（5）无息或者贴息借款合同、国际金融组织向中国提供优惠贷款书立的借款合同；

（6）财产所有权人将财产赠与政府、学校、社会福利机构、慈善组织书立的产权转移书据；

（7）非营利性医疗卫生机构采购药品或者卫生材料书立的买卖合同；

（8）个人与电子商务经营者订立的电子订单。

根据国民经济和社会发展的需要，国务院对居民住房需求保障、企业改制重组、破产、支持小型微型企业发展等情形可以规定减征或者免征印花税，并报全国人民代表大会常务委员会备案。

（二）减免税的特殊规定

下列凭证减征或免征印花税：

（1）对房地产管理部门与个人签订的用于生活居住的租赁合同免征印花税；对个人出租、承租住房签订的租赁合同，免征印花税。

（2）对农牧业保险合同免税。对该类合同免税，是为了支持农村保险事业的发展，减轻农牧业生产的负担。

（3）军事货物运输、抢险救灾物资运输，以及新建铁路临管线运输等特殊货运凭证免税。

（4）对经国务院和省级人民政府决定或批准进行的国有（含国有控股）企业改组改制而发生的上市公司国有股权无偿转让行为，暂不征收证券（股票）交易印花税。

（5）对经县级以上人民政府及企业主管部门批准改制的企业因改制签订的产权转移书据免征印花税。

（6）对投资者（包括个人和机构）买卖封闭式证券投资基金免征印花税。

（7）对国家石油储备基地第一期项目建设过程中涉及的印花税予以免征。

（8）自2019年1月1日至2023年12月31日，对与高校学生签订的高校学生公寓租赁合同，免征印花税。

（9）为支持国家商品储备业务发展，对商品储备管理公司及其直属库资金账簿免征印花税；对其承担商品储备业务过程中书立的购销合同免征印花税，合同其他各方当事人应照章缴纳印花税。

（10）对改造安置住房经营管理单位，开发商与改造安置住房有关的印花税以及购买安置住房的个人涉及的印花税予以免征。

在商品住房等开发项目中配套建造安置住房的，依据政府部门出具的相关材料、房屋征收（拆迁）补偿协议或棚户区改造合同（协议），按改造安置住房建筑面积占总建筑面积的比例免征印花税。

（11）自2018年1月1日起至2023年12月31日，对金融机构与小型、微型企业签订的借款合同免征印花税。

（12）自2022年1月1日至2024年12月31日，由省、自治区、直辖市人民政府根据本地区实际情况，依据“六税两费”优惠政策相关规定，对增值税小规模纳税人、小型微利企业和个体工商户可以在50%的税额幅度内减征印花税（不含证券交易印花税）。

九、纳税义务发生时间、期限和纳税地点

（一）纳税义务发生时间

印花税的纳税义务发生时间为纳税人书立应税凭证或者完成证券交易的当日。证券交易印花税扣缴义务发生时间为证券交易完成的当日。

（二）纳税期限

印花税按季、按年或者按次计征。实行按季、按年计征的，纳税人应当自季度、年度终了之日起十五日内申报缴纳税款；实行按次计征的，纳税人应当自纳税义务发生之日起十五日内申报缴纳税款。

证券交易印花税按周解缴。证券交易印花税扣缴义务人应当自每周终了之日起五日内申报解缴税款以及银行结算的利息。

（三）纳税地点

纳税人为单位的，应当向其机构所在地主管税务机关申报缴纳印花税；纳税人为个人的，应当向应税凭证书立地或者纳税人居住地主管税务机关申报缴纳印花税。

不动产产权发生转移的，纳税人应当向不动产所在地主管税务机关申报缴纳印花税。

（四）源泉扣缴

纳税人为境外单位或者个人，在境内有代理人的，以其境内代理人为扣缴义务人；在境内没有代理人的，由纳税人自行申报缴纳印花税，具体办法由国务院税务主管部门规定。

证券登记结算机构为证券交易印花税的扣缴义务人，应当向其机构所在地主管税务机关申报解缴税款以及银行结算的利息。

第二节 契税

契税是以所有权发生转移的不动产为征税对象，向产权承受人征收的一种财产税。

二维码14：契税

一、征税范围

契税的征税对象为发生土地使用权和房屋所有权权属转移的土地和房屋。

具体征税范围包括：

（一）国有土地使用权出让

国有土地使用权出让是指土地使用者向国家交付土地使用权出让费用，国家将国有土地使用权在一定年限内让予土地使用者的行为。国有土地使用权出让可以使用拍卖、招标、双方协议的方式。

（二）土地使用权转让

土地使用权转让是指土地使用者以出售、赠与、交换或者其他方式将土地使用权转移给其他单位和个人的行为。土地使用权转让，不包括农村集体土地承包经营权的转移。国有土地使用权出让，是一级市场买卖；国有土地使用权转让，是二级市场买卖。

（三）房屋买卖

房屋买卖是指房屋所有者将其房屋出售，由承受者交付货币、实物、无形资产或者其他经济利益的行为。

1.以房产抵债或实物交换房屋

经当地政府和有关部门批准，以房抵债和实物交换房屋，均视同房屋买卖，应由产权承受人按房屋现值缴纳契税。

【例10-7】甲某因无力偿还乙某债务，以自有房产折价抵偿债务。经双方同意，有关部门批准，乙某取得甲某的房屋产权，在办理产权过户手续时，按房产折价款缴纳契税。如以实物（金银首饰等等价物品）交换房屋，应视同以货币购买房屋。

2.以房产作投资或作股权转让

这种交易业务属于房屋产权转移，应根据国家房地产管理的有关规定，办理房屋产权交易和产权变更登记手续，视同房屋买卖，由产权承受方按投资房产价值或房产买价缴纳契税。

【例10-8】甲某以自有房产投资于乙企业。其房屋产权变为乙企业所有，故产权所有人发生变化，因此，乙企业在办理产权登记手续后，按甲某入股房产现值（国有企事业房产须经国有资产管理部门评估核价）缴纳契税。如丙某以股份方式购买乙企业房屋产权，丙某在办理产权登记后，按取得房产买价缴纳契税。

以自有房产作股投入本人经营企业，免征契税。因为以自有的房地产投入本人独资经营的企业，房屋产权所有人和土地使用权人未发生变化，所以不需要办理房产变更手续，也不需要缴纳契税。

3.买房拆料或翻建新房，应照章征收契税

【例10-9】甲某购买乙某房产，不论其目的是取得该房产的建筑材料还是翻建新房，都已实际构成房屋买卖。甲某应办理房屋产权变更手续，并按买价缴纳契税。

（四）房屋赠与

房屋赠与是指房屋产权所有人将房屋无偿转让给他人所有。其中，将自己的房屋转交给他人的法人和自然人，称作房屋赠与人，接受他人房屋的法人和自然人，称为受赠人。房屋的受赠人要按规定缴纳契税。以获奖方式取得房屋产权的，其实质是接受赠与房产，应照章缴纳契税。

（五）房屋交换

房屋交换，是指房屋所有者之间相互交换房屋的行为。行为的主体有公民、房地产管理机关，以及企事业单位、机关团体。交换标的的性质有公房（包括直管房和自管房）、私房；交换标的的种类有住宅、店面及办公用房等。

交换行为的内容包括：

（1）房屋使用权交换，经房屋所有人同意，使用者可以通过变更租赁合同，办理过户手续，交换房屋使用权。交换房屋的价值相等，则不征收契税。

（2）房屋所有权交换。交换双方应订立交换契约，办理房屋产权变更手续和契税手续。房屋产权相互交换，若双方交换价值相等，也免征契税，办理免征契税手续；若价值不相等，则超出部分由支付差价方缴纳契税。

【例10-10】居民甲某2023年将一套市价为80万元的房产与乙某交换，并支付给乙某15万元。由于发生了房屋所有权交换，因此支付差价的一方应缴纳契税，即甲某需要对15万元差价缴纳契税。

（六）下列情形发生土地、房屋权属转移的，承受方应当依法缴纳契税：

（1）因共有不动产份额变化的；

（2）因共有人增加或减少的；

（3）因人民法院、仲裁委员会的生效法律文书或者监察机关出具的监察文书等因素，发生土地、房屋权属转移的。

（七）房屋附属设施有关契税政策

对承受国有土地使用权应支付的土地出让金，要征收契税。不得因减免土地出让金而减免契税。

二、纳税人

在中华人民共和国境内转移土地、房屋权属，承受的单位和个人为契税的纳税人。

三、税率

契税实行幅度比例税率，税率幅度为3%~5%。契税的具体适用税率，由各省、自治区、直辖市人民政府在规定的税率幅度内提出，报同级人民代表大会常务委员会决定，并报全国人民代表大会常务委员会和国务院备案。

省、自治区、直辖市可以依照规定对不同主体、不同地区、不同类型的住房的权属转移确定差别税率。

四、计税依据

契税的计税依据按照土地、房屋交易的不同情况确定：

（1）土地使用权出让、出售，房屋买卖，为土地、房屋权属转移合同确定的成交价格，包括应交付的货币以及实物、其他经济利益对应的价款；承受已装修房屋的，应将包括装修费用在内的费用计入承受方应交付的总价款。

（2）土地使用权互换、房屋互换，为所互换的土地使用权、房屋价格的差额；土地使用权互换、房屋互换，互换价格相等的，互换双方计税依据为零；互换价格不相等的，以其差额为计税依据，由支付差额的一方缴纳契税。

（3）土地使用权赠与、房屋赠与以及其他没有价格的转移土地、房屋权属行为，为税务机关参照土地使用权出售、房屋买卖的市场价格依法核定的价格。

纳税人申报的成交价格、互换价格差额明显偏低且无正当理由的，由税务机关依照《税收征收管理法》的规定核定。

（4）以划拨方式取得的土地使用权，经批准改为出让方式重新取得该土地使用权的，应由该土地使用权人以补缴的土地出让价款为计税依据缴纳契税。

（5）先以划拨方式取得土地使用权，后经批准转让房地产，划拨土地性质改为出让的，承受方应分别以补缴的土地出让价款和房地产权属转移合同确定的成交价格为计税依据缴纳契税。

（6）先以划拨方式取得土地使用权，后经批准转让房地产，划拨土地性质未发生改变的，承受方应以房地产权属转移合同确定的成交价格为计税依据缴纳契税。

（7）土地使用权及所附建筑物、构筑物等（包括在建的房屋、其他建筑物、构筑物和其他附着物）转让的，计税依据为承受方应交付的总价款。

（8）土地使用权出让的，计税依据包括土地出让金、土地补偿费、安置补助费、地上附着物和青苗补偿费、征收补偿费、城市基础设施配套费、实物配建房屋等应交付的货币以及实物、其他经济利益对应的价款。

（9）房屋附属设施（包括停车位、机动车库、非机动车库、顶层阁楼、储藏室及其他房屋附属设施）与房屋为同一不动产单元的，计税依据为承受方应交付的总价款，并适用与房屋相同的税率；房屋附属设施与房屋为不同不动产单元的，计税依据为转移合同确定的成交价格，并按当地确定的适用税率计税。

（10）契税的计税依据不包括增值税。

五、应纳税额的计算

契税应纳税额的计算公式为：

应纳税额=计税依据×税率

应纳契税税额以人民币计算。转移土地、房屋权属以外汇结算的，按照纳税义务发生之日中国人民银行公布的人民币市场汇率中间价，折合成人民币计算。

【例10-11】居民甲有两套住房，将其中一套出售给居民乙，成交价格为100 000元，将另一套两室住房与居民丙交换成两套一室住房，并支付换房差价款40 000元。试分别计算甲、乙、丙应缴纳的契税（假定税率为5%）。

【解析】（1）甲应缴纳契税税额=40 000×5%=2 000（元）

（2）乙应缴纳契税税额=100 000×5%=5 000（元）

（3）丙不缴纳契税。

六、契税减免的基本规定

（一）契税法定免税规定

（1）国家机关、事业单位、社会团体、军事单位承受土地、房屋权属用于办公、教学、医疗、科研、军事设施。

（2）非营利性的学校、医疗机构、社会福利机构承受土地、房屋权属用于办公、教学、医疗、科研、养老、救助。

享受契税免税优惠的非营利性的学校、医疗机构、社会福利机构，限于上述三类单位中依法登记为事业单位、社会团体、基金会、社会服务机构等的非营利法人和非营利组织。其中：

① 学校的具体范围为经县级以上人民政府或者其教育行政部门批准成立的大学、中学、小学、幼儿园，实施学历教育的职业教育学校、特殊教育学校、专门学校，以及经省级人民政府或者其人力资源社会保障行政部门批准成立的技工院校。

② 医疗机构的具体范围为经县级以上人民政府卫生健康行政部门批准或者备案设立的医疗机构。

③ 社会福利机构的具体范围为依法登记的养老服务机构、残疾人服务机构、儿童福利机构、救助管理机构、未成年人救助保护机构。

上述享受契税免税优惠的土地、房屋用途具体如下：

①用于办公的，限于办公室（楼）以及其他直接用于办公的土地、房屋；

②用于教学的，限于教室（教学楼）以及其他直接用于教学的土地、房屋；

③用于医疗的，限于门诊部以及其他直接用于医疗的土地、房屋；

④用于科研的，限于科学试验的场所以及其他直接用于科研的土地、房屋；

⑤用于军事设施的，限于直接用于《中华人民共和国军事设施保护法》规定的军事设施的土地、房屋；

⑥用于养老的，限于直接用于为老年人提供养护、康复、托管等服务的土地、房屋；

⑦用于救助的，限于直接为残疾人、未成年人、生活无着落的流浪乞讨人员提供养护、康复、托管等服务的土地、房屋。

（3）承受荒山、荒地、荒滩土地使用权用于农、林、牧、渔业生产。

（4）婚姻关系存续期间夫妻之间变更土地、房屋权属。

（5）法定继承人通过继承承受土地、房屋权属。

（6）依照法律规定应当予以免税的外国驻华使馆、领事馆和国际组织驻华代表机构承受土地、房屋权属。

根据国民经济和社会发展的需要，国务院对居民住房需求保障、企业改制重组、灾后重建等情形可以规定免征或者减征契税，报全国人民代表大会常务委员会备案。

（二）减免税特殊规定

（1）售后回租等有关契税政策。

① 对金融租赁公司开展售后回租业务，承受承租人土地、房屋权属的，照章征税。

对售后回租合同期满，承租人回购原土地、房屋权属的，免征契税。

② 单位、个人以房屋、土地以外的资产增资，相应扩大其在被投资公司的股权持有比例，无论被投资公司是否变更工商登记，其土地、房屋权属不发生转移，不征收契税。

③ 个体工商户的经营者将其个人名下的土地、房屋权属转移至个体工商户名下，或个体工商户将其名下的土地、房屋权属转回原经营者个人名下，免征契税。

④ 合伙企业的合伙人将其名下的土地、房屋权属转移至合伙企业名下，或合伙企业将其名下的土地、房屋权属转回原合伙人名下，免征契税。

（2）对国家石油储备基地第一期项目建设过程中涉及的契税予以免征。

（3）对廉租住房经营管理单位购买住房作为廉租住房、经济适用住房，经营管理单位回购经济适用住房继续作为经济适用住房房源的，免征契税。

（4）在婚姻关系存续期间，土地、房屋权属原归夫妻一方所有，变更为夫妻双方共有或另一方所有的，或者土地、房屋权属原归夫妻双方共有，变更为其中一方所有的，或者土地、房屋权属原归夫妻双方共有，双方约定变更共有份额的，免征契税。

（5）对已缴纳契税的购房单位和个人，在办理房屋权属变更登记前退房的，退还已纳契税；在办理房屋权属变更登记后退房的，不予退还已纳契税。

（6）公租房经管单位购买住房作为公租房的，免征契税。

（7）对经营管理单位回购已分配的改造安置住房继续作为改造安置房源的，免征契税。

个人因房屋被征收而取得货币补偿并用于购买改造安置住房，或因房屋被征收而进行房屋产权调换并取得改造安置住房，按有关规定减免契税。改造安置住房是指相关部门和单位与棚户区被征收人签订的房屋征收（拆迁）补偿协议或棚户区改造合同（协议）中明确用于安置被征收人的住房或通过改建、扩建、翻建等方式实施改造的住房。

（8）对经营性文化事业单位转制中资产评估增值、资产转让或划转涉及的契税等，自2019年1月1日起至2023年12月31日止，符合现行规定的，享受相应税收优惠政策。

（9）自2019年6月1日至2025年12月31日，为社区提供养老、托育、家政等服务的机构，承受土地、房屋权属用于提供社区养老、托育、家政服务的，免征契税。

（10）自2019年1月1日至2023年12月31日，对饮水工程运营管理单位为建设饮水工程而承受土地使用权，免征契税。对于既向城镇居民供水，又向农村居民供水的饮水工程运营管理单位（负责饮水工程运营管理的自来水公司、供水公司、供水（总）站（厂、中心）、村集体、农民用水合作组织等单位），涉及应征契税的，依据向农村居民供水量占总供水量的比例免征契税。

（11）自2016年2月22日起，对个人购买家庭唯一住房（家庭成员范围包括购房人、配偶以及未成年子女，下同），面积为90平方米及以下的，减按1%的税率征收契税；面积为90平方米以上的，减按1.5%的税率征收契税。对个人购买家庭第二套改善性住房，面积为90平方米及以下的，减按1%的税率征收契税；面积为90平方米以上的，减按2%的税率征收契税。

（12）企、事业单位改制重组的契税政策。

自2021年1月1日起至2023年12月31日，企业、事业单位在改制重组过程中，符合以下规定但已缴纳契税的，可申请退税；涉及的契税尚未处理且符合规定的，可按下列规定执行。

①企业改制。企业按照《中华人民共和国公司法》有关规定整体改制，包括非公司制企业改制为有限责任公司或股份有限公司，有限责任公司变更为股份有限公司，股份有限公司变更为有限责任公司。原企业投资主体存续并在改制（变更）后的公司中所持股权（股份）比例超过75%，且改制（变更）后公司承继原企业权利、义务的，对改制（变更）后公司承受原企业土地、房屋权属，免征契税

②事业单位改制。事业单位按照国家有关规定改制为企业，原投资主体存续并在改制后企业中出资（股权、股份）比例超过50%的，对改制后企业承受原事业单位土地、房屋权属，免征契税。

③公司合并。两个或两个以上的公司，依照法律规定、合同约定，合并为一个公司，且原投资主体存续的，对合并后公司承受原合并各方土地、房屋权属，免征契税。

④公司分立。公司依照法律规定、合同约定分立为两个或两个以上与原公司投资主体相同的公司，对分立后公司承受原公司土地、房屋权属，免征契税。

⑤企业破产。企业依照有关法律法规规定实施破产，债权人（包括破产企业职工）承受破产企业抵偿债务的土地、房屋权属，免征契税；对非债权人承受破产企业土地、房屋权属，凡按照《中华人民共和国劳动法》等有关法律法规政策妥善安置原企业全部职工规定，与原企业全部职工签订服务年限不少于三年的劳动用工合同的，对其承受所购企业土地、房屋权属，免征契税；与原企业超过30%的职工签订服务年限不少于三年的劳动用工合同的，减半征收契税。

⑥资产划转。对承受县级以上人民政府或国有资产管理部门按规定进行行政性调整，划转国有土地、房屋权属的单位，免征契税。

同一投资主体内部所属企业之间土地、房屋权属的划转，包括母公司与其全资子公司之间，同一公司所属全资子公司之间，同一自然人与其设立的个人独资企业、一人有限公司之间土地、房屋权属的划转，免征契税。

母公司以土地、房屋权属向其全资子公司增资，视同划转，免征契税。

⑦债权转股权。经国务院批准实施债权转股权的企业，对债权转股权后新设立的公司承受原企业的土地、房屋权属，免征契税。

⑧划拨用地出让或作价出资。以出让方式或国家作价出资（入股）方式承受原改制重组企业、事业单位划拨用地的，不属上述规定的免税范围，对承受方应按规定征收契税。

⑨公司股权（股份）转让。在股权（股份）转让中，单位、个人承受公司股权（股份），公司土地、房屋权属不发生转移，不征收契税。

上述规定所称企业、公司，是指依照我国有关法律法规设立并在中国境内注册的企业、公司。所称投资主体存续，是指原改制重组企业、事业单位的出资人必须存在于改制

重组后的企业，出资人的出资比例可以发生变动。所称投资主体相同，是指公司分立前后出资人不发生变动，出资人的出资比例可以发生变动。

【例10-12】下列项目中，免征契税的有（　　）。

A.以获奖方式获得的房屋

B.非营利性的社会福利院用于养老的房屋

C.企业获得土地使用权而免缴土地出让金

D.因不可抗力丧失住房而重新购买的住房

E.国家机关购买办公楼用于办公

【解析】选项A，以获奖方式获得的房屋，没有免征契税的规定；选项C，企业获得土地使用权而免缴土地出让金，不得因减免土地出让金而减免契税；选项D，因不可抗力丧失住房而重新购买的住房，没有免征契税的规定。故正确选项为B、E项。

七、申报与缴纳

（一）纳税义务发生时间

（1）契税的纳税义务发生时间为纳税人签订土地、房屋权属转移合同的当日，或者纳税人取得其他具有土地、房屋权属转移合同性质凭证的当日。

（2）因人民法院、仲裁委员会的生效法律文书或者监察机关出具的监察文书等发生土地、房屋权属转移的，纳税义务发生时间为法律文书等生效当日。

（3）因改变土地、房屋用途等情形应当缴纳已经减征、免征契税的，纳税义务发生时间为改变有关土地、房屋用途等情形的当日。

（4）因改变土地性质、容积率等土地使用条件需补缴土地出让价款，应当缴纳契税的，纳税义务发生时间为改变土地使用条件当日。

发生上述情形，按规定不再需要办理土地、房屋权属登记的，纳税人应自纳税义务发生之日起90日内申报缴纳契税。

（二）纳税期限

纳税人应当在依法办理土地、房屋权属登记手续前申报缴纳契税。

在依法办理土地、房屋权属登记前，权属转移合同、权属转移合同性质凭证不生效、无效、被撤销或者被解除的，纳税人可以向税务机关申请退还已缴纳的税款，税务机关应当依法办理。

（三）纳税地点

契税在土地、房屋所在地征收机关缴纳。

（四）征收管理

纳税人办理纳税事宜后，征收机关应向纳税人开具契税完税凭证。纳税人持契税完税凭证和其他规定的文件材料，依法向房地产管理部门办理有关土地、房屋的权属变更登记手续。房地产管理部门应向契税征收机关提供有关资料，并协助契税征收机关依法征收契税。

本章主要税法依据

❶《中华人民共和国印花税法》（2021年6月10日第十三届全国人民代表大会常务委员会第二十九次会议通过）

❷《财政部 税务总局关于印花税若干事项政策执行口径的公告》（财政部 税务总局公告2022年第22号）

❸《财政部 税务总局关于印花税法实施后有关优惠政策衔接问题的公告》（财政部 税务总局公告2022年第23号）

❹《国家税务总局关于实施<中华人民共和国印花税法>等有关事项的公告》（国家税务总局公告2022年第14号）

❺《中华人民共和国契税法》（2020年8月11日第十三届全国人民代表大会常务委员会第二十一次会议通过）

❻《财政部 税务总局关于继续执行企业 事业单位改制重组有关契税政策的公告》（财政部 税务总局公告2021年第17号）

❼《财政部 税务总局关于贯彻实施契税法若干事项执行口径的公告》（财政部 税务总局公告2021年第23号）

❽《国家税务总局关于契税纳税服务与征收管理若干事项的公告》（国家税务总局公告2021年第25号）

❾《财政部 税务总局关于契税法实施后有关优惠政策衔接问题的公告》（财政部 税务总局公告2021年第29号）

❿《财政部 国家税务总局关于棚户区改造有关税收政策的通知》（2013年12月2日财税〔2013〕101号）

⓫《财政部 税务总局关于全国社会保障基金有关投资业务税收政策的通知》（2018年9月10日财税〔2018〕94号）

第十一章

创新创业下的企业所得税

本章重点

1. 纳税人与征税对象
2. 应纳税所得额的计算
3. 应纳税额的计算
4. 税收优惠

本章难点

1. 应纳税所得额的计算
2. 特别纳税调整
3. 跨地区经营汇总纳税企业所得税征收管理

企业所得税是以企业取得的生产经营所得和其他所得为征税对象所征收的一种税，它是国家参与企业利润分配的重要手段。企业所得税在国外称为“公司税”“公司所得税”“法人税”“法人所得税”。

所得税的特点：第一，通常以纯所得为征税对象；第二，通常以经过计算得出的应纳税所得额为计税依据；第三，纳税人和实际负担人通常是一致的，因而可以直接调节纳税人的收入。

可见，所得税的计税依据是所得额，而非收入。因此，在计算所得税时，计税依据即应纳税所得额的计算涉及纳税人的收入、成本、费用、税金和损失等各个方面，计算较为复杂。现行企业所得税的基本规范是2007年3月16日第十届全国人民代表大会第五次会议通过的《企业所得税法》和2007年11月28日国务院第197次常务会议通过的《中华人民共和国企业所得税法实施条例》（以下简称《企业所得税法实施条例》），以及国务院财政、税务部门发布的相关规定。

第一节　征税对象及纳税人

一、征税对象

二维码15：纳税人、征税对象、税率

企业所得税的征税对象为企业的生产经营所得、其他所得和清算所得。

（一）居民企业的征税对象

居民企业应当就其来源于中国境内、境外的所得缴纳企业所得税。所得，包括销售货物所得、提供劳务所得、转让财产所得、股息红利等权益性投资所得、利息所得、租金所得、特许权使用费所得、接受捐赠所得和其他所得。

（二）非居民企业的征税对象

非居民企业在中国境内设立机构、场所的，应当就其所设机构、场所取得的来源于中国境内的所得，以及发生在中国境外但与其所设机构、场所有实际联系的所得，缴纳企业所得税。

非居民企业在中国境内未设立机构、场所的，或者虽设立机构、场所但取得的所得与其所设机构、场所没有实际联系的，应当就其来源于中国境内的所得缴纳企业所得税。

上述所称实际联系，是指非居民企业在中国境内设立的机构、场所拥有据以取得所得的股权、债权，以及拥有、管理、控制据以取得所得的财产等。

（三）所得来源的确定

来源于中国境内、境外的所得，按照以下原则确定：

（1）销售货物所得，按照交易活动发生地确定。

（2）提供劳务所得，按照劳务发生地确定。

（3）转让财产所得，不动产转让所得按照不动产所在地确定，动产转让所得按照转让动产的企业或者机构、场所所在地确定，权益性投资资产转让所得按照被投资企业所在地确定。

（4）股息、红利等权益性投资所得，按照分配所得的企业所在地确定。

（5）利息所得、租金所得、特许权使用费所得，按照负担、支付所得的企业或者机构、场所所在地确定，或者按照负担、支付所得的个人的住所地确定。

（6）其他所得，由国务院财政、税务主管部门确定。

【例11-1】注册地与实际管理机构所在地均在法国的某银行，取得的下列各项所得中，应按规定在我国缴纳企业所得税的有（　　）。

A.转让位于我国的一处不动产取得的财产转让所得

B.在中国香港证券交易所购入我国某公司股票后取得的分红所得

C.在我国设立的分行为我国某公司提供理财咨询服务取得的收入

D.该银行为位于日本的某电站提供流动资金贷款取得的利息收入

【解析】选A、B、C项。

二、纳税人

企业所得税的纳税人是指在中华人民共和国境内的企业和其他取得收入的组织，包括企业、事业单位、社会团体、非企事业单位和从事经营活动的其他组织。

个人独资企业和合伙企业（非法人）缴纳个人所得税，不是企业所得税的纳税人。

【例11-2】关于合伙企业合伙人缴纳所得税问题，下列说法正确的有（　　）。

A.合伙企业以每一个合伙人为纳税义务人

B.合伙企业合伙人是法人和其他组织的，合伙人缴纳企业所得税

C.合伙企业合伙人是自然人的，合伙人缴纳个人所得税

D.合伙企业合伙人一律缴纳个人所得税

【解析】《财政部 国家税务总局关于合伙企业合伙人所得税问题的通知》（财税〔2008〕159号）第二条规定："合伙企业以每一个合伙人为纳税义务人。合伙企业合伙人是自然人的，缴纳个人所得税；合伙人是法人和其他组织的，缴纳企业所得税。"故选A、B、C项。

我国根据国际上的通行做法，按照"地域管辖权"和"居民管辖权"的双重标准，将企业所得税的纳税人分为居民企业和非居民企业。

（一）居民企业

居民企业，是指依法在中国境内成立，或者依照外国（地区）法律成立但实际管理机构在中国境内的企业。其中，实际管理机构是指对企业的生产经营、人员、账务、财产等实施实质性全面管理和控制的机构。

（二）非居民企业

非居民企业，是指依照外国（地区）法律成立且实际管理机构不在中国境内，但在中国境内设立机构、场所的，或者在中国境内未设立机构、场所，但有来源于中国境内所得的企业。

上述所称机构、场所，是指在中国境内从事生产经营活动的机构、场所，包括：

（1）管理机构、营业机构、办事机构。

（2）工厂、农场、开采自然资源的场所。

（3）提供劳务的场所。

（4）从事建筑、安装、装配、修理、勘探等工程作业的场所。

（5）其他从事生产经营活动的机构、场所。

非居民企业委托营业代理人在中国境内从事生产经营活动的，包括委托单位或者个人经常代其签订合同，或者储存、交付货物等，视该营业代理人为非居民企业在中国境内设立的机构、场所。

第二节 计税依据

二维码16：税前扣除原则、范围

企业所得税的计税依据是应纳税所得额。

企业应纳税所得额的计算以权责发生制为原则，属于当期的收入和费用，不论款项是否收付，均作为当期的收入和费用；不属于当期的收入和费用，即使款项已经在当期收付，均不作为当期的收入和费用。

一、收入总额

企业的收入总额包括以货币形式和非货币形式从各种来源取得的收入。

货币形式的收入包括：现金、银行存款、应收账款、应收票据、准备持有至到期的债券投资、债务的豁免等。

非货币形式的收入包括：固定资产、生物资产、无形资产、股权投资、存货、不准备持有至到期的债券投资、劳务以及有关权益等。企业以非货币形式取得的收入，应当按照公允价值确定收入额。所称公允价值，是指按照市场价格确定的价值。

（一）一般收入的确认

1.销售货物收入

它是指企业销售商品、产品、原材料、包装物、低值易耗品以及其他存货取得的收入。

2.提供劳务收入

它是指企业从事建筑安装、修理修配、交通运输、仓储租赁、金融保险、邮电通信、咨询经纪、文化体育、科学研究、技术服务、教育培训、餐饮住宿、中介代理、卫生保健、社区服务、旅游、娱乐、加工以及其他劳务服务活动取得的收入。

3.转让财产收入

它是指企业转让固定资产、生物资产、无形资产、股权、债权等财产的所有权取得的收入。企业转让股权收入，应于转让协议生效且完成股权变更手续时，确认收入的实现。转让股权收入扣除为取得该股权所发生的成本后，为股权转让所得。企业在计算股权转让所得时，不得扣除被投资企业的未分配利润等股东留存收益中按该项股权所可能分配的金额。

【例11-3】2023年3月，甲企业将持有乙企业5%的股权以1 000万元的价格转让，转让价格中包含乙企业未分配利润中归属于该股权的20万元，股权的购置成本为800万元。甲企业应确认的股权转让所得为（ ）万元。

A.50　　B.180　　C.200　　D.220

【解析】甲企业应确认的股权转让所得=1 000-800=200（万元）

故选C项。

4.股息、红利等权益性投资收益

股息、红利等权益性投资收益，除国务院财政、税务主管部门另有规定外，按照被投资方作出利润分配决定的日期确认收入的实现。被投资企业将股权（票）溢价所形成的资本公积转为股本的，投资方企业不确认股息、红利收入，也不得增加该项长期投资的计税基础。被投资企业以未分配利润、盈余公积转增股本，投资方企业确认股息、红利收入，并增加该项长期投资的计税基础。

投资企业从被投资企业撤回或减少投资，其取得的资产中，相当于初始出资的部分，应确认为投资收回；相当于被投资企业累计未分配利润和累计盈余公积按减少实收资本比例计算的部分，应确认为股息所得；其余部分确认为投资资产转让所得。

【例11-4】2022年年初，A居民企业通过投资，拥有B上市公司15%的股权。2023年3月，B公司增发普通股1 000万股，每股面值1元，发行价格为2.5元，股款已全部收到并存入银行。2023年6月，B公司将股本溢价形成的资本公积全部转增股本。下列关于A居民企业相关投资业务的说法正确的是（　　）。

A.应确认股息收入225万元　　B.应增加该项投资的计税基础225万元

C.应确认红利收入225万元　　D.转让股权时不得扣除转增股本增加的225万元

【解析】B企业发行股票形成的股本溢价转增股本A企业享有的份额=1 000×（2.5-1）×15%=225（万元）故选D项。

5.利息收入

它是指企业将资金提供给他人使用但不构成权益性投资，或者因他人占用本企业资金取得的收入，包括存款利息、贷款利息、债券利息、欠款利息等收入。利息收入，按照合同约定的债务人应付利息的日期确认收入的实现。

企业兼具权益和债权双重特性的投资业务（即混合性投资业务），自2013年9月1日起，按下列方法进行企业所得税处理：

（1）投资企业应于被投资企业应付利息的日期，确认收入的实现并计入当期应纳税所得额；被投资企业应于应付利息的日期，确认利息支出，按规定进行税前扣除。

（2）对于被投资企业赎回的投资，投资双方应于赎回时将赎价与投资成本之间的差额确认为债务重组损益，分别计入当期应纳税所得额。

6.租金收入

它是指企业让渡有形资产使用权取得的收入。租金收入，按照合同约定的承租方应付租金的日期确认收入的实现。如果交易合同或协议中规定租赁期限跨年度且租金提前一次性支付的，根据《企业所得税法实施条例》规定的收入与费用配比原则，出租人可对上述已确认的收入，在租赁期内，分期均匀计入相关年度收入。

【例11-5】2023年7月1日，A企业租赁闲置的机器设备给B企业，租赁期3年，总计租金600万元。A企业在2023年6月1日一次收取了3年的租金600万元，A企业已确认相关收入。A企业2023年的企业所得税收入总额中应确认的租金收入为（　　）万元。

A.0　　B.100　　C.200　　D.600

【解析】A企业2023年可以计入的租金收入为100万元，故选B项。

7.特许权使用费收入

它是指企业让渡无形资产使用权取得的收入。特许权使用费收入，按照合同约定的特许权使用人应付特许权使用费的日期确认收入的实现。

8.接受捐赠收入

接受捐赠收入，按照实际收到捐赠资产的日期确认收入的实现。

企业接收股东划入资产，凡合同、协议约定作为资本金（包括资本公积）且在会计上已作实际处理的，不计入企业的收入总额，企业应按公允价值确定该项资产的计税基础；企业接收股东划入资产，凡作为收入处理的，应按公允价值计入收入总额，计算缴纳企业所得税，同时按公允价值确定该项资产的计税基础。

县级以上人民政府将国有资产无偿划入企业，属于作为国家资本金、指定专门用途并按《财政部 国家税务总局关于专项用途财政性资金企业所得税处理问题的通知》（财税〔2011〕70号）规定进行管理以外情形的，应按政府确定的接收价值计入当期收入总额计算缴纳企业所得税。政府没有确定接收价值的，按资产的公允价值计算确定应税收入。

9.其他收入

它是指企业取得的除以上收入外的其他收入，包括企业资产溢余收入、逾期未退包装物押金收入、确实无法偿付的应付款项、已作坏账损失处理后又收回的应收款项、债务重组收入、补贴收入、违约金收入、汇兑收益等。

企业发生债务重组，应在债务重组合同或协议生效时确认收入的实现。

（二）特殊收入的确认

（1）以分期收款方式销售货物的，按照合同约定的收款日期和金额确认收入的实现。

（2）企业受托加工制造大型机械设备、船舶、飞机，以及从事建筑、安装、装配工程业务或者提供其他劳务等持续时间超过12个月的，按照纳税年度内完工进度或者完成的工作量确认收入的实现。

（3）采取产品分成方式取得收入的，按照企业分得产品的日期确认收入的实现，其收入额按照产品的公允价值确定。

（4）企业发生非货币性资产交换，以及将货物、财产、劳务用于捐赠、偿债、赞助、集资、广告、样品、职工福利或者利润分配等用途的，应当视同销售货物、转让财产或者提供劳务，但国务院财政、税务主管部门另有规定的除外。

自2014年1月1日起，企业以非货币性资产对外投资，应于投资协议生效并办理股权登记手续时，确认非货币性资产转让收入的实现；企业以非货币性资产对外投资，应对非货币性资产进行评估并按评估后的公允价值扣除计税基础后的余额，计算确认非货币性资产转让所得。企业以非货币性资产对外投资确认的非货币性资产转让所得，可在不超过5年期限内，分期均匀计入相应年度的应纳税所得额。企业以非货币性资产对外投资而取得被投资企业的股权，应以非货币性资产的原计税成本为计税基础，加上每年确认的非货币性资产转让所得，逐年进行调整；被投资企业取得非货币性资产的计税基础，应按非货币性资产的公允价值确定。

关联企业之间发生的非货币性资产投资行为，投资协议生效后12个月内尚未完成股权变更登记手续的，于投资协议生效时，确认非货币性资产转让收入的实现；实行查账征收的居民企业以非货币性资产对外投资确认的非货币性资产转让所得，可自确认非货币性资产转让收入年度起不超过连续5个纳税年度的期间内，分期均匀计入相应年度的应纳税所得额，按规定计算缴纳企业所得税。

非货币性资产投资，限于以非货币性资产出资设立新的居民企业，或将非货币性资产注入现存的居民企业。企业在对外投资5年内转让上述股权、投资收回或者注销的，应停止执行递延纳税政策，并就递延期内尚未确认的非货币性资产转让所得，在转让股权、投资收回或者注销当年企业所得税年度汇算清缴时，一次性计算缴纳企业所得税。

（三）处置资产收入的确认

企业资产处置行为的企业所得税处理见表11-1。

表11-1　　企业资产处置行为的企业所得税处理

分类	具体处置资产行为（所有权）	计量
内部处置	（1）将资产用于生产、制造、加工另一产品 （2）改变资产形状、结构或性能 （3）改变资产用途 （4）将资产在总机构及分支机构之间转移（境内） （5）上述两种或两种以上情形的混合	相关资产的计税基础延续计算
外部处置	（1）用于市场推广或销售 （2）用于交际应酬 （3）用于职工奖励或福利 （4）用于股息分配 （5）用于对外捐赠	自制资产，按同期同类资产售价确认收入；外购资产，除另有规定外，应按照被移送资产的公允价值确认销售收入

【小思考】外购资产，若按购入时的价格确认收入，需要符合什么条件？

【例11-6】2023年12月，甲饮料厂给职工发放自制果汁和当月外购的取暖器作为福利。其中，果汁的成本为20万元，同期对外销售价格为25万元；取暖器的购进价格为10万元。根据规定，该厂发放上述福利应确认收入（　　）万元。

A.10　　B.20　　C.30　　D.35

【解析】上述福利应确认收入=25+10=35（万元）

故选D项。

（四）相关收入实现的确认

除《企业所得税法》及其实施条例关于收入的规定外，企业销售收入的确认必须遵循权责发生制原则和实质重于形式原则。

（1）企业销售商品同时满足下列条件的，应确认收入的实现：

① 商品销售合同已经签订，企业已将与商品所有权相关的主要风险和报酬转移给购货方。

② 企业对已售出的商品既没有保留通常与所有权相联系的继续管理权，也没有实施有效控制。

③ 收入的金额能够可靠地计量。

④ 已发生或将发生的销售方的成本能够可靠地核算。

（2）符合上述收入确认条件，采取下列商品销售方式的，应按以下规定确认收入的实现：

① 销售商品采用托收承付方式的，在办妥托收手续时确认收入。

② 销售商品采取预收款方式的，在发出商品时确认收入。

③ 销售商品需要安装和检验的，在购买方接受商品以及安装和检验完毕时确认收入（如果安装程序比较简单，可在发出商品时确认收入）。

④ 销售商品采用支付手续费方式委托代销的，在收到代销清单时确认收入。

（3）采用售后回购方式销售商品的，销售的商品按售价确认收入，回购的商品作为购进商品处理。有证据表明不符合销售收入确认条件的，如以销售商品方式进行融资，收到的款项应确认为负债，回购价格大于原售价的，差额应在回购期间确认为利息费用。

（4）销售商品以旧换新的，销售商品应当按照销售商品收入确认条件确认收入，回收的商品作为购进商品处理。

（5）折扣方式销售收入的确认。

折扣方式销售收入的确认见表11-2。

表11-2 **折扣方式销售收入的确认**

商业折扣	应当按照扣除商业折扣后的金额确定销售商品收入金额
现金折扣	应当按扣除现金折扣前的金额确定销售商品收入金额，现金折扣在实际发生时作为财务费用扣除
销售折让和销售退回	企业已经确认销售收入的售出商品发生销售折让和销售退回，应当在发生当期冲减当期销售商品收入

（6）企业在各个纳税期末，提供劳务交易的结果能够可靠估计的，应采用完工进度（完工百分比）法确认提供劳务收入。

① 提供劳务交易的结果能够可靠估计，是指同时满足下列条件：收入的金额能够可靠地计量；交易的完工进度能够可靠地确定；交易中已发生和将发生的成本能够可靠地核算。

② 企业提供劳务完工进度的确定，可选用下列方法：已完成工作的测量；已提供劳务占劳务总量的比例；发生成本占总成本的比例。

③ 企业应按照从接受劳务方已收或应收的合同或协议价款确定劳务收入总额，根据纳税期末提供劳务收入的总额，乘以完工进度扣除以前纳税年度累计已确认提供劳务收入后的金额，确认为当期劳务收入。同时，按照提供劳务估计总成本乘以完工进度扣除以前纳税期间累计已确认劳务成本后的金额，结转为当期劳务成本。

④ 下列提供劳务满足收入确认条件的，应按规定确认收入：

A.安装费应根据安装完工进度确认收入。安装工作是商品销售附带条件的，安装费在确认商品销售实现时确认收入。

B.宣传媒介的收费应在相关的广告或商业行为出现于公众面前时确认收入。

C.广告的制作费应根据制作广告的完工进度确认收入。

D.软件费，是指为特定客户开发软件的收费，应根据开发的完工进度确认收入。

E.包含在商品售价内且可区分的服务费，在提供服务的期间分期确认收入。

F.艺术表演、招待宴会和其他特殊活动的收费在相关活动发生时确认收入。收费涉及几项活动的，预收的款项应合理分配给每项活动，分别确认收入。

G.会员费在取得该会员费时确认收入。申请入会或成为会员后，会员在会员期内不再付费就可得到各种服务或商品，或者以低于非会员的价格销售商品或提供服务的，该会员费应在整个受益期内分期确认收入。

H.特许权费。属于提供设备和其他有形资产的特许权费，在交付资产或转移资产所有权时确认收入；属于提供初始及后续服务的特许权费，在提供服务时确认收入。

I.劳务费在相关劳务活动发生时确认收入。

（7）企业以买一赠一等方式组合销售本企业商品的，不属于捐赠，应将总的销售金额按各项商品公允价值的比例来分摊确认各项销售收入。

（8）其他收入的确认。企业取得财产转让收入、债务重组收入、接受捐赠收入、无法偿付的应付款收入等，不论是以货币形式还是非货币形式体现，除另有规定外，均应一次性计入确认收入的年度计算缴纳企业所得税。

【例11-7】下列关于企业所得税收入的理解中，正确的是（　　）。

A.商标使用权转让收入应当计入应纳税所得额

B.教育费附加返还款不应当计入应纳税所得额

C.建筑、安装工程，持续时间超过12个月的，应当按工程结算款确定收入的实现

D.包装物押金收取时应确认收入，缴纳企业所得税

【解析】正确答案为A项。

【例11-8】某商业企业以买一赠一的方式组合销售本企业商品，顾客每买1台售价1 000元（不含税）的微波炉，赠送售价100元（不含税）的不锈钢餐具一套。该企业2023年6月销售100台微波炉，同时也赠送了100套不锈钢餐具，则2023年缴纳企业所得税时，应确认的收入是（　　）元。

A.110 000　　B.100 000　　C.116 000　　D.0

【解析】正确答案为B项。

二、不征税收入和免税收入

（一）不征税收入

不征税收入，是指根据企业所得税原理，从性质上和根源上不属于企业营利性活动带来的经济利益，不负有纳税义务的收入，其不属于税收优惠的范畴。

1.财政拨款

财政拨款是指各级人民政府对纳入预算管理的事业单位、社会团体等组织拨付的财政资金，但国务院和国务院财政、税务主管部门另有规定的除外。

2.依法收取并纳入财政管理的行政事业性收费、政府性基金

行政事业性收费，是指依照法律、法规等有关规定，按照规定程序批准，在实施社会公共管理，以及在向公民、法人或者其他组织提供特定公共服务的过程中，向特定对象收取并纳入财政管理的费用。政府性基金，是指企业依照法律、行政法规等有关规定，代政府收取的具有专项用途的财政资金。具体规定如下：

（1）企业按照规定缴纳的、由国务院或财政部批准设立的政府性基金，以及由国务院和省、自治区、直辖市人民政府及其财政、价格主管部门批准设立的行政事业性收费，准予在计算应纳税所得额时扣除。企业缴纳的不符合上述审批管理权限设立的基金、收费，不得在计算应纳税所得额时扣除。

（2）企业收取的各种基金、收费，应计入企业当年收入总额。

（3）对企业依照法律、法规及国务院有关规定收取并上缴财政的政府性基金和行政事业性收费，准予作为不征税收入，于上缴财政的当年在计算应纳税所得额时从收入总额中减除；未上缴财政的部分，不得从收入总额中减除。

3.国务院规定的其他不征税收入

这是指企业取得的，由国务院财政、税务主管部门规定专项用途并经国务院批准的财政性资金。财政性资金，是指企业取得的来源于政府及其有关部门的财政补助、补贴、贷款贴息，以及其他各类财政专项资金，包括直接减免的增值税和即征即退、先征后退、先征后返的各种税收，但不包括企业按规定取得的出口退税款。

（1）企业取得的各类财政性资金，均应计入企业当年收入总额（除属于国家投资和资金使用后要求归还本金的以外）。所称国家投资，是指国家以投资者身份投入企业，并按有关规定相应增加企业实收资本（股本）的直接投资。

（2）企业取得的由国务院财政、税务主管部门规定专项用途并经国务院批准的财政性资金，准予作为不征税收入，在计算应纳税所得额时从收入总额中减除。

企业取得的专项用途的财政性资金，在进行企业所得税处理时一般应按以下规定执行：

① 企业从县级以上各级人民政府财政部门及其他部门取得的应计入收入总额的财政性资金，凡同时符合以下条件的，可以作为不征税收入，在计算应纳税所得额时从收入总额中减除：A.企业能够提供规定资金专项用途的资金拨付文件；B.财政部门或其他拨付资金的政府部门对该资金有专门的资金管理办法或具体管理要求；C.企业对该资金以及以该资金发生的支出单独进行核算。

② 企业将符合规定条件的财政性资金作不征税收入处理后，在5年（60个月）内未发生支出且未缴回财政部门或其他拨付资金的政府部门的部分，应计入取得该资金第六年的应税收入总额；计入应税收入总额的财政性资金发生的支出，允许在计算应纳税所得额时扣除。

（3）纳入预算管理的事业单位、社会团体等组织按照核定的预算和经费报领关系收到的由财政部门或上级单位拨入的财政补助收入，准予作为不征税收入，在计算应纳税所得额时从收入总额中减除，但国务院和国务院财政、税务主管部门另有规定的除外。

企业的不征税收入用于支出所形成的费用，不得在计算应纳税所得额时扣除；企业的

不征税收入用于支出所形成的资产，其计算的折旧、摊销不得在计算应纳税所得额时扣除。

（二）免税收入

免税收入，是指企业取得的相关收入负有纳税义务，而政府根据社会经济政策目标的需要，可以在一定时间对其免予征税，而在一定时期又有可能恢复征税的收入，它属于税收优惠的范畴。其内容包括：

1.国债利息收入

企业投资国债从国务院财政部门取得的国债利息收入，应以国债发行时约定应付利息的日期，确认利息收入的实现。企业到期前转让国债，或者从非发行者投资购买的国债，其持有期间尚未兑付的国债利息收入，按以下公式计算确定：

国债利息收入=国债金额×（适用年利率÷365）×持有天数

上述公式中的“国债金额”，按国债发行面值或发行价格确定；“适用年利率”按国债票面年利率或折合年收益率确定；企业在不同时间多次购买同一品种国债的，“持有天数”可按平均持有天数计算确定。

企业从发行者直接投资购买的国债持有至到期，从发行者取得的国债利息收入，全额免征企业所得税。企业到期前转让国债，或者从非发行者投资购买的国债，按上面公式计算的国债利息收入，免征企业所得税。

对企业投资者持有2019—2023年发行的铁路债券取得的利息收入，减半征收企业所得税。企业取得的2012年及以后年度发行的地方政府债券利息收入，免征企业所得税。

2.符合条件的居民企业之间的股息、红利等权益性投资收益

它是指居民企业之间的直接投资取得的投资收益。

3.在中国境内设立机构、场所的非居民企业从居民企业取得与该机构、场所有实际联系的股息、红利等权益性投资收益

上述两项所称股息、红利等权益性投资收益，不包括连续持有居民企业公开发行并上市流通的股票不足12个月取得的投资收益。

4.符合条件的非营利组织的收入

符合条件的非营利组织的下列收入为免税收入：

（1）接受其他单位或者个人捐赠的收入。

（2）除《企业所得税法》第七条规定的财政拨款以外的其他政府补助收入，但不包括因政府购买服务取得的收入。

（3）按照省级以上民政、财政部门规定收取的会费。

（4）不征税收入和免税收入孳生的银行存款利息收入。

（5）财政部、国家税务总局规定的其他收入。

符合条件的非营利组织的收入，不包括非营利组织从事营利性活动取得的收入，但国务院财政、税务主管部门另有规定的除外。

符合非营利组织条件的科技企业孵化器的收入，按照《企业所得税法》及其实施条例和有关税收政策规定享受企业所得税优惠政策。科技企业孵化器（也称高新技术创业服务中心，以下简称孵化器）是以促进科技成果转化、培养高新技术企业和企业家为宗旨的科

技创业服务载体。

符合非营利组织条件的国家大学科技园的收入，按照《企业所得税法》及其实施条例和有关税收政策规定享受企业所得税优惠政策。国家大学科技园是以具有较强科研实力的大学为依托，将大学的综合智力资源优势与其他社会优势资源相结合，为高等学校科技成果转化、高新技术企业孵化、创新创业人才培养、产学研结合提供支撑平台和服务的机构。

企业取得的各项免税收入所对应的各项成本费用，除另有规定外，可以在计算企业应纳税所得额时扣除。

【例11-9】下列收入中，属于企业所得税应税收入的有（　　）。

A.国债利息　　　　B.存款利息

C.物资及现金溢余　　　　D.免征的增值税税款

【解析】正确答案为B、C、D项。

三、准予扣除项目

（一）税前扣除项目应遵循的原则

纳税人申报的扣除项目必须真实、合法。所谓真实，是指能够提供准许使用的有效证明，证明有关支出确属已经实际发生；所谓合法，是指符合国家税收、法律法规等相关税收规定，其他法律法规与税收法律法规不一致的，以税收法律法规的规定为准。

除税收法规另有规定外，税前扣除一般应遵循以下原则：

（1）准确划分资本性支出和收益性支出的原则。资本性支出不得在发生当期直接扣除，必须按税法规定分期折旧或摊销计入有关成本费用；收益性支出在发生当期直接扣除。

（2）企业实际发生的成本、费用、税金、损失和其他支出，除另有规定外，不得重复扣除。

（3）权责发生制原则。企业费用应在发生的所属期扣除，而不是在实际支付时确认扣除。

（4）配比原则。纳税人发生的费用应当与收入配比扣除，纳税人某一纳税年度应申报扣除的可扣除费用不得提前或滞后申报扣除。

（5）相关性原则。企业实际发生支出是指与取得收入直接相关的支出。

（6）确定性原则。纳税人可扣除的费用不论何时支付，其金额必须是确定的。

（7）合理性原则。合理的支出是指符合生产经营活动常规的、必要和正常的支出。

（二）扣除项目的范围

《企业所得税法》规定，企业实际发生的与取得收入有关的、合理的支出，包括成本、费用、税金、损失和其他支出，准予在计算应纳税所得额时扣除。

1.成本

它是指企业在生产经营活动中发生的销售成本、销货成本、业务支出以及其他耗费，即销售商品（产品、材料、下脚料、废料和废旧物资等）、提供劳务、转让固定资产、无形资产（包括技术转让）等过程中的成本。

2.费用

它是指企业在生产经营活动中发生的销售费用、管理费用和财务费用，已经计入成本的有关费用除外。

（1）销售费用。它是指纳税人为销售商品、提供劳务而发生的费用，包括广告费、运输费、装卸费、包装费、展览费、保险费、销售佣金、代销手续费、经营性租赁费及销售部门发生的差旅费、工资、福利费等费用。

（2）管理费用。它是指纳税人的行政管理部门为管理组织提供各项服务所发生的费用。它包括由纳税人统一负担的公司（总部）经费、研究开发费、社会保障性缴款、劳动保护费、业务招待费、工会经费、教育经费、股东大会费或董事会费、开办费摊销等费用。

（3）财务费用。它是指纳税人为筹集经营性资金而发生的费用，包括利息净支出、汇兑净损失、金融机构手续费以及其他非资本性支出。

3.税金

它是指企业发生的除企业所得税和允许抵扣的增值税以外的各项税金及附加，即纳税人按规定缴纳的消费税、资源税、出口关税、土地增值税、城市维护建设税和教育费附加等产品销售税金及附加。

4.损失

它指企业在生产经营活动中发生的固定资产和存货的盘亏、毁损、报废损失，转让财产损失，呆账损失，坏账损失，自然灾害等不可抗力因素造成的损失以及其他损失。企业发生的损失，减除责任人赔偿和保险赔款后的余额，依照国务院财政、税务主管部门的规定扣除。企业已经作为损失处理的资产，在以后纳税年度又全部收回或者部分收回时，应当计入当期收入。

5.其他支出

它是指除成本、费用、税金、损失外，企业在生产经营活动中发生的与生产经营活动有关的、合理的支出。

【例11-10】企业所得税在计算应纳税所得额时，允许扣除的税金是（　　）。

A.增值税、消费税、资源税

B.增值税、土地增值税

C.消费税、资源税、城市维护建设税、教育费附加

D.已纳的企业所得税、消费税

【解析】正确答案为C项。

【例11-11】某企业（一般纳税人）因被盗丢失外购材料一批（增值税税率为13%），成本10 000元。保险公司审理后同意赔付8 000元，该损失已经过税务机关的审核和确认，则该企业所得税前可以扣除的损失为（　　）元。

A.2 139.5　　B.3 300　　C.2 863.22　　D.2 900

【解析】该企业所得税前可以扣除的损失=10 000×（1+13%）-8 000=3 300（元）

故正确答案为B项。

（三）扣除项目及其标准

1.工资薪金支出

企业发生的合理的工资薪金支出，准予扣除。

工资薪金，是指企业每一纳税年度支付给在本企业任职或者受雇的员工的所有现金形式或者非现金形式的劳动报酬，包括基本工资、奖金、津贴、补贴、年终加薪、加班工资，以及与员工任职或者受雇有关的其他支出。

合理的工资薪金，是指企业按照股东大会、董事会、薪酬委员会或相关管理机构制定的工资薪金制度规定实际发放给员工的工资薪金。税务机关在对工资薪金进行合理性确认时，可按以下原则掌握：

（1）企业制定了较为规范的员工工资薪金制度。

（2）企业所制定的工资薪金制度符合行业及地区水平。

（3）企业在一定时期所发放的工资薪金是相对固定的，工资薪金的调整是有序进行的。

（4）企业对实际发放的工资薪金，已依法履行了代扣代缴个人所得税义务。

（5）有关工资薪金的安排，不以减少或逃避税款为目的。

列入企业员工工资薪金制度、固定与工资薪金一起发放的福利性补贴，符合《国家税务总局关于企业工资薪金及职工福利费扣除问题的通知》（国税函〔2009〕3号）第一条规定的，可作为企业发生的工资薪金支出，按规定在税前扣除，不能同时符合上述条件的福利性补贴，应作为国税函〔2009〕3号文件第三条规定的职工福利费，按规定计算限额税前扣除。

雇主为雇员负担的个人所得税税款，应属于个人工资薪金的一部分。凡单独作为企业管理费列支的，在计算企业所得税时不得税前扣除。

企业因雇用季节工、临时工、实习生，返聘离退休人员以及接受外部劳务派遣用工所实际发生的费用，应区分工资薪金支出和职工福利费支出，并按《企业所得税法》规定在税前扣除。其中，属于工资薪金支出的，准予计入企业工资薪金总额的基数，作为计算其他各项相关费用扣除的依据。

企业接受外部劳务派遣用工所实际发生的费用，应分两种情况按规定在税前扣除：按照协议（合同）约定直接支付给劳务派遣公司的费用，应作为劳务费支出；直接支付给员工个人的费用，应作为工资薪金支出和职工福利费支出。

企业在年度汇算清缴结束前向员工实际支付的已预提汇缴年度工资薪金，准予在汇缴年度按规定扣除。

对股权激励计划实行后立即可以行权的，上市公司可以根据实际行权时该股票的公允价格与激励对象实际行权支付价格的差额和数量，计算确定作为当年上市公司工资薪金支出，依照税法规定进行税前扣除。对股权激励计划实行后，需待一定服务年限或者达到规定业绩条件（以下简称等待期）方可行权的，上市公司等待期内会计上计算确认的相关成本费用，不得在对应年度计算缴纳企业所得税时扣除。在股权激励计划可行权后，上市公司方可根据该股票实际行权时的公允价格与当年激励对象实际行权支付价格的差额及数量，计算确定作为当年上市公司工资薪金支出，依照税法规定进行税前扣除。

2.职工福利费、工会经费和职工教育经费

企业实际发生的职工福利费、工会经费、职工教育经费，税前列支原则如下：

（1）企业发生的职工福利费支出，不超过工资薪金总额14%的部分，准予扣除；超过部分，不得扣除。实际发生额低于规定扣除范围的，按实际发生额扣除。企业职工福利费，包括以下内容：

① 尚未实行分离办社会职能的企业，其内设福利部门所发生的设备、设施和人员费用，包括职工食堂、职工浴室、理发室、医务所、托儿所、疗养院等集体福利部门的设备、设施及维修保养费用和福利部门工作人员的工资薪金、社会保险费、住房公积金、劳务费等。

② 为职工卫生保健、生活、住房、交通等所发放的各项补贴和非货币性福利，包括企业向职工发放的因公外地就医费用、未实行医疗统筹企业职工医疗费用、职工供养直系亲属医疗补贴、供暖费补贴、职工防暑降温费、职工困难补贴、救济费、职工食堂经费补贴、职工交通补贴等。

③ 按照其他规定发生的其他职工福利费，包括丧葬补助费、抚恤费、安家费、探亲假路费等。企业发生的职工福利费，应该单独设置账册，进行准确核算。没有单独设置账册准确核算的，税务机关应责令企业在规定的期限内进行改正。逾期仍未改正的，税务机关可对企业发生的职工福利费进行合理的核定。

（2）企业拨缴的工会经费，不超过工资薪金总额2%的部分，准予扣除；超过部分，不得扣除；实际发生额低于扣除范围的，按实际发生额扣除。企业凭工会组织开具的《工会经费收入专用收据》或合法、有效的工会经费代收凭据在企业所得税税前扣除。

（3）自2018年1月1日起，企业发生的职工教育经费支出，不超过工资薪金总额8%的部分准予扣除；超过部分，准予在以后纳税年度结转扣除。

自2011年1月1日起，软件生产企业发生的职工教育经费中准确划分的职工培训费用，可以全额在企业所得税税前扣除。对于不能准确划分的，以及准确划分后职工教育经费中扣除职工培训费用后的余额，一律按不超过8%的比例扣除。

自2013年1月1日起，核力发电企业为培养核电厂操纵员发生的培养费用，可作为企业的发电成本在税前扣除。企业应将核电厂操纵员培养费与员工的职工教育经费严格区分，单独核算，员工实际发生的职工教育经费支出不得计入核电厂操纵员培养费直接扣除。

自2011年7月1日起，航空企业实际发生的飞行员养成费、飞行训练费、乘务训练费、空中保卫员训练费等空勤训练费用，可以作为航空企业运输成本在税前扣除。

上述计算职工福利费、工会经费、职工教育经费的“工资薪金总额”，是指企业按照上述规定实际发放的工资薪金总和，不包括企业的职工福利费、职工教育经费、工会经费以及养老保险费、医疗保险费、失业保险费、工伤保险费等社会保险费和住房公积金。属于国有性质的企业，其工资薪金不得超过政府有关部门给予的限定数额；超过部分，不得计入企业工资薪金总额，也不得在计算企业应纳税所得额时扣除。

【例11-12】下列各项中属于《企业所得税法》规定的职工福利费支出的有（　　）。

A.集体福利部门工作人员的住房公积金　B.职工因公外地就医费用

C.自办职工食堂经费补贴　　　　　　　D.离退休人员工资

【解析】正确答案为A、B、C项。

【例11-13】某企业2023年为本企业雇员支付工资300万元、奖金40万元、地区补贴20万元、家庭财产保险10万元，假定该企业工资薪金支出符合合理标准，则当年职工福利费、工会经费和职工教育经费可在企业所得税税前列支的限额是多少？

【解析】当年支付员工工资总额=300+40+20=360（万元）

（1）当年在企业所得税税前列支的职工福利费限额=360×14%=50.4（万元）

（2）当年在企业所得税税前列支的工会经费限额=360×2%=7.2（万元）

（3）当年在企业所得税税前列支的职工教育经费限额=360×8%=28.8（万元）

3.社会保险费、住房公积金

（1）企业依照国务院有关主管部门或者省级人民政府规定的范围和标准为职工缴纳的“五险一金”，即基本养老保险费、基本医疗保险费、失业保险费、工伤保险费、生育保险费及住房公积金，准予扣除。

（2）企业为投资者或者职工支付的补充养老保险费、补充医疗保险费，分别在不超过职工工资薪金总额5%标准内的部分，在计算应纳税所得额时准予扣除；超过的部分，不予扣除。

（3）企业参加财产保险，按照规定缴纳的保险费，准予扣除；企业为投资者或者职工支付的商业保险费，不得扣除。

（4）按照国家有关规定为特殊工种职工支付的人身安全保险费和国务院财政、税务主管部门规定可以扣除的其他商业保险费，可以扣除。所谓特殊工种，是指空中作业、水下作业、井下作业等工种。

（5）企业职工因公出差乘坐交通工具发生的人身意外保险费支出，准予企业在计算应纳税所得额时扣除。

（6）企业参加雇主责任险、公众责任险等责任保险，按照规定缴纳的保险费，准予在企业所得税税前扣除。

【例11-14】企业为职工缴纳的下列费用，可在企业所得税税前全额扣除的是（　　）。

A.住房公积金　　　　　　B.补充医疗保险费

C.家庭财产保险费　　　　D.特殊工种职工人身安全保险费

【解析】正确答案为D项。

4.利息支出

（1）利息支出的范围。

利息支出是指纳税人为经营活动的需要承担的、与借入资金相关的利息支出。

（2）企业在生产经营活动中发生的利息支出，税前扣除政策如下：

① 非金融企业向金融企业借款的利息支出、金融企业的各项存款利息支出和同业拆

借利息支出、企业经批准发行债券的利息支出，包括逾期支付罚息，准予税前扣除。

② 非金融企业向非金融企业借款的利息支出，不超过按照金融企业同期同类贷款利率计算的数额的部分，准予税前扣除。

(3) 向关联企业借款的利息支出。

企业从其关联方接受的债权性投资与权益性投资的比例超过规定标准而发生的利息支出，或该借款利息支出超过按照金融企业同期同类贷款利率计算的数额的部分，不得在计算应纳税所得额时扣除。

接受关联方债权性投资与其权益性投资比例，金融企业为5：1，其他企业为2：1。债权性投资，是指企业直接或者间接从关联方获得的，需要偿还本金和支付利息或者需要以其他具有支付利息性质的方式予以补偿的融资。权益性投资，是指企业接受的不需要偿还本金和支付利息，投资人对企业净资产拥有所有权的投资。

不得扣除的利息支出=年度实际支付的全部关联方利息×（1-标准比例÷关联债资比例）

关联企业利息支出税前扣除特例：企业如果能够按照《企业所得税法》及其实施条例的有关规定提供相关资料，并证明相关交易活动符合独立交易原则的，或者该企业的实际税负不高于境内关联方的，其实际支付给境内关联方的利息支出，在计算应纳税所得额时准予扣除。

(4) 企业向自然人借款的利息支出。

① 向股东或关联自然人借款利息支出，处理同关联企业。

② 向内部职工或其他人员借款利息支出，借贷是真实、合法、有效的，并且不具有非法集资目的或其他违反法律、法规行为，不超过按金融企业同期同类贷款利率计算的数额部分，可以税前扣除。

【例11-15】某公司2023年度“财务费用”账户中列支的利息费用：向银行借入生产用资金200万元，借用期限6个月，支付借款利息5万元；经过批准向本企业职工借入生产用资金60万元，借用期限10个月，支付借款利息3.5万元。计算利息费用的纳税调整金额。

【解析】银行利率=5×2÷200×100%=5%

可以税前扣除的职工借款利息=60×5%÷12×10=2.5（万元）

利息费用的纳税调整金额=3.5-2.5=1（万元）

(5) 投资未到位的利息支出。

凡企业投资者在规定期限内未缴足其应缴资本额的，该企业对外借款所发生的利息，相当于投资者实缴资本额与在规定期限内应缴资本额的差额应计付的利息，其不属于企业合理的支出，应由企业投资者负担，不得在计算企业应纳税所得额时扣除。

具体计算不得扣除的利息，应以企业一个年度内每一账面实收资本与借款余额保持不变的期间作为一个计算期，每一计算期内不得扣除的借款利息按该期间借款利息发生额乘以该期间企业未缴足的注册资本占借款总额的比例计算，公式为：

企业每一计算期不得扣除的借款利息=该期间借款利息额×该期间未缴足注册资本额÷该期间借款额

企业一个年度内不得扣除的借款利息总额为该年度内每一计算期不得扣除的借款利息

额之和。

5. 借款费用

（1）企业在生产经营活动中发生的合理的不需要资本化的借款费用即利息费用，准予扣除。

（2）企业为购置、建造固定资产、无形资产和经过12个月以上的建造才能达到预定可销售状态的存货发生借款的，在有关资产购置、建造期间发生的合理的借款费用，应当作为资本性支出计入有关资产的成本，按规定扣除。

企业通过发行债券、取得贷款、吸收保户储金等方式融资而发生的合理的费用支出，符合资本化条件的，应计入相关资产成本；不符合资本化条件的，应作为财务费用，准予在企业所得税税前据实扣除。

【例11-16】某化工企业2023年3月1日向工商银行借款500万元用于建造厂房，4月1日动工建造，借款期限9个月，当年向银行支付了借款利息90万元，该厂房于8月31日完工结算并投入使用，2023年税前可扣除的利息费用为多少？

【解析】税前可扣除的利息费用=90÷9×4=40（万元）

6. 汇兑损失

汇兑损失，除已经计入有关资产成本（不能重复扣除）以及与向所有者进行利润分配（不符合相关性）相关的部分外，准予扣除。

7. 业务招待费

企业发生的与生产经营活动有关的业务招待费支出，按照发生额的60%扣除，但最高不得超过当年销售（营业）收入的5‰，超过标准部分，不能向以后纳税年度结转。

销售（营业）收入额，包括主营业务收入、其他业务收入和视同销售收入。

对从事股权投资业务的企业（包括集团公司总部、创业投资企业等），其从被投资企业分配的股息、红利以及股权转让收入，可以按规定的比例计算业务招待费扣除限额。

房地产开发企业未完工开发产品的预售收入，可按规定比例计算业务招待费和广告费扣除限额。

企业在筹建期间，发生的与筹办活动有关的业务招待费支出，可按实际发生额的60%计入企业筹办费，并按有关规定在税前扣除。

【例11-17】某国有企业2023年度主营业务收入5 000万元，其他业务收入2 000万元，营业外收入1 000万元，固定资产转让收入50万元，本年管理费用中的业务招待费80万元。计算该企业本年度可在企业所得税税前扣除的业务招待费。

【解析】业务招待费扣除限额=（5 000+2 000）×5‰=35（万元）

业务招待费可扣除额=80×60%=48（万元）

由于业务招待费扣除限额小于业务招待费可扣除额，因此本年度可在企业所得税税前扣除的业务招待费为35万元。

8. 广告费和业务宣传费

企业发生的符合条件的广告费和业务宣传费支出，除国务院财政、税务主管部门另有规定外，不超过当年销售（营业）收入15%的部分，准予扣除；超过部分，准予在以后纳税年度结转扣除。

自2021年1月1日至2025年12月31日，对部分行业企业广告费和业务宣传费税前扣除的特殊规定：

（1）对化妆品制造或销售、医药制造和饮料制造（不含酒类制造）企业发生的广告费和业务宣传费支出，不超过当年销售（营业）收入30%的部分，准予扣除；超过部分，准予在以后纳税年度结转扣除。烟草企业的烟草广告费和业务宣传费支出，一律不得在计算应纳税所得额时扣除。

（2）对签订广告费和业务宣传费分摊协议（以下简称分摊协议）的关联企业，其中一方发生的不超过当年销售（营业）收入税前扣除限额比例内的广告费和业务宣传费支出可以在本企业扣除，也可以将其中的部分或全部按照分摊协议归集至另一方扣除。另一方在计算本企业广告费和业务宣传费支出企业所得税税前扣除限额时，可将按照上述办法归集至本企业的广告费和业务宣传费不计算在内。

企业在筹建期间，发生的广告费和业务宣传费，可按实际发生额计入企业筹办费，并按有关规定在税前扣除。

【例11-18】甲公司20223年度经营情况如下：

（1）实现的产品销售收入为3 000万元。

（2）计入销售费用的广告费支出为500万元（包括业务宣传费100万元）。

试分析甲公司2023年度广告费支出结转情况。

【解析】2023年度准予扣除的广告费=3 000×15%=450（万元）

2023年度广告费支出纳税调整增加额=500-450=50（万元）

50万元可结转以后年度继续扣除。

9.环境保护专项资金

企业依照法律、行政法规有关规定提取的用于环境保护、生态恢复等方面的专项资金，准予扣除。上述专项资金提取后改变用途的，不得扣除，已经扣除的，应计入企业的当期应纳税所得额，缴纳企业所得税。

10.租赁费

（1）以经营租赁方式租入固定资产发生的租赁费支出，按照租赁期限均匀扣除。

（2）以融资租赁方式租入固定资产发生的租赁费支出，按照规定构成融资租入固定资产价值的部分应当提取折旧费用，分期扣除。企业的或有租金支出，不允许扣除。

【例11-19】某贸易公司2023年3月1日，以经营租赁方式租入固定资产使用，租期1年，按独立纳税人交易原则支付租金1.2万元；6月1日以融资租赁方式租入机器设备1台，租期2年，当年支付租金1.5万元。计算当年企业应纳税所得额应扣除的租赁费用。

【解析】当年企业应纳税所得额应扣除的租赁费用=1.2÷12×10=1（万元）

11.劳动保护费

企业发生的合理的劳动保护支出，准予扣除。

合理的劳动保护支出，是指确因特殊工作环境需要为雇员配备或提供工作服、手套、安全保护用品、防暑降温用品等所发生的支出。

企业根据其工作性质和特点，由企业统一制作并要求员工工作时统一着装所发生的工作服饰费用，可以作为企业合理的支出准予税前扣除。如果是在市场上直接购买的，应按职工福利相关规定扣除。

12.公益性捐赠支出

自2017年1月1日起，企业通过公益性社会组织或者县级（含县级）以上人民政府及其组成部门和直属机构，用于慈善活动、公益事业的捐赠支出，在年度利润总额12%以内的部分，准予在计算应纳税所得额时扣除；超过年度利润总额12%的部分，准予结转以后3年内在计算应纳税所得额时扣除。

企业当年发生及以前年度结转的公益性捐赠支出，准予在当年税前扣除的部分，不能超过企业当年年度利润总额的12%。

企业发生的公益性捐赠支出未在当年税前扣除的部分，准予向以后年度结转扣除，但结转年限自捐赠发生年度的次年起计算最长不得超过3年。

所称公益性社会组织，应当依法取得公益性捐赠税前扣除资格。

自2019年1月1日至2022年12月31日，企业通过公益性社会组织或者县级（含县级）以上人民政府及其组成部门和直属机构，用于目标脱贫地区的扶贫捐赠支出，准予在计算企业所得税应纳税所得额时据实扣除。在政策执行期限内，目标脱贫地区实现脱贫的，可继续适用上述政策。

“目标脱贫地区”包括832个国家扶贫开发工作重点县、集中连片特困地区县（新疆阿克苏地区6县1市享受片区政策）和建档立卡贫困村。

企业同时发生扶贫捐赠支出和其他公益性捐赠支出，在计算公益性捐赠支出年度扣除限额时，符合上述条件的扶贫捐赠支出不计算在内。

年度利润总额，是指企业依照国家统一会计制度的规定计算的大于零的数额。企业当期实际发生的公益性捐赠额小于扣除标准的，扣除额为实际捐赠额；企业当期发生的公益性捐赠额大于扣除标准的，扣除额为扣除标准额。企业直接向受赠人捐赠，不允许在税前扣除。

公益性捐赠对象主要包括以下几个方面：救助灾害、救助贫困、扶助残疾人等困难的社会群体和个人的活动；教育、科学、文化、卫生、体育事业；环境保护、社会公共设施建设；促进社会发展和进步的其他社会公共和福利事业。

【例11-20】位于市区的某制药公司由外商持股75%且为增值税一般纳税人，该公司2022年主营业务收入5 500万元，其他业务收入400万元，营业外收入300万元，主营业务成本2 800万元，其他业务成本300万元，营业外支出210万元，税金及附加420万元，管理费用550万元，销售费用900万元，财务费用180万元，投资收益120万元。其中：营业外支出包括对外捐赠货币资金140万元（通过县级政府向贫困地区捐赠120万元，直接向某学校捐赠20万元）。计算上述业务应调整的应纳税所得额。

【解析】会计利润=5 500+400+300-2 800-300-210-420-550-900-180+120=960（万元）

公益性捐赠扣除限额=960×12%=115.2（万元）

调增应纳税所得额=120-115.2=4.8（万元）

4.8万元准予结转以后3年内在计算应纳税所得额时扣除。

直接向某学校捐赠20万元不能在税前扣除。

应调增应纳税所得额=4.8+20=24.8（万元）

13.总机构分摊的费用

非居民企业在中国境内设立的机构、场所，就其中国境外总机构发生的与该机构、场所生产经营有关的费用，能够提供总机构出具的费用汇集范围、定额、分配依据和方法等证明文件，并合理分摊的，准予扣除。

自2015年3月18日起，企业向未履行功能、承担风险，无实质性经营活动的境外关联方支付的费用，在计算企业应纳税所得额时不得扣除。

14.资产损失

准予扣除的资产损失分为两类，即实际资产损失和法定资产损失。企业实际资产损失，应当在其实际发生且会计上已作损失处理的年度申报扣除；法定资产损失，应当在企业向主管税务机关提供证据资料证明该项资产已符合法定资产损失确认条件，且会计上已作损失处理的年度申报扣除。2017年度及以后年度企业所得税汇算清缴时，企业向税务机关申请扣除资产损失，仅需填报企业所得税年度纳税申报表《资产损失税前扣除及纳税调整明细表》，不再报送资产损失相关资料。相关资料由企业留存备查。企业应当完整保存资产损失相关资料，保证资料的真实性、合法性。

【例11-21】某企业（一般纳税人）2023年6月因管理不善损失外购材料，该材料账面成本50万元。保险公司审理后同意赔付5万元，该企业税前可以扣除的损失是多少？

【解析】税前允许扣除的损失=50×（1+13%）-5=51.5（万元）

15.手续费及佣金支出

企业发生的与生产经营有关的手续费及佣金支出，不超过规定计算限额以内的部分，准予扣除；超过部分，不得扣除。

自2019年1月1日起，保险企业发生与其经营活动有关的手续费及佣金支出，不超过当年全部保费收入扣除退保金等后余额的18%（含本数）的部分，在计算应纳税所得额时准予扣除；超过部分，允许结转以后年度扣除。保险企业应建立健全手续费及佣金的相关管理制度，并加强手续费及佣金结转扣除的台账管理。

其他企业：按与具有合法经营资格中介服务机构或个人（不含交易双方及其雇员、代理人和代表人等）所签订服务协议或合同确认的收入金额的5%计算限额。

房地产开发企业委托境外机构销售开发产品的，其支付境外机构的销售费用（含佣金或手续费）不超过委托销售收入10%的部分，准予据实扣除。

从事代理服务、主营业务收入为手续费、佣金的企业（如证券、期货、保险代理等企业），其为取得该类收入而实际发生的营业成本（包括手续费及佣金支出），准予在企业所得税税前据实扣除。

电信企业在发展客户、拓展业务等过程中，需向经纪人、代办商支付手续费及佣金的，其实际发生的相关手续费及佣金支出，不超过企业当年收入总额5%的部分，准予在企业所得税税前据实扣除。电信企业手续费及佣金支出，仅限于电信企业在发展客户、拓展业务等过程中因委托销售电话入网卡、电话充值卡所发生的手续费及佣金支出。

企业为发行权益性证券支付给有关证券承销机构的手续费及佣金不得在税前扣除。

16.企业计提准备金的扣除

（1）保险公司按下列规定缴纳的保险保障基金，自2016年1月1日起，准予据实税前扣除：

① 非投资型财产保险业务，不得超过保费收入的0.8%；投资型财产保险业务，有保证收益的，不得超过业务收入的0.08%；无保证收益的，不得超过业务收入的0.05%。

② 有保证收益的人寿保险业务，不得超过业务收入的0.15%；无保证收益的人寿保险业务，不得超过业务收入的0.05%。

③ 短期健康保险业务，不得超过保费收入的0.8%；长期健康保险业务，不得超过保费收入的0.15%。

④ 非投资型意外伤害保险业务，不得超过保费收入的0.8%；投资型意外伤害保险业务，有保证收益的，不得超过业务收入的0.08%；无保证收益的，不得超过业务收入的0.05%。

保险公司有下列情形之一的，其缴纳的保险保障基金不得在税前扣除：

① 财产保险公司的保险保障基金余额达到公司总资产6%的；

② 人身保险公司的保险保障基金余额达到公司总资产1%的。

（2）金融企业涉农贷款和中小企业贷款损失准备金

自2019年1月1日起，金融企业对其涉农贷款和中小企业贷款进行风险分类后，按照以下比例计提的贷款损失准备金，准予在计算应纳税所得额时扣除：

① 关注类贷款，计提比例为2%。

② 次级类贷款，计提比例为25%。

③ 可疑类贷款，计提比例为50%。

④ 损失类贷款，计提比例为100%。

所称涉农贷款，是指农户贷款、农村企业及各类组织贷款。所称中小企业贷款，是指金融企业对年销售额和资产总额均不超过2亿元的企业的贷款。

（3）金融企业其他贷款损失准备金

自2019年1月1日起，准予税前提取贷款损失准备金的贷款资产范围包括：

① 贷款（含抵押、质押、保证、信用等贷款）。

② 银行卡透支、贴现、信用垫款（含银行承兑汇票垫款、信用证垫款、担保垫款等）、进出口押汇、同业拆出、应收融资租赁款等具有贷款特征的风险资产。

③ 由金融企业转贷并承担对外还款责任的国外贷款，包括国际金融组织贷款、外国买方信贷、外国政府贷款、日本国际协力银行不附条件贷款和外国政府混合贷款等资产。

17.关于以前年度发生应扣未扣支出的税务处理

对企业发现以前年度实际发生的、按照税收规定应在企业所得税税前扣除而未扣除或者少扣除的支出，企业作出专项申报及说明后，准予追补至该项目发生年度计算扣除，但追补确认期限不得超过5年。

企业由于上述原因多缴的企业所得税税款，可以在追补确认年度企业所得税应纳税款中抵扣，不足抵扣的，可以向以后年度递延抵扣或申请退税。

亏损企业追补确认以前年度未在企业所得税税前扣除的支出，或盈利企业经过追补确认后出现亏损的，应首先调整该项支出所属年度的亏损额，然后再按照弥补亏损的原则计算以后年度多缴的企业所得税税款，可以向以后年度递延抵扣或申请退税。

18.企业参与政府统一组织的棚户区改造有关企业所得税政策

企业参与政府统一组织的工矿（含中央下放煤矿）棚户区改造、林区棚户区改造、垦区危房改造并同时符合一定条件的棚户区改造支出，准予在企业所得税税前扣除。

19.其他准予扣除项目

准予扣除的其他项目，包括会员费、合理的会议费、差旅费、违约金、诉讼费用等。

20.关于税前扣除规定与企业实际会计处理之间的税务处理

根据规定，对企业依据财务会计制度规定，并实际在财务会计处理上已确认的支出，凡没有超过《企业所得税法》和有关税收法规规定的税前扣除范围和标准的，可按企业实际会计处理确认的支出，在企业所得税税前扣除，计算应纳税所得额。

（四）不得扣除的项目

在计算应纳税所得额时，下列支出不得扣除：

（1）向投资者支付的股息、红利等权益性投资收益款项。

（2）企业所得税税款。

（3）税收滞纳金。

（4）罚金、罚款和被没收财物的损失。

（5）《企业所得税法》第九条规定以外的捐赠支出。

（6）赞助支出。所称赞助支出，是指企业发生的与生产经营活动无关的各种非广告性质支出。广告性的赞助支出按广告费和业务宣传费的规定处理。

（7）未经核定的准备金支出。所称未经核定的准备金支出，是指不符合国务院财政、税务主管部门规定的各项资产减值准备、风险准备等准备金支出。目前税法规定，保险公司、金融企业、中小企业信用担保机构等可提取保险保障基金、贷款损失准备金等。

（8）企业之间支付的管理费、企业内营业机构之间支付的租金和特许权使用费，以及非银行企业内营业机构之间支付的利息。

（9）与取得收入无关的其他支出。

【例11-22】依据《企业所得税法》的相关规定，在计算应纳税所得额时不得扣除的项目有（　　）。

A.向投资者支付的股息　　B.固定资产转让费用

C.子公司支付给母公司的管理费　　D.对外投资期间的投资成本

【解析】正确答案为A、C、D项。

（五）亏损弥补

税前允许弥补的亏损，是指纳税年度收入总额减除不征税收入、免税收入和各项扣除后小于零的数额。纳税人发生年度亏损的，可以用下一纳税年度的所得弥补；下一纳税年度的所得不足弥补的，可以逐年延续弥补，但最长不得超过5年。此外，企业在汇总计算缴纳企业所得税时，其境外机构的亏损不得抵减境内营业机构的盈利。

自2018年1月1日起，当年具备高新技术企业或科技型中小企业资格（以下统称资格）的企业，其具备资格年度之前5个年度发生的尚未弥补完的亏损，准予结转以后年度弥补，最长结转年限由5年延长至10年。

企业开始生产经营的年度，为开始计算企业损益的年度。企业从事生产经营之前筹办期间发生的筹办费用支出，不得计算为当期的亏损。

税务机关对企业以前年度纳税情况进行检查时调增的应纳税所得额，凡企业以前年度发生亏损且该亏损属于税法规定允许弥补的，应允许调增的应纳税所得额弥补该亏损。弥补该亏损后仍有余额的，按规定计算缴纳企业所得税。对检查调增的应纳税所得额应依有关规定进行处理或处罚。

【例11-23】某市A企业2017年开始投入生产经营，各年获利情况见表11-3。

表11-3　A企业2016—2022年各年获利情况

年度	2017	2018	2019	2020	2021	2022	2023
获利金额（万元）	−50	−10	5	15	20	−5	25

计算A企业2023年应缴纳企业所得税税额。

【解析】2017年亏损50万元，用2019年至2021盈利40万元弥补后尚有10万元未弥补，但是从2023年开始已经超过5年，因此不得再用以后年度盈利弥补。2023的盈利弥补2018年亏损10万元和2022年亏损5万元后，A企业应纳税所得额为10万元（25−10−5），A企业2023年应缴纳企业所得税税额为2.5万元（10×25%）。

第三节　资产的税务处理

企业的各项资产，包括固定资产、生物资产、无形资产、长期待摊费用、投资资产、存货等，以历史成本为计税基础。历史成本是指企业取得该项资产时实际发生的支出。企业持有各项资产期间增值或者减值，除国务院财政、税务主管部门规定可以确认损益外，不得调整该项资产的计税基础。

一、固定资产的税务处理

（一）固定资产的概念

固定资产是指企业为生产产品、提供劳务、出租或者经营管理而持有的使用时间超过

12个月的非货币性资产，包括房屋、建筑物、机器、机械、运输工具以及其他与生产经营活动有关的设备、器具、工具等。

（二）固定资产的计税基础

（1）外购的固定资产，以购买价款和支付的相关税费以及直接归属于使该项资产达到预定用途发生的其他支出为计税基础。

（2）自行建造的固定资产，以竣工结算前发生的支出为计税基础。

（3）融资租入的固定资产，以租入合同约定的付款总额和承租人在签订租赁合同过程中发生的相关费用为计税基础，租赁合同未约定付款总额的，以该资产的公允价值和承租人在签订租赁合同过程中发生的相关费用为计税基础。

（4）盘盈的固定资产，以同类固定资产的重置完全价值为计税基础。

（5）通过捐赠、投资、非货币性资产交换、债务重组等方式取得的固定资产，以该资产的公允价值和支付的相关税费为计税基础。

（6）改建的固定资产，除已足额提取折旧的固定资产的改建支出和租入固定资产的改建支出外，以改建过程中发生的改建支出增加计税基础。

企业对房屋、建筑物固定资产在未足额提取折旧前进行改扩建的，如属于推倒重置的，该资产原值减除提取折旧后的净值，应并入重置后的固定资产计税成本，并在该固定资产投入使用后的次月起，按照税法规定的折旧年限，一并计提折旧；如属于提升功能、增加面积的，该固定资产的改扩建支出，并入该固定资产计税基础，并从改扩建完工投入使用后的次月起，重新按税法规定的该固定资产折旧年限计提折旧，如该改扩建后的固定资产尚可使用的年限低于税法规定的最低年限，可以按尚可使用的年限计提折旧。

企业固定资产投入使用后，由于工程款项尚未结清未取得全额发票的，可暂按合同规定的金额计入固定资产计税基础计提折旧，待发票取得后进行调整，但该项调整应在固定资产投入使用后12个月内进行。

（三）固定资产计提折旧的范围

在计算应纳税所得额时，企业按照规定计算的固定资产折旧，准予扣除。

不得计算折旧扣除的固定资产如下：

（1）房屋、建筑物以外未投入使用的固定资产。

（2）以经营租赁方式租入的固定资产。

（3）以融资租赁方式租出的固定资产。

（4）已足额提取折旧，仍继续使用的固定资产。

（5）与经营活动无关的固定资产。

（6）单独估价作为固定资产入账的土地。

（7）其他不得计算提取折旧的固定资产。

（四）固定资产折旧的计提方法及起止时间

固定资产按照直线法计算的折旧，准予扣除。

企业应当自固定资产投入使用月份的次月起计提折旧；停止使用的固定资产，应当自停止使用月份的次月起停止计提折旧。

（五）固定资产的预计净残值

企业应当根据固定资产的性质和使用情况，合理确定固定资产的预计净残值。固定资产的预计净残值一经确定，不得变更。固定资产提足折旧后，不论是否继续使用，均不再计提折旧；提前报废的，也不再补提折旧。

（六）固定资产折旧的计提年限

1.固定资产计提折旧的最低年限

（1）房屋、建筑物，为20年。

（2）飞机、火车、轮船、机器、机械和其他生产设备，为10年。

（3）与生产经营活动有关的器具、工具、家具等，为5年。

（4）飞机、火车、轮船以外的运输工具，为4年。

（5）电子设备，为3年。

2.折旧年限的其他规定

（1）企业固定资产会计折旧年限如果短于税法规定的最低折旧年限，其按会计折旧年限计提的折旧高于按税法规定的最低折旧年限计提的折旧部分，应调增当期应纳税所得额；企业固定资产会计折旧年限已期满且会计折旧已提足，但税法规定的最低折旧年限尚未到期且税法折旧尚未足额扣除，其未足额扣除的部分准予在剩余的税法折旧年限继续按规定扣除。

（2）企业固定资产会计折旧年限如果长于税法规定的最低折旧年限，其折旧应按会计折旧年限计算扣除，税法另有规定的除外。

（3）企业按会计规定提取的固定资产减值准备，不得在税前扣除，其折旧仍按税法规定的固定资产计税基础计算扣除。

（4）企业按税法规定加速折旧的，其按加速折旧办法计算的折旧额可全额在税前扣除。

（5）石油天然气开采企业在计提油气资产折耗（折旧）时，由于会计与税法规定的计算方法不同导致的折耗（折旧）差异，应按税法规定进行纳税调整。

油气企业在开始商业性生产之前形成的开发资产，准予按直线法计提折旧扣除，最低折旧年限为8年，这种折耗方式一般来说具有加速折旧的性质，比产量法计提的折旧要多。

会计准则规定，油气企业可以采取产量法或年限平均法计提折旧，我国油气企业倾向产量法。国外油气企业多采取工作量法计提折旧。

折旧率=年产油量÷地质储量累计采出程度

【例11-24】2023年6月，企业为了提高产品性能与安全度，从国内购入2台安全生产设备并于当月投入使用，增值税专用发票注明价款400万元，进项税额52万元，企业采用直线法按5年计提折旧，残值率8%（经税务机关认可），税法规定该设备直线法折旧年限为10年。计算应纳税所得额时，安全生产设备折旧费应调整金额为（　　）万元。

A.18.4　　B.33.25　　C.36.8　　D.43.01

【解析】会计上的折旧费=400×（1-8%）÷5÷12×6=36.8（万元）

税法允许抵扣的折旧费=400×（1-8%）÷10÷12×6=18.4（万元）

应纳税所得额调增金额=36.8-18.4=18.4（万元）

故正确答案为A项。

二、生物资产的税务处理

（一）生物资产的概念

生物资产，是指有生命的动物和植物。生物资产分为消耗性生物资产、生产性生物资产和公益性生物资产。

消耗性生物资产，是指为出售而持有的或在将来收获为农产品的生物资产，包括生长中的农田作物、蔬菜、用材林以及存栏待售的牲畜等。

生产性生物资产，是指企业为生产农产品、提供劳务或者出租等而持有的生物资产，包括经济林、薪炭林、产畜和役畜等。

公益性生物资产，是指以防护、环境保护为主要目的的生物资产，包括防风固沙林、水土保持林和水源涵养林等。

（二）生产性生物资产的计税基础

生产性生物资产按照以下方法确定计税基础：

（1）外购的生产性生物资产，以购买价款和支付的相关税费为计税基础。

（2）通过捐赠、投资、非货币性资产交换、债务重组等方式取得的生产性生物资产，以该资产的公允价值和支付的相关税费为计税基础。

（三）生产性生物资产的折旧方法

（1）生产性生物资产按照直线法计提的折旧，准予扣除。

（2）企业应当自生产性生物资产投入使用月份的次月起计提折旧；停止使用的生产性生物资产，应当自停止使用月份的次月起停止计提折旧。

（3）企业应当根据生产性生物资产的性质和使用情况，合理确定生产性生物资产的预计净残值。生产性生物资产的预计净残值一经确定，不得变更。

（四）生产性生物资产的折旧年限

生产性生物资产计提折旧的最低年限如下：

（1）林木类生产性生物资产，为10年。

（2）畜类生产性生物资产，为3年。

【例11-25】某农场外购奶牛支付价款20万元，则企业所得税税前扣除方法为（　　）。

A.一次性在税前扣除

B.按直线法以不低于3年的折旧年限计算折旧税前扣除

C.按奶牛寿命在税前分期扣除

D.按直线法以不低于10年的折旧年限计算折旧税前扣除

【解析】奶牛属于畜类生产性生物资产，按不低于3年计提折旧，故正确答案为B项。

三、无形资产的税务处理

（一）无形资产的概念

无形资产，是指企业为生产产品、提供劳务、出租或者经营管理而持有的、没有实物形态的非货币性长期资产，包括专利权、商标权、著作权、土地使用权、非专利技术、商誉等。

（二）无形资产的计税基础

无形资产按照以下方法确定计税基础：

（1）外购的无形资产，以购买价款和支付的相关税费以及直接归属于使该资产达到预定用途发生的其他支出为计税基础。

（2）自行开发的无形资产，以开发过程中该资产符合资本化条件后至达到预定用途前发生的支出为计税基础。

（3）通过捐赠、投资、非货币性资产交换、债务重组等方式取得的无形资产，以该资产的公允价值和支付的相关税费为计税基础。

（三）无形资产的摊销范围

下列无形资产不得计算摊销费用扣除：

（1）自行开发的支出已在计算应纳税所得额时扣除的无形资产。

（2）自创商誉。

（3）与经营活动无关的无形资产。

（4）其他不得计算摊销费用扣除的无形资产。

（四）无形资产的摊销方法及年限

（1）无形资产按照直线法计算的摊销费用，准予扣除。

（2）无形资产的摊销年限不得低于10年。

企业外购的软件，凡符合固定资产或无形资产确认条件的，可以按照固定资产或无形资产进行核算，其折旧或摊销年限可以适当缩短，最短可为2年（含）。

（3）作为投资或者受让的无形资产，有关法律规定或者合同约定了使用年限的，可以按照规定或者约定的使用年限分期摊销。

（4）外购商誉的支出，在企业整体转让或者清算时，准予扣除。

（5）无形资产的摊销期自其可供使用时开始，至停止使用或出售时终止。

【例11-26】某市区A企业，2023年转让一项两年前购买的无形资产所有权。不含税购买价是60万元，转让的不含税收入是65万元，摊销期限是10年。不考虑其他税费，请计算转让该无形资产应当缴纳的企业所得税。

【解析】无形资产的账面成本=60-60÷10×2=48（万元）

转让该无形资产应缴纳企业所得税税额=（65-48）×25%=4.25（万元）

四、长期待摊费用的税务处理

长期待摊费用，是指企业发生的应在一个年度以上或几个年度进行摊销的费用。

（一）长期待摊费用的范围

企业发生的下列支出作为长期待摊费用，按规定摊销的，准予在税前扣除：

（1）已足额提取折旧的固定资产的改建支出。

（2）租入固定资产的改建支出。

（3）固定资产的大修理支出。

（4）其他应当作为长期待摊费用的支出。

上述前两项所称固定资产的改建支出，是指改变房屋或者建筑物结构、延长使用年限等发生的支出。

上述所称固定资产的大修理支出，同时符合下列条件的，应当增加该固定资产原值：①修理支出达到取得固定资产时的计税基础50%以上；②修理后固定资产的使用年限延长2年以上。

（二）长期待摊费用的摊销年限

（1）已足额提取折旧的固定资产的改建支出，按照固定资产预计尚可使用年限分期摊销。

（2）租入固定资产的改建支出，按照合同约定的剩余租赁期限分期摊销。

（3）固定资产的大修理支出，按照固定资产尚可使用年限分期摊销。

（4）其他长期待摊费用的支出，应自支出发生的次月起分期摊销，摊销年限不得低于3年。

对于企业的开办费，《企业所得税法》中开（筹）办费未明确列作长期待摊费用，企业可以在开始经营之日的当年一次性扣除，也可以按照《企业所得税法》有关长期待摊费用的规定处理，但一经选定，不得改变。

【例11-27】某房地产开发企业将自用房产用于对外出租并为租户装修，租期28个月。该房产原值1亿元，发生装修支出2 000万元，其发生的装修费的税务处理正确的是（　　）。

A.作为大修理支出在税前摊销扣除

B.作为其他长期待摊费用税前分期扣除

C.作为资本性支出，按照28个月分期扣除

D.作为装修费用，当期一次性税前扣除

【解析】该装修支出不属于固定资产大修理支出；该企业出租房屋的租期为28个月，不足3年，不可按其他长期待摊费用处理。装修支出属于资本性支出，应在发生支出的次月起按照受益期（28个月）分期扣除。故选C项。

五、投资资产的税务处理

投资资产，是指企业对外进行权益性投资和债权性投资形成的资产。

（一）投资资产的成本

（1）通过支付现金方式取得的投资资产，以购买价款为成本。

（2）通过支付现金以外的方式取得的投资资产，以其公允价值和支付的相关税费为成本。

（二）投资资产成本的扣除方法

企业对外投资期间，投资资产的成本在计算应纳税所得额时不得扣除。企业在转让或

者处置投资资产时，投资资产的成本，准予扣除。

被投资企业发生的经营亏损，由被投资企业按规定结转弥补；投资企业不得调整降低其投资成本，也不得将其确认为投资损失。

六、存货的税务处理

存货，是指企业持有以备出售的产品或者商品、处在生产过程中的在产品、在生产或者提供劳务过程中耗用的材料和物料等。

（一）存货成本的确定

（1）通过支付现金方式取得的存货，以购买价款和支付的相关税费为成本。

（2）通过支付现金以外的方式取得的存货，以其公允价值和支付的相关税费为成本。

（3）生产性生物资产收获的农产品，以产出或者采收过程中发生的材料费、人工费和分摊的间接费用等必要支出为成本。

（二）存货的成本计算方法

企业使用或者销售的存货的成本计算方法，可以在先进先出法、加权平均法、个别计价法中选用一种。计价方法一经选用，不得随意变更。

企业转让以上资产，在计算企业应纳税所得额时，资产的净值允许扣除。其中，资产的净值是指有关资产、财产的计税基础减除已经按照规定扣除的折旧、折耗、摊销、准备金等后的余额。

除国务院财政、税务主管部门另有规定外，企业在重组过程中，应当在交易发生时确认有关资产的转让所得或者损失，相关资产应当按照交易价格重新确定计税基础。

第四节　税率及应纳税额的计算

一、税率

我国企业所得税实行比例税率。企业所得税税率见表11-4。

表11-4　企业所得税税率表

种类	税率	适用范围
基本税率	25%	居民企业
		中国境内设有机构、场所且所得与机构、场所有实际联系的非居民企业
两档优惠税率	减按20%	符合条件的小型微利企业
	减按15%	国家重点扶持的高新技术企业；符合条件的从事污染防治的第三方企业（2019—2023年）
预提所得税税率	20%（实际征税时适用10%）	中国境内未设立机构、场所或虽设立机构、场所但所得与其所设机构、场所没有实际联系的非居民企业

二、应纳税额的计算

（一）居民企业应纳税额的计算

基本计算公式为：

应纳税额=应纳税所得额×适用税率-减免税额-抵免税额

公式中的减免税额和抵免税额，是指依照《企业所得税法》和国务院的税收优惠规定减征、免征和抵免的应纳税额。

1.直接计算法下的应纳税所得额计算公式

应纳税所得额=收入总额-不征税收入-免税收入-各项扣除金额-弥补亏损

上述公式中的数据均为税法规定口径的数据。

2.间接计算法下的应纳税所得额计算公式

应纳税所得额=会计利润总额±纳税调整项目金额-弥补亏损

纳税调整项目金额包括以下内容：

（1）企业的财务会计处理和税收规定不一致，应予以调整的金额。

（2）财务会计处理和税法规定一致，但会计处理有误，应予以调整的金额。

（3）财务会计处理和税法规定一致，且会计处理准确，但税法给予优惠应予以调整的金额。

【例11-28】某制造业企业为居民企业，2023年发生经营业务如下：

（1）全年取得主营业务收入为5 600万元，发生主营业务成本4 000万元；

（2）其他业务收入800万元，其他业务成本660万元；

（3）取得购买国债的利息收入40万元；

（4）缴纳税金及附加300万元；

（5）发生管理费用760万元，其中新技术的研究开发费60万元、业务招待费70万元；

（6）发生财务费用200万元；

（7）取得直接投资其他非上市居民企业的权益性收益34万元；

（8）取得营业外收入100万元，发生营业外支出250万元（其中含公益性捐赠38万元）。

要求：计算该企业2023年应缴纳企业所得税税额。

【解析】第一步：计算利润总额。

利润总额=主营业务收入+其他业务收入+国债利息收入+投资收益+营业外收入-主营业务成本-其他业务成本-税金及附加-管理费用-财务费用-营业外支出

=5 600+800+40+34+100-4 000-660-300-760-200-250

=404（万元）

第二步：进行纳税调整。

（1）国债利息收入免征企业所得税，应调减所得额40万元。

（2）技术研究开发费调减应纳税所得额=60×100%=60（万元）

（3）业务招待费可扣除额=70×60%=42（万元）

业务招待费扣除限额=（5 600+800）×5‰=32（万元）

按照规定，税前扣除限额应为32万元，则：

应调增应纳税所得额=70-32=38（万元）

（4）取得直接投资其他非上市居民企业的权益性收益属于免税收入，应调减应纳税所得额34万元。

（5）捐赠扣除标准=404×12%=48.48（万元）

实际捐赠额38万元小于扣除标准48.48万元，可按实捐数扣除，不作纳税调整。

第三步：计算应纳税所得额和应纳税额。

（1）应纳税所得额=404-40-60+38-34=308（万元）

（2）该企业2023年应缴纳企业所得税税额=308×25%=77（万元）

（二）境外所得抵扣税额的计算

企业可以选择按国别（地区）分别计算（即“分国（地区）不分项”），或者不按国别（地区）汇总计算（即“不分国（地区）不分项”）其来源于境外的应纳税所得额，并按照规定的税率，分别计算其可抵免境外所得税税额和抵免限额。上述方式一经选择，5年内不得改变。

$$\text{企业实际应纳所得税税额}=\text{企业境内外所得应纳税总额}-\text{企业所得税减免、抵免优惠税额}-\text{境外所得税抵免额}$$

已在境外缴纳的所得税税额，是指企业来源于中国境外的所得依照中国境外税收法律以及相关规定应缴纳并已经实际缴纳的企业所得税性质的税款。企业依照《企业所得税法》的规定抵免企业所得税税额时，应当提供中国境外税务机关出具的税款所属年度的有关纳税凭证。

1.税额抵扣的范围

企业取得的下列所得已在境外缴纳的所得税税额，可以从其当期应纳税额中抵免，抵免限额为该项所得依照《企业所得税法》规定计算的应纳税额；超过抵免限额的部分，可以在以后5个年度内，用每年度抵免限额抵免当年应抵税额后的余额进行抵补：

（1）居民企业来源于中国境外的应税所得。

（2）非居民企业在中国境内设立机构、场所，取得发生在中国境外但与该机构、场所有实际联系的应税所得。

（3）居民企业从其直接或者间接控制的外国企业分得的来源于中国境外的股息、红利等权益性投资收益，外国企业在境外实际缴纳的所得税税额中属于该项所得负担的部分，可以作为该居民企业的可抵免境外所得税税额，在税法规定的抵免限额内抵免。

上述直接控制，是指居民企业直接持有的外国企业20%以上的股份；上述间接控制，是指居民企业以间接持股方式持有外国企业20%以上的股份。

2.抵免限额的计算

抵免限额，是指将企业来源于中国境外的所得依照《企业所得税法》规定计算的应纳税额。

其计算公式如下：

$$\text{抵免限额}=\text{中国境内、境外所得依照税法计算的应纳税总额}\times\frac{\text{来源于某国的应纳税所得额}}{\text{中国境内、境外应纳税所得总额}}$$

上述公式可以简化成：

抵免限额=来源于某国的（税前）应纳税所得额×我国法定税率

公式中的所得是税前所得（含税所得），在计算时，应注意区分是税前所得还是税后所得。如果是税后所得，应将税后所得还原为税前所得，还原公式为：

税前所得=税后所得（投资收益）÷（1-境外税率）

或者：

税前所得=税后所得+境外已纳税款

抵免限额的具体运用有以下两种情况：

（1）如果境外已纳税款小于抵免限额，实际扣除限额为境外已纳税款。

（2）如果境外已纳税款大于抵免限额，实际扣除限额为抵免限额。其超过部分不得从本年度应纳税额中扣除，也不得列为本年度费用支出，但可以用以后年度抵免限额抵免当年应抵税额后的余额进行抵补，补扣期限最长不能超过5年。

上述所称5年，是指自境外已纳税额超过抵免限额当年的次年起连续5个纳税年度。

【例11-29】某企业2023年境内应纳税所得额为100万元，适用25%的企业所得税税率。另外，该企业分别在A、B两国设有分支机构（我国与A、B两国已经缔结避免双重征税协定），该企业采用分国不分项的抵免方式，在A国分支机构的应纳税所得额为50万元，A国企业所得税税率为20%；在B国分支机构的应纳税所得额为30万元，B国企业所得税税率为30%。假设该企业在A、B两国所得按我国税法计算的应纳税所得额和按A、B两国税法计算的应纳税所得额一致，两个分支机构在A、B两国分别缴纳了10万元和9万元的企业所得税。请计算该企业汇总时在我国应缴纳的企业所得税。

【解析】（1）计算该企业按我国税法计算的境内、境外所得的应纳税额：

应纳税额=（100+50+30）×25%=45（万元）

（2）A、B两国的扣除限额：

A国的扣除限额=45×［50÷（100+50+30）］=12.5（万元）

B国的扣除限额=45×［30÷（100+50+30）］=7.5（万元）

在A国缴纳的所得税为10万元，低于扣除限额12.5万元，可全额扣除；在B国缴纳的所得税为9万元，高于扣除限额7.5万元，其超过扣除限额的部分1.5万元当年不能扣除，可结转到以后5个年度扣除。

（3）该企业汇总时在我国应缴纳的企业所得税=45-10-7.5=27.5（万元）

（三）居民企业核定征收应纳税额的计算

1.居民企业核定征收企业所得税的范围

纳税人具有下列情形之一的，核定征收企业所得税：

（1）依照法律、行政法规的规定可以不设置账簿的；

（2）依照法律、行政法规的规定应当设置但未设置账簿的；

（3）擅自销毁账簿或者拒不提供纳税资料的；

（4）虽设置账簿，但账目混乱或成本资料、收入凭证、费用凭证残缺不全，难以查账的；

（5）发生纳税义务，未按规定期限申报，税务机关责令限期申报，逾期仍不申报的；

（6）申报计税依据明显偏低，又无正当理由的。

2.不适用核定征收的情况

（1）享受特定所得税优惠政策的企业；

（2）汇总纳税企业；

（3）上市公司；

（4）银行等金融企业；

（5）会计等社会中介机构；

（6）国家税务总局规定的其他企业。

自2012年1月1日起，专门从事股权（股票）投资业务的企业，不得核定征收企业所得税。

（四）核定应税所得率征收计算

应纳税所得额=应税收入总额×应税所得率

或：应纳税所得额=成本（费用）支出额÷（1-应税所得率）×应税所得率

【例11-30】2023年某居民企业向主管税务机关申报应税收入总额120万元，成本费用支出总额127.5万元，全年亏损7.5万元。经税务机关检查，成本费用核算准确，但收入总额不能确定。税务机关对该企业采取核定征税办法，应税所得率为25%。2023年度该企业应缴纳企业所得税（　　）万元。

A.10.07　　B.10.15　　C.10.5　　D.10.625

【解析】该企业应纳税所得额=127.5÷（1-25%）×25%=42.5（万元）

应缴纳企业所得税税额=42.5×25%=10.625（万元）

故选D项。

（五）非居民企业应纳税额的计算

（1）在中国境内设立机构、场所且所得与机构、场所有关联的非居民企业的应纳税额的计算方法同居民企业应纳税额的计算方法。

（2）对于在中国境内未设立机构、场所的，或者在中国境内虽设立机构、场所，但取得的所得与其在中国境内设立的机构、场所没有实际联系的非居民企业的所得，应当就其来源于中国境内的所得缴纳所得税。其应纳税所得额按照下列方法计算：

① 股息、红利等权益性投资收益和利息、租金、特许权使用费所得，以收入全额为应纳税所得额。

② 转让财产所得，以收入全额减除财产净值后的余额为应纳税所得额。

（3）其他所得，参照前两项规定的方法计算应纳税所得额。

财产净值，是指有关资产、财产的计税基础减除已经按照规定扣除的折旧、折耗、摊销、准备金等后的余额。

【例11-31】某外国A房地产开发公司在中国境内设有常驻代表机构，2023年该外国A公司与中国B房地产开发公司签订了一项技术使用权转让协议，合同约定技术转让费100万元。计算B公司应为外国A公司代扣代缴的企业所得税税额。

【解析】应代扣代缴企业所得税税额=100×10%=10（万元）

（六）非居民企业的核定征收办法

1.按收入总额核定应纳税所得额

其计算公式为：

应纳税所得额=收入总额×经税务机关核定的利润率

2.按成本费用核定应纳税所得额

其计算公式为：

应纳税所得额=成本费用总额÷（1-经税务机关核定的利润率）×经税务机关核定的利润率

3.按经费支出换算收入核定应纳税所得额

其计算公式为：

应纳税所得额=本期经费支出额÷（1-核定利润率）×核定利润率

税务机关可按照以下标准确定非居民企业的利润率：

（1）从事承包工程作业、设计和咨询劳务的，利润率为15%～30%；

（2）从事管理服务的，利润率为30%～50%；

（3）从事其他劳务或劳务以外经营活动的，利润率不低于15%。

非居民企业与中国居民企业签订机器设备或货物销售合同，同时提供设备安装、装配、技术培训、指导、监督服务等劳务，其销售货物合同中未列明提供上述劳务服务收费金额，或者计价不合理的，主管税务机关可以根据实际情况，参照相同或相近业务的计价标准核定劳务收入。无参照标准的，以不低于销售货物合同总价款的10%为原则，确定非居民企业的劳务收入。

（七）外国企业常驻中国代表机构的税务管理

外国企业常驻中国代表机构，是指外国企业依照《外国企业常驻代表机构登记管理条例》规定，在中国境内设立的从事与该外国企业业务有关的非营利性活动的办事机构。代表机构不具有法人资格。

对账簿不健全，不能准确核算收入或成本费用，以及无法按照规定据实申报的代表机构，税务机关有权采取以下两种方式核定其应纳税所得额：

1.按经费支出换算收入

这适用于能够准确反映经费支出但不能准确反映收入或成本费用的代表机构。

其计算公式为：

应纳税所得额=本期经费支出额÷（1-核定利润率）×核定利润率

应纳企业所得税税额=应纳税所得额×核定利润率×企业所得税税率

代表机构的经费支出额包括：在中国境内、外支付给工作人员的工资薪金、奖金、津贴、福利费、物品采购费（包括汽车、办公设备等固定资产）、通信费、差旅费、房租、设备租赁费、交通费、交际费、其他费用等。

经费支出的特殊情况：

（1）购置固定资产所发生的支出，以及代表机构设立时或者搬迁等原因所发生的装修费支出，应在发生时一次性作为经费支出额换算收入计税。

（2）利息收入不得冲抵经费支出额；发生的交际应酬费，以实际发生数额计入经费支出额。

（3）以货币形式用于我国境内的公益、救济性质的捐赠、滞纳金、罚款，以及为其总机构垫付的不属于其自身业务活动所发生的费用，不应作为代表机构的经费支出额。

（4）其他费用包括：为总机构从中国境内购买样品所支付的样品费和运输费用；国外样品运往中国发生的中国境内的仓储费用、报关费用；总机构人员来华访问聘用翻译的费用；总机构为中国某个项目投标由代表机构支付的购买标书的费用等。

2.按收入总额核定应纳税所得额

这适用于可以准确反映收入但不能准确反映成本费用的代表机构。

其计算公式为：

应纳企业所得税税额=收入总额×核定利润率×企业所得税税率

代表机构的核定利润率不应低于15%。采取核定征收方式的代表机构，如能建立健全会计账簿，准确计算其应税收入和应纳税所得额，报主管税务机关备案，可调整为据实申报方式。

（八）清算时所得税的计算

企业清算时，以清算所得为应纳税所得额，按规定缴纳企业所得税。

清算所得，是指企业的全部资产的可变现价值或交易价格减除各项资产的计税基础、清算费用、相关税费等，再加上债务清偿损益等后的余额。计算公式为：

$$清算所得=\begin{matrix}全部资产的可变现\\价值或交易价格\end{matrix}-各项资产的计税基础-清算费用-相关税费+债务清偿损益$$

清算所得应纳所得税税额=清算所得×基本税率（25%）

企业在计算出清算所得应纳所得税税额后，应以清算期间为一个纳税年度，不享受任何企业所得税优惠政策，在办理工商注销登记之前，向税务机关办理所得税申报。

投资方企业从被清算企业分得的剩余资产，其中相当于从被清算企业累计未分配利润和累计盈余公积中应当分得的部分，应当确认为股息所得；剩余资产减除上述股息所得后的余额，超过或者低于投资成本的部分，应当确认为投资资产转让所得或者损失。

【例11-32】某企业2022年年初开业，由于经营不善，2023年3月31日终止经营活动。2022年度纳税调整后所得为-80万元，2023年1—3月纳税调整后所得为-50万元。4月30日清算完毕，全部资产的计税基础为1 000万元，可变现价值为1 200万元，清偿全部债务2 000万元，清算过程中发生相关税费50万元、清算费用10万元。

要求：计算该企业应缴纳的企业所得税税额。

【解析】应缴纳企业所得税税额=（1 200-1 000-50-10-80-50）×25%

=10×25%

=2.5（万元）

第五节　特别纳税调整

一、关联业务的税务处理

特别纳税调整，是指企业与其关联方之间的业务往来不符合独立交易原则而减少企业或者其关联方应纳税收入或者所得额的，税务机关有权按照合理方法调整其应纳税收入或者所得额。

上述所称独立交易原则，是指没有关联关系的交易各方按照公平成交价格和营业常规进行业务往来遵循的原则。

（一）关联方的含义

关联方，是指与企业有下列关联关系之一的企业、其他组织或者个人：

（1）在资金、经营、购销等方面存在直接或者间接的控制关系。

（2）直接或者间接地同为第三者控制。

（3）在利益上具有相关联的其他关系。

（二）关联交易的主要类型

（1）有形资产的购销、转让和使用。

（2）无形资产的转让和使用。

（3）融通资金业务。

（4）提供劳务。

（三）关联企业之间关联业务的税务处理

（1）企业可以按照《企业所得税法》的规定，按照独立交易的原则与其关联方分摊共同发生的成本，达成成本分摊协议。

（2）企业与其关联方分摊成本时，应当按照成本与预期收益相配比的原则进行分摊，并在税务机关规定的期限内，按照税务机关的要求报送有关资料。

企业与其关联方分摊成本时违反（1）、（2）两项规定的，其自行分摊的成本不得在计算应纳税所得额时扣除。

（3）企业可以向税务机关提出其与关联方之间业务往来的定价原则和计算方法，税务机关与企业协商、确认后，达成预约定价安排。预约定价安排，是指企业就其未来年度关联交易的定价原则和计算方法，向税务机关提出申请，与税务机关按照独立交易原则协商、确认后达成协议。

（4）企业从其关联方接受的债权性投资、权益性投资的比例超过规定标准而发生的利息支出，不得从应纳税所得额中扣除。企业同时从事金融业务和非金融业务，其实际支付给关联方的利息支出，应按照合理方法分开计算；没有按照合理方法分开计算的，一律按上述有关其他企业的比例计算准予税前扣除的利息支出。

（5）《企业所得税法》所称与关联业务调查有关的其他企业，是指与被调查企业在生产经营内容和方式上相类似的企业。企业应当在税务机关规定的期限内提供与关联业务往来有关的价格、费用的制定标准、计算方法和说明等资料。关联方以及与关联业务调查有关的其他企业应当在税务机关与其约定的期限内提供相关资料。

二、调整方法

纳税人与其关联企业之间的业务往来，应按照独立企业之间的业务往来收取或支付价款、费用；否则，因此而减少应纳税所得额的，税务机关有权进行合理的调整。关联企业关联交易的调整方法见表11-5。

表11-5　关联企业关联交易的调整方法一览表

调整方法	方法定义	适用情况
可比非受控价格法	以非关联方之间进行的与关联交易相同或类似业务活动所收取的价格作为关联交易的公平成交价格	一般情况下，适用于所有类型的关联交易
再销售价格法	以关联方购进商品再销售给非关联方的价格减去可比非关联交易毛利后的金额作为关联方购进商品的公平成交价格	通常适用于再销售者未对商品进行改变外形、性能、结构或更换商标等实质性增值加工的简单加工或单纯购销业务
成本加成法	以关联交易发生的合理成本加上可比非关联交易毛利作为关联交易的公平成交价格	通常适用于有形资产的购销、转让和使用，以及劳务提供或资金融通的关联交易
交易净利润法	以可比非关联交易的利润率指标确定关联交易的净利润。利润率指标包括资产收益率、销售利润率、完全成本加成率、贝里比率等	通常适用于有形资产的购销、转让和使用，无形资产的转让和使用以及劳务提供等关联交易
利润分割法	根据企业与其关联方对关联交易合并利润的贡献计算各自应该分配的利润额。利润分割法包括一般利润分割法和剩余利润分割法	通常适用于各参与方关联交易高度整合且难以单独评估各方交易结果的情况

【例11-33】甲企业销售一批货物给乙企业，该销售行为取得利润20万元；乙企业将该批货物销售给丙企业，取得利润200万元。税务机关经过调查后认定，甲企业和乙企业之间存在关联交易，将200万元的利润按照6：4的比例在甲和乙之间分配。该调整方法是（　　）。

A.利润分割法　　B.再销售价格法　　C.交易净利润法　　D.可比非受控价格法

【解析】正确答案为A项。

三、同期资料管理

企业向税务机关报送年度企业所得税纳税申报表时，应当就其与关联方之间的业务往来附送年度关联业务往来报告表。

税务机关在进行关联业务调查时，企业及其关联方，以及与关联业务调查有关的其他企业，应当按照规定提供相关资料，包括：

（1）与关联业务往来有关的价格、费用的制定标准、计算方法和说明等同期资料。

（2）关联业务往来所涉及的财产、财产使用权、劳务等的再销售（转让）价格或者最终销售（转让）价格的相关资料。

（3）与关联业务调查有关的其他企业应当提供的与被调查企业可比的产品价格、定价方式以及利润水平等资料。

（4）其他与关联业务往来有关的资料。

一般情况下，企业应在关联交易发生年度的次年5月31日之前准备完毕该年度同期资料，并自税务机关要求之日起20日内提供。

四、转让定价调查及调整管理

关联企业转让定价调查应重点选择以下企业：

（1）关联交易数额较大或类型较多的企业。

（2）长期亏损、微利或跳跃性盈利的企业。

（3）低于同行业利润水平的企业。

（4）利润水平与其所承担的功能风险明显不相匹配的企业。

（5）与避税港关联方发生业务往来的企业。

（6）未按规定进行关联申报或准备同期资料的企业。

（7）其他明显违背独立交易原则的企业。

税务机关对已确定的调查对象，依法实施现场调查，并得出转让定价调查结论。在此基础上，对企业关联交易不符合独立交易原则而减少其应纳税收入或者所得额的，税务机关应按法定程序实施转让定价纳税调整。税务机关对企业实施转让定价纳税调整后，应自企业被调整的最后年度的下一年度起5年内实施跟踪管理。

五、预约定价安排

预约定价安排相关规定见表11-6。

表11-6 预约定价安排相关规定一览表

项目	主要规定
类型	预约定价安排包括单边、双边和多边3种类型
受理机关	预约定价安排应由设区的市、自治州以上的税务机关受理
适用企业	预约定价安排一般适用于同时满足以下条件的企业：（1）年度发生的关联交易金额在4 000万元人民币以上；（2）依法履行关联申报义务；（3）按规定准备、保存和提供同期资料
适用期间	预约定价安排适用于主管税务机关向企业送达接收其谈签意向的《税务事项通知书》之日所属纳税年度起3～5个年度的关联交易
预约定价安排磋商	税务机关应自单边预约定价安排形成审核评估结论之日起30日内，与企业进行预约定价安排磋商，磋商达成一致的，层报国家税务总局审定

六、成本分摊协议管理

企业与其关联方签署成本分摊协议，共同开发、受让无形资产，或者共同提供、接受劳务发生的成本，可以按照独立交易原则与其关联方分摊共同发生的成本，达成成本分摊协议。

企业与其关联方签署成本分摊协议，有下列情形之一的，其自行分摊的成本不得在税前扣除：

（1）不具有合理商业目的和经济实质。

（2）不符合独立交易原则。

（3）没有遵循成本与收益配比原则。

（4）未按有关规定备案或准备、保存和提供有关成本分摊协议的同期资料。

（5）自签署成本分摊协议之日起经营期限少于20年。

七、受控外国企业管理

构成受控外国企业的控制关系的情况，具体包括：

（1）居民企业或者中国居民直接或者间接单一持有外国企业10%以上有表决权股份，且由其共同持有该外国企业50%以上股份。

（2）居民企业，或者居民企业和中国居民持股比例没有达到第（1）项规定的标准，但在股份、资金、经营、购销等方面对该外国企业构成实质控制。

受控外国企业是指根据规定，由居民企业，或者由居民企业和居民个人控制的设立在实际税负低于《企业所得税法》规定税率水平（25%）50%的国家（地区），并非出于合理经营需要对利润不作分配或者减少分配的外国企业。上述利润中应归属于该居民企业的部分，应当计入该居民企业的当期收入。

中国居民企业股东能够提供资料证明其控制的外国企业满足以下条件之一的，可免于将外国企业不作分配或减少分配的利润视同股息分配额，计入中国居民企业股东的当期所得：

（1）设立在国家税务总局指定的非低税率国家（地区）；

（2）主要取得积极经营活动所得；

（3）年度利润总额低于500万元人民币。

八、法律责任

税务机关根据税收法律、行政法规的规定，对企业作出特别纳税调整的，应当对补征的企业所得税税款，自税款所属纳税年度的次年6月1日起至补缴（预缴）税款入库之日止的期间，按日加收利息。加收的利息，不得在计算应纳税所得额时扣除。

所称利息，应当按照所属纳税年度中国人民银行公布的与补税期间同期的人民币贷款基准利率加5个百分点计算。企业依照《企业所得税法》规定提供有关资料的，可以只按前款规定的人民币贷款利率计算利息。

企业与其关联方之间的业务往来，不符合独立交易原则，或者企业实施其他不具有合理商业目的的安排的，税务机关有权在该业务发生的纳税年度起10年内进行纳税调整。

【例11-34】2023年5月10日，税务机关在检查某公司的纳税申报情况的过程中，发现该公司2021年的业务存在关联交易，少缴纳企业所得税30万元。该公司于2023年6月1日补缴了该税款，并报送了《2021年度关联企业业务往来报告表》等相关资料。计算对该公司补缴税款时应加收的利息（假设中国人民银行公布的同期人民币贷款年利率为5.5%）。

【解析】应加收的利息=30×5.5%÷365×365=1.65（万元）

第六节 税收优惠

企业所得税的税收优惠方式包括免税、减税、加计扣除、加速折旧、减计收入、税额抵免等，具体可以分为税基式、税率式，税额式。

一、免征与减征优惠

（一）企业从事农、林、牧、渔业项目所得

（1）企业从事下列项目的所得，免征企业所得税：

① 蔬菜、谷物、薯类、油料、豆类、棉花、麻类、糖料、水果、坚果的种植；

② 农作物新品种的选育；

③ 中药材的种植；

④ 林木的培育和种植；

⑤ 牧畜、家禽的饲养；

⑥ 林产品的采集；

⑦ 灌溉、农产品初加工、兽医、农技推广、农机作业和维修等农、林、牧、渔服务业项目；

⑧ 远洋捕捞。

（2）企业从事下列项目的所得，减半征收企业所得税：

① 花卉、茶以及其他饮料作物和香料作物的种植；

② 海水养殖、内陆养殖。

（3）企业委托其他企业或个人从事《企业所得税法实施条例》第八十六条规定农、林、牧、渔业项目取得的所得，可享受相应的税收优惠政策。企业受托从事《企业所得税法实施条例》第八十六条规定农、林、牧、渔业项目取得的收入，比照委托方享受相应的税收优惠政策。企业购买农产品后直接进行销售的贸易活动产生的所得，不能享受农、林、牧、渔业项目的税收优惠政策。

（4）企业采取"公司+农户"经营模式从事牲畜、家禽的饲养，即公司与农户签订委托养殖合同，向农户提供畜禽苗、饲料、兽药及疫苗等（所有权属于公司），农户将畜禽养大成为成品后交付公司回收。对此类以"公司+农户"经营模式从事农、林、牧、渔业项目生产的企业，可以享受减免企业所得税优惠政策。

（5）企业同时从事适用不同企业所得税优惠政策规定项目的，应分别核算，单独计算优惠项目的计税依据及优惠数额；分别核算不清的，可由主管税务机关按照比例分摊法或其他合理方法进行核定。

（6）企业对外购茶叶进行筛选、分装、包装后进行销售的所得，不享受农产品初加工的优惠政策。

（7）企业购买农产品后直接进行销售的贸易活动产生的所得，不能享受农、林、牧、渔业项目的税收优惠政策。

（二）从事国家重点扶持公共基础设施项目投资经营所得

国家重点扶持的公共基础设施项目，是指《公共基础设施项目企业所得税优惠目录》规定的港口、码头、机场、铁路、公路、城市公共交通、电力、水利等项目。

企业从事国家重点扶持的公共基础设施项目的投资经营所得，自项目取得第一笔生产经营收入所属纳税年度起，第一年至第三年免征企业所得税，第四年至第六年减半征收企业所得税。

企业承包经营、承包建设和内部自建自用本条规定的项目，不得享受本条规定的企业所得税优惠。

企业从事国家限制和禁止发展的项目，不得享受本条规定的企业所得税优惠。

（三）从事符合条件的环境保护、节能节水项目所得

符合条件的环境保护、节能节水项目，包括公共污水处理、公共垃圾处理、沼气综合利用开发、节能减排技术改造、海水淡化等。项目的具体条件和范围由国务院财政、税务主管部门商国务院有关部门制定，报国务院批准后公布实行。

企业从事符合条件的环境保护、节能节水项目的所得，自项目取得第一笔生产经营收入所属纳税年度起，第一年至第三年免征企业所得税，第四年至第六年减半征收企业所得税。

上述依照规定享受减免税优惠的项目，在减免税期限内转让的，受让方自受让之日起，可以在剩余的期限内享受规定的减免税优惠；减免税期限届满后转让的，受让方不得就该项目享受减免税优惠。

（四）促进节能服务产业发展的优惠

对符合条件的节能服务公司实施合同能源管理项目，符合《企业所得税法》有关规定的，自项目取得第一笔生产经营收入所属纳税年度起，第一年至第三年免征企业所得税，第四年至第六年按照25%的法定税率减半征收企业所得税。

（五）符合条件的技术转让所得

一个纳税年度内，居民企业符合条件的技术转让所得不超过500万元的部分免征企业所得税，超过500万元的部分减半征收企业所得税。

自2015年10月1日起，全国范围内的居民企业转让5年（含，下同）以上非独占许可使用权取得的技术转让所得，也纳入上述享受企业所得税优惠的技术转让所得范围。

技术转让所得=技术转让收入-技术转让成本-相关税费

其中，技术转让收入是指当事人履行技术转让合同后获得的价款，不包括销售或转让设备、仪器、零部件、原材料等非技术性收入。

享受技术转让所得减免企业所得税优惠的企业，应单独计算技术转让所得，并合理分

摊企业的期间费用；没有单独计算的，不得享受技术转让所得企业所得税优惠。

【例11-35】某企业2023年将自行开发的一项专利技术所有权进行转让，当年取得转让收入800万元，与技术所有权转让有关的成本和费用共计200万元。计算该项技术转让应缴纳的企业所得税税额。

【解析】技术转让所得=800-200=600（万元）

该项技术转让应缴纳的企业所得税税额=（600-500）×50%×25%=12.5（万元）

（六）经营性文化事业单位转制为企业税收优惠政策

（1）自2019年1月1日至2023年12月31日，经营性文化事业单位转制为企业，自转制注册之日起5年内免征企业所得税。2018年12月31日之前已完成转制的企业，自2019年1月1日起可继续免征五年企业所得税。

（2）对经营性文化事业单位转制中资产评估增值、资产转让或划转涉及的企业所得税，符合现行规定的，享受相应税收优惠政策。

（七）沪港股票市场交易互联互通机制试点税收政策

（1）对内地企业投资者通过沪港通投资香港联交所上市股票取得的转让差价所得，计入其收入总额，依法征收企业所得税。

（2）对内地企业投资者通过沪港通投资香港联交所上市股票取得的股息、红利所得，计入其收入总额，依法征收企业所得税。其中，内地居民企业连续持有H股满12个月取得的股息、红利所得，依法免征企业所得税。

（3）香港联交所上市H股公司对内地企业投资者不代扣股息、红利所得税款，由内地企业自行申报缴纳，可依法申请税收抵免。

（4）对香港市场投资者（企业）投资上交所上市A股取得的转让差价所得，暂免征收企业所得税。

（5）对香港市场投资者（企业）投资上交所A股取得的股息、红利所得，暂不执行按持股时间实行差别化征税政策，由上市公司按照10%的税率代扣企业所得税，并向其主管税务机关办理扣缴申报。

（八）创新企业境内发行存托凭证试点阶段企业所得税政策

（1）对企业投资者转让创新企业境内发行的存托凭证（以下称创新企业CDR）取得的差价所得和持有创新企业CDR取得的股息红利所得，按转让股票差价所得和持有股票的股息红利所得政策规定免征企业所得税。

（2）对公募证券投资基金（封闭式证券投资基金、开放式证券投资基金）转让创新企业CDR取得的差价所得和持有创新企业CDR取得的股息红利所得，按公募证券投资基金税收政策规定暂不征收企业所得税。

（3）对合格境外机构投资者（QFII）、人民币合格境外机构投资者（RQFII）转让创新企业CDR取得的差价所得和持有创新企业CDR取得的股息红利所得，视同转让或持有据以发行创新企业CDR的基础股票取得的权益性资产转让所得和股息红利所得，免征企业所得税。

二、高新技术企业所得税税收优惠

国家重点扶持的高新技术企业，减按15%的税率征收企业所得税。

国家重点扶持的高新技术企业是指拥有核心自主知识产权，并同时符合下列条件的企业：

（1）企业申请认定时须注册成立1年以上。

（2）企业通过自主研发、受让、受赠、并购等方式获得对其主要产品（服务）在技术上发挥核心支持作用的知识产权的所有权。

（3）对企业主要产品（服务）发挥核心支持作用的技术属于《国家重点支持的高新技术领域》规定的范围。

（4）企业从事研发和相关技术创新活动的科技人员占企业当年职工总数的比例不低于10%。

（5）企业近3个会计年度（实际经营期不满3年的按实际经营时间计算，下同）的研究开发费用总额占同期销售收入总额的比例符合如下要求：①最近一年销售收入小于5 000万元（含）的企业，比例不低于5%；②最近一年销售收入在5 000万元至2亿元（含）的企业，比例不低于4%；③最近一年销售收入在2亿元以上的企业，比例不低于3%。其中，企业在中国境内发生的研究开发费用总额占研究开发费用总额的比例不低于60%。

（6）近一年高新技术产品（服务）收入占企业同期总收入的比例不低于60%。

（7）企业创新能力评价达到相应要求。

（8）企业申请认定前一年内未发生重大安全、重大质量事故或严重环境违法行为。

三、小型微利企业税收优惠

符合条件的小型微利企业，减按20%的税率征收企业所得税。

自2019年1月1日至2021年12月31日，对小型微利企业年应纳税所得额不超过100万元的部分，减按25%计入应纳税所得额，按20%的税率缴纳企业所得税；对年应纳税所得额超过100万元但不超过300万元的部分，减按50%计入应纳税所得额，按20%的税率缴纳企业所得税。

自2021年1月1日至2022年12月31日，对小型微利企业年应纳税所得额不超过100万元的部分，在减按25%计入应纳税所得额的优惠政策基础上，再减半征收企业所得税。

自2023年1月1日至2024年12月31日，对小型微利企业年应纳税所得额不超过100万元的部分，减按25%计入应纳税所得额，按20%的税率缴纳企业所得税。

自2022年1月1日至2024年12月31日，对小型微利企业年应纳税所得额超过100万元但不超过300万元的部分，减按25%计入应纳税所得额，按20%的税率缴纳企业所得税。

小型微利企业无论按查账征收方式还是核定征收方式缴纳企业所得税，均可享受上述优惠政策。小型微利企业所得税统一实行按季度预缴。

所称小型微利企业是指从事国家非限制和禁止行业，且同时符合年度应纳税所得额不超过300万元、从业人数不超过300人、资产总额不超过5 000万元3个条件的企业。

从业人数，包括与企业建立劳动关系的职工人数和企业接受的劳务派遣用工人数。所称从业人数和资产总额指标，应按企业全年的季度平均值确定。具体计算公式如下：

季度平均值=（季初值 + 季末值）÷2

全年季度平均值=全年各季度平均值之和÷4

年度中间开业或者终止经营活动的，以其实际经营期作为一个纳税年度确定上述相关指标。

预缴企业所得税时，小型微利企业的资产总额、从业人数、年度应纳税所得额指标，暂按当年度截至本期申报所属期末的情况进行判断。其中，资产总额、从业人数指标比照"全年季度平均值"的计算公式，计算截至本期申报所属期末的季度平均值；年度应纳税所得额指标暂按截至本期申报所属期末不超过300万元的标准判断。

企业预缴企业所得税时已享受小型微利企业所得税减免政策，汇算清缴企业所得税时不符合小型微利企业条件的，应当按照规定补缴企业所得税税款。

小型微利企业在预缴和汇算清缴企业所得税时，通过填写纳税申报表相关内容，即可享受小型微利企业所得税减免政策。

四、加计扣除优惠

（一）研究开发费用的加计扣除

企业开展研发活动中实际发生的研发费用，未形成无形资产计入当期损益的，在按规定据实扣除的基础上，自2023年1月1日起，再按照实际发生额的100%在税前加计扣除；形成无形资产的，自2023年1月1日起，按照无形资产成本的200%在税前摊销。

所称研发活动，是指企业为获得科学与技术新知识，创造性运用科学与技术新知识，或实质性改进技术、产品（服务）、工艺而持续进行的具有明确目标的系统性活动。

研发费用加计扣除政策如下：

1.研发费用的具体范围

（1）人员人工费用。直接从事研发活动人员的工资薪金、基本养老保险费、基本医疗保险费、失业保险费、工伤保险费、生育保险费和住房公积金，以及外聘研发人员的劳务费用。

（2）直接投入费用。

① 研发活动直接消耗的材料、燃料和动力费用。

② 用于中间试验和产品试制的模具、工艺装备开发及制造费，不构成固定资产的样品、样机及一般测试手段购置费，试制产品的检验费。

③ 用于研发活动的仪器、设备的运行维护、调整、检验、维修等费用，以及通过经营租赁方式租入的用于研发活动的仪器、设备租赁费。

（3）折旧费用。用于研发活动的仪器、设备的折旧费。

（4）无形资产摊销。用于研发活动的软件、专利权、非专利技术（包括许可证、专有技术、设计和计算方法等）的摊销费用。

（5）新产品设计费、新工艺规程制定费、新药研制的临床试验费、勘探开发技术的现场试验费。

（6）其他相关费用。与研发活动直接相关的其他费用，如技术图书资料费、资料翻译费、专家咨询费、高新科技研发保险费，研发成果的检索、分析、评议、论证、鉴定、评审、评估、验收等费用，知识产权的申请费、注册费、代理费，差旅费、会议费等。此项费用总额不得超过可加计扣除研发费用总额的10%。

2.特别事项的处理

（1）企业取得的政府补助，会计处理时采用直接冲减研发费用方法且税务处理时未将其确认为应税收入的，应按冲减后的余额计算加计扣除金额。

（2）企业取得作为不征税收入处理的财政性资金用于研发活动所形成的费用或无形资产，不得加计扣除或摊销。

（3）企业取得研发过程中形成的下脚料、残次品、中间试制品等特殊收入，在计算确认收入当年的加计扣除研发费用时，应从已归集研发费用中扣减该特殊收入，不足扣减的，加计扣除研发费用按零计算。

（4）企业开展研发活动中实际发生的研发费用形成无形资产的，其资本化的时点与会计处理保持一致。

（5）失败的研发活动所发生的研发费用可享受税前加计扣除政策。

（6）企业委托外部机构或个人开展研发活动发生的费用，可按规定税前扣除；加计扣除时将研发活动实际发生费用的80%作为加计扣除基数。委托个人研发的，应凭个人出具的发票等合法有效凭证在税前加计扣除。

自2018年1月1日起，委托境外进行研发活动所发生的费用，按照费用实际发生额的80%计入委托方的委托境外研发费用。委托境外研发费用不超过境内符合条件的研发费用三分之二的部分，可以按规定在税前加计扣除。上述费用实际发生额应按照独立交易原则确定。

无论委托方是否享受研发费用税前加计扣除政策，受托方均不得加计扣除。

委托方与受托方存在关联关系的，受托方应向委托方提供研发项目费用支出明细。

3.会计核算与管理

（1）企业应按照国家财务会计制度要求，对研发支出进行会计处理；同时，对享受加计扣除的研发费用按研发项目设置辅助账，准确归集核算当年可加计扣除的各项研发费用实际发生额。企业在一个纳税年度内进行多项研发活动的，应按照不同研发项目分别归集可加计扣除的研发费用。

（2）企业应对研发费用和生产经营费用分别核算，准确、合理归集各项费用支出，对划分不清的，不得实行加计扣除。

4.不适用税前加计扣除政策的行业

不适用税前加计扣除政策的行业有：烟草制造业、住宿和餐饮业、批发和零售业、房地产业、租赁和商务服务业、娱乐业、财政部和国家税务总局规定的其他行业。

5.管理事项及征管要求

（1）适用于会计核算健全、实行查账征收并能够准确归集研发费用的居民企业。

（2）满足研发费用加计扣除条件而未及时享受税收优惠的，可以追溯享受并履行备案手续，追溯期限最长为3年。

（3）税务部门应定期开展核查，年度核查面不得低于20%。

（二）企业安置残疾人员所支付工资的加计扣除

企业就支付给残疾职工的工资，在进行企业所得税预缴申报时，允许据实计算扣除；在年度终了进行企业所得税年度申报和汇算清缴时，再按照支付给残疾职工工资的100%加计扣除。

企业享受安置残疾职工工资100%加计扣除应同时留存以下资料备查：

（1）为安置的每位残疾人按月足额缴纳了企业所在区县人民政府根据国家政策规定的基本养老保险、基本医疗保险、失业保险和工伤保险等社会保险证明资料。

（2）通过非现金方式定期支付不低于企业所在区县适用的经省级人民政府批准的最低工资标准的工资薪酬的证明。

（3）安置残疾职工名单及其《残疾人证》或《残疾军人证》。

（4）与残疾人员签订了1年以上（含1年）的劳动合同或服务协议，以及安置的每位残疾人在企业实际上岗工作凭证。

五、创业投资企业优惠

（一）公司制创业投资企业的创业投资抵扣优惠

自2008年1月1日起，创业投资企业采取股权投资方式投资于未上市的中小高新技术企业2年（24个月）以上，凡符合条件的，可以按照其对中小高新技术企业投资额的70%，在股权持有满2年的当年抵扣该创业投资企业的应纳税所得额；当年不足抵扣的，可以在以后纳税年度结转抵扣。

自2018年1月1日起，公司制创业投资企业采取股权投资方式直接投资于种子期、初创期科技型企业满2年（24个月）的，可以按照投资额的70%在股权持有满2年的当年抵扣该公司制创业投资企业的应纳税所得额；当年不足抵扣的，可以在以后纳税年度结转抵扣。

创业投资企业是指依照相关法规在中华人民共和国境内设立的专门从事创业投资活动的企业或其他经济组织。经营范围符合相关规定，且工商登记为“创业投资有限责任公司”“创业投资股份有限公司”等专业性法人创业投资企业。

中小高新技术企业，除按规定通过高新技术企业认定，还应符合职工人数不超过500人，年销售（营业）额不超过2亿元，资产总额不超过2亿元的条件。

（二）有限合伙制创业投资企业的创业投资抵扣优惠

自2015年10月1日起，全国范围内的有限合伙制创业投资企业采取股权投资方式投资于未上市的中小高新技术企业满2年（24个月）的，该有限合伙制创业投资企业的法人合伙人可按照其对未上市中小高新技术企业投资额的70%抵扣该法人合伙人从该有限合伙制创业投资企业分得的应纳税所得额，当年不足抵扣的，可以在以后纳税年度结转抵扣。

自2018年7月1日起，有限合伙制创业投资企业采取股权投资方式直接投资于初创科技型企业满2年的，该有限合伙制创业投资企业的法人合伙人可以按照对初创科技型企业投资额的70%抵扣法人合伙人从该有限合伙制创业投资企业分得的所得；当年不足抵扣的，可以在以后纳税年度结转抵扣。

有限合伙制创业投资企业是指依照规定设立的专门从事创业投资活动的有限合伙企业。有限合伙制创业投资企业的法人合伙人，是实行查账征收企业所得税的居民企业。

有限合伙制创业投资企业的法人合伙人对未上市中小高新技术企业的投资额，按照有限合伙制创业投资企业对中小高新技术企业的投资额和合伙协议约定的法人合伙人占有限合伙制创业投资企业的出资比例计算确定。其中，有限合伙制创业投资企业对中小高新技术企业的投资额按实缴投资额计算；法人合伙人占有限合伙制创业投资企业的出资比例按法人合伙人对有限合伙制创业投资企业的实缴出资额占该有限合伙制创业投资企业的全部实缴出资额的比例计算。

所称满2年是指公司制创业投资企业、有限合伙制创业投资企业投资于种子期、初创期科技型企业的实缴投资满2年，投资时间从初创科技型企业接受投资并完成工商变更登记的日期算起。法人合伙人对该有限合伙制创业投资企业的实缴出资也应满2年。

如果法人合伙人投资于多个符合条件的有限合伙制创业投资企业，可合并计算其可抵扣的投资额和应分得的应纳税所得额。当年不足抵扣的，可结转以后纳税年度继续抵扣；当年抵扣后有结余的，应按照《企业所得税法》的规定计算缴纳企业所得税。

【例11-36】甲企业为创业投资企业，于2022年1月1日向乙企业（未上市的中小高新技术企业）投资100万元，股权持有到2023年12月31日。甲企业2023年应纳税所得额为150万元（未享受税收优惠），2022年经认定亏损为30万元，计算甲企业2023年应纳企业所得税税额。

【解析】甲企业2023年应纳企业所得税税额=（150-30-100×70%）×25%=12.5（万元）

六、加速折旧优惠

（一）一般性加速折旧

企业的固定资产由于技术进步等原因，确需加速折旧的，可以缩短折旧年限或者采取加速折旧的方法。可采用以上折旧方法的固定资产是指：

（1）由于技术进步，产品更新换代较快的固定资产；

（2）常年处于强震动、高腐蚀状态的固定资产。

采取缩短折旧年限方法的，最低折旧年限不得低于规定折旧年限的60%；采取加速折旧方法的，可以采取双倍余额递减法或者年数总和法。

（二）特殊性加速折旧

（1）自2019年1月1日起，有关固定资产加速折旧企业所得税政策如下：

① 对全部制造业企业新购进的固定资产，可缩短折旧年限或采取加速折旧的方法。

② 对全部制造业的小型微利企业新购进的研发和生产经营共用的仪器、设备，单位价值不超过100万元的，允许一次性计入当期成本费用在计算应纳税所得额时扣除，不再分年度计算折旧；单位价值超过100万元的，可缩短折旧年限或采取加速折旧的

方法。

③ 对所有行业企业新购进的专门用于研发的仪器、设备，单位价值不超过100万元的，允许一次性计入当期成本费用在计算应纳税所得额时扣除，不再分年度计算折旧；单位价值超过100万元的，可缩短折旧年限或采取加速折旧的方法。

④ 对所有行业企业持有的单位价值不超过5 000元的固定资产，允许一次性计入当期成本费用在计算应纳税所得额时扣除，不再分年度计算折旧。

⑤ 企业按上述第①至③项规定缩短折旧年限的，最低折旧年限不得低于《企业所得税法实施条例》第六十条规定折旧年限的60%；采取加速折旧方法的，可采取双倍余额递减法或者年数总和法。第①至③项规定之外的企业固定资产加速折旧所得税处理问题，继续按照《企业所得税法》及其实施条例和现行税收政策规定执行。

⑥ 企业的固定资产采取加速折旧方法的，可以采用双倍余额递减法或者年数总和法。加速折旧方法一经确定，一般不得变更。

（2）企业在2018年1月1日至2023年12月31日新购进的设备、器具，单位价值不超过500万元的，允许一次性计入当期成本费用在计算应纳税所得额时扣除，不再分年度计算折旧。

【例11-37】某电子设备制造厂总计80人，资产900万元，2022年应纳税所得额为28万元。企业2023年购入价值50万元的研发专用设备；购入同类型笔记本10台，总计价款4万元。2023年企业应税收入146万元，发生的其他成本费用总计72万元，为了使当年纳税最少，该企业2023年的企业所得税应纳税额为（　　）万元。

A.4　　B.1　　C.8　　D.2

【解析】2023年购进的研发专用设备和笔记本可在税前一次性扣除，该企业可享受小型微利企业待遇，则：

该企业2023年的企业所得税应纳税额=（146-50-4-72）×25%×20%=1（万元）

故选B项。

七、减计收入优惠

减计收入优惠，是指企业综合利用资源，生产符合国家产业政策规定的产品所取得的收入，可以在计算应纳税所得额时减计收入。

综合利用自然资源，是指企业以《资源综合利用企业所得税优惠目录》规定的资源作为主要原材料，生产国家非限制和禁止并符合国家和行业相关标准的产品所取得的收入，减按90%计入收入总额。

自2019年6月1日至2025年12月31日，为社区提供养老、托育、家政等服务的机构，提供社区养老、托育、家政服务取得的收入，在计算应纳税所得额时，减按90%计入收入总额。

自2017年1月1日至2023年12月31日，对金融机构农户小额贷款的利息收入，保险公司为种植业、养殖业提供保险业务的保费收入，在计算应纳税所得额时，减按90%计入收入总额。

八、税额抵免优惠

税额抵免，是指企业购置并实际使用《环境保护专用设备企业所得税优惠目录》《节能节水专用设备企业所得税优惠目录》《安全生产专用生产设备企业所得税优惠目录》规定的环境保护、节能节水、安全生产等专用设备的，该专用设备投资额的10%可以从企业当年的应纳税额中抵免；当年不足抵免的，可以在以后5个纳税年度结转抵免。

享受税额抵免优惠的企业，应当实际购买并自身实际投入使用前款规定的专月设备。企业购置上述专用设备在5年内转让、出租的，应当停止享受企业所得税优惠，并补缴已经抵免的企业所得税税款。

【例11-38】2023年某居民企业购买安全生产专用设备用于生产经营，取得的增值税普通发票上注明设备价税合计11.3万元。已知该企业2021年亏损40万元，2022年盈利20万元。2023年度经审核的应纳税所得额为60万元。计算2023年该企业应缴纳的企业所得税税额。

【解析】2023年该企业应缴纳的企业所得税税额=［60-（40-20）］×25%-11.3×10%=8.87（万元）

九、民族自治地方的优惠

民族自治地方的自治机关对本民族自治地方的企业应缴纳的企业所得税中属于地方分享的部分，可以决定减征或者免征。自治州、自治县决定减征或者免征的，须报省、自治区、直辖市人民政府批准。

对民族自治地方内国家限制和禁止行业的企业，不得减征或者免征企业所得税。

十、非居民企业优惠

非居民企业减按10%的税率征收企业所得税。这里的非居民企业，是指在中国境内未设立机构、场所，或者虽设立机构、场所，但取得的所得与其所设机构、场所没有实际联系的企业。该类非居民企业取得的下列所得免征企业所得税：

（1）外国政府向中国政府提供贷款取得的利息所得。

（2）国际金融组织向中国政府和居民企业提供优惠贷款取得的利息所得。

（3）经国务院批准的其他所得。

对境外投资者从中国境内居民企业分配的利润，用于境内直接投资暂不征收预提所得税政策的适用范围，由外商投资鼓励类项目扩大至所有非禁止外商投资的项目和领域。境外投资者暂不征收预提所得税须同时满足以下条件：

（1）境外投资者以分得利润进行的直接投资，包括境外投资者以分得利润进行的增资、新建、股权收购等权益性投资行为，但不包括新增、转增、收购上市公司股份（符合条件的战略投资除外）。

（2）境外投资者分得的利润属于中国境内居民企业向投资者实际分配已经实现的留存收益而形成的股息、红利等权益性投资收益。

（3）境外投资者用于直接投资的利润以现金形式支付的，相关款项从利润分配企业的账户直接转入被投资企业或股权转让方账户，在直接投资前不得在境内外其他账户周转；境外投资者用于直接投资的利润以实物、有价证券等非现金形式支付的，相关资产所有权直接从利润分配企业转入被投资企业或股权转让方，在直接投资前不得由其他企业、个人代为持有或临时持有。

十一、其他优惠

1.关于鼓励软件产业和集成电路产业发展的优惠政策

（1）符合条件的软件生产企业实行即征即退政策所退还的增值税，专项用于软件产品研发和扩大再生产并单独进行核算，可以作为不征税收入，不予征收企业所得税。

（2）我国境内的新办软件生产企业，经认定后，在2017年12月31日前自获利年度起计算优惠期，企业所得税享受“两免三减半”的优惠政策。

（3）当年未享受免税优惠的国家规划布局内的重点软件生产企业，减按10%税率征收企业所得税。

（4）软件生产企业的职工培训费，应单独进行核算并可在税前据实扣除。

（5）企事业单位购进软件，符合无形资产或固定资产确认条件的，可以按固定资产或无形资产进行核算，其折旧或摊销年限可以适当缩短，最短可为2年（含）。

（6）集成电路设计企业可享受软件企业优惠政策。

（7）集成电路生产企业的生产设备折旧年限可以适当缩短，最短可为3年（含）。

（8）投资额超过80亿元人民币或集成电路线宽小于0.25微米的集成电路生产企业，经认定后，减按15%的税率计征企业所得税，其中经营期在15年以上的，在2017年12月31日前自获利年度起计算优惠期，企业所得税享受“五免五减半”的优惠政策。

（9）线宽小于0.8微米（含）的集成电路生产企业，经认定后，在2017年12月31日前自获利年度起计算优惠期，企业所得税享受“两免三减半”的优惠政策。

2.关于鼓励证券投资基金发展的优惠政策

（1）对证券投资基金从证券市场中取得的收入，包括买卖股票、债券的差价收入，股权的股息、红利收入，债券的利息收入及其他收入，暂不征收企业所得税。

（2）对投资者从证券投资基金分配中取得的收入，暂不征收企业所得税。

（3）对证券投资基金管理人运用基金买卖股票、债券的差价收入，暂不征收企业所得税。

3.中国保险保障基金有限责任公司取得收入的优惠政策

自2018年1月1日至2023年12月31日，对中国保险保障基金有限责任公司根据相关政策取得的下列收入，免征企业所得税：

（1）境内保险公司依法缴纳的保险保障基金。

（2）依法从撤销或破产保险公司清算财产中获得的受偿收入和向有关责任方追偿所得，以及依法从保险公司风险处置中获得的财产转让所得。

（3）捐赠所得。

（4）银行存款利息收入。

（5）购买政府债券、中央银行、中央企业和中央级金融机构发行债券的利息收入。

（6）国务院批准的其他资金运用取得的收入。

4.期货投资者保障基金有关企业所得税优惠政策

（1）对中国期货保证金监控中心有限责任公司取得的下列收入，免征企业所得税：

① 期货交易所按风险准备金账户总额15%和交易手续费的3%上缴的期货保障基金收入；

② 期货公司按代理交易额的5‰~10‰上缴的期货保障基金收入；

③ 依法向有关责任方追偿所得；

④ 期货公司破产清算所得；

⑤ 捐赠所得。

（2）对期货保障基金公司取得的银行存款利息收入、购买国债、中央银行和中央级金融机构发行债券的利息收入，以及证监会和财政部批准的其他资金运用取得的收入，暂免征收企业所得税。

5.西部大开发税收优惠政策

自2021年1月1日至2030年12月31日，对设在西部地区的鼓励类产业企业减按15%的税率征收企业所得税。

6.鼓励类产业企业税收优惠政策

对设在广东横琴新区、福建平潭综合实验区和深圳前海深港现代服务业合作区的鼓励类产业企业减按15%的税率征收企业所得税。

第七节　源泉扣缴与征收管理

一、源泉扣缴

（一）扣缴义务人

（1）对非居民企业取得《企业所得税法》第三条第三款规定的所得应缴纳的所得税实行源泉扣缴，以支付人为扣缴义务人。税款由扣缴义务人在每次支付或者到期应支付时，从支付或者到期应支付的款项中扣缴。

上述所称支付人，是指依照有关法律规定或者合同约定对非居民企业直接负有支付相关款项义务的单位或者个人。上述所称支付，包括现金支付、汇拨支付、转账支付和权益兑价支付等货币支付和非货币支付。上述所称到期应支付的款项，是指支付人按照权责发生制原则应当计入相关成本、费用的应付款项。

（2）对非居民企业在中国境内取得工程作业和劳动所得应缴纳的所得税，税务机关可以指定工程价款或者劳务费的支付人为扣缴义务人。

《企业所得税法》规定的可以指定扣缴义务人的情形包括：

① 预计工程作业或者提供劳务服务不足一个纳税年度，且有证据表明不履行纳税义务的；

② 没有办理税务登记或者临时税务登记，且未委托中国境内的代理人履行纳税义务的；

③ 未按照规定期限办理企业所得税申报或者预缴申报的。

前款规定的扣缴义务人，由县级以上税务机关指定，同时告知扣缴义务人所扣税款的计算依据、计算方法、扣缴期限和扣缴方式。

（二）扣缴方法

（1）《企业所得税法》对非居民企业应当缴纳的企业所得税实行源泉扣缴的，应当依照《企业所得税法》的规定计算应纳税所得额。

（2）依照规定应当扣缴的所得税，扣缴义务人未依法扣缴或者无法履行扣缴义务的，由纳税人在所得发生地缴纳。纳税人未依法缴纳的，税务机关可以从该纳税人在中国境内其他收入项目的支付人应付的款项中，追缴该纳税人的应缴税款。

上述所称所得发生地，是指依照《企业所得税法实施条例》第七条规定的原则确定的所得发生地。在中国境内存在多处所得发生地的，由纳税人选择其中之一申报缴纳企业所得税。该纳税人在中国境内的其他收入，是指该纳税人在中国境内取得的其他各种来源的收入。

（三）扣税及入库申报时间

（1）扣缴义务人应自合同签订之日起30日内，向主管税务机关申报办理扣缴税款登记。

（2）扣缴义务人在每次向非居民企业支付或者到期应支付规定的所得时，应从支付或者到期应支付的款项中扣缴企业所得税。

（3）扣缴义务人每次代扣的税款，应当自代扣之日起7日内缴入国库，并向所在地税务机关报送扣缴企业所得税的报告表。

（4）税务机关在追缴纳税人的应纳税款时，应当将追缴理由、追缴数额、缴纳期限和缴纳方法等告知该纳税人。

【例11-39】下列对非居民企业所得税源泉扣缴的表述中，正确的是（　　）。

A.税款由扣缴义务人在每次支付或到期应支付时，从支付或到期应支付的款项中扣缴

B.到期应支付的款项，是指支付人按照配比原则应当计入相关成本、费用的应付款项

C.对非居民企业在中国境内取得工程作业所得应缴纳的所得税，该企业可以指定工程价款的支付人为扣缴义务人

D.扣缴义务人每次代扣的税款，应当自代扣之日起15日内缴入国库

【解析】正确答案为A项。

二、征收管理

（一）纳税地点

（1）除税收法律、行政法规另有规定外，居民企业以企业登记注册地为纳税地点；登记注册地在境外的，以实际管理机构所在地为纳税地点。

（2）居民企业在中国境内设立不具有法人资格的营业机构的，应当汇总计算并缴纳企

业所得税。企业汇总计算并缴纳企业所得税时，应当统一核算应纳税所得额，实行“统一计算、分级管理、就地预缴、汇总清算、财政调库”的征收管理办法。总机构和具有主体生产经营职能的二级分支机构，应按规定分月或分季分别向所在地主管税务机关申报预缴企业所得税。二级分支机构及其下属机构均由二级分支机构集中就地预缴企业所得税；三级及以下分支机构不就地预缴企业所得税，其经营收入、职工工资和资产总额统一计入二级分支机构。总机构设立具有独立生产经营职能的部门，且具有独立生产经营职能的部门的经营收入、职工工资和资产总额与管理职能部门分开核算的，可将具有独立生产经营职能的部门视同一个分支机构，就地预缴企业所得税。具有独立生产经营职能的部门与管理职能部门的经营收入、职工工资和资产总额不能分开核算的，具有独立生产经营职能的部门不得视同一个分支机构，不就地预缴企业所得税。不具有主体生产经营职能，且在当地不缴纳增值税的产品售后服务、内部研发、仓储等企业内部辅助性的二级及以下分支机构，不就地预缴企业所得税。上年度认定为小型微利企业的，其分支机构不就地预缴企业所得税。新设立的分支机构，设立当年不就地预缴企业所得税。

（3）非居民企业在中国境内设立机构、场所的，应当就其所设机构、场所取得的来源于中国境内的所得，以及发生在中国境外但与其所设机构、场所有实际联系的所得，以机构、场所所在地为纳税地点。非居民企业在中国境内设立两个或者两个以上机构、场所的，经税务机关审核批准，可以选择由其主要机构、场所汇总缴纳企业所得税。非居民企业经批准汇总缴纳企业所得税后，其机构、场所需要增设、合并、迁移、关闭或者停止业务的，应当事先由负责汇总申报缴纳企业所得税的主要机构、场所向其所在地税务机关报告；需要变更汇总缴纳企业所得税的主要机构、场所的，依照前款规定办理。

（4）非居民企业在中国境内未设立机构、场所的，或者虽设立机构、场所但取得的所得与所设机构、场所没有实际联系的，以扣缴义务人所在地为纳税地点。

（5）除国务院另有规定外，企业之间不得合并缴纳企业所得税。

（二）纳税期限

企业所得税按年计征，分月或者分季预缴，年终汇算清缴，多退少补。

企业所得税按纳税年度计算，纳税年度自公历1月1日起至12月31日止。企业在一个纳税年度中间开业或者终止经营活动，使该纳税年度的实际经营期不足12个月的，应当以其实际经营期为一个纳税年度。企业依法清算时，应当以清算期间作为一个纳税年度。

（三）预缴和汇缴时间

按月或按季预缴的，企业应当自月份或者季度终了之日起15日内，向税务机关报送预缴企业所得税纳税申报表，预缴税款。

正常情况下，企业应当自年度终了之日起5个月内，向税务机关报送年度企业所得税纳税申报表，并汇算清缴，结清应缴应退税款。

企业在年度中间终止经营活动的，应当自实际营业终止之日起60日内，向税务机关办理当期企业所得税汇算清缴。

企业应当在办理注销登记前，就其清算所得向税务机关申报并依法缴纳企业所得税。

企业在纳税年度内无论盈利还是亏损，都应当依照《企业所得税法》规定的期限，向税务机关报送预缴企业所得税纳税申报表、年度企业所得税纳税申报表、财务会计报告和税务机关规定应当报送的其他有关资料。

【例11-40】下列关于企业所得税纳税申报与缴纳税款的规定，表述正确的是（　　）。

A.企业依法清算时，应当以清算期间作为一个纳税年度

B.企业在年度中间终止经营活动的，应自实际经营终止之日起30日内，向税务机关办理当期企业所得税汇算清缴，并就清算所得向税务机关申报缴纳企业所得税

C.扣缴义务人每次代扣的税款应当于15日内缴入国库

D.企业应当于年度终了之日起4个月内，向税务机关报送年度企业所得税纳税申报表，并汇算清缴，结清应缴应退税款

【解析】正确答案为A项。

本章主要税法依据

❶《中华人民共和国企业所得税法》（2007年3月16日中华人民共和国主席令第63号）

❷《中华人民共和国企业所得税法实施条例》（2007年11月28日中华人民共和国国务院令第512号）

❸《财政部 国家税务总局关于企业重组业务企业所得税处理若干问题的通知》（2009年4月30日财税〔2009〕59号）

❹《国家税务总局关于印发〈房地产开发经营业务企业所得税处理办法〉的通知》（国税发〔2009〕31号）

❺《财政部 国家税务总局关于安置残疾人员就业有关企业所得税优惠政策问题的通知》（2009年4月30日财税〔2009〕70号）

❻《国家税务总局关于实施创业投资企业所得税优惠问题的通知》（2009年4月30日国税发〔2009〕87号）

❼《国家税务总局关于企业所得税应纳税所得额若干问题的公告》（2014年5月23日 国家税务总局公告2014年第29号）

❽《国家税务总局关于房地产开发企业成本对象管理问题的公告》（2014年6月16日国家税务总局公告2014年第35号）

❾《财政部 国家税务总局关于完善固定资产加速折旧企业所得税政策的通知》（2014年10月20日财税〔2014〕75号）

❿《财政部 国家税务总局关于进一步完善固定资产加速折旧企业所得税政策的通知》（2015年9月17日财税〔2015〕106号）

⓫《财政部 国家税务总局关于促进企业重组有关企业所得税处理问题的通知》（2014年11月25日财税〔2014〕109号）

⓬《财政部 国家税务总局关于非货币性资产投资企业所得税政策问题的通知》（2014年12月31日财税〔2014〕116号）

⓭《国家税务总局关于企业重组业务企业所得税征收管理若干问题的公告》（2015

年6月24日国家税务总局公告2015年第48号）

⑭《财政部 国家税务总局关于将国家自主创新示范区有关税收试点政策推广到全国范围实施的通知》（2015年10月23日财税〔2015〕116号）

⑮《财政部 国家税务总局 科学技术部关于完善研究开发费用税前加计扣除政策的通知》（2015年11月2日财税〔2015〕119号）

⑯《国家税务总局关于发布〈企业所得税优惠政策事项办理办法〉的公告》（2015年10月12日国家税务总局公告2015年第76号）

⑰《国家税务总局关于有限合伙制创业投资企业法人合伙人企业所得税有关问题的公告》（2015年11月16日国家税务总局公告2015年第81号）

⑱《国家税务总局关于企业研究开发费用税前加计扣除政策有关问题的公告》（2015年12月29日国家税务总局公告2015年第97号）

⑲《财政部 国家税务总局关于公益性捐赠支出企业所得税税前结转扣除有关政策的通知》（2018年2月11日财税〔2018〕15号）

⑳《国家税务总局关于发布修订后的〈企业所得税优惠政策事项办理办法〉的公告》（2018年4月25日国家税务总局公告2018年第23号）

㉑《财政部 税务总局关于企业职工教育经费税前扣除政策的通知》（2018年5月7日财税〔2018〕51号）

㉒《财政部 税务总局关于设备、器具扣除有关企业所得税政策的通知》（2018年5月7日财税〔2018〕54号）

㉓《国家税务总局关于研发费用税前加计扣除归集范围有关问题的公告》（2017年11月8日国家税务总局公告2017年第40号）

㉔《财政部 税务总局关于创业投资企业和天使投资个人有关税收政策的通知》（2018年5月14日财税〔2018〕55号）

㉕《财政部 税务总局 科技部关于企业委托境外研究开发费用税前加计扣除有关政策问题的通知》（2018年6月25日财税〔2018〕64号）

㉖《财政部 税务总局关于延长高新技术企业和科技型中小企业亏损结转年限的通知》（2018年7月11日财税〔2018〕76号）

㉗《国家税务总局关于创业投资企业和天使投资个人税收政策有关问题的公告》（2018年7月30日国家税务总局公告2018年第43号）

㉘《国家税务总局关于延长高新技术企业和科技型中小企业亏损结转弥补年限有关企业所得税处理问题的公告》（2018年8月23日国家税务总局公告2018年第45号）

㉙《国家税务总局关于发布<中华人民共和国非居民企业所得税预缴申报表（2019年版）>等报表的公告》（2019年3月28日国家税务总局公告2019年第16号）

㉚《财政部 国家税务总局 中国证券监督管理委员会关于创新企业境内发行存托凭证试点阶段有关税收政策的公告》（2019年4月3日财政部 税务总局 证监会公告2019年第52号）

㉛《国务院关于修改部分行政法规的决定》（2019年4月23日中华人民共和国国务

院令第714号）

㉜《财政部 税务总局关于扩大固定资产加速折旧优惠政策适用范围的公告》（2019年4月23日财税〔2019〕66号）

㉝《财政部 税务总局关于保险企业手续费及佣金支出税前扣除政策的公告》（2019年5月28日财政部 税务总局公告2019年第72号）

第十二章

迈向共同富裕的个人所得税

本章重点

1.不同纳税人纳税义务的确定
2.预扣预缴的计算
3.专项附加扣除标准
4.汇算清缴的计算

本章难点

1.预扣预缴与汇算清缴的不同计算方法
2.居民个人工资、薪金累计预扣法
3.个人取得企业年金的税务处理

个人所得税是以自然人取得的各类应税所得为征税对象而征收的一种税，是政府利用税收对个人收入进行调节的一种手段。目前，世界各国个人所得税的征收模式分为三类：分类所得税制、综合所得税制、综合与分类相结合所得税制。自2019年1月1日起我国实行综合与分类相结合个人所得税征收模式。

【例12-1】综合与分类相结合的个人所得税税制模式与分类个人所得税税制模式有什么不同?

【解析】欧美等个人所得税制度成熟的国家一般采取的是综合与分类相结合的个人所得税税制模式，除了对个人不同的收入来源采取相应的分类，还采用综合个人所得税税制模式，将其全年的收入纳入计税范围，以家庭为主体征收个人所得税。此外，美国的个人所得税还与物价指数挂钩。一些发展中国家主要采用分类个人所得税税制模式，对个人的收入根据类型不同分别征税，其缺点是收入来源多的自然人可以多次扣除费用，其税负轻于收入来源单一的自然人。

第一节　纳税人及纳税义务

一、个人所得税的纳税人

依据住所和居住时间两个标准，个人所得税纳税人分为居民个人和非居民个人，并分别承担不同的纳税义务。

二维码17：个人所得税纳税人及征税对象

（一）居民个人及其纳税义务

居民个人，是指在中国境内有住所或者无住所而一个纳税年度内在中国境内居住累计满183天的个人。居民个人来源于中国境内和境外的所得应按照我国个人所得税法规定缴纳个人所得税。

在中国境内有住所，是指因户籍、家庭、经济利益关系而在中国境内习惯性居住。

【例12-2】李某受我国政府委派到我国驻联合国办事处担任工作人员，任期4年，不携带家眷。赴任前，依照我国政府关于户籍管理的规定，在原户口所在地的户籍管理部门办理了注销手续。请问：李某是我国个人所得税的哪类纳税人?

【解析】李某在中国境内无住所且不居住，但其家庭及经济关系在中国境内，因此是我国个人所得税的居民个人。

所谓在中国境内居住满183天，是指在一个纳税年度（即自公历1月1日起至12月31日止）内，在中国境内居住满183天。现行税法中关于“中国境内”的概念，是指中国大陆地区，目前还不包括中国香港、中国澳门、中国台湾地区。

【例12-3】下列人员中，属于个人所得税居民个人的是（　　）。

A.2022年在中国境内居住时间为156天的台湾同胞

B.自2022年8月12日至2023年4月30日，在中国境内工作的外籍专家

C.在中国境内无住所且不居住的外籍人员

D.在北京开设小卖部的个体工商户中国居民王某

【解析】选项A中台湾同胞在中国境内无住所，在一个纳税年度内未居住满183天；选项B中该外籍专家在中国境内无住所，在2022年内未居住满183天，在2023年内未居住满183天；选项C中该外籍人员在中国境内无住所且不居住。故正确答案为D项。

（二）非居民个人及其纳税义务

非居民个人，是指在中国境内无住所又不居住，或者无住所而一个纳税年度内在中国境内居住累计不满183天的个人。非居民个人来源于中国境内的所得，应按照我国个人所得税法规定缴纳个人所得税。

在中国境内的个人取得工资薪金所得的征税划分见表12-1。

表12-1　　在中国境内的个人取得工资薪金所得的征税划分

纳税人		境内所得		境外所得	
		境内支付	境外支付	境内支付	境外支付
在中国境内有住所的个人		√	√	√	√
在中国境内无住所的个人	居住累计满183天的年度连续满六年的	√	√	√	√
	居住累计满183天的年度连续不满六年的	√	√	√	免税
	居住累计满90日不满183日的	√	√	×	×
	居住累计在90日以内的	√	免税	×	×

注：①在中国境内无住所的个人，在中国境内居住累计满183天的年度连续不满六年的，经向主管税务机关备案，其来源于中国境外且由境外单位或者个人支付的所得，免予缴纳个人所得税；在中国境内居住累计满183天的任一年度中有一次离境超过30天的，其在中国境内居住累计满183天的年度的连续年限重新起算。②在中国境内无住所的个人，在一个纳税年度内在中国境内居住累计不超过90天的，其来源于中国境内的所得，由境外雇主支付并且不由该雇主在中国境内的机构、场所负担的部分，免予缴纳个人所得税。

【例12-4】韩国居民崔先生受其供职的境外公司委派，来华从事设备安装调试工作，在华停留60天，其间取得境外公司支付的工资40 000元，取得中国体育彩票中奖收入20 000元。崔先生应在中国缴纳个人所得税的所得是（　　）元。

A.0　　B.20 000　　C.40 000　　D.60 000

【解析】崔先生居住时间小于90天，因此仅就境内所得中境内支付的部分缴税，境内所得境外支付的部分不缴税。故正确答案为B项。

非居民纳税人境内居住天数和境内实际工作期间以如下规定为准：

（1）判定纳税义务及计算在中国境内居住的天数。在中国境内无住所的个人，需计算其在中国境内居住天数的，在中国境内停留的当天满24小时的，计入中国境内居住天数；在中国境内停留的当天不足24小时的，不计入中国境内居住天数。

（2）个人取得归属于中国境内（以下称境内）工作期间的工资薪金所得为来源于境内的工资薪金所得。境内工作期间按照个人在境内工作天数计算，包括其在境内的实际工作日以及境内工作期间在境内、境外享受的公休假、个人休假、接受培训的天数。在境内、境外单位同时担任职务或者仅在境外单位任职的个人，在境内停留的当天不足24小时的，按照半天计算境内工作天数。

【例12-5】琼斯为外籍个人，在中国境内无住所，同时在中国境内、境外机构担任职务，2023年3月6日来华，12月20日离开。其间，琼斯因工作原因，曾于6月8日离境，6月14日返回。在计算个人所得税时，琼斯2023年在中国境内实际工作天数为（　　）天。

A.282　　B.283　　C.284　　D.285

【解析】3月6日、6月8日、6月14日和12月20日，均按半天计算其在华实际工作天数。

中国境内实际工作天数=25.5+30+31+（7.5+16.5）+31+31+30+31+30+19.5=283（天）

故正确答案为B项。

（三）境内所得的确定

除国务院财政、税务主管部门另有规定外，下列所得，不论支付地点是否在中国境内，均为来源于中国境内的所得：

（1）因任职、受雇、履约等在中国境内提供劳务取得的所得；

（2）将财产出租给承租人在中国境内使用而取得的所得；

（3）许可各种特许权在中国境内使用而取得的所得；

（4）转让中国境内的不动产等财产或者在中国境内转让其他财产取得的所得；

（5）从中国境内企业、事业单位、其他组织以及居民个人取得的利息、股息、红利所得。

【例12-6】外籍人员詹姆斯受雇于我国境内某合资企业担任总经理，合同期为3年。合同规定其月薪5 000美元，其中2 000美元在中国境内支付，3 000美元由境外母公司支付给其家人。请问：外籍人员詹姆斯来源于我国境内的应纳税所得每月为多少元?

【解析】外籍人员詹姆斯来源于我国境内的应纳税所得每月为5 000美元。

（四）自然人纳税人识别号

自然人纳税人识别号，是自然人纳税人办理各类涉税事项的唯一代码标识。

有中国公民身份号码的，以其中国公民身份号码作为纳税人识别号；没有中国公民身份号码的，由税务机关赋予其纳税人识别号。

二、个人所得税的扣缴义务人

个人所得税以所得人为纳税人，以支付所得的单位或者个人为扣缴义务人。扣缴义务人向个人支付应税款项时，应当依照个人所得税法规定预扣或代扣税款，按时缴库，并专项记载备查。除“经营所得”外，扣缴义务人在向纳税人支付各项应纳税所得时，均应履行代扣代缴或者预扣预缴义务。例如，企业向个人支付劳务报酬，以个人为纳税人，以企业为扣缴义务人。

【例12-7】中国境内居民李某于2023年1月从武汉受雇单位取得工资收入，按税法规定应缴纳45元的个人所得税。请问：李某如何完成自己的纳税义务?

【解析】李某受雇单位为个人所得税的扣缴义务人。应由李某受雇单位预扣预缴，若需要汇算清缴，次年3月1日到6月30日李某再自行申报，从而完成其个人所得税的纳税义务。

第二节　征税对象

个人所得税的征税对象是个人取得的各项应税所得，包括现金、实物、有价证券和其他形式的经济利益。按应纳税所得的来源划分，现行个人所得税的应税项目共有9项，其中居民个人取得的工资、薪金，劳务报酬，特许权使用费及稿酬4项所得为“综合所得”，按纳税年度合并计算个人所得税；非居民个人取得工资、薪金，劳务报酬，特许权使用费及稿酬4项所得，按月或者按次分项计算个人所得税。纳税人取得其他所得，分别计算个人所得税。

一、工资、薪金所得

工资、薪金所得，是指个人因任职或者受雇取得的工资、薪金、奖金、年终加薪、劳动分红、津贴、补贴以及与任职或者受雇有关的其他所得。

一般来说，工资、薪金所得属于非独立个人劳动所得，即个人所从事的是由他人指定、安排并接受管理的劳动，如工作或服务于公司、工厂、行政单位、事业单位的人员(私营企业主除外)。独立个人劳动，则是指个人所从事的由自己自由提供的，不受他人指定、安排和具体管理的劳动。

【例12-8】私人诊所的医生、私人会计师事务所的会计师，以及独立从事教学、文艺等活动的个人，他们的收入均具有不确定性，属于独立个人劳动所得，还是非独立个人劳动所得呢?

【解析】根据规定，上述个人所得均为独立个人劳动所得。

需要注意的问题有：

(1) 奖金，是指所有具有工资性质的奖金，免税奖金的范围在税收优惠中另有规定。

(2) 年终加薪、劳动分红，不分种类和取得情况，一律按“工资、薪金所得”项目征税。

(3) 津贴、补贴的特殊情况。不征税的津贴、补贴：

① 独生子女补贴。

② 执行公务员工资制度未纳入基本工资总额的补贴、津贴差额和家属成员的副食品补贴。

③ 托儿补助费。

④ 差旅费津贴、误餐补助。其中，误餐补助是指按照财政部规定，个人因公在城区、郊区工作，不能在工作单位或返回就餐的，根据实际误餐次数，按规定的标准领取的误餐费。单位以误餐补助名义发给职工的补助、津贴不能包括在内。

(4) 实行内部退养的个人，在其办理内部退养手续后至法定离退休年龄之间从原任职单位取得的工资、薪金，不属于离退休工资，应按“工资、薪金所得”项目征税。正式退休之后的离退休工资免税。

(5) 退休人员再任职取得的收入，按“工资、薪金所得”项目征税。

(6) 职工取得的用于购买企业国有股权的劳动分红，按“工资、薪金所得”项目征税。

(7) 出租汽车经营单位对驾驶员采取单车承包、承租的，驾驶员从事客运取得的收入按“工资、薪金所得”项目征税。

（8）企业和单位对营销业绩突出的雇员以培训班、研讨会、工作考察等名义组织旅游活动，通过免收差旅费及旅游费对个人实行的营销业绩奖励（包括实物、有价证券等），应将所发生费用全额并入营销人员当期的工资、薪金所得，按“工资、薪金所得”项目征税，并由提供上述费用的企业和单位代扣代缴。若属于非雇员，则按“劳务报酬所得”项目征税。

【例12-9】下列各项中，应按“工资、薪金所得”项目征收个人所得税的有（　　）。

A.劳动分红　　B.离退休后再任职的收入

C.差旅费津贴　　D.发放给职工的午餐费

【解析】正确答案为A、B、D项。

【例12-10】下列所得，属于个人所得税“工资、薪金所得”应税项目的有（　　）。

A.甲公司会计李某每周末到乙会计师事务所做业余审计助理的兼职所得

B.王某退休后再任职取得的所得

C.任职于杂志社的记者周某在本单位杂志上发表作品取得的所得

D.某公司总经理赵某兼任本公司董事取得的董事费所得

【解析】正确答案为B、C、D项。

【例12-11】中国公民宋某是一家公司的营销主管，2023年2月份取得工资收入4 000元，托儿补助费500元。当月参加公司组织的国外旅游，免交旅游费15 000元，另外还取得3 000元的福利卡1张。宋某2月份个人所得税的工资、薪金所得共（　　）元。

A.3 500　　B.4 000　　C.15 000　　D.22 000

【解析】托儿补助费不征税，其他均按“工资、薪金所得”项目缴税，故正确答案为D项。

二、劳务报酬所得

劳务报酬所得，是指个人从事劳务取得的所得，包括从事设计、装潢、安装、制图、化验、测试、医疗、法律、会计、咨询、讲学、翻译、审稿、书画、雕刻、影视、录音、录像、演出、表演、广告、展览、技术服务、介绍服务、经纪服务、代办服务以及其他劳务取得的所得。

需要注意以下问题：

（1）是否存在雇佣与被雇佣的关系，以及是独立劳动还是非独立劳务，是判断一种收入属于“劳务报酬所得”还是属于“工资、薪金所得”的重要标准。

（2）在校学生因参与勤工俭学活动（包括参与学校组织的勤工俭学活动）而取得属于《个人所得税法》规定的应税项目的所得，应依法缴纳个人所得税。

（3）个人兼职取得的收入，按该项目征税。

（4）董事费、监事费收入：

① 个人担任公司董事、监事且不在公司任职、受雇的，按“劳务报酬所得”项目征税。

②个人在公司（包括关联公司）任职、受雇，同时兼任董事、监事的，按“工资、薪金所得”项目征税（与个人工资合并）。

（5）企业和单位对营销业绩突出的非雇员以培训班、研讨会、工作考察等名义组织旅游活动，通过免收差旅费及旅游费对个人实行的营销业绩奖励（包括实物、有价证券等），应将所发生费用的全额作为该营销人员当期的劳务收入，按照“劳务报酬所得”项目征税。若是雇员，按“工资、薪金所得”项目征税。

（6）自2019年1月1日起，保险营销员、证券经纪人取得的佣金收入，属于劳务报酬所得，以不含增值税的收入减除20%的费用后的余额为收入额，收入额减去展业成本以及附加税费后，并入当年综合所得，计算缴纳个人所得税。保险营销员、证券经纪人展业成本按照收入额的25%计算。

扣缴义务人向保险营销员、证券经纪人支付佣金收入时，应按照《个人所得税扣缴申报管理办法（试行）》（国家税务总局公告2018年第61号）规定的累计预扣法计算预扣税款。

【例12-12】下列个人所得，按“劳务报酬所得”项目缴纳个人所得税的有（　　）。

A.外部董事的董事费收入

B.个人兼职收入

C.大学教师给企业讲座取得的收入

D.非雇员的实物营销业绩奖励

【解析】正确答案为A、B、C、D项。

三、稿酬所得

稿酬所得，是指个人因其作品以图书、报刊形式出版、发表而取得的所得，包括文字、书画、摄影以及其他作品。

需要注意的问题有：

（1）作者去世后，财产继承人取得的遗作稿酬，亦属于稿酬所得。

（2）任职、受雇于报纸、杂志等单位的记者、编辑等专业人员，因在本单位的报纸、杂志上发表作品取得的所得，与其当月工资收入合并，按“工资、薪金所得”项目征税。其他人员在报纸、杂志上发表作品取得的所得，应按“稿酬所得”征税。

（3）出版社的专业作者撰写、编写或翻译的作品，由本社以图书形式出版而取得的稿酬收入，应按“稿酬所得”项目征税。

【例12-13】下列所得，属于“稿酬所得”项目的有（　　）。

A.记者在本单位刊物上发表文章取得的报酬

B.报社印刷车间工作人员在该社报纸上发表作品获得的报酬

C.将国外的作品翻译出版取得的报酬

D.书画家出席笔会，现场书写作画取得的收入

【解析】正确答案为B、C项。

四、特许权使用费所得

特许权使用费所得，是指个人提供专利权、商标权、著作权、非专利技术以及其他特许权的使用权取得的所得。提供著作权的使用权取得的所得，不包括稿酬所得。

需要注意的问题有：

（1）作者将自己的文字作品原稿或复印件公开拍卖（竞价）取得的所得，按“特许权使用费所得”项目征税。

（2）个人取得特许权的经济赔偿收入，按“特许权使用费所得”项目缴纳个人所得税，税款由支付赔款的单位或个人代扣代缴。

（3）自2002年5月1日起，对于剧本作者从电影、电视剧的制作单位取得的剧本使用费，不再区分剧本的使用方是否为其任职单位，统一按“特许权使用费所得”项目计征个人所得税。

【例12-14】下列个人收入，应按“特许权使用费所得”缴纳个人所得税的有（　　）。

A.个人转让专利技术取得的收入

B.作家公开拍卖自己的文字作品手稿复印件取得的收入

C.作家公开拍卖写作时用过的金笔取得的收入

D.某编剧从电视剧制作中心获得的剧本使用费收入

【解析】正确答案为A、B、D项。

五、经营所得

经营所得包括：

（1）个体工商户从事生产、经营活动取得的所得，个人独资企业投资人、合伙企业的个人合伙人来源于境内注册的个人独资企业、合伙企业生产、经营的所得。

（2）个人依法从事办学、医疗、咨询以及其他有偿服务活动取得的所得。

（3）个人对企业、事业单位承包经营、承租经营以及转包、转租取得的所得。

（4）个人从事其他生产、经营活动取得的所得。

（一）个体工商户生产、经营所得

个体工商户以业主为个人所得税的纳税义务人，包括：

（1）依法取得个体工商户营业执照，从事生产、经营的个体工商户。

（2）经政府有关部门批准，从事办学、医疗、咨询等有偿服务活动的个人。

（3）其他从事个体生产、经营的个人。

个体工商户取得的与生产、经营有关的各项应税所得，包括：

（1）个体工商户从事工业、手工业、建筑业、交通运输业、商业、饮食业、服务业、修理业以及其他行业取得的所得。

（2）上述个体工商户和个人取得的与生产、经营有关的各项应纳税所得。

（3）个人独资企业和合伙企业比照执行。

需要注意的问题有：

（1）个体工商户或个人专营种植业、养殖业、饲养业、捕捞业，不征收个人所得税；不属于原农牧业税征收范围的，则征收个人所得税；同时，对进入各类市场销售自产农产品的农民取得的所得暂不征收个人所得税。

（2）个人从事彩票代销业务取得的所得，按“经营所得”项目征税。

（3）出租车问题：

①从事个体出租车运营的出租车驾驶员取得收入，按“经营所得”项目征税；

②出租车属个人所有，但是挂靠出租汽车经营单位或企事业单位，驾驶员向挂靠单位缴纳管理费的，或出租汽车经营单位将出租车所有权转移给驾驶员的，出租车驾驶员从事客货运营取得收入，按“经营所得”项目征税。

（4）个体工商户和从事生产、经营的个人，取得与生产、经营活动无关的各项应税所得，应分别适用各应税项目的规定计算征税。

（5）个人独资企业和合伙企业投资者比照个体工商户纳税。其中，合伙企业以每一个合伙人为纳税人。合伙企业的生产、经营所得和其他所得采取“先分后税”原则。

（6）个人独资企业、合伙企业的个人投资者以企业资金为本人、家庭成员及其相关人员支付与企业生产经营无关的消费性支出及购买汽车、住房等财产性支出，视为企业对个人投资者的利润分配，应并入投资者个人的生产经营所得，依照“经营所得”项目征税。

除个人独资企业、合伙企业以外的其他企业的个人投资者，以企业资金为本人、家庭成员及其相关人员支付与企业生产经营无关的消费性支出及购买汽车、住房等财产性支出，视为企业对个人投资者的红利分配，应依照“利息、股息、红利所得”项目征收个人所得税。企业的上述支出不允许在所得税税前扣除。

【例12-15】下列各项中，应按“经营所得”项目征税的有（　　）。

A.个人因从事彩票代销业务取得的所得

B.私营企业的个人投资者以本企业资金为本人购买的汽车

C.个体工商户对外投资取得的股息所得

D.出租汽车经营单位对出租车驾驶员采取单车承包方式运营，出租车驾驶员从事客货营运取得的所得

【解析】正确答案为A项。

（7）律师事务所从业人员个人所得税的计算方法。

①律师个人出资兴办的独资和合伙性质的律师事务所，比照“经营所得”应税项目征收个人所得税。

②合伙制律师事务所应将年度经营所得全额作为基数，按出资比例或者事先约定的比例计算各合伙人应分配的所得，据以征收个人所得税。

③律师事务所支付给雇员（不包括律师事务所的投资者）的所得，按“工资、薪金所得”应税项目征收个人所得税。

④作为律师事务所雇员的律师与律师事务所按规定的比例对收入进行分成，律师事务所不负担律师办理案件支出的费用（如交通费、资料费、通信费及聘请人员等费用），律

师当月的分成收入按规定扣除办案支出的费用后，余额与律师事务所发放的工资合并，按“工资、薪金所得”应税项目计征个人所得税。

律师从其分成收入中扣除办案支出费用的扣除标准，由各省级税务部门根据当地律师办理案件费用支出的一般情况、律师与律师事务所之间的收入分成比例及其他相关参考因素，在律师当月分成收入30%的比例内确定。

⑤兼职律师从律师事务所取得工资、薪金性质的所得，律师事务所在代扣代缴其个人所得税时，不再减除《个人所得税法》规定的费用扣除标准，以收入全额直接确定适用的税率，计算扣缴个人所得税。

⑥律师以个人名义再聘请其他人员为其工作而支付的报酬，应由该律师按“劳务报酬所得”应税项目负责代扣代缴个人所得税。

（二）企事业单位的承包经营、承租经营所得

企事业单位的承包经营、承租经营所得，是指个人承包经营或承租经营以及转包（包括全部转包或部分转包）、转租取得的所得，还包括个人按月或按次取得的工资、薪金性质的所得。

按登记和分配的不同情况，承包、承租经营所得应纳个人所得税与企业所得税的分析见表12-2。

表12-2　**承包、承租经营所得应纳个人所得税与企业所得税的分析**

个人承包登记状况	是否交企业所得税	是否交个人所得税
承包后工商登记改变为个体工商户	不交企业所得税	按照“经营所得”项目征收个人所得税
承包、承租经营后，工商登记仍为企业	交企业所得税	承包、承租人对企业经营成果不拥有所有权，仅按合同（协议）规定取得一定所得的，应按“工资、薪金所得”项目征收个人所得税
		承包、承租人按合同（协议）规定只向发包方、出租人缴纳一定的费用，缴纳承包、承租费后的企业的经营成果归承包、承租人所有的，其取得的所得，按“经营所得”项目征收个人所得税

【例12-16】孙某承包了一家餐厅，餐厅每年支付其承包收入10万元，孙某不参与分享经营成果；赵某承包了一家国有招待所，承包合同规定每月支付赵某工资4 000元，还规定每年要上交承包费50万元，其余经营成果归赵某所有。下列关于个人所得税的说法中，正确的有（　　）。

A.孙某取得的承包费按照“工资、薪金所得”项目征税

B.孙某取得的承包费按照“经营所得”项目征税

C.赵某取得的工资按照“工资、薪金所得”项目征税

D.赵某取得的工资和承包收入都按“经营所得”项目征税

【解析】正确答案为A、D项。

六、利息、股息、红利所得

利息、股息、红利所得，是指个人拥有债权、股权而取得的利息、股息、红利所得。它包括公司债券利息收入、企业集资利息收入和个人结算账户利息收入。

需要注意的问题有：

（1）企业改组改制过程中，个人取得量化资产股份转让的征税问题。

① 对职工个人以股份形式取得的仅作为分红依据，不拥有所有权的企业量化资产，不征收个人所得税。

② 对职工个人以股份形式取得的拥有所有权的企业量化资产，暂缓征收个人所得税；待个人将股份转让时，就其转让收入额，减除个人取得该股份时实际支付的费用支出和合理转让费用后的余额，按“财产转让所得”项目征收个人所得税。

③ 对职工个人以股份形式取得的企业量化资产参与企业分配而获得的股息、红利，应按“利息、股息、红利所得”项目征收个人所得税。

（2）个人投资者从其投资企业（个人独资企业、合伙企业除外）借款，在该纳税年度终了后既不归还又未用于企业生产经营的，其未归还的借款可视为企业对个人投资者的红利分配，依照“利息、股息、红利所得”项目征收个人所得税。

（3）个人独资企业、合伙企业给投资者或亲属购买住房，按照“经营所得”项目征税；除个人独资企业、合伙企业以外的企业给投资者购买住房，按照“利息、股息、红利所得”项目征税；企业为投资者以外的职工购房，按照“工资、薪金所得”项目征税。

【例12-17】下列所得中，应按“利息、股息、红利所得”项目征收个人所得税的有（　　）。

A.个人购买上市公司股票得到的股利分红

B.合伙企业的个人投资者以企业资金为本人购买住房

C.股份有限公司的个人投资者以企业资金为本人购买汽车

D.单位经批准向个人集资支付的集资利息

【解析】正确答案为A、C、D项。

（4）个人投资者收购企业股权后，将企业原有盈余积累转增股本的征税问题。

一名或多名个人投资者以股权收购方式取得被收购企业100%股权，股权收购前，被收购企业原账面金额中的“资本公积、盈余公积、未分配利润”等盈余积累未转增股本，而在股权交易时将其一并计入股权转让价格并履行所得税纳税义务。股权收购后，企业将原账面金额中的盈余积累向个人投资者（新股东，下同）转增股本，有关个人所得税问题区分以下情形处理：

① 新股东以不低于净资产价格收购股权的，企业原盈余积累已全部计入股权交易价格，新股东取得盈余积累转增股本的部分，不征收个人所得税。

② 新股东以低于净资产价格收购股权的，企业原盈余积累中，对于股权收购价格减

去原股本的差额部分已经计入股权交易价格，新股东取得盈余积累转增股本的部分，不征收个人所得税；对于股权收购价格低于原所有者权益的差额部分未计入股权交易价格，新股东取得盈余积累转增股本的部分，应按照“利息、股息、红利所得”项目征收个人所得税。

新股东以低于净资产价格收购企业股权后转增股本，应按照下列顺序进行，即先转增应税的盈余积累部分，然后转增免税的盈余积累部分。

【例12-18】甲企业原账面所有者权益5 000万元，其中：实收资本（股本）1 000万元，资本公积、盈余公积、未分配利润等盈余积累合计4 000万元。假定多名自然人投资者（新股东）向甲企业原股东购买该企业100%股权，股权收购价为4 500万元，新股东收购企业后，甲企业将资本公积、盈余公积、未分配利润等盈余积累4 000万元向新股东转增实收资本。请分析盈余积累转增股本部分是否应缴纳个人所得税。

【解析】在新股东4 500万元的股权收购价格中，除了实收资本1 000万元外，实际上相当于以3 500万元购买了原股东4 000万元的盈余积累，即4 000万元盈余积累中，有3 500万元计入了股权交易价格，剩余500万元未计入股权交易价格。甲企业向新股东转增实收资本时，其中3 500万元不征收个人所得税，500万元应按“利息、股息、红利所得”项目缴纳个人所得税。

七、财产租赁所得

财产租赁所得，是指个人出租建筑物、土地使用权、机器设备、车船以及其他财产取得的所得。

需要注意的问题有：

（1）个人取得的财产转租收入，按“财产租赁所得”项目征税。在确定纳税义务人时，应以产权凭证为依据，对无产权凭证的，由主管税务机关根据实际情况确定；产权所有人死亡，在未办理产权继承手续期间，该财产出租而有租金收入的，以领取租金的个人为纳税义务人。

（2）房地产开发企业与商店购买者个人签订协议，房地产开发企业按优惠价格出售其开发的商店给购买者个人，但购买者个人在一定期限内必须将购买的商店无偿提供给房地产开发企业对外出租使用。对购买者个人少支出的购房价款，按照“财产租赁所得”项目征收个人所得税。每次财产租赁所得的收入额，按照少支出的购房价款和协议规定的租赁月份数平均计算确定。

八、财产转让所得

财产转让所得，是指个人转让有价证券、股权、合伙企业中的财产份额、不动产、机器设备、车船以及其他财产取得的所得。

需要注意的问题有：

（1）自2018年11月1日（含）起，对个人转让新三板挂牌公司非原始股取得的所得，暂免征收个人所得税。转让新三板挂牌公司原始股取得的所得，按照“财产转让所得”项目适用20%的比例税率征收个人所得税。

（2）对股票转让所得征收个人所得税的办法，由国务院另行规定，并报全国人民代表大会常务委员会备案。

（3）个人拍卖别人作品手稿或个人拍卖除文字作品原稿及复印件外的其他财产，应按照“财产转让所得”项目征税。

（4）个人出售自有住房，按“财产转让所得”项目征税。

个人住房转让应以实际成交价格为转让收入。纳税人申报的住房成交价格明显低于市场价格且无正当理由的，征收机关依法有权根据有关信息核定其转让收入，但必须保证各税种计税价格一致。对转让住房收入计算个人所得税应纳税所得额时，纳税人可凭原购房合同、发票等有效凭证，经税务机关审核允许后，从其转让收入中减除房屋原值、转让住房过程中缴纳的税金及有关合理费用。

① 个人转让自用5年以上且是家庭唯一生活用房取得的所得，免征个人所得税。

② 对出售自有住房并在1年内重新购房的纳税人不再减免个人所得税。

（5）个人转让离婚析产房屋的征税问题。

① 通过离婚析产的方式分割房屋产权是夫妻双方共同对共有财产的处置，个人因离婚办理房屋产权过户手续，不征收个人所得税。

② 个人转让离婚析产房屋所取得的收入，允许扣除其相应的财产原值和合理费用后，余额按照规定的税率缴纳个人所得税；其相应的财产原值，为房屋初次购置全部原值和相关税费之和乘以转让者占房屋所有权的比例。

③ 个人转让离婚析产房屋所取得的收入，符合家庭生活自用5年以上且是唯一住房的，可以申请免征个人所得税。

【例12-19】以下所得中，应按“财产转让所得”项目征收个人所得税的有（　　）。

A.个人转让国债所得

B.个人将收藏的已故作家文字作品手稿拍卖所得

C.个人转让住房所得

D.个人将自己的文字作品手稿拍卖所得

【解析】正确答案为A、B、C项。

九、偶然所得

偶然所得，是指个人得奖、中奖、中彩以及其他偶然性质的所得。偶然所得应缴纳的个人所得税税款，一律由发奖单位和机构代扣代缴。

需注意的问题有：

（1）个人因参加企业的有奖销售活动而取得的赠品所得，按“偶然所得”项目征税。

（2）累计消费达到一定额度的顾客给予额外抽奖机会的获奖所得，按“偶然所得”项目征税。

（3）企业向个人支付的不竞争款项，按“偶然所得”项目征税。

（4）购买社会福利有奖募捐奖券一次中奖不超过1万元的，暂免征税；超过1万元的，全额按“偶然所得”项目征税。

（5）个人取得单张有奖发票奖金所得不超过800元（含800元）的，暂免征税；超过800元的，全额按“偶然所得”项目征税。

（6）个人为单位或他人提供担保获得收入，按照“偶然所得”项目计算缴纳个人所得税。

（7）房屋产权所有人将房屋产权无偿赠与他人的，受赠人因无偿受赠房屋取得的受赠收入，按照“偶然所得”项目计算缴纳个人所得税。

所称受赠收入的应纳税所得额为房地产赠与合同上标明的赠与房屋价值减除赠与过程中受赠人支付的相关税费后的余额。赠与合同标明的房屋价值明显低于市场价格或房地产赠与合同未标明赠与房屋价值的，税务机关可依据受赠房屋的市场评估价格或采取其他合理方式确定受赠人的应纳税所得额。

符合以下情形的，对当事双方不征收个人所得税：

① 房屋产权所有人将房屋产权无偿赠与配偶、父母、子女、祖父母、外祖父母、孙子女、外孙子女、兄弟姐妹；

② 房屋产权所有人将房屋产权无偿赠与对其承担直接抚养或者赡养义务的抚养人或者赡养人；

③ 房屋产权所有人死亡，依法取得房屋产权的法定继承人、遗嘱继承人或者受遗赠人。

（8）企业在业务宣传、广告等活动中，随机向本单位以外的个人赠送礼品（包括网络红包，下同），以及企业在年会、座谈会、庆典以及其他活动中向本单位以外的个人赠送礼品，个人取得的礼品收入，按照“偶然所得”项目计算缴纳个人所得税，但企业赠送的具有价格折扣或折让性质的消费券、代金券、抵用券、优惠券等礼品除外。

所称礼品收入的应纳税所得额，企业赠送的礼品是自产产品（服务）的，按该产品（服务）的市场销售价格确定个人的应纳税所得额；是外购商品（服务）的，按该商品（服务）的实际购置价格确定个人的应纳税所得额。

（9）企业在销售商品（产品）和提供服务过程中向个人赠送礼品，属于下列情形之一的，不征收个人所得税：

① 企业通过价格折扣、折让方式向个人销售商品（产品）和提供服务；

② 企业在向个人销售商品（产品）和提供服务的同时给予赠品，如通信企业对个人购买手机赠话费、入网费，或者存话费赠手机等；

③ 企业对累积消费达到一定额度的个人按消费积分反馈礼品。

上述9项征税项目所得形式包括现金、实物、有价证券和其他形式的经济利益。所得为实物的，应当按照取得的凭证上所注明的价格计算应纳税所得额，无凭证的实物或者凭证上所注明的价格明显偏低的，参照市场价格核定应纳税所得额；所得为有价证券的，根据票面价格和市场价格核定应纳税所得额；所得为其他形式的经济利益的，参照市场价格核定应纳税所得额。

第三节　税率

一、综合所得税率

综合所得，适用3%~45%的超额累进税率（见表12-3）。

表12-3　个人所得税税率表一（综合所得适用）

级数	全年应纳税所得额	税率（%）	速算扣除数（元）
1	不超过36 000元的	3	0
2	超过36 000元至144 000元的部分	10	2 520
3	超过144 000元至300 000元的部分	20	16 920
4	超过300 000元至420 000元的部分	25	31 920
5	超过420 000元至660 000元的部分	30	52 920
6	超过660 000元至960 000元的部分	35	85 920
7	超过960 000元的部分	45	181 920

（注：①本表所称全年应纳税所得额是指依照《个人所得税法》第六条的规定，居民个人取得综合所得以每一纳税年度收入额减除费用6万元以及专项扣除、专项附加扣除和依法确定的其他扣除后的余额；②本表适用于工资、薪金预缴申报和综合所得的年度汇缴）

【例12-20】武汉居民张某2023年综合所得全年应纳税所得额为113 800元，请问：其适用哪一级税率和速算扣除数？应纳税额是多少？

【解析】张某综合所得全年应纳税所得额为113 800元，适用税率为10%，速算扣除数为2 520元。

应纳税额=113 800×10%-2 520=8 860（元）

二、经营所得税率

经营所得，适用5%~35%的超额累进税率（见表12-4）。

表12-4　个人所得税税率表二（经营所得适用）

级数	全年应纳税所得额	税率（%）	速算扣除数（元）
1	不超过30 000元的	5	0
2	超过30 000元至90 000元的部分	10	1 050
3	超过90 000元至300 000元的部分	20	10 500
4	超过300 000元至500 000元的部分	30	40 500
5	超过500 000元的部分	35	65 500

（注：本表所称全年应纳税所得额是指依照《个人所得税法》第六条的规定，以每一纳税年度的收入总额减除成本、费用以及损失后的余额）

【例12-21】武汉佳美饭店为个体工商户，2023年全年收入20万元，全年员工工资支出、餐饮食材、其他费用支出分别为5万元、8万元、2万元，请问：该饭店是否应缴纳个人所得税？如果缴纳，适用哪一级税率和速算扣除数？

【解析】该饭店应缴纳个人所得税，适用税率为10%，速算扣除数为1 050元。武汉佳美饭店为个体工商户，全年收入减除5万元员工工资支出、8万元餐饮食材支出、2万元其他费用支出，全年应纳税所得额为5万元，适用第2级税率和速算扣除数。

三、非居民个人工资、薪金所得，劳务报酬所得，稿酬所得和特许权使用费所得税率

扣缴义务人向非居民个人支付工资、薪金所得，劳务报酬所得，稿酬所得和特许权使用费所得时，按以下方法按月或者按次代扣代缴税款，适用3%~45%的超额累进税率（见表12-5）。

表12-5 个人所得税税率表三

（非居民个人工资、薪金所得，劳务报酬所得，稿酬所得和特许权使用费所得）

级数	应纳税所得额	税率（%）	速算扣除数（元）
1	不超过3 000元的	3	0
2	超过3 000元至12 000元的部分	10	210
3	超过12 000元至25 000元的部分	20	1 410
4	超过25 000元至35 000元的部分	25	2 660
5	超过35 000元至55 000元的部分	30	4 410
6	超过55 000元至80 000元的部分	35	7 160
7	超过80 000元的部分	45	15 160

四、比例税率

利息、股息、红利所得，财产租赁所得，财产转让所得和偶然所得，适用比例税率，税率为20%。

第四节　计税依据的确定

一、居民个人综合所得的计税依据

居民个人应纳税所得额=收入额-免税收入-减除费用-专项扣除-专项附加扣除-依法确定的其他扣除

（一）收入额

居民个人综合所得的收入额是指在一个纳税年度内工资、薪金所得与劳务报酬所得、稿酬所得、特许权使用费所得减除20%的费用后的余额之和，其中稿酬所得的收入额减按70%计算。

【例12-22】2023年5月，居民朱某取得稿酬3 000元，并入综合所得缴纳个人所得税的收入额是（　　）元。

A.3 000　　B.2 200　　B.2 400　　D.1 680

【解析】朱某为个人所得税居民个人，稿酬并入综合所得缴纳个人所得税的收入额为1 680元［3 000×（1-20%）×70%］，故选D项。

（二）扣除项目

1.费用扣除标准

纳税人每一纳税年度费用扣除标准为6万元，不论当年是否工作满12个月。

2.专项扣除

专项扣除，包括居民个人按照国家规定的范围和标准缴纳的基本养老保险、基本医疗保险、失业保险等社会保险费和住房公积金等。

3.专项附加扣除

专项附加扣除，包括子女教育、继续教育、大病医疗、住房贷款利息或者住房租金、赡养老人和3岁以下婴幼儿照护。

（1）子女教育

纳税人的子女接受全日制学历教育的相关支出，按照每个子女每月1 000元的标准定额扣除。父母可以选择由其中一方按扣除标准的100%扣除，也可以选择由双方分别按扣除标准的50%扣除，具体扣除方式在一个纳税年度内不能变更。

（2）继续教育

纳税人在中国境内接受学历（学位）继续教育的支出，在学历（学位）教育期间按照每月400元定额扣除。同一学历（学位）继续教育的扣除期限不能超过48个月。纳税人接受技能人员职业资格继续教育、专业技术人员职业资格继续教育的支出，在取得相关证书的当年，按照3 600元定额扣除。

个人接受本科及以下学历（学位）继续教育，符合本办法规定扣除条件的，可以选择由其父母扣除，也可以选择由本人扣除。

（3）大病医疗

在一个纳税年度内，纳税人发生的与基本医保相关的医药费用支出，扣除医保报销后个人负担（指医保目录范围内的自付部分）累计超过15 000元的部分，由纳税人在办理年度汇算清缴时，在80 000元限额内据实扣除。

纳税人发生的医药费用支出可以选择由本人或者其配偶扣除；未成年子女发生的医药费用支出可以选择由其父母一方扣除，分别计算扣除额。

（4）住房贷款利息

纳税人本人或者配偶单独或者共同使用商业银行或者住房公积金个人住房贷款为本人

或者其配偶购买中国境内住房，发生的首套住房贷款利息支出，在实际发生贷款利息的年度，按照每月1 000元的标准定额扣除，扣除期限最长不超过240个月。纳税人只能享受一次首套住房贷款的利息扣除。

经夫妻双方约定，可以选择由其中一方扣除，具体扣除方式在一个纳税年度内不能变更。夫妻双方婚前分别购买住房发生的首套住房贷款，其贷款利息支出，婚后可以选择其中一套购买的住房，由购买方按扣除标准的100%扣除，也可以由夫妻双方对各自购买的住房分别按扣除标准的50%扣除，具体扣除方式在一个纳税年度内不能变更。

（5）住房租金

纳税人在主要工作城市没有自有住房而发生的住房租金支出，可以按照以下标准定额扣除：

① 直辖市、省会（首府）城市、计划单列市以及国务院确定的其他城市，扣除标准为每月1 500元；

② 除上述城市以外，市辖区户籍人口超过100万的城市，扣除标准为每月1 100元；市辖区户籍人口不超过100万的城市，扣除标准为每月800元。

纳税人的配偶在纳税人的主要工作城市有自有住房的，视同纳税人在主要工作城市有自有住房。

夫妻双方主要工作城市相同的，只能由签订租赁住房合同的承租人扣除。纳税人及其配偶在一个纳税年度内不能同时分别享受住房贷款利息和住房租金专项附加扣除。

（6）赡养老人

纳税人赡养一位及以上被赡养人的赡养支出，统一按照以下标准定额扣除：

① 纳税人为独生子女的，按照每月2 000元的标准定额扣除；

② 纳税人为非独生子女的，由其与兄弟姐妹分摊每月2 000元的扣除额度，每人分摊的额度不能超过每月1 000元。可以由赡养人均摊或者约定分摊，也可以由被赡养人指定分摊。约定或者指定分摊的须签订书面分摊协议，指定分摊优先于约定分摊。具体分摊方式和额度在一个纳税年度内不能变更。

（7）3岁以下婴幼儿照护

① 纳税人照护3岁以下婴幼儿子女的相关支出，按照每个婴幼儿每月1 000元的标准定额扣除。

② 父母可以选择由其中一方按扣除标准的100%扣除，也可以选择由双方分别按扣除标准的50%扣除，具体扣除方式在一个纳税年度内不能变更。

3岁以下婴幼儿照护个人所得税专项附加扣除自2022年1月1日起实施。

值得注意的是，纳税人同时从两处以上取得工资、薪金所得，并由扣缴义务人办理上述专项附加扣除的，对同一专项附加扣除项目，一个纳税年度内，纳税人只能选择从其中一处扣除。

4.依法确定的其他扣除

依法确定的其他扣除，包括个人缴付符合国家规定的企业年金、职业年金，个人购买符合国家规定的商业健康保险、税收递延型商业养老保险的支出，以及国务院规定可以扣除的其他项目。

（1）年金的扣除。

个人根据国家有关政策规定缴付的年金个人缴费部分，在不超过本人缴费工资计税基数4%标准内的部分，暂从个人当期的应纳税所得额中扣除。

（2）商业健康保险的扣除。

自2017年7月1日起，取得工资薪金所得、连续性劳务报酬所得的个人购买符合规定的商业健康保险产品的支出，允许在当年（月）计算应纳税所得额时予以税前扣除，扣除限额为2 400元/年（200元/月）。

扣缴单位自个人提交保单凭证的次月起，在不超过200元/月的标准内按月扣除。一年内保费金额超过2 400元的部分，不得税前扣除。

单位统一为员工购买符合规定的商业健康保险产品的支出，应分别计入员工个人工资薪金，视同个人购买，按上述限额予以扣除。

保险公司销售符合规定的商业健康保险产品，应及时为购买保险的个人开具发票和保单凭证，并在保单凭证上注明税优识别码。个人购买商业健康保险未获得税优识别码的，其支出金额不得税前扣除。

个人自行购买符合规定的商业健康保险产品的，应及时向扣缴义务人提供保单凭证，扣缴义务人应当依法为其税前扣除，不得拒绝。个人从中国境内两处或者两处以上取得工资薪金所得，且自行购买商业健康保险的，只能选择在其中一处扣除。个人自行退保时，应及时告知扣缴义务人。

（3）个人税收递延型商业养老保险的扣除。

自2018年5月1日起，取得工资薪金、连续性劳务报酬所得的个人，其缴纳的税收递延型商业养老保险费，准予在申报扣除当月计算应纳税所得额时予以限额据实扣除，扣除限额按照当月工资薪金、连续性劳务报酬收入的6%和1 000元孰低办法确定。

（4）自2022年1月1日起，对个人养老金实施递延纳税优惠政策。在缴费环节，个人向个人养老金资金账户的缴费，按照12 000元/年的限额标准，在综合所得或经营所得中据实扣除；在投资环节，计入个人养老金资金账户的投资收益暂不征收个人所得税；在领取环节，个人领取的个人养老金，不并入综合所得，单独按照3%的税率计算缴纳个人所得税，其缴纳的税款计入“工资、薪金所得”项目。

值得注意的是，专项扣除、专项附加扣除和依法确定的其他扣除，以居民个人一个纳税年度的应纳税所得额为限额；一个纳税年度扣除不完的，不结转以后年度扣除。

二、经营所得的计税依据

经营所得，以每一纳税年度的收入总额减除成本、费用以及损失后的余额，为应纳税所得额。

成本、费用，是指生产、经营活动中发生的各项直接支出和分配计入成本的间接费用以及销售费用、管理费用、财务费用；所称损失，是指生产、经营活动中发生的固定资产和存货的盘亏、毁损、报废损失，转让财产损失，坏账损失，自然灾害等不可抗力因素造成的损失以及其他损失。

取得经营所得的个人，没有综合所得的，计算其每一纳税年度的应纳税所得额时，应当减除费用6万元、专项扣除、专项附加扣除以及依法确定的其他扣除。专项附加扣除在办理汇算清缴时减除。

从事生产、经营活动，未提供完整、准确的纳税资料，不能正确计算应纳税所得额的，由主管税务机关核定应纳税所得额或者应纳税额。

三、非居民个人工资、薪金所得的计税依据

非居民个人的工资、薪金所得，以每月收入额减除费用5 000元后的余额为应纳税所得额。

四、非居民个人劳务报酬所得、稿酬所得和特许权使用费所得的计税依据

非居民个人劳务报酬所得、稿酬所得、特许权使用费所得，以每次收入额为应纳税所得额。

其劳务报酬所得、稿酬所得、特许权使用费所得以收入减除20%的费用后的余额为收入额，稿酬所得的收入额减按70%计算。

五、财产租赁所得

财产租赁所得，每次收入不超过4 000元的，减除费用800元；4 000元以上的，减除20%的费用，其余额为应纳税所得额。

财产租赁所得的应纳税所得额还可以以每月800元为限扣除修缮费用。

六、财产转让所得

财产转让所得，以转让财产的收入额减除财产原值和合理费用后的余额，为应纳税所得额。

应纳税所得额=转让收入-财产原值-合理费用

财产原值，按照下列方法确定：

（1）有价证券，为买入价以及买入时按照规定交纳的有关费用。

（2）建筑物，为建造费或者购进价格以及其他有关费用。

（3）土地使用权，为取得土地使用权所支付的金额、开发土地的费用以及其他有关费用。

（4）机器设备、车船，为购进价格、运输费、安装费以及其他有关费用。

其他财产，参照前款规定的方法确定财产原值。

纳税人未提供完整、准确的财产原值凭证，不能按照上述方法确定财产原值的，由主管税务机关核定财产原值。

合理费用，是指卖出财产时按照规定支付的有关税费。

【例12-23】个人转让住房所得，下列各项准予扣除的是（　）。

A.定额800元　　B.定额800元或定率20%

C.房屋净值　　D.房屋原值和合理费用

【解析】正确答案为D项。

七、利息、股息、红利所得和偶然所得

利息、股息、红利所得和偶然所得，以每次收入额为应纳税所得额，不减除任何费用。

八、每次收入的确定

除居民个人综合所得、经营所得外，分别按照下列方法确定每次收入：

（1）劳务报酬所得、稿酬所得、特许权使用费所得，属于一次性收入的，以取得该项收入为一次；属于同一项目连续性收入的，以1个月内取得的收入为一次。

（2）财产租赁所得，以1个月内取得的收入为一次。

（3）利息、股息、红利所得，以支付利息、股息、红利时取得的收入为一次。

（4）偶然所得，以每次取得该项收入为一次。

【例12-24】企业外聘某国际知名外籍教授对其销售人员进行培训，连续3个月，每月一期，每月支付报酬2万元，共计支付6万元。该外聘知名教授取得的6万元，应分3次纳税，还是合并为一次纳税？

【解析】若该知名外籍教授是非居民个人，同一项目连续支付的劳务报酬以1个月内取得的收入为一次，该知名外籍教授取得的6万元收入应分3次纳税。

第五节　应纳税额的计算

一、居民个人综合所得应纳税额的计算

应纳税额=应纳税所得额×适用税率-速算扣除数

$$=\left(\text{收入额}-\frac{\text{免税}}{\text{收入}}-\frac{\text{减除}}{\text{费用}}-\frac{\text{专项}}{\text{扣除}}-\frac{\text{专项附}}{\text{加扣除}}-\frac{\text{依法确定}}{\text{的其他扣除}}\right)\times\frac{\text{适用}}{\text{税率}}-\frac{\text{速算}}{\text{扣除数}}$$

（一）居民个人综合所得应纳税额计算的注意事项

（1）税率适用个人所得税税率表一（综合所得适用）。

【例12-25】我国公民张先生为国内某企业技术人员，2023年1—12月每月取得工资、薪金收入8 400元，12月份取得年终奖60 000元，每个月个人承担的基本“三险一金”为1 500元；张先生是独生子女，父母均满60周岁，有一个儿子上小学，按揭还贷首套房，与其配偶约定子女教育与住房贷款利息全由张先生扣除，无其他扣除项目。请计算2023年张先生应缴纳的个人所得税税额。

【解析】应纳税所得额=8 400×12+60 000-60 000-1 500×12-2 000×12-1 000×12-1 000×12
=34 800（元）

应纳个人所得税税额=34 800×3%=1 044（元）

（2）企业为员工支付各项免税之外的保险金，应在企业向保险公司缴付时（即该保险

落到被保险人的保险账户）并入员工当月的工资收入，按“工资、薪金所得”项目征税，税款由企业代扣代缴。

（3）自2014年1月1日起，企业和事业单位根据国家有关政策规定的办法和标准，为在本单位任职或者受雇的全体职工缴付的企业年金或职业年金单位缴费部分，在计入个人账户时，个人暂不缴纳个人所得税。个人根据国家有关政策规定缴付的年金个人缴费部分，在不超过本人缴费工资计税基数的4%标准内的部分，暂从个人当期的应纳税所得额中扣除。超过规定的标准缴付的年金单位缴费和个人缴费部分，应并入个人当期的“工资、薪金所得”，依法计征个人所得税。

自2019年1月1日起，个人达到国家规定的退休年龄，领取的企业年金、职业年金，符合《财政部 人力资源社会保障部 国家税务总局关于企业年金、职业年金个人所得税有关问题的通知》（财税〔2013〕103号）规定的，不并入综合所得，全额单独计算应纳税款。其中按月领取的，适用月度税率表计算纳税；按季领取的，平均分摊计入各月，按每月领取额适用月度税率表计算纳税；按年领取的，适用综合所得税率表计算纳税。个人因出境定居而一次性领取的年金个人账户资金，或个人死亡后，其指定的受益人或法定继承人一次性领取的年金个人账户余额，适用综合所得税率表计算纳税。对个人除上述特殊原因外一次性领取年金个人账户资金或余额的，适用月度税率表计算纳税。

（4）自2019年1月1日起，个人按照规定，领取的税收递延型商业养老保险的养老金收入，其中25%部分予以免税，其余75%部分按照10%的比例税率计算缴纳个人所得税，税款计入“工资、薪金所得”项目，由保险机构代扣代缴后，在个人购买税收递延型商业养老保险的机构所在地办理全员全额扣缴申报。

（5）退休人员再任职取得的收入，按“工资、薪金所得”项目征税。

（二）工资、薪金所得的特殊计税方法

（1）个人与用人单位解除劳动关系取得一次性补偿收入（包括用人单位发放的经济补偿金、生活补助费和其他补助费），在当地上年职工平均工资3倍数额以内的部分，免征个人所得税；超过3倍数额的部分，不并入当年综合所得，单独适用综合所得税率表，计算纳税。

（2）个人办理提前退休手续而取得的一次性补贴收入，应按照办理提前退休手续至法定离退休年龄之间实际年度数平均分摊，确定适用税率和速算扣除数，单独适用综合所得税率表，计算纳税。计算公式为：

$$\text{应纳税额}=\left\{\left[\left(\frac{\text{一次性补贴收入}}{\text{办理提前退休手续至法定退休年龄的实际年度数}}\right)-\text{费用扣除标准}\right]\times\text{适用税率}-\text{速算扣除数}\right\}\times\text{办理提前退休手续至法定退休年龄的实际年度数}$$

（3）个人办理内部退养手续而取得的一次性补贴收入，按照《国家税务总局关于个人所得税有关政策问题的通知》（国税发〔1999〕58号）的规定计算纳税。

内部退养一次性补偿，是指企业减员增效和行政、事业单位、社会团体在机构改革过程中实行内部退养办法人员取得的一次性收入。个人在办理内部退养手续后从原任职单位取得的一次性收入，应按办理内部退养手续后至法定离退休年龄之间的所属月份进行平均，并与领取当月的“工资、薪金所得”合并后减除当月费用扣除标准，以余额为基数确定适用税率计征个人所得税。

个人在办理内部退养手续后至法定离退休年龄之间重新就业取得的“工资、薪金所得”，应与其从原任职单位取得的同一月份的“工资、薪金所得”合并，并依法自行向主管税务机关申报缴纳个人所得税。

（4）公务交通、通信补贴收入的征税问题。

① 个人因公务用车和通信制度改革而取得的公务用车、通信补贴收入，扣除一定标准的公务费用后，按“工资、薪金所得”项目征税。因公务用车制度改革而以现金、报销等形式向个人支付的收入，视为个人取得公务用车补贴收入。

② 按月发放的，并入当月“工资、薪金所得”项目征税。

③ 不按月发放的，分解到所属月份并与该月“工资、薪金所得”项目合并征税。

（5）单位按低于购置或建造成本价格出售住房给职工，职工因此而少支出的差价部分，符合《财政部 国家税务总局关于单位低价向职工售房有关个人所得税问题的通知》（财税〔2007〕13号）第二条规定的，不并入当年综合所得，以差价收入除以12个月得到的数额，按照月度税率表确定适用税率和速算扣除数，单独计算纳税。计算公式为：

应纳税额=职工实际支付的购房价款低于该房屋的购置或建造成本价格的差额×适用税率-速算扣除数

二、经营所得应纳税额的计算

经营所得，按年计算，分月或分季预缴，年终汇算清缴，多退少补。其计算公式为：

本月应预缴税额=本月累计应纳税所得额×适用税率-速算扣除数-上月累计已预缴额

$$\text{经营所得应纳税所得额}=\text{该年度收入总额}-(\text{成本}+\text{费用}+\text{损失}+\text{准予扣除的税金}+\text{其他支出})-\text{允许弥补的以前年度亏损}$$

此外，取得经营所得的个人，没有综合所得的，计算其每一纳税年度的应纳税所得额时，应当减除费用6万元、专项扣除、专项附加扣除以及依法确定的其他扣除。专项附加扣除在办理汇算清缴时减除。

应纳税额=应纳税所得额×税率-速算扣除数

汇算清缴税额=全年应纳税额-全年累计已预缴额

（一）个体工商户计税规定

（1）个体工商户准予税前列支的项目及列支标准。

自2015年1月1日起，个体工商户准予税前列支的项目及列支标准如下：

①实际支付给从业人员的、合理的工资、薪金支出，准予扣除。个体工商户业主的工资、薪金支出不得税前扣除，业主没有综合所得的，扣除的费用标准为：每一纳税年度的应纳税所得额，应当减除费用6万元、专项扣除、专项附加扣除以及依法确定的其他扣除。

②按国务院有关主管部门或省级人民政府规定的范围和标准为其业主和从业人员缴纳的基本养老保险费、基本医疗保险费、失业保险费、生育保险费、工伤保险费和住房公积金，准予扣除。

为从业人员缴纳的补充养老保险费、补充医疗保险费，分别在不超过从业人员工资总额5%标准内的部分据实扣除；超过部分，不得扣除。

业主本人缴纳的补充养老保险费、补充医疗保险费，以当地（地级市）上年度社会平均工资的3倍为计算基数，分别在不超过该计算基数5%标准内的部分据实扣除；超过部分，不得扣除。

③除个体工商户依照国家有关规定为特殊工种从业人员支付的人身安全保险费和财政部、国家税务总局规定可以扣除的其他商业保险费外，个体工商户为业主本人或者为从业人员支付的商业保险费，不得扣除。

④生产经营活动中发生的合理的、不需要资本化的借款费用，准予扣除。

个体工商户为购置、建造固定资产、无形资产和经过12个月以上的建造才能达到预定可销售状态的存货发生借款的，在有关资产购置、建造期间发生的合理的借款费用，应当作为资本性支出计入有关资产的成本，并依照《个体工商户个人所得税计税办法》的规定扣除。

⑤个体工商户在生产经营活动中发生的下列利息支出，准予扣除：

A.向金融企业借款的利息支出。

B.向非金融企业和个人借款的利息支出，不超过按照金融企业同期同类贷款利率计算的数额的部分。

⑥货币交易中，以及纳税年度终了时将人民币以外的货币性资产、负债按照期末即期人民币汇率中间价折算为人民币时产生的汇兑损失，除已经计入有关资产成本部分外，准予扣除。

⑦个体工商户向当地工会组织拨缴的工会经费、实际发生的职工福利费支出、职工教育经费支出分别在工资、薪金总额的2%、14%、2.5%的标准内据实扣除。

工资、薪金总额是指允许在当期税前扣除的工资、薪金支出数额。

职工教育经费的实际发生额超出规定比例当期不能扣除的数额，准予在以后纳税年度结转扣除。

个体工商户业主本人向当地工会组织缴纳的工会经费、实际发生的职工福利费支出、职工教育经费支出，以当地（地级市）上年度社会平均工资的3倍为计算基数，在规定比例内据实扣除。

⑧个体工商户发生的与生产经营活动有关的业务招待费，按照实际发生额的60%扣除，但最高不得超过当年销售（营业）收入的5‰。

业主自申请营业执照之日起至开始生产经营之日止所发生的业务招待费，按照实际发生额的60%计入个体工商户的开办费。

⑨每一纳税年度发生的与其生产经营活动直接相关的广告费和业务宣传费不超过当年销售（营业）收入15%的部分，可以据实扣除；超过部分，准予在以后纳税年度结转扣除。

⑩个体工商户代其从业人员或者他人负担的税款，不得税前扣除。

个体工商户按照规定缴纳的摊位费、行政性收费、协会会费等，按实际发生数额扣除。

个体工商户根据生产经营活动需要租入固定资产支付的租赁费，按照以下方法扣除：

A.以经营租赁方式租入固定资产发生的租赁费支出，按照租赁期限均匀扣除。

B.以融资租赁方式租入固定资产发生的租赁费支出，按照规定构成融资租入固定资产价值的部分应当提取折旧费用，分期扣除。

个体工商户参加财产保险，按照规定缴纳的保险费，准予扣除。

个体工商户发生的合理的劳动保护支出，准予扣除。

个体工商户自申请营业执照之日起至开始生产经营之日止所发生的符合《个体工商户个人所得税计税办法》规定的费用，除为取得固定资产、无形资产的支出，以及应计入资产价值的汇兑损益、利息支出外，作为开办费，个体工商户可以选择在开始生产经营的当年一次性扣除，也可自生产经营月份起在不短于3年期限内摊销扣除，但一经选定，不得改变。

开始生产经营之日为个体工商户取得第一笔销售（营业）收入的日期。

个体工商户通过公益性社会团体或者县级以上人民政府及其部门，用于《中华人民共和国公益事业捐赠法》规定的公益事业的捐赠，捐赠额不超过其应纳税所得额30%的部分可以据实扣除。

财政部、国家税务总局规定可以全额在税前扣除的捐赠支出项目，按有关规定执行。

个体工商户直接对受益人的捐赠不得扣除。

公益性社会团体的认定，按照财政部、国家税务总局、民政部有关规定执行。

赞助支出指个体工商户发生的与生产经营活动无关的各种非广告性质支出。

研究开发新产品、新技术、新工艺所发生的开发费用，以及研究开发新产品、新技术而购置单台价值在10万元以下的测试仪器和试验性装置的购置费准予直接扣除；单台价值在10万元以上（含10万元）的测试仪器和试验性装置，按固定资产管理，不得在当期扣除。

个体工商户生产经营活动中，应当分别核算生产经营费用和个人、家庭费用。对于生产经营与个人、家庭生活混用难以分清的费用，其40%视为与生产经营有关费用，准予扣除。

【例12-26】2023年某个体工商户取得销售收入40万元，将不含税价格为5万元的商品用于家庭成员和亲友消费；当年取得银行利息收入1万元，转让境内上市公司股票取得转让所得10万元，取得基金分红1万元。该个体工商户允许税前扣除的广告费和业务宣传费限额为（　　）万元。

A.6.00　　B.6.75　　C.7.50　　D.8.25

【解析】个体工商户年营业收入（销售收入）=40+5=45（万元）

广告费和业务宣传费的扣除限额=销售收入×15%=45×15%=6.75（万元）

故正确答案为B项。

（2）个体工商户资产的税务处理。

① 固定资产是指在生产经营中使用的、期限超过1年且单位价值在1 000元以上的房屋建筑物、机器、设备、运输工具及其他与生产经营有关的设备、工具、器具等。

② 预计净残值率为5%。

③ 固定资产的折旧年限。税法规定最短折旧年限分别为：房屋、建筑物为20年；轮船、机器、机械和其他生产设备为10年；电子设备和轮船以外的运输工具及与生产经营有关的器具、工具、家具等为5年。特殊原因需要缩短折旧年限的，须报经省级税务机关审核批准。

④ 存货。按实际成本计价，领用或发出存货的核算原则上采用加权平均法。

（二）个人独资企业和合伙企业应纳个人所得税的计算

个人独资企业以投资者为纳税人，合伙企业以每一个合伙人为纳税人。

凡实行查账征税的，其税率比照“经营所得”，适用5%～35%的五级超额累进税率征税；实行核定应税所得率征收方式的，按照应税所得率计算其应纳税所得额，再按其应纳税所得额的大小，适用5%～35%的五级超额累进税率征税。

（1）合伙企业的合伙人应纳税所得额的确认原则。

① 合伙人以合伙企业的生产经营所得和其他所得，按照合伙协议约定的分配比例确定应纳税所得额。

② 合伙协议未约定或者约定不明确的，以全部生产经营所得和其他所得，按照合伙人协商决定的分配比例确定应纳税所得额。

③ 协商不成的，以全部生产经营所得和其他所得，按照合伙人实缴出资比例确定应纳税所得额。

④ 无法确定出资比例的，以全部生产经营所得和其他所得，按照合伙人数量平均计算每个合伙人的应纳税所得额。

⑤ 合伙协议不得约定将全部利润分配给部分合伙人。

（2）扣除项目。

① 投资者的工资不得在税前扣除，没有综合所得的，计算其每一纳税年度的应纳税所得额时，应当减除费用6万元、专项扣除、专项附加扣除以及依法确定的其他扣除。投资者兴办两个或两个以上企业的，由投资者选择在其中一个企业的生产、经营所得中扣除。

② 投资者及其家庭发生的生活费用不允许在税前扣除。生活费用与企业生产、经营费用混合在一起难以划分的，全部视为生活费用，不允许在税前扣除。

③ 投资者及其家庭共用的固定资产，难以划分的，由税务机关核定。

④ 其他项目扣除同个体工商户。

（3）应纳税额的计算。

①查账征税。

汇总其投资兴办的所有企业的经营所得作为应纳税所得额，以此确定适用税率汇缴，计算出全年经营所得的应纳税额，再根据每个企业的经营所得占所有企业经营所得的比例，分别计算出每个企业的应纳税额和应补缴税额。计算公式如下：

应纳税所得额=$\sum$各个企业的经营所得

应纳税额=应纳税所得额×税率−速算扣除数

本企业应纳税额=应纳税额×本企业的经营所得÷$\sum$各个企业的经营所得

本企业应补缴的税额=本企业应纳税额−本企业预缴税额

②核定征收。

核定征收包括定额征收、定率征收和其他合理方法征收。计算公式如下：

应纳税额=应纳税所得额×适用税率

应纳税所得额=收入×应税所得率=成本费用支出额÷（1-应税所得率）×应税所得率

应税所得率按表12-6规定的标准执行。

表12-6　个人所得税应税所得率表

行　业	应税所得率
工业、交通运输业、商业	5%~20%
建筑业、房地产开发业	7%~20%
饮食服务业	7%~25%
娱乐业	20%~40%
其他行业	10%~30%

注：企业经营多种行业的，无论其经营项目是否单独核算，均应根据其主营项目确定适用的应税所得率。

③亏损弥补。

投资者兴办两个或两个以上企业的，企业的年度经营亏损不能跨企业弥补。

实行查账征税方式的个人独资企业和合伙企业改为核定征收方式后，在查账征税方式下认定的年度经营亏损未弥补完的部分，不得继续弥补。

④对外投资分回的利息或者股息、红利。

个人独资企业对外投资分回的利息或者股息、红利，不并入企业的收入，而应单独作为投资者个人取得的利息、股息、红利所得，按“利息、股息、红利所得”项目纳税。

以合伙企业名义对外投资分回利息或者股息、红利的，应按比例确定各个投资者的利息、股息、红利所得，分别按“利息、股息、红利所得”项目纳税。

实行核定征收的投资者不得享受个人所得税的优惠政策。

（4）征收管理。

①申报缴纳期限。

纳税人取得经营所得，按年计算个人所得税，由纳税人在月度或者季度终了后15日内向税务机关报送纳税申报表，并预缴税款；在取得所得的次年3月31日前办理汇算清缴。

②纳税地点。

投资者应向企业实际经营管理所在地主管税务机关申报缴纳个人所得税。投资者从合伙企业取得的生产经营所得，由合伙企业向企业实际经营管理所在地主管税务机关申报缴纳投资者应纳的个人所得税，并将个人所得税申报表抄送投资者。

投资者兴办两个或两个以上企业的，应分别向企业实际经营管理所在地主管税务机关预缴税款。年度终了后办理汇算清缴时，区别不同情况分别处理：

A.投资者兴办的企业全部是个人独资性质的，分别向各企业的实际经营管理所在地主管税务机关办理年度纳税申报，并依所有企业的经营所得总额确定适用税率，以本企业经营所得为基础，计算应缴税款，办理汇算清缴。

B.投资者兴办的企业中含有合伙性质的，投资者应向经常居住地主管税务机关申报纳税，办理汇算清缴，但经常居住地与其兴办企业的经营管理所在地不一致的，应选定其参与兴办的某一合伙企业的经营管理所在地为办理年度汇算清缴所在地，并在5年内不得变更。

（三）对企事业单位的承包经营、承租经营所得应纳税额的计算

实行承包、承租经营的企事业单位纳税人，应以每一纳税年度的承包、承租经营所得计算纳税。纳税人在一个年度内分次取得承包、承租经营所得的，应在每次取得承包、承租经营所得后预缴税款，年终汇算清缴，多退少补。计算公式如下：

应纳税额=（年度收入总额-必要费用）×适用税率-速算扣除数

需要注意的问题是：

① 承包费用只是在计算个人所得税时扣除，在计算企业所得税时不能扣除。

② 承包者个人取得的工资在计算个人所得税时不能扣除，但在计算企业所得税时可以扣除。

③ 纳税人的承包、承租期在一个纳税年度内，经营不足12个月的，应以其实际承包、承租经营的期限为一个纳税年度计算纳税。

三、非居民个人工资、薪金所得应纳税额的计算

非居民个人以每月收入额减除费用5 000元后的余额为应纳税所得额，根据表12-5个人所得税税率表三计算应纳税额。

应纳税所得额=每月收入-5 000

应纳税额=应纳税所得额×税率-速算扣除数

值得注意的是：

① 非居民个人工资、薪金所得根据相应税收政策进行减免范围的确定；

② 一个纳税月份中对居住时间不满1个月的，按照相应的税收政策处理；

③ 非居民个人工资、薪金按月缴纳，由支付人按月代扣代缴，单独核算，不综合计算，不进行汇算清缴；

④ 无法判定是居民个人还是非居民个人的，先按非居民个人进行缴纳，达到居民个人标准时再进行汇算清缴。

【例12-27】2023年1月1日外籍专家来中国境内指导工作并建立劳动关系，当月取得工资25 000元，不确定该专家在中国境内工作的时间，2023年1月支付方该扣缴多少个人所得税？

【解析】无法判定是居民个人还是非居民个人的，先按非居民个人进行缴纳，达到居民个人标准时再进行汇算清缴。

应纳税所得额=25 000-5 000=20 000（元）

应纳税额=20 000×20%-1 410=2 590（元）

四、非居民个人劳务报酬所得、稿酬所得、特许权使用费所得应纳税额的计算

非居民个人劳务报酬所得、稿酬所得、特许权使用费所得，以每次收入额为应纳税所得额。劳务报酬所得、稿酬所得、特许权使用费所得以收入减除20%的费用后的余额为收入额，稿酬所得的收入额减按70%计算。根据表12-5个人所得税税率表三计算应纳税额。

劳务报酬收入额=每次收入×（1-20%）

稿酬收入额=每次收入×（1-20%）×70%

特许权使用费收入额=每次收入×（1-20%）

应纳税所得额=收入额

应纳税额=应纳税所得额×税率-速算扣除数

值得注意的是：

① 非居民个人实行分类征收，不综合计算个人所得税；

② 每次收入的概念参见《个人所得税法实施条例》第十四条的有关规定；

③ 无法判定是居民个人还是非居民个人的，先按非居民个人进行缴纳，达到居民个人标准时再进行汇算清缴。

五、财产租赁所得应纳税额的计算

财产租赁所得应纳税额的计算公式根据不同情况应有所区别。

（1）每次（月）收入不超过4 000元时：

应纳税额=［每次（月）收入-准予扣除项目-修缮费用-800］×20%

（2）每次（月）收入超过4 000元时：

应纳税额=［每次（月）收入-准予扣除项目-修缮费用］×（1-20%）×20%

财产租赁收入，在计算缴纳个人所得税时，应依次扣除以下费用：

① 财产租赁缴纳的税费。个人出租房屋的个人所得税应税收入不含增值税（对个人出租住房，不区分用途，5%的征收率减按1.5%），计算房屋出租所得可扣除的税费不包括本次出租缴纳的增值税。个人转租房屋的，其向房屋出租方支付的租金及增值税额，在计算转租所得时准予扣除。免征增值税的，确定计税依据时，租金收入不扣减增值税额。出租住房缴纳的城市维护建设税（7%、5%、1%）、房产税（4%）、教育费附加（3%）可以扣除。同时，税费要有完税（缴款）凭证才可扣除。

② 能够提供有效、准确凭证，证明由纳税人负担的该出租财产实际开支的修缮费用，准予扣除。每月以800元为限，一次扣除不完的余额可无限期结转抵扣。

③ 法定扣除标准为800元（减除上述费用后余额不超过4 000元）或20%（减除上述费用后余额在4 000元以上）。

【例12-28】王某于2023年6月份将武汉市区闲置的一处住房按市场价格出租给他人居住，租期1年，每月不含税租金5 000元，房产原值70万元，当地政府规定房产原值扣除比例为30%，可提供实际缴纳出租环节房产税的完税凭证。7月发生漏雨修缮费1 000元。

计算王某7、8月应缴纳的个人所得税。

【解析】由于月租金小于3万元，免征增值税。另外，免征印花税。

7月租金应纳个人所得税税额=［5 000×（1-4%）-800-800］×10%=320（元）

8月租金应纳个人所得税税额=［5 000×（1-4%）-200］×（1-20%）×10%=368（元）

六、财产转让所得应纳税额的计算

（一）一般情况下，财产转让所得应纳税额的计算

应纳税额=应纳税所得额×适用税率=（收入总额-财产原值-合理税费）×20%

合理税费是指卖出财产时按照规定支付的有关税费，包括城市维护建设税、教育费附加、土地增值税、印花税、手续费等，经税务机关认定方可减除。

（二）个人住房转让所得应纳税额的计算

个人住房转让应以实际成交价格为转让收入。个人转让房屋的个人所得税应税收入不含增值税。免征增值税的，确定计税依据时，转让房地产取得的收入不扣减增值税额。纳税人申报的住房成交价格明显低于市场价格且无正当理由的，征收机关有权依法核定其转让收入，但必须保证各税种计税价格一致。税务机关核定的计税价格或收入不含增值税。

对转让住房收入计算个人所得税应纳税所得额时，纳税人可凭原购房合同、发票等有效凭证，经税务机关审核后，允许从其转让收入中减除房屋原值、转让住房过程中缴纳的税金及有关合理费用。

1.房屋原值的确定

（1）商品房，为购置该房屋时实际支付的房价款及缴纳的相关税费。

（2）自建住房，为实际发生的建造费用及建造和取得产权时实际缴纳的相关税费。

（3）经济适用房（含集资合作建房、安居工程住房），为原购房人实际支付的房价款及相关税费，以及按规定缴纳的土地出让金。

（4）已购公有住房，为原购公有住房标准面积按当地经济适用房价格计算的房价款，加上原购公有住房超标准面积实际支付的房价款以及按规定向财政部门（或原产权单位）缴纳的所得收益及相关税费。

（5）城镇拆迁安置住房，其原值分别为：

① 房屋拆迁取得货币补偿后购置房屋的，为购置该房屋实际支付的房价款及缴纳的相关税费；

② 房屋拆迁采取产权调换方式的，所调换房屋原值为《房屋拆迁补偿安置协议》注明的价款及缴纳的相关税费；

③ 房屋拆迁采取产权调换方式，被拆迁人除取得所调换房屋外，还取得部分货币补偿的，所调换房屋原值为《房屋拆迁补偿安置协议》注明的价款和缴纳的相关税费，减去货币补偿后的余额；

④ 房屋拆迁采取产权调换方式，被拆迁人取得所调换房屋，又支付部分货币的，所调换房屋原值为《房屋拆迁补偿安置协议》注明的价款，加上所支付的货币及缴纳的相关税费。

2.转让住房过程中缴纳的税金

纳税人在转让住房时实际缴纳的城市维护建设税、教育费附加、土地增值税、印花税（2009年至今二手住房交易暂免）等税金需要注意的是，有关转让房地产增值税的处理是：个人转让房屋的个人所得税应税收入不含增值税，其取得房屋时所支付价款中包含的增值税计入财产原值，计算转让所得时可扣除的税费不包括本次转让缴纳的增值税。

3.合理费用的确定

纳税人按照规定实际支付的住房装修费用、住房贷款利息、手续费、公证费等费用，分以下情况确定。

（1）支付的住房装修费用。

① 已购公有住房、经济适用房，最高扣除限额为房屋原值的15%。

② 商品房及其他住房，最高扣除限额为房屋原值的10%。纳税人原购房为装修房，即合同注明房价中含有装修费（铺装了地板，装配了洁具、厨具等）的，不得再重复扣除装修费用。

（2）支付的住房贷款利息。

纳税人出售以按揭贷款方式购置的住房，其向贷款银行实际支付的住房贷款利息，凭贷款银行出具的有效证明据实扣除。

4.个人销售无偿受赠不动产应纳税额的计算

应纳税额=（收入总额-原捐赠人取得该房屋的实际购置成本-赠与和转让过程中的合理税费）×20%

（三）个人销售有价证券应纳税额的计算

个人销售有价证券的原值为买入价以及买入时按规定缴纳的有关费用，采用“加权平均法”确定。

一次卖出某一种类的债券允许扣除的买价和费用 = 购进该种债券的买入价和买进过程中缴纳的税费总和 ÷ 购进该种类债券总数量 × 一次卖出的该种类债券数量 + 卖出该种类债券的过程中缴纳的税费

每次卖出债券应纳个人所得税税额 =（该次卖出该类债券收入-该次卖出该类债券允许扣除的买价和费用）×20%

【例12-29】钱某本期购入债券1 000份，每份买入价10元，支付购进买入债券的税费共计150元。本期内将买入的债券一次卖出600份，每份卖出价12元，支付卖出债券的税费共计110元。请计算钱某卖出债券应缴纳的个人所得税。

【解析】（1）一次卖出债券应扣除的买价和费用=（10 000+150）÷1 000×600+110=6 200（元）

（2）应缴纳的个人所得税税额=（600×12-6 200）×20%=200（元）

（四）股权转让所得应纳税额的计算

1.限售股转让所得应纳税额的计算

个人转让我国境内上市公司股票暂不征税，但个人转让上市公司限售股取得的所得，按照“财产转让所得”项目征税。

个人转让限售股应纳税所得额=限售股转让收入-（限售股原值+合理税费）

限售股转让收入，是指转让限售股实际取得的收入。

限售股原值，是指限售股买入时的买入价及按照规定缴纳的有关费用。

合理税费，是指转让限售股过程中发生的印花税、佣金、过户费等与交易相关税费。

纳税人未能提供完整、真实的限售股原值凭证，不能准确计算限售股原值的，主管税务机关一律按限售股转让收入的15%核定限售股原值及合理税费。

限售股转让所得个人所得税，以限售股持有者为纳税人，以个人股东开户的证券机构为扣缴义务人。限售股个人所得税由证券机构所在地主管税务机关负责征管。

限售股转让所得个人所得税，采取证券机构预扣预缴、纳税人自行申报清算和证券机构直接扣缴相结合的方式征收。

限售股解禁前多次转让的，转让方对每一次转让所得均应按规定缴纳个人所得税。

纳税人同时持有限售股及该股票流通股的，其股票转让所得，按照限售股优先原则，即转让股票视同为先转让限售股，按规定计算缴纳个人所得税。

对具有下列情形的，应按规定征收个人所得税：

① 个人通过证券交易所集中交易系统或大宗交易系统转让限售股。

② 个人用限售股认购或申购交易型开放式指数基金（ETF）份额。

③ 个人用限售股接受要约收购。

④ 个人行使现金选择权将限售股转让给提供现金选择权的第三方。

⑤ 个人协议转让限售股。

⑥ 个人持有的限售股被司法扣划。

⑦ 个人用限售股偿还上市公司股权分置改革中由大股东代其向流通股股东支付的对价。

⑧ 其他具有转让实质的情形。

2.个人股权转让所得个人所得税应纳税额的核定

个人转让股权应纳税所得额=股权转让收入-（股权原值+合理税费）

合理税费是指股权转让时按照规定支付的有关税费。

（1）股权转让收入的确认。

股权转让收入是指转让方因股权转让而获得的现金、实物、有价证券和其他形式的经济利益。转让方取得与股权转让相关的各种款项，包括违约金、补偿金以及其他名目的款项、资产、权益等，均应当并入股权转让收入。纳税人按照合同约定，在满足约定条件后取得的后续收入，应当作为股权转让收入。

股权转让收入应当按照公平交易原则确定。

符合下列情形之一的，主管税务机关可以核定股权转让收入：

① 申报的股权转让收入明显偏低且无正当理由的；

② 未按照规定期限办理纳税申报，经税务机关责令限期申报，逾期仍不申报的；

③ 转让方无法提供或拒不提供股权转让收入的有关资料的；

④ 其他应核定股权转让收入的情形。

符合下列情形之一的，视为股权转让收入明显偏低：

① 申报的股权转让收入低于股权对应的净资产份额的。其中，被投资企业拥有土地

使用权、房屋、房地产企业未销售房产、知识产权、探矿权、采矿权、股权等资产的，申报的股权转让收入低于股权对应的净资产公允价值份额的。

② 申报的股权转让收入低于初始投资成本或低于取得该股权所支付的价款及相关税费的。

③ 申报的股权转让收入低于相同或类似条件下同一企业同一股东或其他股东股权转让收入的。

④ 申报的股权转让收入低于相同或类似条件下同类行业的企业股权转让收入的。

⑤ 不具合理性的无偿让渡股权或股份。

⑥ 主管税务机关认定的其他情形。

符合下列条件之一的股权转让收入明显偏低，视为有正当理由：

① 能出具有效文件，证明被投资企业因国家政策调整，生产经营受到重大影响，导致低价转让股权。

② 继承或将股权转让给其能提供具有法律效力身份关系证明的配偶、父母、子女、祖父母、外祖父母、孙子女、外孙子女、兄弟姐妹以及对转让人承担直接抚养或者赡养义务的抚养人或者赡养人。

③ 相关法律、政府文件或企业章程规定，并有相关资料充分证明转让价格合理且真实的本企业员工持有的不能对外转让股权的内部转让。

④ 股权转让双方能够提供有效证据证明其合理性的其他合理情形。

（2）股权原值的确认。

个人转让股权的原值依照以下方法确认：

① 以现金出资方式取得的股权，按照实际支付的价款与取得股权直接相关的合理税费之和确认股权原值。

② 以非货币性资产出资方式取得的股权，按照税务机关认可或核定的投资入股时非货币性资产价格与取得股权直接相关的合理税费之和确认股权原值。

③ 通过无偿让渡方式取得股权，具备《股权转让所得个人所得税管理办法（试行）》第十三条第二项所列情形的，按取得股权发生的合理税费与原持有人的股权原值之和确认股权原值。

④ 被投资企业以资本公积、盈余公积、未分配利润转增股本，个人股东已依法缴纳个人所得税的，以转增额和相关税费之和确认其新转增股本的股权原值。

⑤ 除以上情形外，由主管税务机关按照避免重复征收个人所得税的原则合理确认股权原值。

股权转让人已被主管税务机关核定股权转让收入并依法征收个人所得税的，该股权受让人的股权原值以取得股权时发生的合理税费与股权转让人被主管税务机关核定的股权转让收入之和确认。

个人转让股权未提供完整、准确的股权原值凭证，不能正确计算股权原值的，由主管税务机关核定其股权原值。

对个人多次取得同一被投资企业股权的，转让部分股权时，采用“加权平均法”确定其股权原值。

（五）个人因购买和处置债权所得应纳税额的计算

（1）个人通过招标、竞拍或其他方式购置债权以后，通过相关司法或行政程序主张债权而取得的所得，应按照“财产转让所得”项目缴纳个人所得税。

（2）个人通过上述方式取得的“打包”债权，只处置部分债权的，其应纳税所得额按以下方式确定：

①以每次处置部分债权的所得，作为一次财产转让所得征税。

②应税收入按个人取得的货币资产和非货币资产的评估价值或市场价值的合计数确定。

③所处置债权成本费用（即财产原值），按下列公式计算：

$$\text{当次处置债权成本费用}=\text{个人购置“打包”债权实际支出}\times\frac{\text{当次处置债权账面价值(或拍卖机构公布价值)}}{\text{“打包”债权账面价值(或拍卖机构公布价值)}}$$

④个人购买和处置债权过程中发生的拍卖招标手续费、诉讼费、审计评估费以及缴纳的税金等合理税费，在计算个人所得税时允许扣除。

（六）个人拍卖除自己的文字作品原稿及复印件外的其他财产

应纳税所得额=转让收入额-（财产原值+合理税费）

（1）财产原值，是指售出方取得该拍卖品的价格（以合法有效凭证为准）。

具体为：

① 通过商店、画廊等途径购买的，为购买该拍卖品时实际支付的价款。

② 通过拍卖行拍得的，为拍得该拍卖品实际支付的价款及缴纳的相关税费。

③ 通过祖传收藏的，为其收藏该拍卖品而发生的费用。

④ 通过赠送取得的，为其受赠该拍卖品时发生的相关税费。

⑤ 通过其他形式取得的，参照以上原则确定财产原值。

（2）拍卖财产过程中缴纳的税金，是指拍卖财产时纳税人实际缴纳的相关税金及附加。

（3）有关合理费用，是指拍卖财产时纳税人按照规定实际支付的拍卖费（佣金）、鉴定费、评估费、图录费、证书费等费用。

（4）纳税人如不能提供合法、完整、准确的财产原值凭证，不能正确计算财产原值的，按转让收入额的3%征收率计算缴纳个人所得税；拍卖品经文物部门认定是海外回流文物的，按转让收入额的2%征收率计算缴纳个人所得税。

（七）纳税人收回转让股权

（1）股权转让合同履行完毕，股权已变更登记，转让行为结束后，解除原合同退回股权视为另一次转让，前次转让征收的个人所得税不予退回。

（2）股权转让合同未履行完毕，因执行仲裁委员会作出的解除裁决、停止执行原股权转让合同并原价收回已转让股权的，因转让行为尚未完成，收入未完全实现，随股权转让关系的解除，股权收益不复存在，纳税人无须缴纳个人所得税。

（八）个人终止投资经营收回款项征收个人所得税的规定

个人因各种原因终止投资、联营、经营合作等行为，从被投资企业或合作项目、被投资企业的其他投资者及合作项目的经营合作人取得股权转让收入、违约金、补偿金、赔偿金及以其他名目收回的款项等，均按“财产转让所得”项目纳税。计算公式如下：

$$应纳税所得额=\begin{matrix}个人取得的股权转让收入、违约金、补偿金、\\赔偿金及以其他名目收回款项合计数\end{matrix}-\begin{matrix}原实际出资额（投入额）\\及相关税费\end{matrix}$$

值得注意的是：个人转让不动产的，税务机关应当根据不动产登记等相关信息核验应缴纳的个人所得税，登记机构办理转移登记时，应当查验与该不动产转让相关的个人所得税的完税凭证；个人转让股权办理变更登记的，市场主体登记机关应当查验与该股权交易相关的个人所得税的完税凭证。

七、利息、股息、红利所得应纳税额的计算

利息、股息、红利所得应纳税额的计算公式为：

应纳税额=应纳税所得额×适用税率

=每次收入额×适用税率

在计算利息、股息、红利所得应纳税额时，需要注意以下问题：

（1）以股票形式向股东个人支付应得的股息、红利（即派发红股），应以派发红股的股票票面金额为收入额，计征个人所得税。

（2）上市公司股息、红利差别化个人所得税政策。

①个人从公开发行和转让市场取得的上市公司股票，持股期限超过1年的，股息、红利所得暂免征收个人所得税。

个人从公开发行和转让市场取得的上市公司股票，持股期限在1个月以内（含1个月）的，其股息、红利所得全额计入应纳税所得额；持股期限在1个月以上至1年（含1年）的，暂减按50%计入应纳税所得额。上述所得统一适用20%的税率计征个人所得税。

②上市公司派发股息、红利时，对个人持股1年以内（含1年）的，上市公司暂不扣缴个人所得税；待个人转让股票时，证券登记结算公司根据其持股期限计算应纳税额，由证券公司等股份托管机构从个人资金账户中扣收并划付证券登记结算公司，证券登记结算公司应于次月5个工作日内划付上市公司，上市公司在收到税款当月的法定申报期内向主管税务机关申报缴纳。

（3）全国中小企业股份转让系统挂牌公司股息、红利差别化个人所得税政策。

全国中小企业股份转让系统即新三板，自2019年7月1日起至2024年6月30日期间，个人持有挂牌公司的股票，持股期限超过1年的，对股息、红利所得暂免征收个人所得税。

个人持有挂牌公司的股票，持股期限在1个月以内（含1个月）的，其股息、红利所得全额计入应纳税所得额；持股期限在1个月以上至1年（含1年）的，其股息、红利所得暂减按50%计入应纳税所得额。上述所得统一适用20%的税率计征个人所得税。

所称挂牌公司是指股票在全国中小企业股份转让系统公开转让的非上市公众公司；持股期限是指个人取得挂牌公司股票之日至转让交割该股票之日前一日的持有时间。

所称年（月）是指自然年（月），即持股1年是指从上一年某月某日至本年同月同日的前一日连续持股，持股1个月是指从上月某日至本月同日的前一日连续持股。

挂牌公司派发股息红利时，对截至股权登记日个人持股1年以内（含1年）且尚未转让的，挂牌公司暂不扣缴个人所得税；待个人转让股票时，证券登记结算公司根据其持股期限计算应纳税额，由证券公司等股票托管机构从个人资金账户中扣收并划付证券登记结算公司，证券登记结算公司应于次月5个工作日内划付挂牌公司，挂牌公司在收到税款当月的法定申报期内向主管税务机关申报缴纳，并应办理全员全额扣缴申报。

个人转让股票时，按照先进先出的原则计算持股期限，即证券账户中先取得的股票视为先转让。

（4）自2019年7月1日起至2024年6月30日期间，证券投资基金从挂牌公司取得的股息、红利所得，适用全国中小企业股份转让系统挂牌公司股息、红利差别化个人所得税政策。

（5）对个人投资者持有2019—2023年发行的铁路债券取得的利息收入，减按50%计入应纳税所得额计算征收个人所得税。税款由兑付机构在向个人投资者兑付利息时代扣代缴。

【例12-30】王某自2022年1月起持有某上市公司的股票20 000股，该上市公司2023年度的利润分配方案为每10股送3股，并于2023年6月份实施，该股票的面值为每股1元。请计算上市公司应扣缴王某的个人所得税。

【解析】王某持股期限超过1年，股息、红利所得暂免征收个人所得税。该上市公司应扣缴王某个人所得税税额为0。

（6）自2019年1月1日至2023年12月31日，创投企业选择按单一投资基金核算的，其个人合伙人从该基金应分得的股权转让所得和股息、红利所得，按照20%税率计算缴纳个人所得税，由创投企业按次代扣代缴个人所得税。单一投资基金核算方法仅适用于计算创投企业个人合伙人的应纳税额。

单一投资基金的股息、红利所得，以其来源于所投资项目分配的股息、红利收入以及其他固定收益类证券等收入的全额计算。

单个投资项目的股权转让所得，按年度股权转让收入扣除对应股权原值和转让环节合理费用后的余额计算，股权原值和转让环节合理费用的确定方法，参照股权转让所得个人所得税有关政策规定执行；单一投资基金的股权转让所得，按一个纳税年度内不同投资项目的所得和损失相互抵减后的余额计算，余额大于或等于零的，即确认为该基金的年度股权转让所得；余额小于零的，该基金年度股权转让所得按零计算且不能跨年结转。

除前述可以扣除的成本、费用之外，单一投资基金发生的包括投资基金管理人的管理费和业绩报酬在内的其他支出，不得在核算时扣除。

创投企业选择按单一投资基金核算或按创投企业年度所得整体核算后，3年内不能变更。

八、偶然所得应纳税额的计算

偶然所得以个人每次收入额为应纳税所得额，不扣除任何费用。计算公式如下：

应纳税额=应纳税所得额×适用税率

=每次收入额×20%

【例12-31】下列情形中，应按照“偶然所得”征收个人所得税的是（　　）。

A.个人获得的商品价格折扣

B.个人累积消费达到一定额度按消费积分获得的反馈礼品

C.个人获得的服务价格折让

D.累积消费达到一定额度的顾客获得额外抽奖机会的获奖所得

【解析】正确答案为D项。

九、应纳税额计算中的特殊问题

（一）个人所得税中捐赠扣除的计税方法

个人将其所得对教育、扶贫、济困等公益慈善事业进行捐赠，捐赠额未超过纳税人申报的应纳税所得额30%的部分，可以从其应纳税所得额中扣除；国务院规定对公益慈善事业捐赠实行全额税前扣除的，从其规定。

1.捐赠扣除限额的计算方法

捐赠扣除限额=申报的应纳税所得额×30%

2.需要注意的问题

（1）扣除比例一般为30%，向农村义务教育、红十字事业、公益性青少年活动场所、老年服务机构、地震灾区、中华健康快车基金会等单位的捐赠可全额扣除。

（2）如果实际捐赠额小于扣除限额，则不能减去扣除限额，只能减去实际捐赠额。

【例12-32】外籍非居民杰克取得翻译收入40 000元，从中先后拿出6 000元、10 000元，通过国家机关分别捐给了农村义务教育和贫困地区。请计算该笔翻译收入应缴纳的个人所得税。

【解析】向农村义务教育捐赠可全额扣除，向贫困地区的捐赠根据限额扣除。

（1）捐赠前的应纳税所得额=40 000×（1-20%）=32 000（元）

（2）公益性捐赠限额=32 000×30%=9 600（元）

（3）捐赠后的应纳税所得额=32 000-6 000-9 600=16 400（元）

（4）应纳个人所得税税额=16 400×20%-1 410=1 870（元）

（二）个人所得税境外缴纳税额抵免的计税方法

纳税义务人从中国境外取得的所得，准予其在应纳税额中扣除已在境外缴纳的个人所得税税额，但扣除额不得超过该纳税义务人境外所得依照我国税法规定计算的应纳税额。

居民个人从中国境内和境外取得的综合所得、经营所得，应当分别合并计算应纳税额；从中国境内和境外取得的其他所得，应当分别单独计算应纳税额。

在境外缴纳的个人所得税税额，是指居民个人来源于中国境外的所得，依照该所得来源国家（地区）的法律应当缴纳并且实际已经缴纳的所得税税额。

纳税人境外所得应纳税额，是居民个人抵免已在境外缴纳的综合所得、经营所得以及其他所得的所得税税额的限额（以下简称抵免限额）。除国务院财政、税务主管部门另有规定外，来源于中国境外一个国家（地区）的综合所得抵免限额、经营所得抵免限额以及其他所得抵免限额之和，为来源于该国家（地区）所得的抵免限额。

居民个人在中国境外一个国家（地区）实际已经缴纳的个人所得税税额，低于依照前款规定计算出的来源于该国家（地区）所得的抵免限额的，应当在中国缴纳差额部分的税款；超过来源于该国家（地区）所得的抵免限额的，其超过部分不得在本纳税年度的应纳税额中抵免，但是可以在以后纳税年度来源于该国家（地区）所得的抵免限额的余额中补扣。补扣期限最长不得超过5年。

居民个人申请抵免已在境外缴纳的个人所得税税额，应当提供境外税务机关出具的税款所属年度的有关纳税凭证。

（三）两人以上共同取得同一项目收入的计税方法

两人以上共同取得同一项目收入，应当对每个人取得的收入分别按照税法规定减除费用后计算纳税，实行“先分、后扣、再税”的办法。

【例12-33】某高校5位教师共同编写出版了一本50万字的教材，共取得稿酬收入21 000元。其中，主编得主编费1 000元，其余稿酬5人平分。计算各教师稿酬所得应缴纳的个人所得税。

【解析】（1）扣除主编费后所得=21 000-1 000=20 000（元）

（2）平均每人所得稿酬=20 000÷5=4 000（元）

（3）主编稿酬所得应纳个人所得税=（4 000+1 000）×（1-20%）×70%×20%

=560（元）

（4）其他4位教师稿酬所得应纳个人所得税=（4 000-800）×70%×20%

=448（元）

（四）特别纳税调整

有下列情形之一的，税务机关有权按照合理方法进行纳税调整：

（1）个人与其关联方之间的业务往来不符合独立交易原则而减少本人或者其关联方应纳税额，且无正当理由的；

（2）居民个人控制的，或者居民个人和居民企业共同控制的设立在实际税负明显偏低的国家（地区）的企业，无合理经营需要，对应当归属于居民个人的利润不作分配或者减少分配的；

（3）个人实施其他不具有合理商业目的的安排而获取不当税收利益的。

税务机关依照规定作出纳税调整，需要补征税款的，应当补征税款，并依法加收利息。利息应当按照税款所属纳税申报期最后一日中国人民银行公布的与补税期间同期的人民币贷款基准利率计算，自税款纳税申报期满次日起至补缴税款期限届满之日止按日加收。纳税人在补缴税款期限届满前补缴税款的，利息加收至补缴税款之日。

二维码18：
个人所得税的
征收管理

第六节 源泉扣缴

一、征收方式

个人所得税的征收方式主要有两种：一是源泉扣缴；二是自行申报纳税。源泉扣缴是指以所得支付者为扣缴义务人，在每次向纳税人支付有关所得款项时，代为扣缴税款的做法。

居民个人取得工资薪金、劳务报酬、特许权使用费、稿酬四项所得计入综合所得，按年计算，分期预缴，年终汇算清缴，居民个人取得综合所得项目收入时由支付方预扣预缴，其他由支付方代扣代缴。

扣缴义务人，是指向个人支付所得的单位或者个人。扣缴义务人依法履行代扣代缴义务，纳税人不得拒绝。纳税人拒绝的，扣缴义务人应当及时报告税务机关。

扣缴义务人应当依法办理全员全额扣缴申报。

全员全额扣缴申报，是指扣缴义务人应当在代扣税款的次月15日内，向主管税务机关报送其支付所得的所有个人的有关信息、支付所得数额、扣除事项和数额、扣缴税款的具体数额和总额以及其他相关涉税信息资料。

实行个人所得税全员全额扣缴申报的应税所得包括：

① 工资、薪金所得；

② 劳务报酬所得；

③ 稿酬所得；

④ 特许权使用费所得；

⑤ 利息、股息、红利所得；

⑥ 财产租赁所得；

⑦ 财产转让所得；

⑧ 偶然所得。

居民个人向扣缴义务人提供有关信息并依法要求办理专项附加扣除的，扣缴义务人应当按照规定在工资、薪金所得按月预扣预缴税款时予以扣除，不得拒绝。

二、居民个人综合所得预扣预缴

（一）居民个人工资、薪金预扣预缴

扣缴义务人向居民个人支付工资、薪金所得时，应当按照累计预扣法计算预扣税款，并按月办理扣缴申报。

累计预扣法，是指扣缴义务人在一个纳税年度内预扣预缴税款时，以纳税人在本单位截至当前月份工资、薪金所得累计收入减除累计免税收入、累计减除费用、累计专项扣除、累计专项附加扣除和累计依法确定的其他扣除后的余额为累计预扣预缴应纳税所得额，适用个人所得税预扣率表一（见表12-7），计算累计应预扣预缴税额，再减除累计减免税额和累计已预扣预缴税额，其余额为本期应预扣预缴税额。余额为负值时，暂不退税。纳税年度终了后余额仍为负值的，由纳税人通过办理综合所得年度汇算清缴，税款多退少补。

表12-7　　个人所得税预扣率表一（居民个人工资、薪金所得预扣预缴适用）

级数	累计预扣预缴应纳税所得额	预扣率（%）	速算扣除数（元）
1	不超过36 000元的	3	0
2	超过36 000元至144 000元的部分	10	2 520
3	超过144 000元至300 000元的部分	20	16 920
4	超过300 000元至420 000元的部分	25	31 920
5	超过420 000元至660 000元的部分	30	52 920
6	超过660 000元至960 000元的部分	35	85 920
7	超过960 000元的部分	45	181 920

具体计算公式如下：

本期应预扣预缴税额＝（累计预扣预缴应纳税所得额×预扣率－速算扣除数）－累计减免税额－累计已预扣预缴税额

累计预扣预缴应纳税所得额＝累计收入－累计免税收入－累计减除费用－累计专项扣除－累计专项附加扣除－累计依法确定的其他扣除

其中：累计减除费用，按照5 000元/月乘以纳税人当年截至本月在本单位的任职受雇月份数计算。自2020年7月1日起，对一个纳税年度内首次取得工资、薪金所得的居民个人，扣缴义务人在预扣预缴个人所得税时，可按照5000元/月乘以纳税人当年截至本月月份数计算累计减除费用。

上述公式中，员工当期可扣除的专项附加扣除金额，为该员工在本单位截至当前月份符合政策条件的扣除金额。

【例12-34】某职员2022年入职，2023年每月应发工资均为10 000元，每月减除费用5 000元，“三险一金”等专项扣除为1 500元，从1月起享受子女教育专项附加扣除1 000元，没有减免收入及减免税额等情况，其前三个月预扣预缴税额是多少？

【解析】1月份预扣预缴税额=（10 000－5 000－1 500－1 000）×3%=75（元）

2月份预扣预缴税额=（10 000×2－5 000×2－1 500×2－1 000×2）×3%－75=75（元）

3月份预扣预缴税额=（10 000×3－5 000×3－1 500×3－1 000×3）×3%－75－75=75（元）

进一步计算可知，该纳税人全年累计预扣预缴应纳税所得额为30 000元，一直适用3%的税率，因此各月预扣预缴税额相同。

【例12-35】某职员2022年入职，2023年每月应发工资均为30 000元，每月减除费用5 000元，“三险一金”等专项扣除为4 500元，享受子女教育、赡养老人两项专项附加扣除共计2 000元，没有减免收入及减免税额等情况，其前三个月预扣预缴税额是多少？

【解析】1月份预扣预缴税额=（30 000-5 000-4 500-2 000）×3%=555（元）

2月份预扣预缴税额=（30 000×2-5 000×2-4 500×2-2 000×2）×10%-2520-555=625（元）

3月份预扣预缴税额=（30 000×3-5 000×3-4 500×3-2 000×3）×10%-2 520-555-625=1 850（元）

上述计算结果表明，由于2月份累计预扣预缴应纳税所得额为37 000元，已适用10%的税率，因此2月份和3月份应预扣预缴税额有所提高。

正在接受全日制学历教育的学生因实习取得劳务报酬所得的，扣缴义务人预扣预缴个人所得税时，可按照《国家税务总局关于发布〈个人所得税扣缴申报管理办法（试行）〉的公告》（2018年第61号）规定的累计预扣法计算并预扣预缴税款。

（二）居民个人劳务报酬所得、稿酬所得、特许权使用费所得预扣预缴

扣缴义务人向居民个人支付劳务报酬所得、稿酬所得和特许权使用费所得的，按以下方法按次或者按月预扣预缴个人所得税：

劳务报酬所得、稿酬所得、特许权使用费所得以每次收入减除费用后的余额为收入额；其中，稿酬所得的收入额减按70%计算。

预扣预缴税款时，劳务报酬所得、稿酬所得、特许权使用费所得每次收入不超过4 000元的，减除费用按800元计算；每次收入4 000元以上的，减除费用按收入的20%计算。

劳务报酬所得、稿酬所得、特许权使用费所得，以每次收入额为预扣预缴应纳税所得额，计算应预扣预缴税额。劳务报酬所得适用个人所得税预扣率表二（见表12-8），稿酬所得、特许权使用费所得适用20%的比例预扣率。

表12-8　　个人所得税预扣率表二（居民个人劳务报酬所得等预扣预缴适用）

级数	预扣预缴应纳税所得额	预扣率（%）	速算扣除数（元）
1	不超过20 000元的	20	0
2	超过20 000元至50 000元的部分	30	2 000
3	超过50 000元的部分	40	7 000

【例12-36】某居民个人取得劳务报酬所得2 000元，则这笔所得应预扣预缴税额计算过程为：

收入额=2 000-800=1 200（元）

应预扣预缴税额=1 200×20%=240（元）

【例12-37】某居民个人取得稿酬所得40 000元，则这笔所得应预扣预缴税额计算过程为：

收入额=（40 000-40 000×20%）×70%=22 400（元）

应预扣预缴税额=22 400×20%=4 480（元）

居民个人办理年度综合所得汇算清缴时，应当依法计算劳务报酬所得、稿酬所得、特

许权使用费所得的收入额，并入年度综合所得计算应纳税款，税款多退少补。

在此，请注意居民个人综合所得预扣预缴与汇算清缴的区别。

1.收入额的计算方法不同

年度汇算清缴时，上述三项收入额为收入减除20%的费用后的余额；预扣预缴时收入额为每次收入减除费用后的余额，其中，“每次收入不超过4 000元的，费用按800元计算；每次收入4 000元以上的，费用按20%计算”。

2.可扣除的项目不同

居民个人的上述三项所得和工资、薪金所得属于综合所得，年度汇算清缴时以四项所得的合计收入额减除费用6万元以及专项扣除、专项附加扣除和依法确定的其他扣除后的余额，为应纳税所得额。而根据《个人所得税法》及其实施条例的规定，上述三项所得日常预扣预缴税款时暂不减除上述扣除。

3.适用的税率/预扣率不同

年度汇算清缴时，适用3%至45%的超额累进税率；预扣预缴时，劳务报酬所得适用表12-8的预扣率，稿酬所得、特许权使用费所得适用20%的比例预扣率。

4.关于“按次”的具体规定

劳务报酬、稿酬所得、特许权使用费所得三项综合所得，属于一次性收入的，以取得该项收入为一次；属于同一项目连续性收入的，以1个月内取得的收入为一次。

三、代扣代缴

（一）非居民个人工资、薪金所得，劳务报酬所得，稿酬所得和特许权使用费所得税款代扣代缴

非居民个人取得上述四项收入时，由支付方代扣代缴个人所得税，没有汇算清缴的，代扣代缴税额就是纳税人应纳税额。扣缴义务人向非居民个人支付工资、薪金所得，劳务报酬所得，稿酬所得和特许权使用费所得时，应当按照以下方法按月或者按次代扣代缴税款：

非居民个人的工资、薪金所得，以每月收入额减除费用5 000元后的余额为应纳税所得额；劳务报酬所得、稿酬所得、特许权使用费所得，以每次收入额为应纳税所得额，适用个人所得税税率表三计算应纳税额。其中，劳务报酬所得、稿酬所得、特许权使用费所得以收入减除20%的费用后的余额为收入额，而稿酬所得的收入额减按70%计算。

【例12-38】假如某非居民个人取得劳务报酬所得20 000元，则这笔所得应扣缴税额为：

应扣缴税额=（20 000-20 000×20%）×20%-1 410=1 790（元）

【例12-39】假如某非居民个人取得稿酬所得10 000元，则这笔所得应扣缴税额为：

应扣缴税额=（10 000-10 000×20%）×70%×10%-210=350（元）

非居民个人在一个纳税年度内税款扣缴方法保持不变，达到居民个人条件时，应当告知扣缴义务人基础信息变化情况，年度终了后按照居民个人有关规定办理汇算清缴。

（二）其他项目代扣代缴

扣缴义务人支付利息、股息、红利所得，财产租赁所得，财产转让所得或者偶然所得时，应当依法按次或者按月代扣代缴税款。

财产租赁所得，以1个月内取得的收入为一次。利息、股息、红利所得，以支付利息、股息、红利时取得的收入为一次。偶然所得，以每次取得该项收入为一次。

四、扣缴信息

扣缴义务人首次向纳税人支付所得时，应当按照纳税人提供的纳税人识别号等基础信息，填写《个人所得税基础信息表（A表）》，并于次月扣缴申报时向税务机关报送。

扣缴义务人对纳税人向其报告的相关基础信息变化情况，应当于次月扣缴申报时向税务机关报送。

扣缴义务人应当按照纳税人提供的信息计算办理扣缴申报，不得擅自更改纳税人提供的信息。

纳税人发现扣缴义务人提供或者扣缴申报的个人信息、所得、扣缴税款等与实际情况不符的，有权要求扣缴义务人修改。扣缴义务人拒绝修改的，纳税人应当报告税务机关，税务机关应当及时处理。

纳税人、扣缴义务人应当按照规定保存与专项附加扣除相关的资料。税务机关可以对纳税人提供的专项附加扣除信息进行抽查，具体办法由国务院税务主管部门另行规定。税务机关发现纳税人提供虚假信息的，应当责令改正并通知扣缴义务人；情节严重的，有关部门应当依法予以处理，纳入信用信息系统并实施联合惩戒。

支付工资、薪金所得的扣缴义务人应当于年度终了后2个月内，向纳税人提供其个人所得和已扣缴税款等信息。纳税人年度中间需要提供上述信息的，扣缴义务人应当提供。

纳税人取得除工资、薪金所得以外的其他所得，扣缴义务人应当在扣缴税款后，及时向纳税人提供其个人所得和已扣缴税款等信息。

扣缴义务人对纳税人提供的《个人所得税专项附加扣除信息表》，应当按照规定妥善保存备查。

扣缴义务人应当依法对纳税人报送的专项附加扣除等相关涉税信息和资料保密。

扣缴义务人有未按照规定向税务机关报送资料和信息、未按照纳税人提供信息虚报虚扣专项附加扣除、应扣未扣税款、不缴或少缴已扣税款、借用或冒用他人身份等行为的，依照《税收征收管理法》等相关法律、行政法规处理。

第七节　税收优惠及征收管理

一、税收优惠

（一）免税项目

（1）省级人民政府、国务院部委和中国人民解放军军以上单位，以及外国组织、国际组织颁发的科学、教育、技术、文化、卫生、体育、环境保护等方面的奖金。

（2）国债和国家发行的金融债券利息。国债利息，是指个人持有中华人民共和国财政部发行的债券而取得的利息；所称国家发行的金融债券利息，是指个人持有经国务院批准发行的金融债券而取得的利息。

（3）按照国家统一规定发给的补贴、津贴。补贴、津贴是指按照国务院规定发给的政府特殊津贴、院士津贴，以及国务院规定免予缴纳个人所得税的其他补贴、津贴。

（4）福利费、抚恤金、救济金。福利费，是指根据国家有关规定，从企业、事业单位、国家机关、社会组织提留的福利费或者工会经费中支付给个人的生活补助费；所称救济金，是指各级人民政府民政部门支付给个人的生活困难补助费。

（5）保险赔款。

（6）军人的转业费、复员费、退役金。

（7）按照国家统一规定发给干部、职工的安家费、退职费、基本养老金或者退休费、离休费、离休生活补助费。

（8）依照有关法律规定应予免税的各国驻华使馆、领事馆的外交代表、领事官员和其他人员的所得。

依照有关法律规定应予免税的各国驻华使馆、领事馆的外交代表、领事官员和其他人员的所得，是指依照《中华人民共和国外交特权与豁免条例》和《中华人民共和国领事特权与豁免条例》规定免税的所得。

（9）中国政府参加的国际公约、签订的协议中规定免税的所得。

（10）国务院规定的其他免税所得。

免税规定由国务院报全国人民代表大会常务委员会备案。

（二）减征项目

有下列情形之一的，可以减征个人所得税，具体幅度和期限，由省、自治区、直辖市人民政府规定，并报同级人民代表大会常务委员会备案：

① 残疾、孤老人员和烈属的所得。

② 因自然灾害遭受重大损失的。

对个人投资者持有2019—2023年发行的铁路债券取得的利息收入，减按50%计入应纳税所得额计算征收个人所得税。税款由兑付机构在向个人投资者兑付利息时代扣代缴。

国务院可以规定其他减税情形，报全国人民代表大会常务委员会备案。

（三）在中国境内无住所，但在中国境内居住累计满183天的年度连续不满6年的纳税人的减免税优惠

在中国境内无住所的个人，在中国境内居住累计满183天的年度连续不满6年的，经向主管税务机关备案，其来源于中国境外且由境外单位或者个人支付的所得，免予缴纳个人所得税；在中国境内居住累计满183天的任一年度中有一次离境超过30天的，其在中国境内居住累计满183天的年度的连续年限重新起算。

（四）在中国境内无住所的个人，在一个纳税年度内在中国境内居住累计不超过90天的纳税人的减免税优惠

在中国境内无住所的个人，在一个纳税年度内在中国境内居住累计不超过90天的，

其来源于中国境内的所得，由境外雇主支付并且不由该雇主在中国境内的机构、场所负担的部分，免予缴纳个人所得税。

（五）下列各项个人所得，暂免征收个人所得税

（1）外籍个人以非现金形式或实报实销形式取得的住房补贴、伙食补贴、搬迁费、洗衣费。

（2）外籍个人按合理标准取得的境内、境外出差补贴。

（3）外籍个人取得的探亲费、语言训练费、子女教育费等，经当地税务机关审核批准为合理的部分。

（4）外籍个人从外商投资企业取得的股息、红利所得。

（5）凡符合下列条件之一的外籍专家取得的工资、薪金所得，可免税：

① 根据世界银行专项借款协议，由世界银行直接派往我国工作的外国专家；

② 联合国组织直接派往我国工作的专家；

③ 为联合国援助项目来华工作的专家；

④ 援助国派往我国专为该国援助项目工作的专家；

⑤ 根据两国政府签订的文化交流项目来华工作2年以内的文教专家，其工资、薪金所得由该国负担的；

⑥ 根据我国大专院校国际交流项目来华工作2年以内的文教专家，其工资、薪金所得由该国负担的；

⑦ 通过民间科研协定来华工作的专家，其工资、薪金所得由该国政府机构负担的。

（6）个人举报、协查各种违法、犯罪行为而获得的奖金。

（7）个人办理代扣代缴手续，按规定取得的扣缴手续费。

（8）个人转让自用达5年以上，且是家庭唯一生活住房取得的所得。

（9）个人购买福利彩票、赈灾彩票、体育彩票，一次中奖收入在10 000元以下的（含10 000元），暂免征收个人所得税（超过10 000元的，全额征收个人所得税）。

（10）达到离休、退休年龄，但确因工作需要，适当延长离休、退休年龄的高级专家，其在延长离休、退休期间的工资、薪金所得，视同离休、退休工资免征个人所得税。

（11）破产国有企业职工取得的一次性安置费收入。

（12）解除劳动关系的一次性经济补偿，在当地上年职工平均工资3倍数额以内的部分。

（13）政府规定的比例内的失业保险金、基本养老保险金、医疗保险金、住房公积金，缴付时免税，领取时免税，存入个人账户的利息所得免税。

（14）对工伤职工及其近亲属按照《工伤保险条例》规定取得的工伤保险待遇，免税。工伤保险待遇，包括工伤职工按照《工伤保险条例》规定取得的一次性伤残补助金、伤残津贴、一次性工伤医疗补助金、一次性伤残就业补助金、工伤医疗待遇、住院伙食补助费、外地就医交通食宿费用、工伤康复费用、辅助器具费用、生活护理费等，以及职工因工死亡，其近亲属按照《工伤保险条例》规定取得的丧葬补助金、供养亲属抚恤金和一

次性工亡补助金等。

（15）生育津贴、生育医疗费或者其他性质的属于生育保险性质的津贴、补贴。

（16）沪港股票市场交易互联互通机制试点涉及的有关税收政策规定如下：

① 自2019年12月5日起至2023年12月31日，对内地个人投资者通过沪港通、深港通投资香港联交所上市股票取得的转让差价所得和通过基金互认买卖香港基金份额取得的转让差价所得，继续暂免征收个人所得税。

② 对香港市场投资者（包括企业和个人）投资上交所上市A股取得的转让差价所得，暂免征收个人所得税。

（17）创新企业境内发行存托凭证试点阶段个人所得税政策。

① 自试点开始之日起，对个人投资者转让创新企业境内发行存托凭证（以下称创新企业CDR）取得的差价所得，3年（36个月，下同）内暂免征收个人所得税。

② 自试点开始之日起，对个人投资者持有创新企业CDR取得的股息、红利所得，3年内实施股息红利差别化个人所得税政策，具体参照上市公司股息、红利差别化个人所得税政策规定执行，由创新企业在其境内的存托机构代扣代缴税款，并向存托机构所在地税务机关办理全员全额明细申报。对于个人投资者取得的股息、红利在境外已缴纳的税款，可按照《个人所得税法》以及双边税收协定（安排）的相关规定予以抵免。

所称试点开始之日，是指首只创新企业CDR取得国务院证券监督管理机构的发行批文之日。

（18）天使投资个人创业投资抵扣优惠。

自2018年7月1日起，天使投资个人创业投资抵扣优惠政策如下：

有限合伙制创业投资企业采取股权投资方式直接投资于初创科技型企业满2年的，该合伙创投企业的个人合伙人可以按照对初创科技型企业投资额的70%抵扣个人合伙人从合伙创投企业分得的经营所得；当年不足抵扣的，可以在以后纳税年度结转抵扣。

天使投资个人采取股权投资方式直接投资于初创科技型企业满2年的，可以按照投资额的70%抵扣转让该初创科技型企业股权取得的应纳税所得额；当期不足抵扣的，可以在以后取得转让该初创科技型企业股权的应纳税所得额时结转抵扣。

天使投资个人投资多个初创科技型企业的，对其中办理注销清算的初创科技型企业，天使投资个人对其投资额的70%尚未抵扣完的，可自注销清算之日起36个月内抵扣天使投资个人转让其他初创科技型企业股权取得的应纳税所得额。

所称满2年是指天使投资个人投资于种子期、初创期科技型企业的实缴投资满2年，投资时间从初创科技型企业接受投资并完成工商变更登记的日期算起。所称出资比例，按投资满2年当年年末各合伙人对合伙创投企业的实缴出资额占所有合伙人全部实缴出资额的比例计算。

天使投资个人应在投资初创科技型企业满24个月的次月15日内，与初创科技型企业共同向初创科技型企业主管税务机关办理备案手续。合伙创投企业的个人合伙人符合享受优惠条件的，合伙创投企业应在投资初创科技型企业满2年的每个年度终了后3个月内，向合伙创投企业主管税务机关办理备案手续。

天使投资个人转让未上市的初创科技型企业股权，按照规定享受投资抵扣税收优惠的，应于股权转让次月15日内，向主管税务机关报送《天使投资个人所得税投资抵扣情况表》。

（19）个体工商户税收优惠。

自2023年1月1日至2024年12月31日。

① 对个体工商户经营所得年应纳税所得额不超过100万元的部分，在现行优惠政策基础上，再减半征收个人所得税。个体工商户不区分征收方式，均可享受。

② 个体工商户在预缴税款时即可享受，其年应纳税所得额暂按截至本期申报所属期末的情况进行判断，并在年度汇算清缴时按年计算、多退少补。若个体工商户从两处以上取得经营所得，需在办理年度汇总纳税申报时，合并个体工商户经营所得年应纳税所得额，重新计算减免税额，多退少补。

③ 个体工商户按照以下方法计算减免税额：

$$\text{减免税额}=\left(\text{个体工商户经营所得应纳税所得额不超过100万元部分的应纳税额}-\text{其他政策减免税额}\times\text{个体工商户经营所得应纳税所得额不超过100万元部分}\div\text{经营所得应纳税所得额}\right)\times(1-50\%)$$

（六）过渡期税收优惠政策

1.关于全年一次性奖金、中央企业负责人年度绩效薪金延期兑现收入和任期奖励的政策

居民个人取得全年一次性奖金，符合《国家税务总局关于调整个人取得全年一次性奖金等计算征收个人所得税方法问题的通知》（国税发〔2005〕9号）规定的，在2023年12月31日前，不并入当年综合所得，以全年一次性奖金收入除以12个月得到的数额，按照该通知所附按月换算后的综合所得税率表（以下简称月度税率表，见税率表三），确定适用税率和速算扣除数，单独计算纳税。计算公式为：

应纳税额=全年一次性奖金收入×适用税率-速算扣除数

居民个人取得全年一次性奖金，也可以选择并入当年综合所得计算纳税。

自2024年1月1日起，居民个人取得全年一次性奖金，应并入当年综合所得计算缴纳个人所得税。

中央企业负责人取得年度绩效薪金延期兑现收入和任期奖励，符合《国家税务总局关于中央企业负责人年度绩效薪金延期兑现收入和任期奖励征收个人所得税问题的通知》（国税发〔2007〕118号）规定的，在2021年12月31日前，参照本通知第一条第（一）项执行；中央企业负责人任期激励单独计税优惠政策，执行期限延长至2023年12月31日。

2.关于外籍个人有关津补贴的政策

（1）2019年1月1日至2023年12月31日，外籍个人符合居民个人条件的，可以选择享受个人所得税专项附加扣除，也可以选择按照《财政部 国家税务总局关于个人所得税若干政策问题的通知》（财税〔1994〕20号）、《国家税务总局关于外籍个人取得有关补贴征免个人所得税执行问题的通知》（国税发〔1997〕54号）和《财政部 国家税务总局关于外籍个人取得港澳地区住房等补贴征免个人所得税的通知》（财税〔2004〕29号）的规

定，享受住房补贴、语言训练费、子女教育费等津补贴免税优惠政策，但不得同时享受。外籍个人一经选择，在一个纳税年度内不得变更。

（2）自2024年1月1日起，外籍个人不再享受住房补贴、语言训练费、子女教育费津补贴免税优惠政策，应按规定享受专项附加扣除。

3.关于上市公司股权激励的政策

（1）居民个人取得股票期权、股票增值权、限制性股票、股权奖励等股权激励（以下简称股权激励），符合《财政部 国家税务总局关于个人股票期权所得征收个人所得税问题的通知》（财税〔2005〕35号）、《财政部 国家税务总局关于股票增值权所得和限制性股票所得征收个人所得税有关问题的通知》（财税〔2009〕5号）、《财政部 国家税务总局关于将国家自主创新示范区有关税收试点政策推广到全国范围实施的通知》（财税〔2015〕116号）第四条、《财政部 国家税务总局关于完善股权激励和技术入股有关所得税政策的通知》（财税〔2016〕101号）第四条第（一）项规定的相关条件的，在2023年12月31日前，不并入当年综合所得，全额单独适用综合所得税率表，计算纳税。计算公式为：

应纳税额=股权激励收入×适用税率-速算扣除数

（2）居民个人一个纳税年度内取得两次以上（含两次）股权激励的，应合并按《财政部 国家税务总局关于完善股权激励和技术入股有关所得税政策的通知》第二条第（一）项规定计算纳税。

（3）2024年1月1日之后的股权激励政策另行明确。

【例12-40】下列各项所得中，免征个人所得税的是（　　）。

A.个人的房屋租赁所得

B.个人根据遗嘱继承房产的所得

C.外籍个人取得的现金住房补贴所得

D.个人因任职从上市公司取得的股票增值权所得

【解析】正确答案为B项。

【例12-41】下列房产处置行为中，应缴纳个人所得税的有（　　）。

A.转让无偿受赠的房产

B.居民个人出售自用3年的生活用房

C.转让离婚析产房屋

D.通过离婚析产的方式分割房屋产权

【解析】正确答案为A、B、C项。

二、征收管理

（一）纳税申报

1.源泉扣缴

（1）扣缴期限。扣缴义务人每月或者每次预扣、代扣的税款，应当在次月15日内缴入国库，并向税务机关报送扣缴个人所得税申报表。

（2）扣缴义务人应扣未扣、应收未收税款的，由税务机关向纳税人追缴税款，对扣缴义务人处应扣未扣、应收未收税款50%以上3倍以下的罚款；纳税人、扣缴义务人逃避、拒绝或以其他方式阻挠税务机关检查的，由税务机关责令改正，可处1万元以下的罚款；情节严重的，处1万元以上5万元以下罚款。

（3）税务机关按扣缴义务人所扣缴税款的2%向扣缴义务人支付手续费，不包括税务机关、司法机关等查补或者责令补扣的税款。扣缴义务人领取的扣缴手续费可用于提升办税能力、奖励办税人员。

2. 自行申报纳税

有下列情形之一的，纳税人应当依法办理纳税申报：

（1）取得综合所得需要办理汇算清缴。

① 已预缴税额大于汇算应纳税额且申请退税的；

② 取得的综合所得收入超过12万元且汇算需要补税金额超过400元的。

因适用所得项目错误或者扣缴义务人未依法履行扣缴义务，造成少申报或者未申报综合所得的，纳税人应当依法据实办理汇算。

（2）取得应税所得没有扣缴义务人。

（3）取得应税所得，扣缴义务人未扣缴税款。

（4）取得境外所得。

（5）因移居境外注销中国户籍。

（6）非居民个人在中国境内从两处以上取得工资、薪金所得。

（7）国务院规定的其他情形。

个人所得税的申报纳税方式主要有3种，即由本人直接申报纳税、委托他人代为申报纳税，以及采用邮寄方式在规定的申报期内申报纳税。

【例12-42】下列情形中，纳税人必须自行向税务机关申报缴纳个人所得税的有（　　）。

A. 需要汇算清缴的　　B. 从中国境外取得所得的

C. 居民个人在两处以上取得稿酬所得的　　D. 取得应税所得没有扣缴义务人的

【解析】正确答案为A、B、C、D项。

（二）纳税期限

纳税人取得应税所得没有扣缴义务人的，应当在取得所得的次月15日内向税务机关报送纳税申报表，并缴纳税款。

纳税人取得应税所得，扣缴义务人未扣缴税款的，纳税人应当在取得所得的次年6月30日前，缴纳税款；税务机关通知限期缴纳的，纳税人应当按照期限缴纳税款。

居民个人从中国境外取得所得的，应当在取得所得的次年3月1日至6月30日内申报纳税。

非居民个人在中国境内从两处以上取得工资、薪金所得的，应当在取得所得的次月15日内申报纳税。

纳税人因移居境外注销中国户籍的，应当在注销中国户籍前办理税款清算。

纳税人取得经营所得，按年计算个人所得税，由纳税人在月度或者季度终了后15日内向税务机关报送纳税申报表，并预缴税款。

个人转让股权的，具有下列情形之一的，扣缴义务人、纳税人应当依法在次月15日内向主管税务机关申报纳税：

① 受让方已支付或部分支付股权转让价款的；

② 股权转让协议已签订生效的；

③ 受让方已经实际履行股东职责或者享受股东权益的；

④ 国家有关部门判决、登记或公告生效的；

⑤《股权转让所得个人所得税管理办法（试行）》第三条第（四）至第（七）项行为已完成的；

⑥ 税务机关认定的其他有证据表明股权已发生转移的情形。

个人转让股权的，被投资企业应当在董事会或股东会结束后5个工作日内，向主管税务机关报送与股权变动事项相关的董事会或股东会决议、会议纪要等资料。被投资企业发生个人股东变动或者个人股东所持股权变动的，应当在次月15日内向主管税务机关报送含有股东变动信息的《个人所得税基础信息表（A表）》及股东变更情况说明。

纳税期限的最后一日是法定休假日的，以休假日的次日为纳税期限的最后一日。纳税人确有困难，不能按期办理纳税申报的，经主管税务机关核准，可以延期申报。

（三）汇算清缴期限

居民个人取得综合所得，按年计算个人所得税；有扣缴义务人的，由扣缴义务人按月或者按次预扣预缴税款；需要办理汇算清缴的，应当在取得所得的次年3月1日至6月30日内办理汇算清缴。

纳税人取得经营所得，在取得所得的次年3月31日前办理汇算清缴。

（四）纳税地点

（1）个人所得税自行申报的，其申报地点一般应为收入来源地主管税务机关。

（2）纳税人从两处或两处以上取得工资、薪金的，可选择并固定在其中一地税务机关申报纳税。

（3）个体工商户有两处或两处以上经营机构的，可选择并固定向其中一处经营机构所在地主管税务机关申报缴纳个人所得税。

个体工商户终止生产经营的，应当在注销工商登记或者向政府有关部门办理注销前向主管税务机关结清有关纳税事宜。

（4）个人股权转让所得个人所得税以被投资企业所在地税务机关为主管税务机关。

（5）纳税人要求变更申报纳税地点的，必须经原主管税务机关批准。

【例12-43】在中国境内两处或两处以上取得应税所得的，个人所得税自行申报的纳税地点是（　　）。

A.收入来源地　　B.税务机关指定地点

C.纳税人户籍所在地　　D.纳税人选择并固定一地

【解析】个人在中国境内两处或两处以上取得应税所得的，可选择并固定在一地税务机关申报纳税。故正确答案为D项。

本章主要税法依据

❶《财政部 国家税务总局 人力资源和社会保障部关于企业年金职业年金个人所得税有关问题的通知》（2013年12月6日财税〔2013〕103号）

❷《国家税务总局关于个体工商户、个人独资企业和合伙企业个人所得税问题的公告》（2014年4月23日国家税务总局公告2014年第25号）

❸《国家税务总局个体工商户个人所得税计税办法》（2014年12月27日国家税务总局令第35号）

❹《财政部 国家税务总局 证监会关于上市公司股息红利差别化个人所得税政策有关问题的通知》（2015年9月7日财税〔2015〕101号）

❺《财政部 国家税务总局关于完善股权激励和技术入股有关所得税政策的通知》（2016年9月20日财税〔2016〕101号）

❻《财政部 国家税务总局 保监会关于将商业健康保险个人所得税试点政策推广到全国范围实施的通知》（2017年4 月28日财税〔2017〕39号）

❼《财政部 税务总局关于创业投资企业和天使投资个人有关税收政策的通知》（2018年5月14日财税〔2018〕55号）

❽《中华人民共和国个人所得税法》（2018年8月31日中华人民共和国主席令第7号）

❾《中华人民共和国个人所得税法实施条例》（2018年12月18日中华人民共和国国务院令第707号）

❿《国家税务总局关于创业投资企业和天使投资个人税收政策有关问题的公告》（2018年7月30日国家税务总局公告2018年第43号）

⓫《国家税务总局关于全面实施新个人所得税法若干征管衔接问题的公告》（2018年12月19日国家税务总局公告2018年第56号）

⓬《国家税务总局关于自然人纳税人识别号有关事项的公告》（2018年12月17日国家税务总局公告2018年第59号）

⓭《国家税务总局关于发布〈个人所得税专项附加扣除操作办法（试行）〉的公告》（2018年12月21日国家税务总局公告2018年第60号）

⓮《国家税务总局关于发布〈个人所得税扣缴申报管理办法（试行）〉的公告》（2018年12月21日国家税务总局公告2018年第61号）

⓯《国家税务总局关于个人所得税自行纳税申报有关问题的公告》（2018年12月21日国家税务总局公告2018年第62号）

⓰《财政部 税务总局关于个人所得税法修改后有关优惠政策衔接问题的通知》（2018年12月27日财税〔2018〕164号）

⓱《国家税务总局关于修订个人所得税申报表的公告》（2019年1月31日国家税务总局公告2019年第7号）

⑱《财政部 税务总局 证监会关于继续实施全国中小企业股份转让系统挂牌公司股息红利差别化个人所得税政策的公告》（2019年7月12日财政部 税务总局 证监会公告2019年第78号）

⑲《财政部 税务总局关于个人取得有关收入适用个人所得税应税所得项目的公告》（2019年6月13日财政部 税务总局公告2019年第74号）

⑳《国家税务总局关于修订发布〈个人所得税专项附加扣除操作办法（试行）〉的公告》（2022年3月25日国家税务总局公告2022年第7号）

第十三章

经济全球化下的我国关税

本章重点

1.关税完税价格的认定
2.关税税率的运用
3.关税减免
4.行邮物品进口税金

本章难点

1.一般进口货物完税价格的认定
2.特殊进口货物完税价格的认定
3.关税应纳税额的计算

关税是由海关根据国家制定的有关法律，对进出境的货物和物品征收的一种商品税。所谓“境”，是指关境，又称“海关境域”或“关税领域”，它是一个国家海关法全面实施的领域。一般情况下，一国的关境和国境是一致的，但当一个国家在境内设立自由贸易区或自由港时，国境大于关境；当几个国家结成关税同盟、组成统一的关境、实施统一的关税法令和统一的对外税则时，只对来自或运往其他国家的货物进出共同关境时征收关税，国境小于关境，如欧洲联盟。

我国现行关税法律规范主要包括《海关法》、《进出口关税条例》、《中华人民共和国进出口税则》（以下简称《进出口税则》）和《中华人民共和国海关关于入境旅客行李物品和个人邮递物品征收进口税办法》。

【例13-1】李晓航是海南航空公司的空乘人员，2008年因病离开航空公司。2009年夏天，她和男友石海东在淘宝网上开了一家名叫“空姐小店”的化妆品店铺，销售化妆品。自2010年8月起，李晓航与在韩国工作的褚子乔合作。褚子乔弄到了韩国机场免税店的账号，在韩国购买化妆品，之后邮寄到中国。

2010—2011年，李晓航多次携带从韩国免税店购买的化妆品入境而未申报，逃税超过113万元。一审法院以走私普通货物、物品罪判处李晓航有期徒刑11年、罚金50万元。2013年5月，北京高院二审将此案发回重审，12月17日，法院判决李晓航有期徒刑3年、罚金4万元。2014年3月31日上午，北京市高级人民法院对李晓航等3人走私普通货物、物品上诉案作出终审裁定。法院审理认为，李晓航等3人构成走私普通货物、物品罪，一审法院认定事实清楚，证据确凿充分，定罪及适用法律正确，量刑适当，审判程序合法，依法裁定驳回李晓航、褚子乔的上诉，维持原判。

受审时，李晓航虽然认罪，但表示自己没有预谋偷逃税款，不清楚化妆品还要缴税，也没留意自己走的是无申报通道。褚子乔表示，自己纯粹是帮李晓航的忙。

目前，我国消费者热衷“海淘”和“海外代购”的主要原因是什么？海外代购属于走私吗？

【解析】海外代购之所以受到众多消费者的青睐，主要原因是国际知名品牌在国内外的差价比较大，而造成价格差的一个重要原因是我国较高的进口关税。通过海外代购获得的商品，通过种种渠道避开了高额的税收费用，降低了购买成本。

代购，特别是个人代购，通常是通过国际邮寄或者是代购方自己随身携带回国，购买人支付相应费用。然而，不管是国际邮寄还是“人肉”带回国，都会经过海关，都要面临申报关税的问题。海关总署公告2010年第54号《关于进境旅客所携行李物品验放标准有关事宜的公共》中规定，进境居民旅客携带在境外获取的个人自用进境物品总值在5 000元人民币以内（含5 000元）的，海关予以免税放行，单一品种限自用、合理数量。个人邮寄进境的物品只有应征进口关税税额在人民币50元（含50元）以下的才能免于征税，否则将依法征收进口关税。这表明，携带商品超过5 000元或者单一品种不符合自用数量的，就需要向海关申报纳税。

《海关法》规定，直接向走私人非法收购走私进口的货物、物品的，也应追究法律责任。由于很多代购行为涉嫌“走私”，所以购买代购品的人也是涉嫌参与“走私”的人。《刑法》规定，向走私人非法收购走私进口的其他货物、物品数额较大的，将构成走私罪。

第一节　征税对象及纳税人

关税是指国家授权海关对出入关境的货物和物品征收的一种税。关税是单一环节的价外税，关税的完税价格中不包括关税，即在征收关税时，是以实际成交价格为计税依据，关税不包括在内。随着世界经济一体化进程的发展，各国的经济联系越来越密切，关税政策、关税措施往往和经济政策、外交政策紧密相关，具有很强的涉外性。

一、征税对象

根据《进出口关税条例》的规定，关税的征税对象是准许进出境的货物和物品。货物是指贸易性商品；物品是指入境旅客随身携带的行李物品、个人邮递物品、各种运输工具上的服务人员携带进口的自用物品、馈赠物品以及其他方式进境的个人物品。

【例13-2】下列各项中，属于关税征税对象的是（　　）。

A.贸易性商品

B.个人邮寄物品

C.入境旅客随身携带的行李和物品

D.馈赠物品或以其他方式进入国境的个人物品

【解析】关税的征税对象是准许进出境的货物和物品。货物是指贸易性商品；物品是指入境旅客随身携带的行李物品、个人邮递物品、各种运输工具上的服务人员携带进口的自用物品、馈赠物品以及其他方式进境的个人物品。故选A、B、C、D项。

二、纳税人

根据《进出口关税条例》的规定，关税的纳税人是指依法负有缴纳关税义务的单位和个人。进口货物的收货人、出口货物的发货人、进出境物品的所有人，是关税的纳税人。接受委托办理有关进出口货物手续的代理人负有代缴关税义务。

进出口货物的收、发货人是指依法取得对外贸易经营权，并进口或者出口货物的法人或者其他社会团体。进出境物品的所有人包括该物品的所有人和推定为所有人的人。一般情况下，对携带进境的物品，推定其携带人为所有人；对分离运输的行李，推定相应的进出境旅客为所有人；对以邮递方式进境的物品，推定其收件人为所有人；以邮递或其他运输方式出境的物品，推定其寄件人或托运人为所有人。

【例13-3】下述选项中，关税的纳税人包括（　　）。

A.进口货物的收货人　　B.出口货物的发货人

C.进出境物品的所有人　　D.进口货物的发货人

【解析】进口货物的收货人、出口货物的发货人、进出境物品的所有人，是关税的纳税人。故选A、B、C项。

第二节　关税税则与税率

一、关税税则

关税税则又称海关税则、关税税率表，是国家以法律形式对不同种类的进出口商品分别制定税率而形成的税目和税率表。商品分类目录和税率是关税税则的两项主要内容。商品分类目录是指把成千上万种不同商品加以综合，按照其不同特征分门别类、顺序排列而形成的商品名目。在此基础上，根据国家的关税政策，依据不同的商品名目，分别制定不同的税率。海关对进出口货物必须按所列税率计征税款。因此，《进出口税则》是我国征收关税的主要法律依据之一。

二、关税税率

《进出口关税条例》规定，我国的关税实行比例税率，并对进口货物关税税率和出口货物关税税率分别作了规定。

（一）进口货物关税税率

进口货物关税税率分为普通税率和优惠税率。根据《进出口关税条例》的规定，进口关税设置最惠国税率、协定税率、特惠税率、普通税率、关税配额税率等税率。此外，对进口货物在一定期限内可以实行暂定税率。

1.最惠国税率

原产于共同适用最惠国待遇条款的世界贸易组织成员的进口货物，原产于与中华人民共和国签订含有相互给予最惠国待遇条款的双边贸易协定的国家或者地区的进口货物，以及原产于中华人民共和国境内的进口货物，适用最惠国税率。

2.协定税率

原产于与中华人民共和国签订含有关税优惠条款的区域性贸易协定的国家或者地区的进口货物，适用协定税率。

3.特惠税率

原产于与中华人民共和国签订含有特殊关税优惠条款的贸易协定的国家或者地区的进口货物，适用特惠税率。

4.普通税率

原产于上述所列以外国家或者地区的进口货物，以及原产地不明的进口货物，适用普通税率。

对于按照普通税率征税的进口货物，经国务院关税税则委员会特别批准，可以按照优惠税率征税。

5.关税配额税率

关税配额制度是国际通行的惯例，是一种在一定数量内进口实行低关税，超过规定数量就实行高关税的办法。按照国家规定实行关税配额管理的进口货物，关税配额内的，适用关税配额税率；关税配额外的，按其适用税率的规定执行。

实施关税配额管理的货物、税率、期限，由国务院关税税则委员会决定，海关总署公布。

【例13-4】原产于共同适用最惠国待遇条款的世界贸易组织成员的进口货物，原产于与中华人民共和国签订含有相互给予最惠国待遇条款的双边贸易协定的国家或者地区的进口货物，以及原产于中华人民共和国境内的进口货物，适用的税率被称为（　　）。

A.普通税率　　B.特惠税率　　C.定额税率　　D.最惠国税率

【解析】正确答案为D项。

（二）出口货物关税税率

出口关税设置出口税率。对出口货物在一定期限内可以实行暂定税率。出口货物关税税率没有普通税率与优惠税率之分，按不同商品实行差别比例税率。国家仅对少数资源性产品及易于竞相杀价、需要规范出口秩序的半制成品征收出口关税。

（三）税率的运用

进出口货物，应当依照《进出口税则》规定的归类原则归入合适的税目和税号，并按照适用的税率征税。其中：

（1）进出口货物，应当适用海关接受该货物申报进口或者出口之日实施的税率。

（2）进口货物到达前，经海关核准先行申报的，应当适用装载该货物的运输工具申报进境之日实施的税率。

（3）进口转关运输货物，应当适用指运地海关接受该货物申报进口之日实施的税率；货物运抵指运地前，经海关核准先行申报的，应当适用装载该货物的运输工具抵达指运地之日实施的税率。

（4）出口转关运输货物，应当适用启运地海关接受该货物申报出口之日实施的税率。

（5）经海关批准，实行集中申报的进出口货物，应当适用每次货物进出口时海关接受该货物申报之日实施的税率。

（6）因超过规定期限未申报而由海关依法变卖的进口货物，其税款计征应当适用装载该货物的运输工具申报进境之日实施的税率。

（7）因纳税义务人违反规定需要追征税款的进出口货物，应当适用违反规定的行为发生之日实施的税率；行为发生之日不能确定的，适用海关发现该行为之日实施的税率。

（8）已申报进境并且放行的保税货物、减免税货物、租赁货物或者已申报进出境并且放行的暂时进出境货物，有下列情形之一需缴纳税款的，应当适用海关接受纳税义务人再次填写报关单申报办理纳税及有关手续之日实施的税率：

① 保税货物经批准不复运出境的；

② 保税仓储货物转入国内市场销售的；

③ 减免税货物经批准转让或者移作他用的；

④ 可以暂不缴纳税款的暂时进出境货物，经批准不复运出境或者进境的；

⑤ 租赁进口货物，分期缴纳税款的。

（9）纳税人补征或者退还进出口货物税款，应当按照上述规定确定适用税率。

【例13-5】2022年12月1日，某企业经海关审批免税进口一批货物，12月8日该货物报关入境；后来该企业因经营范围改变，于2023年2月12日经海关批准转让该货物，2月20日海关接受了企业再次填写的报关单，当日办理相关补税手续。该批货物补征关税应使用的税率为（　　）。

A.2022年12月1日的税率　　B.2022年12月8日的税率

C.2023年2月12日的税率　　D.2023年2月20日的税率

【解析】按照特定减免税办法批准予以减免税的进口货物，后因情况改变经海关批准转让或出售或移作他用需补税的，应按海关接受申报办理纳税手续之日实施的税率征税。故选D项。

第三节　计税依据及应纳税额的计算

一、计税依据

关税以进出口货物的价格为计税依据。进出口货物的价格应当等于进出口货物数量乘以单位完税价格。《海关法》规定，进出口货物的完税价格，由海关以该货物的成交价格为基础审查确定；成交价格不能确定时，完税价格由海关依法估定。

二维码19：关税

（一）一般进口货物的完税价格

进口货物的完税价格包括货物的货价、货物运抵我国境内输入地点起卸前的运输及其相关费用、保险费。

进口货物完税价格=货价+购货费用（运抵我国境内输入地点起卸前的运输费、保险费和其他劳务费用）

1.以成交价格为基础的完税价格

（1）成交价格的形式。

进口货物的成交价格，是指卖方向中华人民共和国境内销售该货物时，买方为进口该货物向卖方实付、应付的并按照规定调整后的价款总额，包括直接支付的价款和间接支付的价款。

进口货物的成交价格因有不同的成交条件而有不同的价格形式，常用的价格条款有FOB、CFR、CIF三种。

FOB即“船上交货价”，是指卖方在合同规定的装运港把货物装到买方指定的船上，并负责货物装船完毕为止的一切费用和风险。

CFR即“成本加运费”，又称“离岸加运费价格”，是指卖方负责将合同规定的货物装上买方指定运往目的港的船，负责货物装上船为止的一切费用和风险，并支付运费。

CIF即“成本加运费、保险费”，是指卖方负责将合同规定的货物装到买方指定运往目的港的船上，办理保险手续，并负责支付运费和保险费。

进口货物的保险费，应当按照实际支付的费用计算。如果进口货物的保险费无法确定或者未实际发生，海关应当按照“货价加运费”两者总额的3‰计算保险费。

三者的关系如下：

CIF=FOB+运费+保险费=CFR+保险费

CIF=（FOB+运费）÷（1-保险费率）=CFR÷（1-保险费率）

【例13-6】根据现行关税的规定，下列表述中正确的有（　　）。

A.进口货物关税的完税价格不包含国外税金

B.进口货物的保险费无法确定时，海关应按照货价的5%计算保险费

C.进口货物成交价格“FOB”即“船上交货价”

D.进口货物成交价格“CFR”即“到岸价格”

E.进口货物成交价格“CIF”即“成本加运费、保险费”

【解析】选项A，进口货物关税的完税价格包含国外税金；选项B，进口货物的保险费无法确定时，海关应按照货价加运费的3‰计算保险费；选项D，进口货物成交价格“CFR”即“成本加运费”，又称“离岸加运费价格”。故选C、E项。

（2）进口货物的成交价格应当符合下列条件：

① 对买方处置或者使用进口货物不予限制，但法律及行政法规规定实施的限制、对货物销售地域的限制和对货物价格无实质性影响的限制除外。

② 进口货物的成交价格不得受到使该货物成交价格无法确定的条件或因素的影响。

③ 卖方不得直接或者间接获得因买方销售、处置或者使用进口货物而产生的任何收益，或者虽有收益但能够按照规定进行调整。

④ 买卖双方没有特殊关系，或者虽有特殊关系但未对成交价格产生影响。

（3）成交价格的调增因素。

下列费用或者价值未包括在实付或应付价格中，应当计入完税价格：

① 由买方负担的除购货佣金以外的佣金和经纪费。佣金可分为购货佣金和销售佣金，购货佣金也叫买方佣金，不计入完税价格，而销售佣金（卖方佣金）要计入完税价格。

② 由买方负担的在审查确定完税价格时与该货物视为一体的容器的费用。

③ 由买方负担的包装材料和包装劳务费用。

④ 与该货物的生产和向中华人民共和国境内销售有关的，由买方以免费或者以低于成本的方式提供并可以按适当比例分摊的料件、工具、模具、消耗材料及类似货物的价款，以及在境外开发、设计等相关服务的费用。

⑤ 作为该货物向中华人民共和国境内销售的条件，买方必须支付的、与该货物有关的特许权使用费，但是在估定完税价格时，进口货物在境内的复制权费不得计入该货物的实付或应付价格之中。

⑥ 卖方直接或者间接从买方获得的该货物进口后转售、处置或者使用的收益。

（4）成交价格的扣除因素。

进口货物的价款中单独列明的下列税收、费用，不计入该货物的完税价格：

① 厂房、机械、设备等货物进口后进行建设、安装、装配、维修和技术服务的费用，但是保修费用除外。

② 进口货物运抵中华人民共和国境内输入地点起卸后发生的运输及其相关费用、保险费。

③ 进口关税、进口环节海关代征税及其他国内税收。

④ 为在境内复制进口货物而支付的费用。

⑤ 境内外技术培训及境外考察费用。

⑥同时符合下列条件的利息费用不计入完税价格：利息费用是买方为购买进口货物而融资所产生的；有书面融资协议；利息费用单独列明；纳税义务人可以证明有关利率不高于在融资当时当地此类交易通常应当具有的利率水平，且没有融资安排的相同或者类似进口货物的价格与进口货物的实付、应付价格非常接近。

是否需要计入完税价格的项目分类见表13-1。

表13-1 是否需要计入完税价格的项目分类

需要计入完税价格的项目	不需要计入完税价格的项目
1.由买方负担的佣金和经纪费（除购货佣金） 2.由买方负担的在审查确定完税价格时与该货物视为一体的容器的费用 3.由买方负担的包装材料和包装劳务费用 4.与该货物的生产和向中华人民共和国境内销售有关的，由买方以免费或者以低于成本的方式提供并可以按适当比例分摊的料件、工具、模具、消耗材料及类似货物的价款，以及在境外开发、设计等相关服务的费用 5.作为该货物向中华人民共和国境内销售的条件，买方必须支付的、与该货物有关的特许权使用费，但符合下列情形之一的除外： ①特许权使用费与该货物无关 ②特许权使用费不构成该货物向我国销售的一项条件 6.卖方直接或者间接从买方获得的该货物进口后转售、处置或者使用的收益	1.厂房、机械、设备等货物进口后进行建设、安装、装配、维修和技术服务的费用，但是保修费用除外 2.进口货物运抵中华人民共和国境内输入地点起卸后发生的运输及其相关费用、保险费 3.进口关税、进口环节海关代征税及其他国内税收 4.为在境内复制进口货物而支付的费用 5.境内外技术培训及境外考察费用 6.符合条件的利息费用 7.购货佣金

【例13-7】某企业（增值税一般纳税人）从国外进口一批材料共10吨，材料单价为10万元/吨，买方支付购货佣金5万元，运抵我国输入地点起卸前的运费及保险费10万元；从国外进口一台设备，设备购买价格20万元，境外运费和保险费2万元，与设备有关的软件特许权使用费3万元；企业在缴纳进口环节相关税金后海关放行。请计算进口材料和进口设备的完税价格。

【解析】买方支付的购货佣金5万元不计入关税完税价格；与设备有关的特许权使用费3万元应计入关税完税价格。

进口材料的完税价格=10×10+10=110（万元）

进口设备的完税价格=20+2+3=25（万元）

【例13-8】某进出口公司（增值税一般纳税人）从国外进口一批机器设备共20台，每台货价12万元，包括运抵我国大连港起卸前的包装、运输、保险和其他劳务费用共计5万元；另外销售商单独向该进出口公司收取境内安装费用5万元，技术支持费用7万元，设备包装材料费8万元。假设该类设备进口关税税率为50%，境内运费已经取得合法的货物运输企业的发票。请计算进口设备的完税价格。

【解析】进口货物的价款中单独列明厂房、机械或者设备等货物进口后发生的建设、安装、装配、维修或者技术服务费用，不计入该货物的完税价格。

进口设备完税价格=20×12+8=248（万元）

【例13-9】某工厂从美国某企业购买了一批机械设备，成交条件为CIF广州，该批货物的发票列示如下：机械设备500 000美元，运保费5 000美元，卖方佣金25 000美元，培训费2 000美元，设备调试费2 000美元。该批货物海关审定的完税价格为多少?

【解析】进口货物的完税价格，由海关以该货物的成交价格为基础审查确定，并应包括货物运抵中华人民共和国境内输入地点起卸前的运输及其相关费用、保险费，因此包括成交价格，再加上境外的运费、保险费。

本题目中，计入项目包括卖方佣金，培训费和调试费不计入该货物的完税价格中。

完税价格=机械设备价款+卖方佣金+运保费=500 000+25 000+5 000=530 000（美元）

【例13-10】某公司从德国进口一套机械设备，发票列明：设备价款CIF天津300 000美元，设备进口后的安装及技术服务费用10 000美元，买方佣金1 000美元，卖方佣金1 500美元。请计算该批货物经海关审定后的完税价格。

【解析】本题要掌握的是，哪些是计入项目，哪些不属于计入项目。安装及技术服务费、买方佣金不属于计入项目，题目中没有说明这些费用已经在设备价款中，因此不需扣减。本题中卖方佣金为计入项目。

完税价格=机械设备价款+卖方佣金=300 000+1 500 =301 500（美元）

2.进口货物完税价格确定的其他方法

进口货物的价格不符合成交价格条件或者成交价格不能确定的，海关应当依次以相同货物成交价格估价方法、类似货物成交价格估价方法、倒扣价格估价方法、计算价格估价方法及其他合理估价方法确定的价格为基础，估定完税价格。

（1）相同货物成交价格估价方法。所谓相同货物，是指货物的物理特性、质量及产品声誉相同。采用这种比照价格时，相同货物必须已经在被估价货物进口的同时或大约同时抵达进口国，若同时有几批相同货物完全符合条件，应采用其中最低的价格。另外，相同货物与被估货物在商业水平、数量、运输方式、运输距离等贸易上的差别也要进行调整。

（2）类似货物成交价格估价方法。类似货物是指与被估货物在同一国生产制造，虽然不是在所有方面都相同，但具有相似特征和相似组成材料，从而能起到同样作用，而且在商业上可以互换的货物。选择相似货物时，主要应考虑货物的品质、信誉和现有商标。

（3）倒扣价格估价方法。它是指海关以进口货物、相同或者类似进口货物在境内的销售价格为基础，扣除境内发生的有关费用后，审查确定进口货物完税价格的估价方法。

（4）计算价格估价方法。采用这种方法，可以将生产该货物所使用的料件成本及加工费用、向中华人民共和国境内销售同等级或者同种类货物通常的利润及一般费用、该货物运抵境内输入地点起卸前的运输及其相关费用、保险费等汇总合计计算价格。

（5）其他合理估价方法。所谓其他合理估价方法，实际上是对海关估价的一项补救方法，习惯上叫“最后一招”，也就是在使用上述任何一种估价方法都无法确定海关估价时，海关可以灵活地采用上述方法中任何一个最便于计算海关价格的方法。规定的原则有两条：一是海关估价应当公平、合理、统一和中性；二是尽可能反映贸易实际。合理估价方法不允许使用在进口国生产的货物的国内售价、加入生产成本以外的费用、货物向第三国出口的价格、最低限价、武断或虚构的海关估价。

以上所列的各种估价方法应依次使用，即当完税价格按列在前面的估价方法无法确定时，才能使用后一种估价方法，但是应进口商的要求，第三种和第四种方法的使用次序可以颠倒。

【例13-11】如果进口货物的成交价格不符合规定条件，由海关估定完税价格。下列关于进口货物完税价格估定的说法，正确的有（　　）。

A.纳税人可以与海关进行价格磋商

B.完税价格估价方法的使用次序不可以颠倒

C.海关估定完税价格时，应根据纳税人的意愿选择估价方法

D.按照相同货物成交价格估价时，如果相同货物有若干批，应采用其中最低的价格

E.采用倒扣价格法时，以进口货物、相同或类似进口货物在境内的销售价格为基础，扣除境内发生的有关费用后，确定完税价格

【解析】海关估定完税价格时不能按照纳税人的意愿选择估价方法，选项C错误。故选A、B、D、E项。

【例13-12】以倒扣价格估价方法确定关税完税价格时，下列应当扣除的项目有（　　）。

A.进口关税

B.境内同类或相似货物的利润和一般费用

C.货物运抵输入地之后的境内运费

D.在境外生产时的原材料成本

【解析】以倒扣价格估价方法确定关税完税价格时，下列各项应当扣除：（1）该货物的同等级或同种类货物，在境内销售时的利润和一般费用及通常支付的佣金；（2）货物运抵境内输入地点之后的运费、保险费、装卸费及相关费用；（3）进口关税、进口环节海关代征税和其他与进口或销售上述货物有关的国内税费。故选项A、B、C正确。

3.进口货物完税价格的计价方法

确定应当计入进口货物完税价格的货物价值时，应当按照下列方法计算有关费用：

（1）由买方从与其无特殊关系的第三方购买的，应当计入的价值为购入价格。

（2）由买方自行生产或者从有特殊关系的第三方获得的，应当计入的价值为生产成本。

（3）由买方租赁获得的，应当计入的价值为买方承担的租赁成本。

（4）生产进口货物过程中使用的工具、模具和类似货物的价值，应当包括其工程设计、技术研发、工艺及制图等费用。

如果货物在被提供给卖方前已经被买方使用过，应当计入的价值为根据国内公认的会计原则对其进行折旧后的价值。

（二）特殊进口货物的完税价格

1.加工贸易内销货物的完税价格

加工贸易进口料件或者其制成品应当征税的，海关按照以下规定审查完税价格：

（1）进口时需征税的进料加工进口料件，以该料件申报进口时的价格估定。

（2）内销的进料加工进口料件或其制成品，以料件原件进口时的价格估定。

（3）内销的来料加工进口料件或其制成品（包括残次品、副产品），以料件申报内销

时的价格估定。

（4）出口加工区内的加工企业内销的制成品（包括残次品、副产品），以制成品申报内销时的价格估定。

（5）保税区内的加工企业内销的进口料件或其制成品（包括残次品、副产品），分别以料件或制成品申报内销时的价格估定。如果内销的制成品中含有从境内采购的料件，则以所含从境外购入的料件原进口时的价格估定。

（6）加工贸易加工过程中产生的边角料，以申报内销时的价格估定。

【例13-13】关于加工贸易内销货物完税价格的确定，下列说法中正确的有（　　）。

A.来料加工进口料件申报内销时，海关以申报进口时的成交价格为基础审查确定完税价格

B.加工贸易企业加工过程中产生的边角料申报内销时，海关以其内销价格为基础审查确定完税价格

C.进料加工进口料件申报内销时，海关以申报内销时类似货物的成交价格为基础审查确定完税价格

D.保税区内加工贸易企业内销的进料加工制成品中，如果含有从境内采购的料件，海关以制成品的成本为基础审查确定完税价格

E.进料加工进口料件的制成品申报内销时，海关以料件的原成交价格为基础审查确定完税价格

【解析】选项A，来料加工进口料件申报内销时，海关以接受内销申报的同时或大约同时进口的、与料件相同或类似的货物的进口成交价格为基础审查确定完税价格。选项C，进料加工进口料件申报内销时，海关以料件的原进口成交价格为基础审查确定完税价格；料件的原进口成交价格不能确定的，海关按照接受内销申报的同时或大约同时进口的、与料件相同或类似的货物的进口成交价格为基础审查确定完税价格。选项D，保税区内加工贸易企业内销的进料加工制成品中，如果含有从境内采购的料件，海关以制成品所含从境外购入料件的原进口成交价格为基础审查确定完税价格。故选B、E项。

2.保税区、出口加工区货物的完税价格

从保税区或出口加工区销往区外、从保税仓库内销的进口货物（加工贸易进口料件及其制成品除外）以海关审定的价格估定完税价格。对经审核销售价格不能确定的，海关应当按照一般进口货物估价办法的规定，估定完税价格。

3.运往境外修理的货物

运往境外修理的机械器具、运输工具或其他货物，出境时已向海关报明，并在海关规定期限内复运进境的，应当以海关审定的境外修理费和料件费，以及该货物复运进境的运输及其相关费用、保险费估定完税价格。

4.运往境外加工的货物

运往境外加工的货物，出境时已向海关报明，并在海关规定期限内复运进境的，应当以海关审定的境外加工费和料件费，以及该货物复运进境的运输及其相关费用、保险费估定完税价格。

5. 暂时进境货物

对于经海关批准的暂时进境的货物，应当按照一般进口货物估价办法的规定估定完税价格。

6. 租赁方式进口货物

租赁方式进口的货物中，以租金方式对外支付的租赁货物，在租赁期间以海关审定的租金作为完税价格，利息应当予以计入；留购的租赁货物，以海关审定的留购价格作为完税价格；承租人申请一次性缴纳税款的，经海关同意，按照一般进口货物估价办法的规定估定完税价格。

7. 留购的进口货样

对于境内留购的进口货样、展览品和广告陈列品，以海关审定的留购价格作为完税价格。

8. 予以补税的减免税货物

减税或免税进口的货物需补税时，应当以海关审定的该货物原进口时的价格，扣除折旧部分作为完税价格，其计算公式如下：

$$完税价格=\frac{海关审定的该货物}{原进口时的价格}\times[1-补税时实际已进口的时间（月）\div（监管年限\times12）]$$

上述公式中，补税时实际已进口的时间按月计算，不足1个月但是超过15日的，按照1个月计算，不足15日的，不予计算。

【例13-14】某科技公司2021年5月7日经批准进口一套特定免税设备用于研发项目，2023年10月27日经海关批准，该公司将设备出售，取得销售收入240万元，该设备进口时经海关审定的完税价格为320万元，已提折旧60万元。2023年10月该公司补缴关税时的完税价格是多少？（海关规定的监管年限为5年）

【解析】减税或免税进口的货物需补税时，应当以海关审定的该货物原进口时的价格，扣除折旧部分作为完税价格，其计算公式为：

$$完税价格=\frac{海关审定的该货物}{原进口时的价格}\times[1-补税时实际已进口的时间（月）\div（监管年限\times12）]$$

补税时实际已进口的时间按月计算，不足1个月但是超过15日的，按照1个月计算，不超过15日的，不予计算。

完税价格=320×［1-30÷（5×12）］=160（万元）

（三）出口货物的完税价格

出口货物的完税价格由海关以该货物的成交价格为基础审查确定，并应当包括货物运至中华人民共和国境内输出地点装载前的运输及其相关费用、保险费。

出口货物，应当以海关审定的货物售价与境外的离岸价格扣除出口关税后作为完税价格，其计算公式为：

出口货物完税价格=离岸价格÷（1+出口税率）

1. 以成交价格为基础的完税价格

出口货物的成交价格，是指该货物出口销售时，卖方为出口该货物应当向买方直接收取和间接收取的价款总额。

下列税收、费用不计入出口货物的完税价格：出口关税；在货物价款中单独列明的货物运至中华人民共和国境内输出地点装载后的运输及其相关费用、保险费；在货物价款中单独列明由卖方承担的佣金。

2.出口货物海关估定方法

出口货物的成交价格不能确定的，海关经了解有关情况，并与纳税义务人进行价格磋商后，依次以下列价格审查确定该货物的完税价格：

（1）同时或者大约同时向同一国家或者地区出口的相同货物的成交价格。

（2）同时或者大约同时向同一国家或者地区出口的类似货物的成交价格。

（3）根据境内生产相同或者类似货物的成本、利润和一般费用（包括直接费用和间接费用）、境内发生的运输及其相关费用、保险费计算所得的价格。

（4）按照合理方法估定的价格。

【例13-15】下列关于出口货物关税完税价格的说法中，正确的有（　　）。

A.出口关税不计入完税价格

B.在输出地点装载前发生的运费，应包含在完税价格中

C.在货物价款中单独列明由卖方承担的佣金不计入完税价格

D.出口货物完税价格包含增值税销项税额

E.出口货物成交价格无法确定的，一律采用估定价格

【解析】下列税收、费用不计入出口货物的完税价格：（1）出口关税；（2）在货物价款中单独列明的货物运至中华人民共和国境内输出地点装载后的运输及其相关费用、保险费；（3）在货物价款中单独列明由卖方承担的佣金。故选A、B、C项。

二、应纳税额的计算

（一）从价税应纳税额的计算

从价税是以进出口货物的价格为标准计征的关税。这里的价格不是指成交价格，而是指进出口商品的完税价格。因此，按从价税计算关税，首先要确定货物的完税价格。从价税额的计算公式如下：

应纳关税税额=应税进（出）口货物数量×单位完税价格×税率

=进（出）口货物完税价格×税率

1.进口货物应纳税额的计算

【例13-16】某演出公司进口舞台设备一套，实付金额折合人民币185万元，其中包含单独列出的进口后设备安装费10万元、中介经纪费5万元；运输保险费无法确定，海关按同类货物同期同程运输费计算的运费为25万元。假定关税税率为20%，计算该公司进口舞台设备应缴纳的关税。

【解析】由买方负担的除购货佣金以外的佣金和经纪费计入完税价格。货物进口后的基建、安装、装配、维修和技术服务费用，不得计入完税价格。如果进口货物的运费无法确定或未实际发生，海关应按该货物进口同期运输行业公布的运费率计算运费；按照“货

价加运费”两者总额的3‰计算保险费。

该公司进口舞台设备应缴纳的关税=（185-10+25）×（1+3‰）×20%=40.12（万元）

2.出口货物应纳税额的计算

出口货物，应当以海关审定的货物售价与境外的离岸价格扣除出口关税后作为完税价格。其计算公式为：

出口关税=出口完税价格×出口税率

【例13-17】我国某公司从国内甲港口出口一批锌锭到国外，货物成交价格170万元（不含出口关税），其中包括货物运抵甲港口装载前的运输费10万元、单独列明支付给境外的佣金12万元。甲港口到国外目的地港口之间的运输费及保险费共计20万元。锌锭出口关税税率为20%。请计算该公司出口锌锭应缴纳的出口关税。

【解析】出口货物的完税价格，由海关以该货物向境外销售的成交价格为基础审查确定，并应包括货物运至我国境内输出地点装载前的运输及其相关费用、保险费，但其中包含的出口关税税额应当扣除。出口货物的成交价格中含有支付给境外的佣金的，如果单独列明，应当扣除。

该公司出口锌锭应缴纳的出口关税=（170-12）×20%=31.6（万元）

（二）从量税应纳税额的计算

从量税是以商品的数量、重量、容量、长度和面积等计量单位为标准征收的关税。它的特点是不因商品价格的涨落而改变税额，计算比较简单。从量税额的计算公式如下：

关税税额=应税进（出）口货物数量×单位货物税额

【例13-18】某贸易公司从美国进口2 000箱啤酒，规格为24支×330毫升/箱，申报价格为FOB纽约USD13/箱，发票列明：运费为USD6 000，保险费率为0.3%，经海关审查属实。该啤酒的关税普通税率为7.5元/升，外汇牌价为100美元=620元人民币。计算该批啤酒的应纳关税税额。

【解析】该批啤酒应纳关税税额=货物数量×单位税额=2 000×24×330÷1 000×7.5=118 800（元）

（三）复合税应纳税额的计算

我国目前实行的复合税都是先计征从量税，再计征从价税。

应纳关税税额=应税进（出）口货物数量×单位货物税额+应税进（出）口货物数量×单位完税价格×税率

【例13-19】国内某公司从日本购进该国企业生产的广播级电视摄像机40台，其中20台成交价格为CIF天津4 000美元/台，其余20台成交价格为CIF天津5 200美元/台，适用人民币对美元汇率中间价为6.14。已知原产国日本的关税税率适用最惠国税率，CIF境内某口岸低于5 000美元/台的，关税税率为单一从价税35%；CIF境内某口岸5 000美元/台以上的，关税税率为12 960元/台从量税再加3%的从价关税，计算应征进口关税。

【解析】第一步：确定应税货物的完税价格。

4 000×20=80 000（美元）

5 200×20=104 000（美元）

第二步：根据汇率将外币折算成人民币。

80 000×6.14=491 200（元）

104 000×6.14=638 560（元）

第三步：计算应征税款。

20台单一从价进口关税税额=完税价格×进口关税税率

=491 200×35%

=171 920（元）

20台复合进口关税税额=货物数量×单位税额+完税价格×关税税率

=（20×12 960）+（638 560×3%）

=259 200+19 156.8

=278 356.8（元）

40台合计进口关税税额=从价进口关税税额+复合进口关税税额

=171 920+278 356.8

=450 276.8（元）

（四）滑准税应纳税额的计算

应纳关税税额=应税进（出）口货物数量×单位完税价格×滑准税税率

现行《进（出）口商品从量税、复合税、滑准税税目税率表》后注明了滑准税税率的计算公式，该公式是一个与应税进（出）口货物完税价格相关的取整函数。

（五）行李和邮递物品进口税

行李和邮递物品进口税简称行邮税，是海关对入境旅客行李物品和个人邮递物品征收的进口税，其中包含了进口环节的增值税和消费税。《进出口关税条例》第五十六条规定："进境物品的关税以及进口环节海关代征税合并为进口税，由海关依法征收。"

行邮税的征税对象是超过海关总署规定数额但仍在合理数量以内的个人自用进境物品，具体是指旅客行李物品、个人邮递物品以及其他个人自用物品。凡准许应税进境的旅客行李物品、个人邮递物品以及其他个人自用物品，除另有规定以外，均按《进出口关税条例》征收进口税。行邮税的纳税义务人是携有应税个人自用物品的入境旅客及运输工具服务人员、进口邮递物品的收件人，以及以其他方式进口应税个人自用物品的收件人。纳税义务人可以自行办理纳税手续，也可以委托他人办理纳税手续。接受委托办理纳税手续的代理人，应当遵守《进出口关税条例》中对其委托人的各项规定，并承担相应的法律责任。行邮税的纳税义务人，应当在物品放行前缴纳税款。自2016年4月8日起，行邮税税率调整为60%、30%、15%三个档次。其中，15%税率对应最惠国税率为零的商品；60%税率对应征收消费税的高档消费品；其他商品执行30%税率。

海关总署公告2010年第43号规定，个人邮寄进境物品，海关依法征收进口关税，但应征进口关税税额在人民币50元（含50元）以下的，海关予以免征。个人寄自或寄往其他国家和地区的物品，每次限值为1 000元人民币。个人邮寄进出境物品超出规定限值的，应办理退运手续或者按照货物规定办理通关手续。

海关总署公告2010年第54号公告规定，进境居民旅客携带在境外获取的个人自用进境物品总值在5 000元人民币以内（含5 000元）的、非居民旅客携带拟留在中国境内的个人自用进境物品总值在2 000元人民币以内（含2 000元）的，海关予以免税放行，单一品种限自用、合理数量，但烟草制品、酒精制品以及国家规定应当征税的20种商品等另按有关规定办理。进境居民旅客携带超出5 000元人民币的个人自用进境物品经海关审核确属自用的，进境非居民旅客携带拟留在中国境内的个人自用进境物品超出人民币2 000元的，海关仅对超出部分的个人自用进境物品征税，对不可分割的单件物品全额征税。

随着我国跨境电子商务发展速度的不断加快，我国对跨境电子商务进出口税收相关制度进行了调整。《财政部 海关总署 国家税务总局关于完善跨境电子商务零售进口税收政策的通知》（财关税〔2018〕49号）将跨境电子商务零售进口商品的单次交易限值由人民币2 000元提高至5 000元，年度交易限值由人民币20 000元提高至26 000元。完税价格超过5 000元单次交易限值但低于26 000元年度交易限值，且订单下仅一件商品时，可以自跨境电商零售渠道进口，按照货物税率全额征收关税和进口环节增值税、消费税，交易额计入年度交易总额，但年度交易总额超过年度交易限值的，应按一般贸易管理。

【例13-20】根据跨境电子商务零售进口商品征税规定，下列说法中正确的有（　　）。

A.跨境电子商务零售进口商品缴纳行邮税

B.购买跨境电子商务零售进口商品的个人为纳税人

C.电子商务交易平台可作为进口环节税款代收代缴义务人

D.跨境电子商务零售进口商品超过单次交易限值，按照一般贸易方式全额征税

E.物流企业可作为进口环节税款代收代缴义务人

【解析】选项A，跨境电子商务零售进口商品按照货物征收关税和进口环节增值税、消费税；选项D，完税价格超过5 000元单次交易限值但低于26 000元年度交易限值，且订单下仅一件商品时，可以自跨境电商零售渠道进口，按照货物税率全额征收关税和进口环节增值税、消费税，交易额计入年度交易总额，但年度交易总额超过年度交易限值的，应按一般贸易管理。故选B、C、E项。

第四节　税收优惠及征收管理

一、税收优惠

关税的税收优惠主要表现为关税减免。关税减免是减征关税和免征关税的简称，是海关全部或部分免除纳税人的关税纳税义务的一种行政措施，它是对某些纳税人和征税对象给予鼓励和照顾的一种特殊调节手段。我国海关一般将关税减免分为三类，即法定减免税、特定减免税和临时减免税。根据我国《海关法》的规定，除法定减免税外的其他减免税均由国务院决定。减征关税在我国加入世界贸易组织之后以最惠国税率或者普通税率为基准。

（一）法定减免税

法定减免税是指根据《海关法》和《进出口关税条例》列明予以减免关税的优惠，如国际组织、外国政府无偿赠送的物资，中华人民共和国缔结或者参加的国际条约规定减征（免征）的货品，来料加工、补偿贸易进口的原材料等。符合税法规定可予减免税的进出口货物，纳税义务人无须提出申请，海关可按规定直接予以减免税，海关对法定减免税货物一般不进行后续管理。根据我国《进出口关税条例》的规定，下列货物享受关税的法定减免：

（1）关税税额在人民币50元以下的一票货物，免征关税。

（2）无商业价值的广告品和货样，免征关税。

（3）外国政府、国际组织无偿赠送的物资，免征关税。

（4）进出境运输工具装载的途中必需的燃料、物料和饮食用品，免征关税。

（5）经海关核准暂时进境或者暂时出境，并在6个月内复运出境或者复运进境的货样、展览品、施工机械、工程车辆、工程船舶、供安装设备时使用的仪器和工具、电视或者电影摄制器械、盛装货物的容器以及剧团服装道具，在货物收发货人向海关缴纳相当于税款的保证金或者提供担保后，可予暂时免税。

（6）为境外厂商加工、装配成品和为制造外销产品而进口的原材料、辅料、零件、部件、配套件和包装物料，海关按照实际加工出口的成品数量免征进口关税；或者对进口料件先征进口关税，再按照实际加工出口的成品数量予以退税。

（7）因故退还的中国出口货物，经海关审查属实，可予免征进口关税，但已征收的出口关税不予退还。

（8）因故退还的境外进口货物，经海关审查属实，可予免征出口关税，但已征收的进口关税不予退还。

（9）进口货物如有以下情形，经海关查明属实，可酌情减免进口关税：

① 在境外运输中或在起卸时，遭受损坏或者损失的；

② 起卸后海关放行前，因不可抗力遭受损坏或者损失的；

③ 海关查验时已经破漏、损坏或者腐烂，经证明不是保管不慎造成的。

（10）无代价抵偿货物，可以免税。

【例13-21】下列进口货物中，免征进口关税的是（　　）。

A.外国政府无偿赠送的物资

B.具有一定商业价值的货样

C.因保管不慎造成损坏的进口货物

D.关税税额为人民币80元的一票货物

【解析】选项B，无商业价值的广告品和货样，可免征关税；选项C，海关查验时已经破漏、损坏或者腐烂，经证明不是保管不慎造成的，经海关查明属实，可酌情减免进口关税；选项D，关税税额为人民币50元以下的一票货物，可免征关税。选项A正确。

（二）特定减免税

特定减免税也称政策性减免税，是按照《海关法》和《进出口关税条例》的规定，使用于特定企业、特定区域或者有特定用途的，国家政策允许减免税进境的货物，以及其他依法给予关税减免优惠的进出口货物以减免关税的优惠。特定减免税货物一般有地区、企业和用途的限制，海关需要进行后续管理，也需要进行减免税统计。

1.科教用品

为了促进科学研究和教育事业的发展，我国制定了《科学研究和教学用品免征进口税收规定》。科学研究机构和学校，以科学研究和教学为目的，在合理数量范围内进口国内不能生产或者性能不能满足需要的科学研究和教学用品，免征进口关税和进口环节增值税、消费税。

2.残疾人专用品

为了支持残疾人的健康工作，我国制定了《残疾人专用品免征进口税收暂行规定》。有关单位进口的国内不能生产的指定残疾人专用品，免征进口关税和进口环节增值税、消费税。

其中，“有关单位”是指：

（1）民政部直属企事业单位和省、自治区、直辖市民政部门所属福利机构、假肢厂和荣誉军人康复医院（包括各类革命伤残军人休养院、荣军医院和荣军康复医院）。

（2）中国残疾人联合会（中国残疾人福利基金会）直属事业单位和省、自治区、直辖市残疾人联合会（残疾人福利基金会）所属福利机构和康复机构。

3.慈善性捐赠物资

为了促进慈善事业的健康发展，我国制定了《慈善捐赠物资免征进口税收暂行办法》。对境外捐赠人无偿向受赠人捐赠的直接用于慈善事业的物资，免征进口关税和进口环节增值税。

4.加工贸易产品

（1）加工装配和补偿贸易。加工装配即来料加工、来样加工及来件装配，是指由境外客商提供全部或部分原辅料、零配件和包装物料，必要时提供设备，由我方按客商要求进行加工装配，成品由客商销售，我方收取加工费，客商提供作价设备价款，我方用工缴费偿还的交易方式。补偿贸易是指由境外客商提供或国内单位利用国外出口信贷进口生产技术或设备，由我方生产，以返销产品方式分期偿还对方技术、设备价款或贷款本息的交易方式。因其有利于较快地提高出口产品的生产技术，改善我国产品的质量和品种，扩大出口，增加我国外汇收入，所以国家给予一定的关税优惠：

① 进境料件不予征税，准许在境内保税加工为成品后返销出口；

② 进口外商的不作价设备和作价设备，分别比照外商投资项目和国内投资项目的免税规定执行；

③ 剩余料件或增产的产品，经批准转内销时，价值在进口料件总值2%以内，且总价值在3 000元以下的，可予免税。

（2）进料加工。进料加工业务是指经批准有权经营进出口业务的企业使用进料加工专项外汇进口原料、材料、辅料、元器件、零部件、配套件和包装物（简称料、件），并在一年内加工或装配成品外销出口的业务。具体包括：

① 对专为加工出口商品而进口的料、件，海关按实际加工复出口的数量，免征进

口税；

② 加工的成品出口，免征出口税，但内销料、件及成品照章征税；

③ 对加工过程中产生的副产品、次品、边角料，海关根据其使用价值分析估价征税或者酌情减免税；

④ 剩余料、件或增产的产品，经批准转内销时，价值在进口料件总值2%以内，且总价值在5 000元以下的，可予免税。

5.边境贸易进口物资

边境贸易有边民互市贸易和边境小额贸易两种形式。边民互市贸易进口的商品，每人每日价值在3 000元以下的，免征进口关税和进口环节增值税。边境小额贸易企业通过指定边境口岸进口原产于毗邻国家的商品，除烟、酒、高档化妆品以及国家规定必须照章征税的其他商品外，进口关税和进口环节增值税减半征收。

6.保税区进出口货物

进口供保税区使用的机器、设备、基建物资、生产用车辆，为加工出口产品进口的原材料、零部件、元器件、包装物料，供储存的转口货物以及在保税区内加工运输出境的产品，免征进口关税和进口环节海关代征税；保税区内企业进口专为生产加工出口产品所需的原材料、零部件、包装物料以及转口货物，予以保税；从保税区运往境外的货物，一般免征出口关税。

7.出口加工区进出口货物

从境外进入加工区内的区内生产性基础设施建设项目所需的机器、设备和建设生产厂房、仓储设施所需的基建物资，区内企业生产所需的机器、设备、模具及其维修用零配件，区内企业和行政管理机构自用合理数量的办公用品，予以免征进口关税和进口环节海关代征税；区内企业为加工出口产品所需的原材料、零部件、元器件、包装物料及消耗性材料，予以保税；对加工区运往区外的货物，海关按照对进口货物的有关规定办理报关手续，并按照制成品征税；对从区外进入加工区的货物视同出口，可按规定办理出口退税。

8.进口设备

对符合《外商投资产业指导目录》鼓励类和限制乙类，并转让技术的外商投资项目，在投资总额内进口的自用设备，以及外国政府贷款和国际金融组织贷款项目进口的自用设备、加工贸易商提供的不作价进口设备，除《外商投资项目不予免税的进口商品目录》所列商品外，免征关税和进口环节增值税；对符合《当前国家重点鼓励发展的产业、产品和技术目录》的国内投资项目，在投资总额内进口的自用设备，除《国内投资项目不予免税的进口商品目录》所列商品外，免征进口关税和进口环节增值税；对符合上述规定的项目，按照合同随设备进口的技术及配套件、备件，也免征关税和进口环节增值税。

【例13-22】在法定减免税之外，国家按照国际通行规则和我国实际情况，制定发布的有关进出口货物减免关税的政策，称为特定或政策性减免税。下列货物属于特定减免税的有（　　）。

A.残疾人专用品

B.慈善性捐赠物资

C.出口加工区进出口货物

D.关税税额在人民币50元以下的货物

E.进出境运输工具装载的途中必需的燃料、物料

【解析】特定减免税范围包括：科教用品、残疾人专用品、慈善性捐赠物资、加工贸易产品、边境贸易进口物资、保税区进出口货物、出口加工区进出口货物和进口设备等。故正确答案为A、B、C项。

（三）临时减免税

临时减免税是指以上法定和特定减免税以外的其他减免税，即由国务院根据《海关法》对某个单位、某类商品、某个项目或某批进出口货物的特殊情况，给予特别照顾，一案一批，专文下达的减免税。一般有单位、品种、期限、金额或数量等限制，不能比照执行。

给予临时减免税的情况主要有以下三种：

(1) 由于国别政策或经济体制的变化等政策上的原因造成企业经营上的亏损或税负过重的。

(2) 税则税率明显不合理但一时又难以调整，给企业带来实际困难的。

(3) 国家针对特殊困难，给予专门照顾和扶持的。

二、关税征收管理

（一）关税缴纳

进口货物自运输工具申报进境之日起14日内，出口货物在货物运抵海关监管区后装货的24小时以前，应由进出口货物的纳税义务人向货物进（出）境地海关申报，海关根据税则归类和完税价格计算应缴纳的关税和进口环节代征税，并填发税款缴款书。纳税义务人应当自海关填发税款缴款书之日起15日内，向指定银行缴纳税款。如关税缴纳期限的最后一日是周末或法定节假日，则关税缴纳期限顺延至周末或法定节假日过后的第一个工作日。为方便纳税义务人，经申请且海关同意，进（出）口货物的纳税义务人可以在设有海关的指运地（启运地）办理海关申报、纳税手续。

关税纳税义务人因不可抗力或者在国家税收政策调整，不能按期缴纳税款的，依法提供税款担保后，可以延期缴纳税款，但最长不得超过6个月。

（二）关税的强制执行

纳税义务人未在关税缴纳期限内缴纳税款，即构成关税滞纳。为了保证海关征收关税决定的有效执行和国家财政收入的及时入库，《海关法》赋予海关对滞纳关税的纳税义务人强制执行的权限。强制措施主要有两类：

1.征收关税滞纳金

滞纳金自关税缴纳期限届满之日起，至纳税义务人缴纳关税之日止，按滞纳税款万分之五的比例按日征收，周末或法定节假日不予扣除。

2.强制征收

如果关税纳税义务人自海关填发缴款书之日起3个月仍未缴纳税款，经批准，海关可

以采取强制扣缴、变价抵缴等强制措施。强制扣缴即海关从纳税义务人在开户银行或者其他金融机构的存款中直接扣缴税款；变价抵缴即海关将应税货物依法变卖，以变卖所得抵缴税款。

（三）关税退还

关税退还是关税纳税义务人按海关核定的税额缴纳关税后，因出现某种原因，海关将实际征收多于应当征收的税额（称为溢征关税）退还原纳税义务人的一种行政行为。根据《海关法》的规定，对于多征的税款，海关发现后应当立即退还。具体规定是：海关发现多征税款的，应当立即通知纳税义务人办理退税手续；纳税义务人应当自收到海关通知之日起3个月内办理有关退税手续。

有下列情形之一的，进出口货物的纳税义务人可以自缴纳税款之日起1年内，书面声明理由，连同原纳税收据向海关申请退税并加算银行同期活期存款利息，逾期不予受理：

（1）因海关误征，多纳税款的。

（2）海关核准免验进口的货物，在完税后发现有短卸情形，经海关审查认可的。

（3）已征出口关税的货物，因故未装运出口，申报退关，经海关查验属实的。

对已征出口关税的出口货物和已征进口关税的进口货物，因货物品种或规格原因（非其他原因）原状复运进境或出境的，经海关查验属实的，也应退还已征关税。海关应当自受理退税申请之日起30日内，作出书面答复并通知退税申请人。需要强调的是，属于其他原因且不能以原状复运进境或出境的，不能退税。

（四）关税补征和追征

补征和追征是海关在关税纳税义务人按海关核定的税额缴纳关税后，发现实际征收税额少于应当征收的税额（称为短征关税）时，责令纳税义务人补缴所差税款的一种行政行为。

按照短征关税的原因，可以将海关征收原短征关税的行为分为补征和追征两种。由于纳税人违反海关规定造成短征关税的，称为追征；非因纳税人违反海关规定造成短征关税的，称为补征。区分关税追征和补征的原因时，不同情况适用不同的征收时效，超过规定的期限，海关就丧失了追补关税的权限。根据《海关法》的规定，进出境货物和物品放行后，海关发现少征或者漏征税款的，应当自缴纳税款或者货物、物品放行之日起1年内，向纳税义务人补征；因纳税义务人违反规定而造成的少征或者漏征的税款，自纳税义务人应缴纳税款之日起3年以内可以追征，并从缴纳税款之日起按日加收少征或者漏征税款万分之五的滞纳金。

（五）关税纳税争议

为了保护纳税人的合法权益，《海关法》和《进出口关税条例》都规定了纳税义务人对海关确定进出口货物的征税、减税、补税或者对退税等有异议时，有提出申诉的权利。纳税义务人同海关发生纳税争议时，可以向海关申请复议，但同时应当在规定期限内按海关核定的税额缴纳关税，逾期则构成滞纳，海关有权按规定采取强制执行措施。

纳税争议的申诉过程如下：

（1）纳税义务人自海关填发税款缴款书之日起60日内，向原征税海关的上一级海关书面申请复议。逾期申请复议的，海关不予受理。

（2）海关应当自收到复议申请之日起60日内作出复议决定，并以复议决定书的形式正式答复纳税义务人。纳税义务人对海关复议决定仍然不服的，可以自收到复议决定书之日起15日之内，向人民法院提起诉讼。

本章主要税法依据

❶《中华人民共和国海关法》（2017年11月4日第十二届全国人民代表大会常务委员会第三十次会议第五次修正）

❷《中华人民共和国进出口关税条例》（2017年3月1日第四次修订）

第十四章

数字化转型下的税收征收管理法

本章重点

1. 税务登记的内容和一般纳税人的认定登记
2. 延期纳税申报的规定
3. 税额核定制度的适用范围、延期缴纳税款制度、税款的追征制度
4. 税收违法行为及其法律责任、偷税罪与偷税行为的区别

本章难点

1. 增值税专用发票管理
2. 税收保全措施和强制执行措施
3. 各种税收违法行为的处罚标准

税务管理是国家税务机关依照税收政策、法令、制度对税收分配全过程所进行的计划、组织、协调和监督控制的一种管理活动。它是保证财政收入及时、足额入库，实现税收分配目标的重要手段。税务管理可分为两个层次：一是税收政策、法令、制度的制定，即税收立法；二是税收政策、法令、制度的执行，也就是税收的征收管理，即税收执法。税务管理主要包括税务登记管理、账簿及凭证管理、纳税申报管理等内容。

第一节　税务管理

一、税务登记管理

（一）税务登记的概念

税务登记，是指纳税人为依法履行纳税义务，就有关纳税事宜依法向税务机关办理登记的一种法定手续，它是税收征收管理的首要环节。纳税人必须按照税法规定的期限办理设立税务登记、变更税务登记或注销税务登记。

（二）税务登记的内容

2016年7月5日，《国务院办公厅关于加快推进“五证合一、一照一码”登记制度改革的通知》发布。“五证合一”是在2014年10月1日各地全面实施工商营业执照、组织机构代码证、税务登记证“三证合一”登记制度改革的基础上，再整合社会保险登记证和统计登记证。我国从2016年10月1日起正式实施“五证合一、一照一码”。

1.设立税务登记

企业，企业在外地设立的分支机构和从事生产、经营的场所，个体工商户和从事生产、经营的事业单位（统称从事生产、经营的纳税人）以及非从事生产、经营但依照法律、行政法规的规定负有纳税义务的单位和个人，均需办理税务登记。

工商登记统一受理申请后，申请材料和登记材料在部门间共享，各部门数据互换、档案互认。各省税务机关在交换平台获取“五证合一”企业登记信息后，依据企业住所（以统一代码为标识）按户分配至县（区）税务机关。新设立企业领取“一照一码”营业执照后，无须再办理税务登记证（由于《税收征收管理法》及其实施细则并未进行相应修订，本章沿用“税务登记证”相关表述）。纳税人凭加载统一社会信用代码的营业执照前往税务机关办理相关涉税事项，企业登记机关将信息上传至并联审批平台。

对于工商登记已采集信息，税务机关不再重复采集；其他必要涉税基础信息，可在企业办理有关涉税事项时，及时采集，陆续补齐。发生变化的，由企业直接向税务机关申报变更，税务机关应及时更新税务系统中的企业信息。

2.一般纳税人资格登记

增值税一般纳税人资格实行登记制，登记事项由增值税纳税人向其主管税务机关办理。小规模纳税人以及新开业的纳税人，可以向主管税务机关申请增值税一般纳税人登记。

3.涉税事项变更登记

“一照一码”企业的生产经营地、财务负责人、核算方式信息发生变化的，由企业向主管税务机关申请变更。除上述三项信息外，企业在登记机关新设时采集的信息发生变更，均由企业向登记机关申请变更。

4.注销税务登记

（1）注销税务登记的适用范围。

①纳税人发生解散、破产、撤销的。

②纳税人被市场监督管理机关吊销营业执照的。

③纳税人因住所、经营地点或产权关系变更而涉及改变主管税务机关的。

④纳税人发生的其他应办理注销税务登记情况的。

（2）注销税务登记的流程。

“一照一码”企业办理注销税务登记，可以向主管税务机关提出清税申请，并填报《清税申报表》。税务机关在结清税款、滞纳金、罚款，缴销发票和税控设备后，由受理方税务机关向纳税人出具《清税证明》。其流程为：

企业提出清税申报→主管税务机关核对企业清缴税款、缴销发票等情况→受理税务机关出具《清税证明》→企业持《清税证明》向企业登记机关申请办理注销登记。

（三）税务登记的管理

1.税务登记证件的使用范围

除按照规定不需要税务机关发给的登记证件之外，纳税人办理下列事项时，必须持税务登记证件：

（1）开立银行账户。

（2）申请减税、免税、退税。

（3）申请办理延期申报、延期缴纳税款。

（4）领购发票。

（5）申请开具外出经营活动税收管理证明。

（6）办理停业、歇业。

（7）其他有关税务事项。

2.税务登记证件的审验

（1）纳税人应当将税务登记证件正本在其生产、经营场所或者办公场所公开悬挂，接受税务机关检查。

（2）纳税人遗失税务登记证件的，应当在15日内书面报告主管税务机关，并登报声明作废。

（3）从事生产、经营的纳税人到外县（市）临时从事生产、经营活动的，应当持税务登记证副本和所在地税务机关填开的外出经营活动税收管理证明，向营业地税务机关报验登记，接受税务管理。

从事生产、经营的纳税人外出经营，在同一地累计超过180天的，应当在营业地办理税务登记手续。

【例14-1】企业变更税务登记的适用范围不包括（　　）。

A.改变纳税人名称、法定代表人的

B.改变经济性质或企业类型的

C.改变注册资金的

D.因住所、经营地点或产权关系变更而涉及改变主管税务机关的

【解析】因住所、经营地点或产权关系变更而涉及改变主管税务机关的，企业应办理注销税务登记。故选D项。

二、账簿、凭证管理

纳税人、扣缴义务人应按照有关法律、行政法规和国务院财政、税务主管部门的规定设置账簿，根据合法、有效的凭证记账，进行核算。

（一）设置账簿的范围

（1）从事生产、经营的纳税人应当自领取营业执照或者发生纳税义务之日起15日内，按照国家有关规定设置账簿。所称账簿，是指总账、明细账、日记账以及其他辅助性账簿。总账、日记账应当采用订本式。

（2）扣缴义务人应当自税收法律、行政法规规定的扣缴义务发生之日起10日内，按

照所代扣、代收的税种，分别设置代扣代缴、代收代缴税款账簿。

纳税人、扣缴义务人会计制度健全，能够通过计算机正确、完整计算其收入和所得或者代扣代缴、代收代缴税款情况的，其计算机输出的完整的书面会计记录，可视同会计账簿。

纳税人、扣缴义务人会计制度不健全，不能通过计算机正确、完整计算其收入和所得或者代扣代缴、代收代缴税款情况的，应当建立总账及与纳税或者代扣代缴、代收代缴税款有关的其他账簿。

（3）生产经营规模小又确无建账能力的纳税人，可以聘请经批准从事会计代理记账业务的专业机构或者经税务机关认可的财会人员代为建账和办理账务，聘请上述机构或者人员有实际困难的，经县级以上税务机关批准，可以按照税务机关的规定，建立收支凭证粘贴簿、进货销货登记簿或税控装置。

（二）对纳税人财务会计制度及其处理办法的管理

从事生产、经营的纳税人应当自领取税务登记证件之日起15日内，将其财务、会计制度或者财务、会计处理办法报送主管税务机关备案。

纳税人使用计算机记账的，应当在使用前将会计电算化系统的会计核算软件、使用说明书及有关资料报送主管税务机关备案。纳税人建立的会计电算化系统应当符合国家有关规定，并能正确、完整核算其收入或者所得。

从事生产、经营的纳税人及扣缴义务人的财务、会计制度或者财务、会计处理办法与国务院或者国务院财政、税务主管部门有关税收的规定相抵触的，应依照国务院或者国务院财政、税务主管部门有关税收的规定计算应纳税款、代扣代缴和代收代缴税款。

（三）账簿、凭证的保存和管理

从事生产、经营的纳税人及扣缴义务人必须按照国务院财政、税务主管部门规定的保管期限保管账簿、记账凭证、完税凭证及其他有关资料。除法律、行政法规另有规定外，账簿、会计凭证、报表、完税凭证及其他有关资料应当保存10年。账簿、记账凭证、报表、完税凭证、发票、出口凭证及其他有关涉税资料应当合法、真实、完整，不得伪造、变造或者擅自损毁。

【例14-2】《税收征收管理法》及其实施细则规定，从事生产、经营的纳税人应当自领取（　　）之日起15日内，将其财务、会计制度或者财务、会计处理办法报送主管税务机关备案。

A.税务登记证件　　B.发票领购簿　　C.营业执照　　D.财务专用章

【解析】正确答案为A项。

三、纳税申报管理

（一）纳税申报的概念

纳税申报，是指纳税人按照税法规定定期就计算缴纳税款的有关事项向税务机关提出书面报告。纳税申报是税收征收管理的一项重要制度。

纳税人必须依照法律、行政法规规定或者税务机关依照法律、行政法规的规定确定的申报期限、申报内容如实办理纳税申报，报送纳税申报表、财务会计报表以及税务机关根据实际需要要求纳税人报送的其他纳税资料。具体包括：

（1）财务会计报表及其说明材料。

（2）与纳税有关的合同、协议书及凭证。

（3）税控装置的电子报税资料。

（4）外出经营活动税收管理证明和异地完税凭证。

（5）境内或者境外公证机构出具的有关证明文件。

（6）税务机关规定应当报送的其他有关证件、资料。

扣缴义务人必须依照法律、行政法规的规定或者税务机关依照法律、行政法规的规定确定的申报期限、申报内容，如实报送代扣代缴、代收代缴税款报告表以及税务机关根据实际需要要求扣缴义务人报送的其他有关资料，具体包括：税种、税目，应纳税项目或者应代扣代缴、代收代缴税款项目，计税依据，扣除项目及标准，适用税率或者单位税额，应退税项目及税额，应减免税项目及税额，应纳税额或者应代扣代缴、代收代缴税额，税款所属期限、延期缴纳税款、欠税、滞纳金等。

（二）纳税申报的方式

经税务机关批准，纳税人、扣缴义务人可以直接到税务机关办理纳税申报或者报送代扣代缴、代收代缴税款报告表，也可以按照规定采取邮寄、数据电文方式办理上述申报、报送事项。

1.直接申报

纳税人、扣缴义务人按照规定的期限自行到主管税务机关办理纳税申报手续。

2.邮寄申报

经税务机关批准，纳税人、扣缴义务人可以采取邮寄申报的方式，将纳税申报表及有关的纳税资料通过邮局寄送主管税务机关。

3.数据电文方式申报

数据电文方式是指税务机关确定的电话语音、电子数据交换和网络传输等电子方式。纳税人采取数据电文方式办理纳税申报的，应当按照税务机关规定的期限和要求保存有关资料，并定期书面报送主管税务机关。

4.代理申报

纳税人、扣缴义务人可以委托注册税务师办理纳税申报。

（三）纳税申报的具体要求

（1）纳税人、扣缴义务人，不论当期是否发生纳税义务，除经税务机关批准外，均应按规定办理纳税申报或者报送代扣代缴、代收代缴税款报告表。

（2）实行定期定额方式缴纳税款的纳税人，可以实行简易申报、简并征期等申报纳税方式。

（3）纳税人享受减税、免税待遇的，在减税、免税期间应当按照规定办理纳税申报。

（4）纳税人、扣缴义务人按照规定的期限办理纳税申报或者报送代扣代缴、代收代缴税款报告表确有困难，需要延期的，应当在规定的期限内向税务机关提出书面延期申请，经税务机关核准，在核准的期限内办理。

纳税人、扣缴义务人因不可抗力因素，不能按期办理纳税申报或者报送代扣代缴、代收代缴税款报告表的，可以延期办理；但是，应当在不可抗力因素消除后立即向税务机关报告。税务机关应当查明事实，予以核准。

经核准延期办理前款规定的申报、报送事项的，应当在纳税期内按照上期实际缴纳的税额或者税务机关核定的税额预缴税款，并在核准的延期内办理税款结算。

【例14-3】下列各项关于纳税申报管理的表述中，正确的是（　　）。

A.扣缴义务人不得采取邮寄申报的方式

B.纳税人在纳税期内没有应纳税款的，不必办理纳税申报

C.实行定期定额缴纳税款的纳税人可以实行简易申报、简并征期等申报纳税方式

D.主管税务机关根据纳税人的实际情况及其所纳税种确定的纳税申报期限不具有法律效力

【解析】扣缴义务人可以采取邮寄申报，选项A是错误的。纳税人在纳税期内没有应纳税款的，也应当按照规定办理纳税申报；纳税人享受减税、免税待遇的，在减税、免税期间应当按照规定办理纳税申报，所以选项B是错误的。主管税务机关根据纳税人的实际情况及其所纳税种确认的纳税申报期限具有法律效力，选项D是错误的。故选C项。

【例14-4】下列纳税申报方式中，符合《税收征收管理法》规定的有（　　）。

A.直接申报　　B.口头申报　　C.网上申报　　D.邮寄申报

【解析】按照《税收征收管理法》的规定，目前纳税人进行纳税申报的形式主要有三种：直接申报、邮寄申报、数据电文申报。因此，正确选项为A、C、D。

第二节　税款征收

税款征收，是税务机关依照法律、行政法规的规定，将纳税人应纳的税款组织入库的一系列活动的总称。它是税收征收管理工作中的中心环节，是全部税收征管工作的目的和归宿，在整个税收工作中占据着极其重要的地位。

一、税款征收的原则

税款征收的原则包括：

1.税务机关是征税的唯一行政主体

《税收征收管理法》第二十九条规定：“除税务机关、税务人员以及经税务机关依照法律、行政法规委托的单位和人员外，任何单位和个人不得进行税款征收活动。”

2.税务机关只能依照法律、行政法规的规定征收税款

税务机关代表国家向纳税人征收税款，不能任意征收，只能依法征收。

3.税务机关不得违反法律、行政法规的规定开征、停征、多征、少征、提前征收、延

缓征收税款或者摊派税款

税务机关是执行税法的专职机构，既不得在税法生效之前先行向纳税人征收税款，也不得在税法尚未失效时，停止征收税款，更不得擅立章法、新开征税种。

4.税务机关征收税款必须遵守法定权限和法定程序

税务机关在征收税款时，必须遵守法定的权限和程序，不得查封、扣押纳税人个人及其所扶养家属维持生活必需的住房和用品。

5.税务机关征收税款或扣押、查封商品、货物或其他财产时，必须向纳税人开具完税凭证或开付扣押、查封的收据或清单

《税收征收管理法》第三十四条规定："税务机关征收税款时，必须给纳税人开具完税凭证。"

6.税款、滞纳金、罚款统一由税务机关上缴国库

《税收征收管理法》第五十三条规定："税务机关应当按照国家规定的税收征收管理范围和税款入库预算级次，将征收的税款缴入国库。"这也是税款征收的一个基本原则。

7.税款优先

《税收征收管理法》第四十五条明确了税款优先的地位，确定了税款征收在纳税人支付各种款项和偿还债务时的优先顺序。

（1）税务机关征收税款，税收优先于无担保债权，法律另有规定的除外。

（2）纳税人欠缴的税款发生在纳税人以其财产设定抵押、质押或者纳税人的财产被留置之前的，税收应当先于抵押权、质权、留置权执行。

（3）纳税人欠缴税款，同时又被行政机关决定处以罚款、没收违法所得的，税收优先于罚款、没收违法所得。

【例14-5】下列各项中，符合《税收征收管理法》税款征收有关规定的有（　　）。

A.税务机关减免税时，必须给纳税人开具承诺文书

B.税务机关征收税款时，必须给纳税人开具完税凭证

C.税务机关扣押商品、货物或者其他财产时必须开付收据

D.税务机关查封商品、货物或者其他财产时必须开付清单

【解析】税务机关作出的减免税审批决定，应当向纳税人送达减免税审批书面决定，但这不是承诺文书，所以A选项不正确。故选B、C、D项。

二、税款征收方式

科学合理的税款征收方式是确保税款顺利、足额征收的前提条件。由于各类纳税人的具体情况不同，因此税款的征收方式也应有所区别。我国现阶段可供选择的税款征收方式主要有以下几种：

（一）查账征收

查账征收，是指税务机关对账务健全的纳税人，依据其报送的纳税申报表、财务会计报表和其他有关纳税资料，计算应纳税款，填写缴款书或完税凭证，由纳税人到银行划解税款的征收方式。

（二）查定征收

查定征收，是指对账务不健全，但能控制其材料、产量或进销货物的纳税单位或个人，由税务机关依据正常条件下的生产能力对其生产的应税产品查定产量、销售额并据以征收税款的征收方式。

（三）查验征收

查验征收，是指税务机关对纳税人的应税商品、产品，通过查验数量，按市场一般销售单价计算其销售收入，并据以计算应纳税款的征收方式。

（四）定期定额征收

定期定额征收，是指税务机关对小型个体工商户采取定期确定营业额、利润额并据以核定应纳税额的征收方式。

（五）代扣代缴

代扣代缴，是指按照税法规定，负有扣缴税款义务的单位和个人对纳税人应纳的税款进行代扣代缴的征收方式，即由支付人向纳税人支付款项时，从所支付的款项中依法直接扣收税款并代为缴纳。

（六）代收代缴

代收代缴，是指按照税法规定，负有收缴税款义务的单位和个人对纳税人应纳的税款进行代收代缴的征收方式，即由与纳税人有经济业务往来的单位和个人在向纳税人收取款项时依法收取税款。

（七）委托代征

委托代征，是指受委托的有关单位按照税务机关核发的代征证书的要求，以税务机关的名义向纳税人征收零散税款的征收方式。

【例14-6】下列各项中，符合《税收征收管理法》规定的征税方式有（　　）。

A.税务机关通过典型调查，逐户确定营业额和所得额并据以征税的方式

B.税务机关按照纳税人提供的账表所反映的经营情况，依照适用税率计算缴纳税款的方式

C.税务机关对纳税人的应税商品，通过查验数量，按市场一般销售单价计算其销售收入并据以征税的方式

D.税务机关根据纳税人的从业人员、生产设备、采用原材料等因素，对纳税人产制的应税产品查实核定产量、销售额并据以征税的方式

【解析】正确答案为A、B、C、D项。

三、税款征收制度

税款征收制度，是指税务机关按照税法规定将纳税人应纳的税款收缴入库的法定制度。

（一）代扣代缴、代收代缴税款制度

扣缴义务人依照法律、行政法规的规定履行代扣、代收税款的义务。

对法律、行政法规没有规定负有代扣、代收税款义务的单位和个人，税务机关不得要

求其履行代扣、代收税款义务。

扣缴义务人依法履行代扣、代收税款义务时，纳税人不得拒绝。纳税人拒绝的，扣缴义务人应当及时报告税务机关处理。

税务机关按照规定付给扣缴义务人代扣、代收手续费。

（二）延期缴纳税款制度

纳税人和扣缴义务人必须在税法规定的期限内缴纳、解缴税款，但考虑到纳税人在履行纳税义务的过程中可能遇到特殊困难情况，为了保护纳税人的合法权益，《税收征收管理法》第三十一条第二款规定："纳税人因有特殊困难，不能按期缴纳税款的，经省、自治区、直辖市税务局批准，可以延期缴纳税款，但最长不得超过3个月。"

特殊困难主要包括：一是因不可抗力导致纳税人发生较大损失，正常生产经营活动受到较大影响的；二是当期货币资金在扣除应付职工工资、社会保险费后，不足以缴纳税款的。

纳税人在申请延期缴纳税款时应当注意以下几个问题：

（1）在规定期限内提出书面申请。纳税人需要延期缴纳税款的，应当在缴纳税款期限届满前提出申请，并报送申请延期缴纳税款报告、当期货币资金余额情况及所有银行存款账户的对账单、资产负债表、应付职工工资和社会保险费等税务机关要求提供的支出预算。税务机关应当自收到申请延期缴纳税款报告之日起20日内作出批准或者不予批准的决定；不予批准的，从缴纳税款期限届满之日起加收滞纳金。

（2）税款的延期缴纳，必须经省、自治区、直辖市税务机关批准，方为有效。

（3）延期期限最长不得超过3个月，同一笔税款不得滚动审批。

（4）批准延期内免予加收滞纳金。

（三）税收滞纳金征收制度

《税收征收管理法》第三十二条规定："纳税人未按照规定期限缴纳税款的，扣缴义务人未按照规定期限解缴税款的，税务机关除责令限期缴纳外，从滞纳税款之日起，按日加收滞纳税款万分之五的滞纳金。"

加收滞纳金的具体操作应按下列程序进行：

（1）先由税务机关发出催缴税款通知书，责令限期缴纳或解缴税款，告知纳税人如不按期履行纳税义务，将依法按日加收滞纳税款万分之五的滞纳金。

（2）从滞纳之日起加收滞纳金（加收滞纳金的起止时间为法律、行政法规规定或者税务机关依照法律、行政法规的规定确定的税款缴纳期限届满次日起至纳税人、扣缴义务人实际缴纳或者解缴税款之日止）。

（3）拒绝缴纳滞纳金的，可以按不履行纳税义务实行强制执行措施，强行划拨或者强制征收。

【例14-7】某企业2023年4月生产、经营应纳增值税10 000元，该企业于5月21日实际缴纳税款，计算应加收的滞纳金金额。

【解析】按照增值税纳税期限和结算交款期限，该企业应于5月15日前缴纳税款，该企业滞纳6天，则：

应加收的滞纳金=10 000×0.5‰×6=30（元）

（四）减免税收制度

根据《税收征收管理法》的有关规定，办理税收减免时应注意下列事项：

（1）减免税必须有法律、行政法规的明确规定（具体规定将在税收实体法中体现）。地方各级人民政府、各级人民政府主管部门、单位和个人违反法律、行政法规的规定，擅自作出的减免税决定无效，税务机关不得执行，并应向上级税务机关报告。

（2）纳税人申请减免税，应向主管税务机关提出书面申请，并按规定附送有关资料。税务机关受理或不受理减免税申请，都应当出具加盖本机关专用印章和注明日期的书面凭证。减免税的申请须经法律、行政法规规定的减免税审查批准机关审批。

纳税人在享受减免税待遇期间，仍应按规定办理纳税申报。减免税期满，纳税人应当自期满次日起恢复纳税。

（3）纳税人享受减免税的条件发生变化时，应当在纳税申报时向税务机关报告。

（4）减免税分为报批类减免税和备案类减免税。报批类减免税是指应由税务机关审批的减免税项目；备案类减免税是指取消审批手续的减免税项目和不需要税务机关审批的减免税项目。

（5）纳税人同时从事减免税项目与非减免税项目的，应分别核算，独立适用减免税项目的计税依据以及减免税额度。不能分别核算的，不能享受减免税；核算不清的，由税务机关按合理方法核定。

（6）纳税人依法可以享受减免税待遇，但未享受而多缴税款的，凡属于无明确规定须经税务机关审批或没有规定申请期限的，纳税人可以在《税收征收管理法》第五十一条规定的期限内申请减免税，要求退还多缴的税款，但不加算银行同期存款利息。

（7）纳税人可以向主管税务机关申请减免税，也可以直接向有权审批的税务机关申请。由纳税人所在地主管税务机关受理、应当由上级税务机关审批的减免税申请，主管税务机关应当自受理申请之日起10个工作日内直接上报有权审批的上级税务机关。

减免税期限超过1个纳税年度的，进行一次性审批。

（五）税款核定和税收调整制度

1.税务机关有权核定纳税人应纳税额的情形

（1）依照法律、行政法规的规定可以不设置账簿的。

（2）依照法律、行政法规的规定应当设置但未设置账簿的。

（3）擅自销毁账簿或者拒不提供纳税资料的。

（4）虽设置账簿，但账目混乱或者成本资料、收入凭证、费用凭证残缺不全，难以查账的。

（5）发生纳税义务，未按照规定的期限办理纳税申报，经税务机关责令限期申报，逾期仍不申报的。

（6）纳税人申报的计税依据明显偏低，又无正当理由的。

2.关联企业纳税调整

企业或者外国企业在中国境内设立的从事生产、经营的机构、场所与其关联企业之间的业务往来，应当按照独立企业之间的业务往来收取或者支付价款、费用；不按照独立企业之间的业务往来收取或者支付价款、费用，而减少其应纳税收入或者所得额的，税务机关有权进行合理调整。

3.责令缴纳

对未按照规定办理税务登记的从事生产、经营的纳税人以及临时从事经营的纳税人，由税务机关核定其应纳税额，责令缴纳；不缴纳的，税务机关可以扣押其价值相当于应纳税款的商品、货物。扣押后缴纳应纳税款的，税务机关必须立即解除扣押，并归还所扣押的商品、货物；扣押后仍不缴纳应纳税款的，经县以上税务局（分局）局长批准，依法拍卖或者变卖所扣押的商品、货物，以拍卖或者变卖所得抵缴税款。

4.责令提供纳税担保

税务机关有根据认为从事生产、经营的纳税人有逃避纳税义务行为的，可以在规定的纳税期之前，责令纳税人限期缴纳应纳税款；在限期内发现纳税人有明显的转移、隐匿其应纳税的商品、货物以及其他财产或者应纳税收入的迹象的，税务机关可以责成纳税人提供纳税担保。

5.采取税收保全措施

税务机关责令纳税人提供纳税担保而纳税人拒绝提供纳税担保或无力提供纳税担保的，经县级以上税务局（分局）局长批准，税务机关可以采取下列税收保全措施：

（1）书面通知纳税人开户银行或者其他金融机构冻结纳税人相当于应纳税款的存款。

（2）扣押、查封纳税人价值相当于应纳税款的商品、货物或者其他财产。

纳税人在规定的限期内缴纳税款的，税务机关必须立即解除税收保全措施；限期期满仍未缴纳税款的，经县级以上税务局（分局）局长批准，税务机关可以书面通知纳税人开户银行或者其他金融机构从其冻结的存款中扣缴税款，或者依法拍卖或者变卖所扣押、查封的商品、货物或者其他财产，以拍卖或者变卖所得抵缴税款。

个人及其所扶养家属维持生活必需的住房和用品，不在税收保全措施的范围之内。

个人所扶养家属，是指与纳税人共同居住生活的配偶、直系亲属以及无生活来源并由纳税人扶养的其他亲属。

个人及其所扶养家属维持生活必需的住房和用品不包括机动车辆、金银饰品、古玩字画、豪华住宅或者一处以外的住房。

税务机关对单价5 000元以下的其他生活用品，不采取税收保全措施和强制执行措施。

6.采取强制执行措施

从事生产、经营的纳税人、扣缴义务人未按照规定的期限缴纳或者解缴税款，纳税担保人未按照规定的期限缴纳所担保的税款，由税务机关责令限期缴纳，逾期仍未缴纳的，经县级以上税务局（分局）局长批准，税务机关可以采取下列强制执行措施：

（1）书面通知其开户银行或者金融机构从其存款中扣缴税款。

（2）扣押、查封、依法拍卖或者变卖其价值相当于应纳税款的商品、货物或者其他财产，以拍卖或者变卖所得抵缴税款。

税务机关采取强制执行措施时，对纳税人、扣缴义务人、纳税担保人未缴纳的滞纳金同时强制执行。

个人及其所扶养家属维持生活必需的住房和用品，不在强制执行措施的范围之内。

【例14-8】李某的公司（个人独资企业）于2019年缴纳了近百万元的税款。然而，由于一场意想不到的经济纠纷，公司背上了债务包袱，2021年6月—10月，李某的公司拖欠增值税共11.79万元。税务局多次派人上门催缴，但公司都因银行账上没钱而未能缴纳。2021年3月17日，税务局再次派人向李某下达《限期缴纳税款通知书》，限其在2021年3月21日前缴纳税款，李某只好无奈地告诉他们："公司马上就要解散了，我哪里还有钱缴税呢！"

税务局在派人查看后，发现李某公司银行账上没钱，又没有可以扣押的货物，于2021年3月24日扣押了李某个人一部价值40多万元的宝马轿车，并于2021年4月28日通过市融新拍卖行将轿车拍卖，价款42.50万元。紧接着，税务局便将拍卖的车款划缴了11.79万元的税款和9 020元的滞纳金，并于2021年4月30日将税票交给了李某公司会计。

此后，税务局却迟迟不肯将拍卖轿车剩余的款项退还李某。李某每次催要，税务局都以"正在研究如何罚款"为由拒绝退还。如今，轿车拍卖已经过去近2个月了，税务局还是不肯退还剩余的款项。

请问：公司欠税，税务局扣押李某的私人轿车合法吗？公司的欠税只有11.79万元，税务局却扣押了李某个人价值40多万元的轿车，这合法吗？税务局已经拍卖轿车，抵缴了税款和滞纳金，还能再对公司罚款吗？税务局能继续扣留拍卖轿车剩余的款项而留待抵缴罚款吗？

【解析】第一，税务局扣押李某私人轿车的行为是合法的。个人独资企业首先应当以企业的财产来承担纳税义务，当企业财产不足以缴纳税款时，投资人应当以其个人的其他财产，甚至应以其家庭共有财产来缴纳税款。

第二，扣押价值40万元的轿车是合法的。对价值超过应纳税额且不可分割的商品、货物或者其他财产，税务机关在纳税人、扣缴义务人或者纳税担保人无其他可供强制执行的财产的情况下，可以整体扣押、查封、拍卖，以拍卖所得抵缴税款、滞纳金、罚款以及扣押、查封、保管、拍卖等费用。

第三，税务局委托拍卖行对轿车进行拍卖并抵缴欠缴的税款、滞纳金后，应当依据《中华人民共和国税收征收管理法实施细则》（以下简称《税收征收管理法实施细则》）将剩余款项在3日内退还。税务局却以"正在研究如何罚款"为由迟迟不肯退还剩余款项，显然是违法的。

7.阻止出境

欠缴税款的纳税人或者其法定代表人在出境前未按照规定结清应纳税款、滞纳金或者提供纳税担保的，税务机关可以通知出入境管理机构阻止其出境。阻止出境的具体办法，由国家税务总局会同公安部制定。

【例14-9】某集体工业企业，主营机器配件加工业务，由于经营不善，在停止其主营业务时，把所承租的楼房转租给某企业经营，将收取的租金收入挂在往来科目，未结转收入及申报缴纳有关税费。该县税务局在日常检查时，发现了其偷税行为并依法作出补税、加收滞纳金和处以罚款的决定。对此，该企业未提出异议，却始终不缴纳税款、滞纳金和罚款。

该税务局在多次催缴无效的情况下，一方面依法向人民法院申请对其罚款采取强制执行措施；另一方面将此案移送公安机关。该企业的法定代表人李某在此期间已办理好出国、出境证件，有出国（境）的迹象。请问：该企业法定代表人李某是否可以出境？为什么？

【解析】该企业在缴清税款、滞纳金或提供纳税担保之前，李某不可以出境。依据《税收征收管理法》第四十四条："欠缴税款的纳税人或者其法定代表人需要出境的，应当在出境前向税务机关结清应纳税款、滞纳金或者提供担保。未结清税款、带纳金，又不提供担保的，税务机关可以通知出境管理机关阻止其出境。"

（六）纳税人有合并、分立情形的税收规定

纳税人有合并、分立情形的，应当向税务机关报告，并依法缴清税款。纳税人合并时未缴清税款的，应当由合并后的纳税人继续履行未履行的纳税义务；纳税人分立时未缴清税款的，分立后的纳税人对未履行的纳税义务应当承担连带责任。

欠缴税款数额较大的纳税人在处分其不动产或者大额资产之前，应当向税务机关报告。

欠缴税款的纳税人因怠于行使到期债权，或者放弃到期债权，或者无偿转让财产，或者以明显不合理的低价转让财产而受让人知道该情形，给国家税收造成损害的，税务机关可以按照《民法典》的规定行使代位权、撤销权。

税务机关依照前款规定行使代位权、撤销权的，不免除欠缴税款的纳税人尚未履行的纳税义务和应承担的法律责任。

第三节 税务检查

税务检查是税务机关依照税收法律、行政法规的规定，对纳税人、扣缴义务人履行纳税义务或者扣缴义务及其他有关税务事项进行审查、核实、监督活动的总称。税务检查与税务管理、税款征收共同构成了税收征收管理法律制度中的三个重要环节。税务管理是基础，税款征收是核心，税务检查是保障。纳税人缴纳税款后，税务机关依法实施税务检查，既可以发现税务登记、申报等事前监控中的漏洞和问题，也可以检查核实税款征收的质量，从而使税务检查成为事后监控的一个重要环节。

一、税务检查的形式和方法

（一）税务检查的形式

税务检查的形式可以分为：纳税人自查、税务机关专业检查、部门联合检查等。纳税人自查，是指由纳税人的财会人员自行检查纳税情况的一种形式；税务机关专业检查，是指由税务机关主持进行的税务稽查，包括日常稽查、专项稽查和专案稽查三种，这是税务检查中最主要的形式；部门联合检查，是指由税务稽查机构联合市场监督、银行等部门，对税源较大、业务复杂或纳税意识不强、偷漏税较严重的纳税人进行的重点检查。

（二）税务检查的方法

税务检查是一项政策性和技术性极强的工作，涉及纳税人大量的财务会计资料，必须掌握科学的检查方法和技巧，才能降低盲目性，克服混乱性，提高效率，保证检查的质量和效果。

税务检查的方法是实现税务检查目的、完成税务检查任务的重要手段。在税务检查工作中，采用何种方法，应视检查的目的和要求及被查单位的生产经营特点、财务管理水平和会计核算水平的具体情况而定。税务检查的方法很多，但一般说来，其基本方法有以下几种：

1.税务检查的技术方法

税务检查的技术方法是税务检查工作中最基本、最常用的方法。税务检查的技术方法按检查方式的不同，可分为审阅法和核对法；按检查详细程度的不同，可分为详查法和抽查法；按检查顺序的不同，可分为顺查法和逆查法。

（1）审阅法和核对法。审阅法是指对被检查纳税人的会计账簿、凭证等财务资料，通过直观地审查阅览，发现其在纳税方面存在问题的一种方法。核对法是指通过对被检查纳税人的各种相关联的会计凭证、账簿、报表及实物进行相互核对，验证其在纳税方面存在问题的一种方法。

（2）详查法和抽查法。详查法是指对被检查纳税人一定时期的所有会计凭证、账簿、报表及各种存货进行全面、系统检查的一种方法。抽查法是指对被检查纳税人一定时期内的会计凭证、账簿、报表及各种存货，抽取一部分进行检查的一种方法。

（3）顺查法和逆查法。顺查法是逆查法的对称，是指对被检查纳税人按照其会计核算的顺序，依次检查会计凭证、账簿、报表，并相互核对的一种方法。逆查法是指逆会计核算的顺序，依次检查会计报表、账簿、凭证，并将其相互核对的一种方法。

2.税务检查的分析方法

税务检查的分析方法是指对被检查的会计报表、账簿、凭证等资料和情况进行审查分析，以查证落实或确定检查线索的一种方法。它又可分为比较分析法、推理分析法和控制计算法三种。

（1）比较分析法。比较分析法是将被检查纳税人检查期有关财务指标的实际完成数进行纵向或横向比较，分析其异常变化情况，从中发现纳税问题线索的一种方法。

（2）推理分析法。推理分析法又称推理判断法，是根据已掌握的事实，运用逻辑学原理去推想事物形成的原因或可能产生的结果或可能有类似事实的一种分析方法。进行推理时，应注意以事实为依据，遵循事物发展的规律，不能脱离实际凭空臆想，也要注意避免把事情复杂化。

（3）控制计算法。控制计算法又称逻辑审查法，是指根据有关数据之间相互制约的关系，用某一可靠的或科学测定的数据来验证另一核算资料或申报资料是否正确，或以某一经济事项的核算资料来审定另一经济事项的核算资料的一种检查分析方法。税务检查工作中经常采用的控制计算法有：材料检查中的定额控耗，产品检查中的以耗控产，销售检查中的以产控销、以支控销，以及计算企业的偿债能力和缴税能力等。

3.税务检查的调查方法

税务检查工作不能局限于就账查账，还必须运用辅助的检查方法来发现问题和证实问题。查账为调查提供线索，调查为查账证实问题，两者互为补充，方能查得深透。常用的调查方法有观察法、询问法和外调法三种。

（1）观察法。观察法是指通过被检查纳税人的生产经营场所、仓库、工地等现场，实地观察其生产经营及存货等情况，以发现纳税问题或验证账目中可疑问题的一种检查方法。

（2）询问法。询问法是指根据查账提供的线索和群众举报的情况，通过向被查单位内外有关人员调查询问，取得一些可靠的资料来证实某些问题的一种调查方法。《税收征收管理法》规定：税务机关有权询问纳税人、扣缴义务人与纳税或代扣代缴、代收代缴税款有关的问题和情况。采用这种方法，事前要明确询问哪些问题，以做到有的放矢。询问法又包括面询和函询两种形式。

（3）外调法。外调法是指对有怀疑或已掌握一定线索的经济事项，通过向与被检查纳税人有经济联系的单位和个人进行调查，予以查证核实的一种方法。

4.税务检查的盘存方法

盘存法是指通过对货币资金、存货、固定资产和其他物资进行盘点和清查，并与账面记录相对照来确定有无盈余、亏损和损坏的一种检查方法。

采用盘存法检查时，由于盘点工作量大，因此可结合企业季末或年末盘点工作一并进行。盘点时，着重盘点产成品、库存商品和贵重物资。对品种繁多、量大的原材料等物资，可只就可疑部分进行抽查。对于必须进行重点检查的大宗货物，需要组织得力的盘点班子，采用适当的盘点方法，以提高盘点速度，保证盘点质量。

5.交叉稽核法

国家为了加强对增值税专用发票的管理，应用计算机将开出的增值税专用发票与存根联进行交叉稽核，以便查出虚开及假开发票的行为，避免国家税款的流失。目前，这种方法的优势已通过“金税工程”更好地体现出来，对利用增值税专用发票偷逃税款的行为起到了极大的遏制作用。

6.人工和计算机技术结合运用的税务检查方法

面对越来越多的企业实现会计电算化的情况，税务检查人员仅靠传统的手工检查方法是难以完成检查任务的，应该逐步适应人工和计算机技术相结合的税务检查方法，提高税务检查的效率和质量。因此，税务检查人员应加强对计算机审计技术知识的学习，尽力将丰富有效的传统税务检查思维、方法与现代高效率的计算机审计技术、方法巧妙地结合起来，针对各种具体情况运用多种方法进行检查。根据实践经验，较有成效的方法一般包括对会计电算化指标资料的分析比较，对会计电算化应用系统、内部控制系统和会计电子数据等方面的审查分析，在此基础上确定检查对象。

二、税务检查的职责

（1）税务机关有权进行的税务检查如下：

①检查纳税人的账簿、记账凭证、报表和有关资料，检查扣缴义务人代扣代缴、代收

代缴税款账簿、记账凭证和有关资料。因检查需要，经县级以上税务局（分局）局长批准，可以将纳税人、扣缴义务人以前会计年度的账簿、记账凭证、报表和其他有关资料调回税务机关检查，但是税务机关必须向纳税人、扣缴义务人开付清单，并在3个月内完整退还；有特殊情况的，经设区的市、自治州以上税务局局长批准，税务机关可以将纳税人、扣缴义务人当年的账簿、记账凭证、报表和其他有关资料调回检查，但是税务机关必须在30日内退还。

②到纳税人的生产、经营场所和货物存放地检查纳税人应纳税的商品、货物或者其他财产，检查扣缴义务人与代扣代缴、代收代缴税款有关的经营情况。

③责成纳税人、扣缴义务人提供与纳税或者代扣代缴、代收代缴税款有关的文件、证明材料和有关资料。

④询问纳税人、扣缴义务人与纳税或者代扣代缴、代收代缴税款有关的问题和情况。

⑤到车站、码头、机场、邮政企业及其分支机构检查纳税人托运、邮寄应税商品、货物或者其他财产的有关单据凭证和资料。

⑥经县级以上税务局（分局）局长批准，凭全国统一格式的检查存款账户许可证明，查询从事生产、经营的纳税人、扣缴义务人在银行或者其他金融机构的存款账户。税务机关在调查税收违法案件时，经设区的市、自治州以上税务局（分局）局长批准，可以查询案件涉嫌人员的储蓄存款。税务机关查询所获得的资料，不得用于税收以外的用途。

上述所称的“经设区的市、自治州以上税务局（分局）局长”包括地（市）一级（含直辖市下设区）的税务局（分局）局长。

税务机关查询的内容，包括纳税人存款账户余额和资金往来情况。查询时应当指定专人负责，凭全国统一格式的检查存款账户许可证明进行，并有责任为被检查人保守秘密。

（2）税务机关对纳税人以前纳税期的纳税情况依法进行税务检查时，发现纳税人有逃避纳税义务的行为，并有明显的转移、隐匿其应纳税的商品、货物、其他财产或者应纳税收入迹象的，可以按照批准权限采取税收保全措施或者强制执行措施。这里的批准权限是指县级以上税务局（分局）局长批准。

税务机关采取税收保全措施的期限一般不得超过6个月；重大案件需要延长的，应当报国家税务总局批准。

（3）纳税人、扣缴义务人必须接受税务机关依法进行的税务检查，如实反映情况，提供有关资料，不得拒绝、隐瞒。

（4）税务机关依法进行税务检查时，有权向有关单位和个人调查纳税人、扣缴义务人和其他当事人与纳税或者代扣代缴、代收代缴税款有关的情况，有关单位和个人有义务向税务机关如实提供有关资料及证明材料。

（5）税务机关调查税务违法案件时，对与案件有关的情况和资料，可以记录、录音、录像、照相和复制。

（6）税务人员进行税务检查时，应当出示税务检查证和税务检查通知书；无税务检查证和税务检查通知书的，纳税人、扣缴义务人及其他当事人有权拒绝检查。税务机关对集贸市场及集中经营业户进行检查时，可以使用统一的税务检查通知书。

税务机关对纳税人、扣缴义务人及其他当事人处以罚款或者没收违法所得时，应当开付罚没凭证；未开付罚没凭证的，纳税人、扣缴义务人以及其他当事人有权拒绝给付。

对采用电算化会计系统的纳税人，税务机关有权对其会计电算化系统进行检查，并可复制与纳税有关的电子数据作为证据。

税务机关进入纳税人会计电算化系统进行检查时，有责任保证纳税人会计电算化系统的安全性，并保守纳税人的商业秘密。

【例14-10】何某是一家私营企业的业主。2023年7月，税务人员在检查该私营企业账务时，经县税务局局长批准，同时检查该企业在中国银行的存款账户和何某私人及其妻子王某在储蓄所的存款。查实何某自2023年1月份以来，账外经营收入70万元，于是依法作出补缴税款和罚款的处理决定。何某气急败坏，当即向银行责问为何将该厂存款账户和私人储蓄存款账户提供给税务机关检查，银行人员称税务机关提供了检查存款账户的许可证明，有权进行检查。

请问：税务机关是否有权检查该企业的存款账户和何某本人及其妻子的个人储蓄存款？为什么？

【解析】税务机关有权检查该企业的银行存款账户，但对何某妻子王某的储蓄存款账户进行检查不合法。根据《税收征收管理法》第五十四条第六款的规定："经县以上税务局（分局）局长批准，凭全国统一格式的检查存款账户许可证明，税务机关有权查询从事生产、经营的纳税人、扣缴义务人在银行或者其他金融机构的存款账户。税务机关在调查税收违法案件时，经设区的市、自治州以上税务局（分局）局长批准，可以查询案件涉嫌人员的储蓄存款。"因此，税务机关有权依法检查该单位的银行存款账户，但对何某及其妻子王某的储蓄存款账户的检查必须经过设区的市、自治州以上税务局（分局）局长批准。

何某属私营企业主，按照《税收征收管理法实施细则》的规定，何某在银行的储蓄存款账户，属于银行存款账户的检查范围。

【例14-11】税务机关采取税收保全措施的期限，一般不得超过6个月，重大案件需要延长的，应报经批准。有权批准的税务机关是（　　）。

A.县级税务机关　　B.市级税务机关　　C.省级税务机关　　D.国家税务总局

【解析】《税收征收管理法实施细则》规定："税务机关采取税收保全措施的期限一般不得超过6个月；重大案件需要延长的，应当报国家税务总局批准。"故选D项。

【例14-12】下列关于税务机关行使税务检查权的表述中，符合税法规定的有（　　）。

A.到纳税人的住所检查应纳税的商品、货物和其他财产

B.责成纳税人提供与纳税有关的文件、证明材料和有关资料

C.到车站检查纳税人托运货物或者其他财产的有关单据凭证和资料

D.经县税务局局长批准，凭统一格式的检查存款账户许可证明，查询案件涉嫌人员的储蓄存款

【解析】《税收征收管理法》规定，税务机关有权"到纳税人的生产、经营场所和货物存放地检查纳税人应纳税的商品、货物或者其他财产"，因此A选项错误；税务机关在调

查税收违法案件时，经设区的市、自治州以上税务局（分局）局长批准，可以查询案件涉嫌人员的储蓄存款，因此选项D错误。故选B、C项。

第四节　法律责任

一、违反税务管理基本规定行为的处罚

（1）根据《税收征收管理法》第六十条和《税收征收管理法实施细则》第九十条的规定，纳税人有下列行为之一的，由税务机关责令限期改正，可以处2 000元以下的罚款；情节严重的，处2 000元以上1万元以下的罚款：

①未按照规定的期限申报办理税务登记、变更或者注销登记的。

②未按照规定设置、保管账簿或者记账凭证和有关资料的。

③未按照规定将财务、会计制度或者财务、会计处理办法和会计核算软件报送税务机关备查的。

④未按照规定将其全部银行账号向税务机关报告的。

⑤未按照规定安装、使用税控装置，或者损毁或擅自改动税控装置的。

（2）纳税人不办理税务登记的，由税务机关责令限期改正；逾期不改正的，由市场监督管理机关吊销其营业执照。

（3）纳税人未按照规定使用税务登记证件，或者转借、涂改、损毁、买卖、伪造税务登记证件的，处2 000元以上1万元以下的罚款；情节严重的，处1万元以上5万元以下的罚款。

【例14-13】某税务所2023年6月12日接到群众举报，辖区内为民服装厂（系个体）开业近两个月，尚未办理税务登记。6月14日，该税务所对为民服装厂进行税务检查。经查，该服装厂2023年4月24日办理营业执照，4月26日正式投产，没有办理税务登记。根据检查情况，税务所于6月16日作出责令为民服装厂于6月23日前办理税务登记并处以500元罚款的决定。请问：本处理决定是否有效？为什么？

【解析】本处理决定有效。根据《税收征收管理法》第六十条的有关规定：未按照规定期限申报办理税务登记、变更或者注销登记的，由税务机关责令限期改正，可以处2 000元以下的罚款；情节严重的，处2 000元以上1万元以下的罚款。

二、扣缴义务人违反账簿、凭证管理的处罚

《税收征收管理法》第六十一条规定："扣缴义务人未按照规定设置、保管代扣代缴、代收代缴税款账簿或者保管代扣代缴、代收代缴税款记账凭证及有关资料的，由税务机关责令限期改正，可以处2 000元以下的罚款；情节严重的，处2 000元以上5 000元以下的罚款。"

三、纳税人、扣缴义务人未按规定进行纳税申报的法律责任

《税收征收管理法》第六十二条规定："纳税人未按照规定的期限办理纳税申报和报送纳税资料的，或者扣缴义务人未按照规定的期限向税务机关报送代扣代缴、代收代缴税款报告表和有关资料的，由税务机关责令限期改正，可以处2 000元以下的罚款；情节严重的，可以处2 000元以上1万元以下的罚款。"

【例14-14】某政府机关按照税法规定为个人所得税扣缴义务人。该机关认为自己是国家机关，因此虽经税务机关多次通知，还是未按照税务机关确定的申报期限报送《代扣代缴税款报告表》，被税务机关责令限期改正并处以罚款1 000元。对此，该机关负责人非常不理解，认为自己不是个人所得税的纳税义务人，而是替税务机关代扣税款，只要税款没有少扣，晚几天申报不应受到处罚。请问：税务机关的处罚决定是否正确？为什么？

【解析】税务机关的处罚决定是正确的。《税收征收管理法》第二十五条规定："扣缴义务人必须依照法律、行政法规规定或者税务机关依照法律、行政法规的规定确定的申报期限、申报内容如实报送代扣代缴、代收代缴税款报告表以及税务机关根据实际需要要求扣缴义务人报送的其他有关资料。"因此，该机关作为扣缴义务人与纳税人一样，也应按照规定期限进行申报。根据《税收征收管理法》第六十二条的规定："扣缴义务人未按照规定的期限向税务机关报送代扣代缴、代收代缴税款报告表和有关资料的，由税务机关责令限期改正，可以处2 000元以下的罚款；情节严重的，可以处2 000元以上1万元以下的罚款。"税务机关作出的处罚是正确的。

四、对偷税的认定及其法律责任

（1）《税收征收管理法》第六十三条规定："纳税人伪造、变造、隐匿、擅自销毁账簿、记账凭证，或者在账簿上多列支出或者不列、少列收入，或者经税务机关通知申报而拒不申报或者进行虚假的纳税申报，不缴或者少缴应纳税款的，是偷税。对纳税人偷税的，由税务机关追缴其不缴或者少缴的税款、滞纳金，并处不缴或者少缴的税款50%以上5倍以下的罚款；构成犯罪的，依法追究刑事责任。"

（2）《刑法》第二百零一条规定："纳税人采取欺骗、隐瞒手段进行虚假纳税申报或者不申报，逃避缴纳税款数额较大并且占应纳税额10%以上的，处3年以下有期徒刑或者拘役，并处罚金；数额巨大并且占应纳税额30%以上的，处3年以上7年以下有期徒刑，并处罚金。扣缴义务人采取前款所列手段，不缴或者少缴已扣、已收税款，数额较大的，依照前款的规定处罚。对多次实施前两款行为，未经处理的，按照累计数额计算。有第一款行为，经税务机关依法下达追缴通知后，补缴应纳税款，缴纳滞纳金，已受行政处罚的，不予追究刑事责任；但是，5年内因逃避缴纳税款受过刑事处罚或者被税务机关给予两次以上行政处罚的除外。"

【例14-15】如意美容厅（系有证个体户）经税务机关核实实行定期定额税收征收方式，核定月均应纳税额为580元。2023年6月6日，因店面装修向税务机关提出自6月8日至6月30日申请停业的报告，税务机关经审核后，在6月7日作出核准停业的批复，下达

了《核准停业通知书》，并在办税服务厅予以公示。6月20日，税务机关接到群众举报，称如意美容厅一直在营业中。6月21日，税务机关派人员实地检查，发现该美容厅仍在营业，确属虚假停业，遂于6月22日送达《复业通知书》，并告知需按月均定额纳税。7月12日，税务机关下达《限期改正通知书》，责令限期申报并缴纳税款，但该美容厅没有改正。请问：税务机关对如意美容厅该如何处理？

【解析】如意美容厅的行为属于"通知申报而拒不申报、不缴应纳税款"的偷税行为，所以税务机关对如意美容厅应作出除补缴6月份税款580元及滞纳金外，并可按《税收征收管理法》第六十三条的规定，处以所偷税款50%以上5倍以下的罚款。

五、进行虚假申报或不进行申报行为的法律责任

《税收征收管理法》第六十四条规定："纳税人、扣缴义务人编造虚假计税依据的，由税务机关责令限期改正，并处5万元以下的罚款。纳税人不进行纳税申报，不缴或者少缴应纳税款的，由税务机关追缴其不缴或者少缴的税款、滞纳金，并处不缴或者少缴税款50%以上5倍以下的罚款。"

【例14-16】某基层税务所2023年8月14日在实施税务检查中发现，辖区内大众饭店（系私营企业）自2023年5月10日办理营业执照以来，一直没有办理税务登记，也没有申报纳税。根据检查情况，该饭店应纳未纳税款共计1 400元，税务所于6月18日作出如下处理决定：第一，责令大众饭店在8月20日前申报办理税务登记并处以500元罚款。第二，补缴税款，加收滞纳金，并处不缴税款1倍即1 400元的罚款。请问：本处理决定是否合法？为什么？

【解析】本处理决定是合法的。

第一，根据《税收征收管理法》第六十条的有关规定：未按照规定的期限申报办理税务登记变更或者注销税务登记的，由税务机关责令限期改正，可以处2 000元以下的罚款；情节严重的，处2 000元以上1万元以下的罚款。

第二，根据《税收征收管理法》第六十四条的有关规定：纳税人不进行纳税申报，不缴或者少缴应纳税款的，由税务机关追缴其不缴或者少缴的税款、滞纳金，并处不缴或者少缴的税款50%以上5倍以下的罚款。

第三，根据《税收征收管理法》第七十四条的有关规定：本法规定的行政处罚，罚款额在2 000元以下的，可以由税务所决定。

六、逃避追缴欠税的法律责任

《税收征收管理法》第六十五条规定："纳税人欠缴应纳税款，采取转移或者隐匿财产的手段，妨碍税务机关追缴欠缴的税款的，由税务机关追缴欠缴的税款、滞纳金，并处欠缴税款50%以上5倍以下的罚款；构成犯罪的，依法追究刑事责任。"

《刑法》第二百零三条规定："纳税人欠缴应纳税款，采取转移或者隐匿财产的手段，致使税务机关无法追缴欠缴的税款，数额在1万元以上不满10万元的，处3年以下有期徒刑或者拘役，并处或者单处欠缴税款1倍以上5倍以下罚金；数额在10万元以上的，处3

年以上7年以下有期徒刑，并处欠缴税款1倍以上5倍以下罚金。”

七、骗取出口退税的法律责任

《税收征收管理法》第六十六条规定：“以假报出口或者其他欺骗手段，骗取国家出口退税款的，由税务机关追缴其骗取的退税款，并处骗取税款1倍以上5倍以下的罚款；构成犯罪的，依法追究刑事责任。对骗取国家出口退税款的，税务机关可以在规定期间内停止为其办理出口退税。”

《刑法》第二百零四条规定：“以假报出口或者其他欺骗手段，骗取国家出口退税款，数额较大的，处5年以下有期徒刑或者拘役，并处骗取税款1倍以上5倍以下罚金；数额巨大或者有其他严重情节的，处5年以上10年以下有期徒刑，并处骗取税款1倍以上5倍以下罚金；数额特别巨大或者有其他特别严重情节的，处10年以上有期徒刑或者无期徒刑，并处骗取税款1倍以上5倍以下罚金或者没收财产。”

八、抗税的法律责任

《税收征收管理法》第六十七条规定：“以暴力、威胁方法拒不缴纳税款的，是抗税，除由税务机关追缴其拒缴的税款、滞纳金外，依法追究刑事责任。情节轻微，未构成犯罪的，由税务机关追缴其拒缴的税款、滞纳金，并处拒缴税款1倍以上5倍以下的罚款。”

《刑法》第二百零二条规定：“以暴力、威胁方法拒不缴纳税款的，处3年以下有期徒刑或者拘役，并处拒缴税款1倍以上5倍以下罚金；情节严重的，处3年以上7年以下有期徒刑，并处拒缴税款1倍以上5倍以下罚金。”

九、在规定期限内不缴或者少缴税款的法律责任

《税收征收管理法》第六十八条规定：“纳税人、扣缴义务人在规定期限内不缴或者少缴应纳或者应解缴的税款，经税务机关责令限期缴纳，逾期仍未缴纳的，税务机关除依照本法第四十条规定采取强制执行措施追缴其不缴或者少缴的税款外，可以处不缴或者少缴税款50%以上5倍以下的罚款。”

十、扣缴义务人不履行扣缴义务的法律责任

《税收征收管理法》第六十九条规定：“扣缴义务人应扣未扣、应收而不收税款的，由税务机关向纳税人追缴税款，对扣缴义务人处应扣未扣、应收未收税款50%以上3倍以下的罚款。”

【例14-17】老刘是某企业的员工，2021年6月份该企业在代扣代缴个人所得税时，遭到老刘的拒绝，因此该企业没有扣缴老刘的税款，并且未将老刘拒缴税款的情况向税务机关报告。在2023年8月的个人所得税专项检查中，税务机关发现了上述情况，于是税务机关决定向该企业追缴应扣未扣的税款100元，并处罚款100元。请问：税务机关的处理是否合法，为什么？

【解析】税务机关向该企业追缴应扣未扣的税款的处理决定是不合法的，罚款100元

是合法的。根据《税收征收管理法》第六十九条的规定："扣缴义务人应扣未扣、应收不收税款的，由税务机关向纳税人追缴税款，对扣缴义务人处以应扣未扣税款50%以上3倍以下的罚款。"因此，税务机关应向老刘追缴税款。

十一、不配合税务机关依法检查的法律责任

《税收征收管理法》第七十条规定："纳税人、扣缴义务人逃避、拒绝或者以其他方式阻挠税务机关检查的，由税务机关责令改正，可以处1万元以下的罚款；情节严重的，处1万元以上5万元以下的罚款。"

逃避、拒绝或者以其他方式阻挠税务机关检查的情形包括：

（1）提供虚假资料，不如实反映情况，或者拒绝提供有关资料的。

（2）拒绝或者阻止税务机关记录、录音、录像、照相和复制与案件有关的情况和资料的。

（3）在检查期间，纳税人、扣缴义务人转移、隐匿、销毁有关资料的。

（4）有不依法接受税务检查的其他情形的。

税务机关到车站、码头、机场、邮政企业及其分支机构检查纳税人有关情况时，有关单位拒绝的，由税务机关责令改正，可以处1万元以下的罚款；情节严重的，处1万元以上5万元以下的罚款。

十二、非法印制发票的法律责任

《税收征收管理法》第七十一条规定："违反本法第二十二条规定，非法印制发票的，由税务机关销毁非法印制的发票，没收违法所得和作案工具，并处1万元以上5万元以下的罚款；构成犯罪的，依法追究刑事责任。"

《刑法》第二百零六条规定："伪造或者出售伪造的增值税专用发票的，处3年以下有期徒刑、拘役或者管制，并处2万元以上20万元以下罚金；数量较大或者有其他严重情节的，处3年以上10年以下有期徒刑，并处5万元以上50万元以下罚金；数量巨大或者有其他特别严重情节的，处10年以上有期徒刑或者无期徒刑，并处5万元以上50万元以下罚金或者没收财产。单位犯本条规定之罪的，对单位判处罚金，并对其直接负责的主管人员和其他直接责任人员，处3年以下有期徒刑、拘役或者管制；数量较大或者有其他严重情节的，处3年以上10年以下有期徒刑；数量巨大或者有其他特别严重情节的，处10年以上有期徒刑或者无期徒刑。"

《刑法》第二百零九条规定："伪造、擅自制造或者出售伪造、擅自制造的可以用于骗取出口退税、抵扣税款的其他发票的，处3年以下有期徒刑、拘役或者管制，并处2万元以上20万元以下罚金；数量巨大的，处3年以上7年以下有期徒刑，并处5万元以上50万元以下罚金；数量特别巨大的，处7年以上有期徒刑，并处5万元以上50万元以下罚金或者没收财产。

伪造、擅自制造或者出售伪造、擅自制造的前款规定以外的其他发票的，处2年以下有期徒刑、拘役或者管制，并处或者单处1万元以上5万元以下罚金；情节严重的，处2

年以上7年以下有期徒刑，并处5万元以上50万元以下罚金。

非法出售可以用于骗取出口退税、抵扣税款的其他发票的，依照第一款的规定处罚。

非法出售第三款规定以外的其他发票的，依照第二款的规定处罚。”

【例14-18】2011年，被告人陆某院的妻子在甲区西胪镇的两间出租屋内居住，并从事耳机线加工生产。2015年8月，其堂弟陆某北向陆某院租用其中一间房间并运来一批印刷机械，雇用黄某及其他几名工人印制假发票。2016年6月，陆某北停止印制假发票外出，但机械和印制材料仍留在上述地点没有搬走。2016年7月，陆某院见印制假发票能赚钱，且有现成的机械和材料，遂与黄某一起合伙印制假发票。陆某院根据陆某北留下的电话号码，联系到一个李姓男子，此人随后邮寄了一张《贵州省地方税务局通用定额发票》的样板叫陆某院试印。陆某院拿着该样板到乙区两英镇找到龙某，询问印制假发票纸张的尺寸并向龙某购买了14令印制假发票的专用纸张。从那之后，陆某院、黄某利用陆某北留下的机械和材料，开始在西胪镇非法印制假发票。2016年8月7日，该假发票印制点被公安机关查获，现场缴获印刷机、晒版机等机械设备7台，《贵州省地方税务局通用定额发票》97 800份（经鉴定属伪造发票），印制假发票的纸张、油墨一批，现场抓获陆某院、黄某等人。涉案人龙某在乙区两英镇墙新村紫云路被公安机关抓获归案。

甲区法院认为，陆某院、黄某无视国家法律，结伙伪造其他发票，侵犯国家对发票的管理制度，其行为均已构成非法制造发票罪，在共同犯罪中起主要作用，系主犯。龙某明知他人非法制造发票仍出售纸张等印制假发票的原材料，为非法制造发票起帮助作用，对其行为应以非法制造发票罪的共犯认定，其行为也已构成非法制造发票罪，在共同犯罪中起次要作用，系从犯，依法予以从轻处罚。依照《中华人民共和国刑法》的规定，对涉案三人判决如下：

（1）陆某院犯非法制造发票罪，判处有期徒刑14个月，并处罚金20 000元。

（2）黄某犯非法制造发票罪，判处有期徒刑1年，并处罚金14 000元。

（3）龙某犯非法制造发票罪，判处有期徒刑8个月，并处罚金10 000元。

（4）随案移送的全自动晒版机1台、印刷机3台、切纸机1台、手动冲压机2台、手机8部、人民币5 600元，予以没收。

十三、有税收违法行为而拒不接受税务机关处理的法律责任

《税收征收管理法》第七十二条规定：“从事生产、经营的纳税人、扣缴义务人有本法规定的税收违法行为，拒不接受税务机关处理的，税务机关可以收缴其发票或者停止向其发售发票。”

十四、银行及其他金融机构拒绝配合税务机关依法执行公务的法律责任

（1）银行及其他金融机构未依照《税收征收管理法》的规定在从事生产、经营的纳税人的账户中登录税务登记证件号码，或者未按规定在税务登记证件中登录从事生产、经营

的纳税人的账户账号的，由税务机关责令其限期改正，处2 000元以上2万元以下的罚款；情节严重的，处2万元以上5万元以下的罚款。

(2) 为纳税人、扣缴义务人非法提供银行账户、发票、证明或者其他方便，导致未缴、少缴税款或者骗取国家出口退税款的，税务机关除没收其违法所得外，可以处未缴、少缴或者骗取的税款1倍以下的罚款。

(3)《税收征收管理法》第七十三条规定："纳税人、扣缴义务人的开户银行或者其他金融机构拒绝接受税务机关依法检查纳税人、扣缴义务人存款账户，或者拒绝执行税务机关作出的冻结存款或者扣缴税款的决定，或者在接到税务机关的书面通知后帮助纳税人、扣缴义务人转移存款，造成税款流失的，由税务机关处10万元以上50万元以下的罚款，对直接负责的主管人员和其他直接责任人员处1 000元以上1万元以下的罚款。"

十五、擅自改变税收征收管理范围的法律责任

《税收征收管理法》第七十六条规定："税务机关违反规定擅自改变税收征收管理范围和税款入库预算级次的，责令限期改正，对直接负责的主管人员和其他直接责任人员依法给予降级或者撤职的行政处分。"

十六、不移送的法律责任

《税收征收管理法》第七十七条规定："纳税人、扣缴义务人有本法第六十三条、第六十五条、第六十六条、第六十七条、第七十一条规定的行为涉嫌犯罪的，税务机关应当依法移交司法机关追究刑事责任。税务人员徇私舞弊，对依法应当移交司法机关追究刑事责任的不移交，情节严重的，依法追究刑事责任。"

十七、税务人员不依法行政的法律责任

《税收征收管理法》第八十条规定："税务人员与纳税人、扣缴义务人勾结，唆使或者协助纳税人、扣缴义务人有本法第六十三条、第六十五条、第六十六条规定的行为，构成犯罪的，依法追究刑事责任；尚不构成犯罪的，依法给予行政处分。"

《税收征收管理法实施细则》第九十七条规定："税务人员私分扣押、查封的商品、货物或者其他财产，情节严重，构成犯罪的，依法追究刑事责任；尚不构成犯罪的，依法给予行政处分。"

十八、渎职行为

《税收征收管理法》第八十一条规定："税务人员利用职务上的便利，收受或者索取纳税人、扣缴义务人财物或者谋取其他不正当利益，构成犯罪的，依法追究刑事责任；尚不构成犯罪的，依法给予行政处分。"

《税收征收管理法》第八十二条规定："税务人员徇私舞弊或者玩忽职守，不征或者少征应征税款，致使国家税收遭受重大损失，构成犯罪的，依法追究刑事责任；尚不构成犯罪的，依法给予行政处分。税务人员滥用职权，故意刁难纳税人、扣缴义务人的，调离税收工作岗位，并依法给予行政处分。税务人员对控告、检举税收违法违纪行为的纳税人、

扣缴义务人以及其他检举人进行打击报复的，依法给予行政处分；构成犯罪的，依法追究刑事责任。”

《刑法》第四百零四条规定：“税务机关的工作人员徇私舞弊，不征或者少征应征税款，致使国家税收遭受重大损失的，处5年以下有期徒刑或者拘役；造成特别重大损失的，处5年以上有期徒刑。”

《刑法》第四百零五条规定：“税务机关的工作人员违反法律、行政法规的规定，在办理发售发票、抵扣税款、出口退税工作中，徇私舞弊，致使国家利益遭受重大损失的，处5年以下有期徒刑或者拘役；致使国家利益遭受特别重大损失的，处5年以上有期徒刑。”

【例14-19】某税务稽查局工作人员张某，在对S软件设计有限公司依法进行税务检查时，调阅了该公司的纳税资料，发现该公司的核心技术资料正是其朋友李某所在的H电脑网络有限公司所急需的技术资料，于是就将S软件设计有限公司的技术资料复印了一套给李某，张某的这一做法给S软件设计有限公司造成了不可挽回的经济损失。S软件设计有限公司发现此事后，认为张某的行为侵害了企业的合法权益，决定通过法律途径来维护企业的商业、技术保密权。请问：纳税人可以请求保密权吗?

【解析】纳税人可以请求保密权。所谓请求保密权，是指纳税人对税务机关及其工作人员因税收执法而知晓的商业秘密和个人隐私，有请求为自己保密的权利。《税收征收管理法》第八条规定：“纳税人、扣缴义务人有权要求税务机关为纳税人、扣缴义务人的情况保密。税务机关应当依法为纳税人、扣缴义务人的情况保密。”《税收征收管理法》第五十九条规定：“税务机关派出的人员进行税务检查时，应当出示税务检查证和税务检查通知书，并有责任为被检查人保守秘密。”由此可见，请求保密权具有法律强制性，它既是法律赋予纳税人的一项基本权利，也是税务机关的法定义务。纳税人具有请求税务机关及其工作人员为自己保守秘密的权利，税务机关及其工作人员如果因自己的粗心大意或其他原因，泄露了纳税人的商业秘密或个人隐私，给纳税人的生产经营或个人名誉造成损害的，应当承担相应的法律责任。

十九、不按规定征收税款的法律责任

《税收征收管理法》第八十三条规定：“违反法律、行政法规的规定提前征收、延缓征收或者摊派税款的，由其上级机关或者行政监察机关责令改正，对直接负责的主管人员和其他直接责任人员依法给予行政处分。”

《税收征收管理法》第八十四条规定：“违反法律、行政法规的规定，擅自作出税收的开征、停征或者减税、免税、退税、补税以及其他同税收法律、行政法规相抵触的决定的，除依照本法规定撤销其擅自作出的决定外，补征应征未征税款，退还不应征收而征收的税款，并由上级机关追究直接负责的主管人员和其他直接责任人员的行政责任；构成犯罪的，依法追究刑事责任。”

此外，《税收征收管理法》第七十四条还对行政处罚的权限作出了规定，指出“罚款额在2 000元以下的，可以由税务所决定”。

二十、违反税务代理的法律责任

税务代理人违反税收法律、行政法规，造成纳税人未缴或者少缴税款的，除由纳税人缴纳或者补缴应纳税款、滞纳金外，对税务代理人处纳税人未缴或者少缴税款50%以上3倍以下的罚款。

本章主要税法依据

❶《中华人民共和国税收征收管理法》（1992年9月4日第七届全国人民代表大会常务委员会第二十七次会议通过，2015年4月24日第十二届全国人民代表大会常务委员会第十四次会议修正）

❷《中华人民共和国税收征收管理法实施细则》（2002年9月7日中华人民共和国国务院令第362号，根据2016年2月6日《国务院关于修改部分行政法规的决定》修正）